Marieluise Denecke

Wildbaden in Deutschland

Die 50 schönsten Badeplätze in der Natur

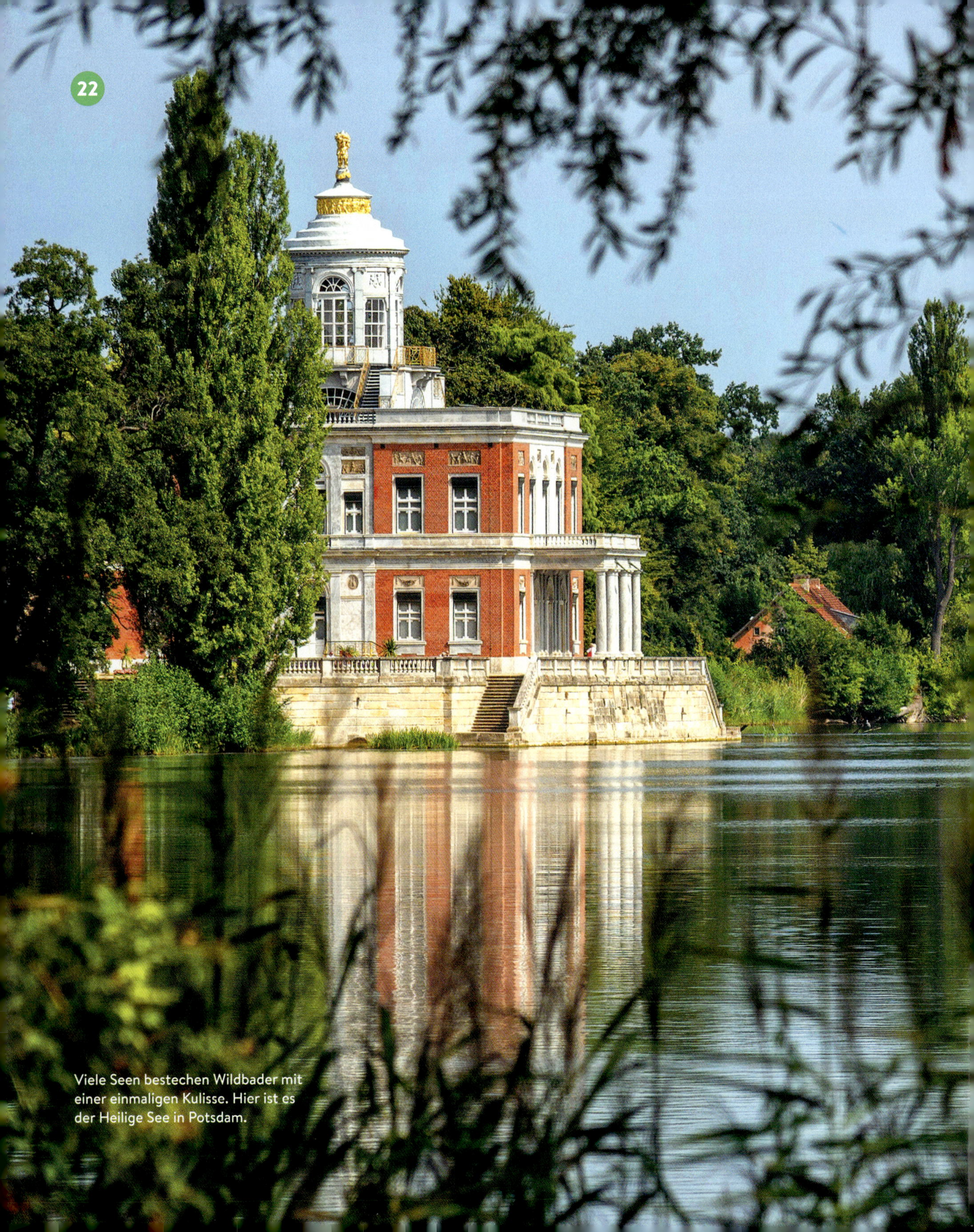

Viele Seen bestechen Wildbader mit einer einmaligen Kulisse. Hier ist es der Heilige See in Potsdam.

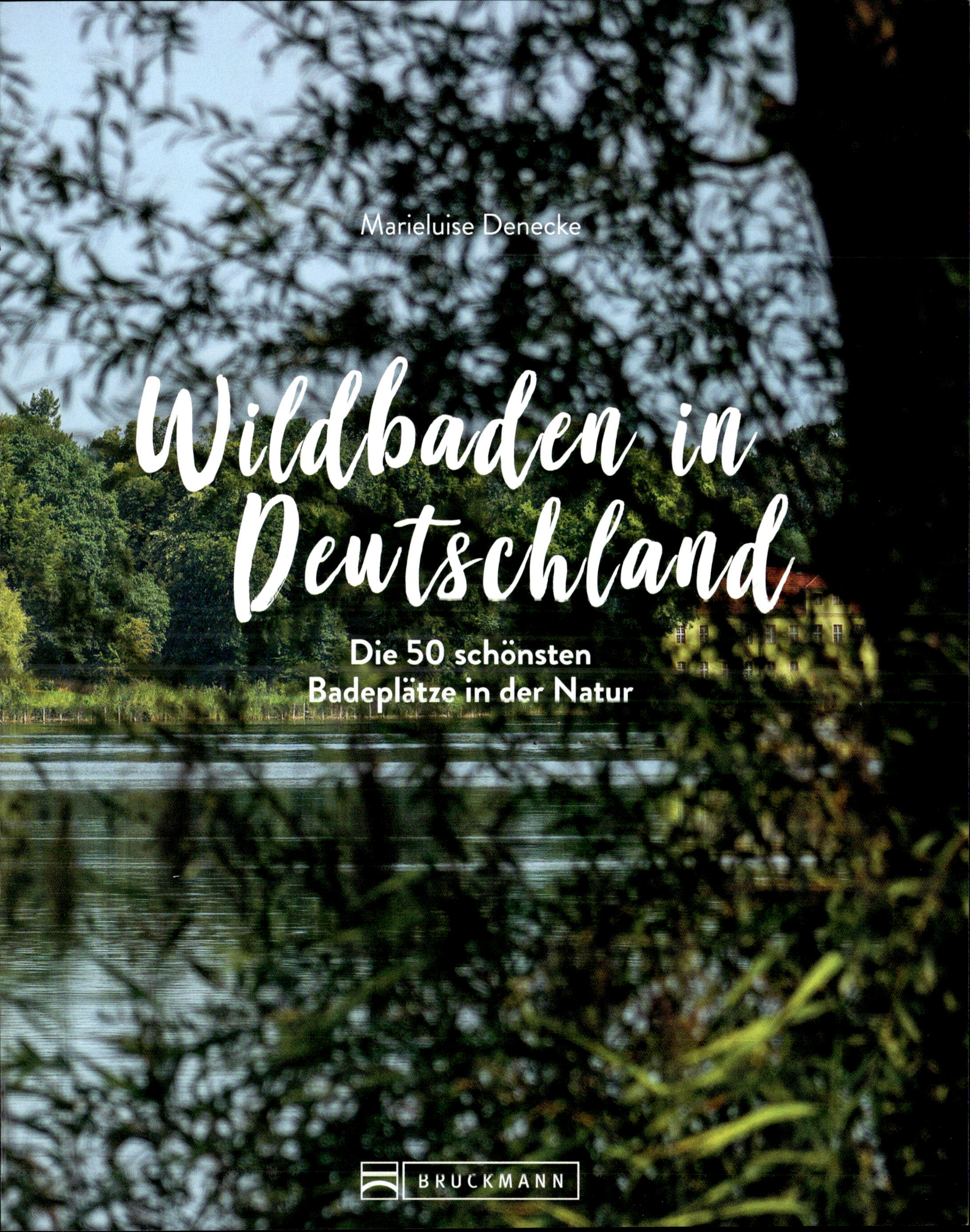

Marieluise Denecke

Wildbaden in Deutschland

Die 50 schönsten Badeplätze in der Natur

BRUCKMANN

Inhalt

Schleswig-Holstein und Mecklenburg-Vorpommern

Niedersachsen, Hamburg, Bremen

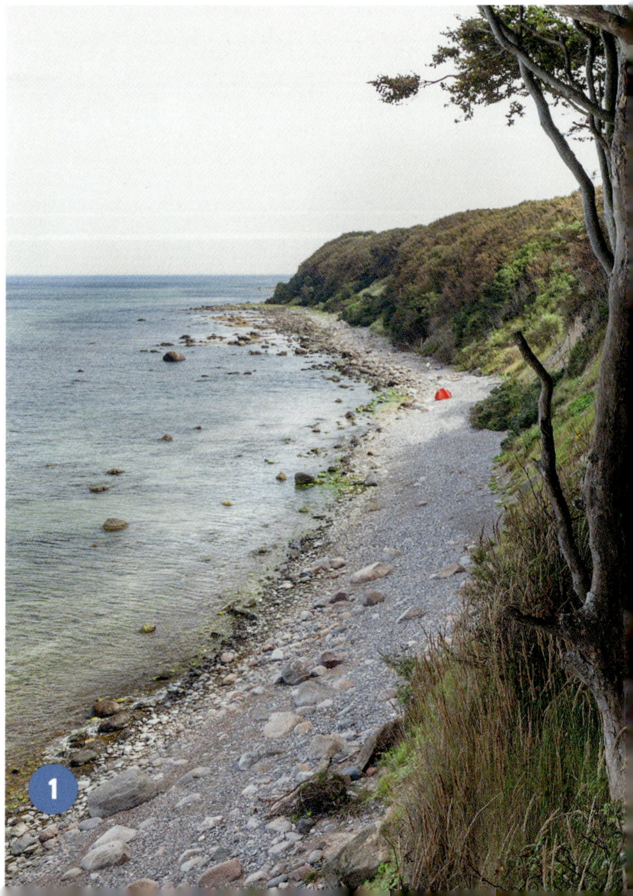

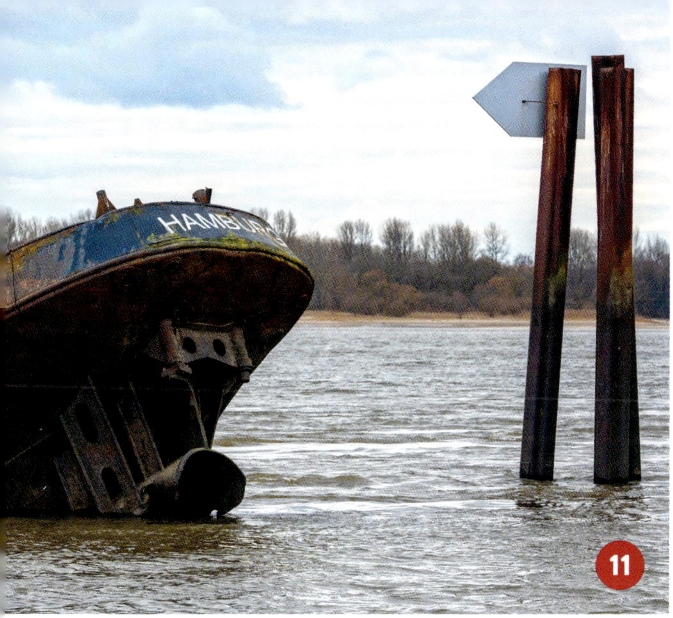

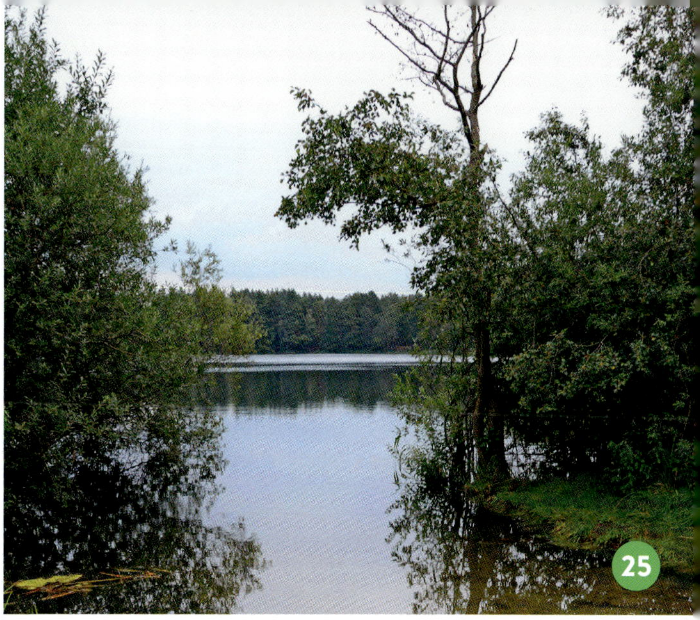

Brandenburg und Berlin

Sachsen-Anhalt, Sachsen, Thüringen

Nordrhein-Westfalen, Hessen, Rheinland-Pfalz

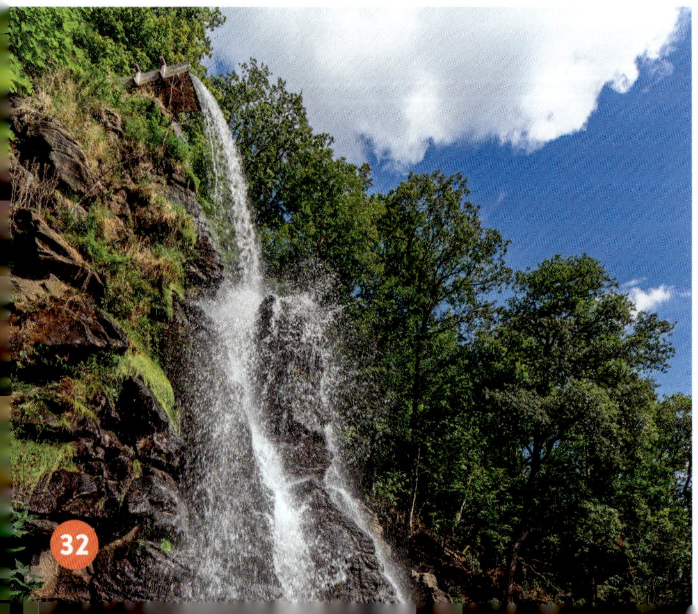

32

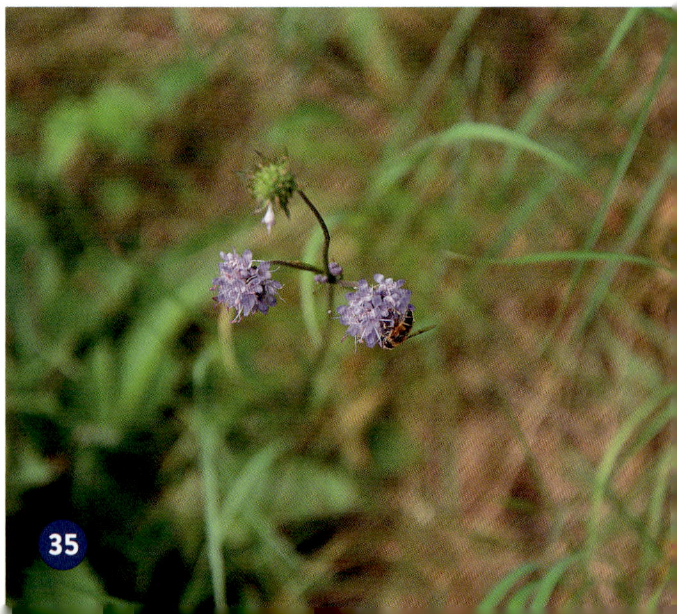

35

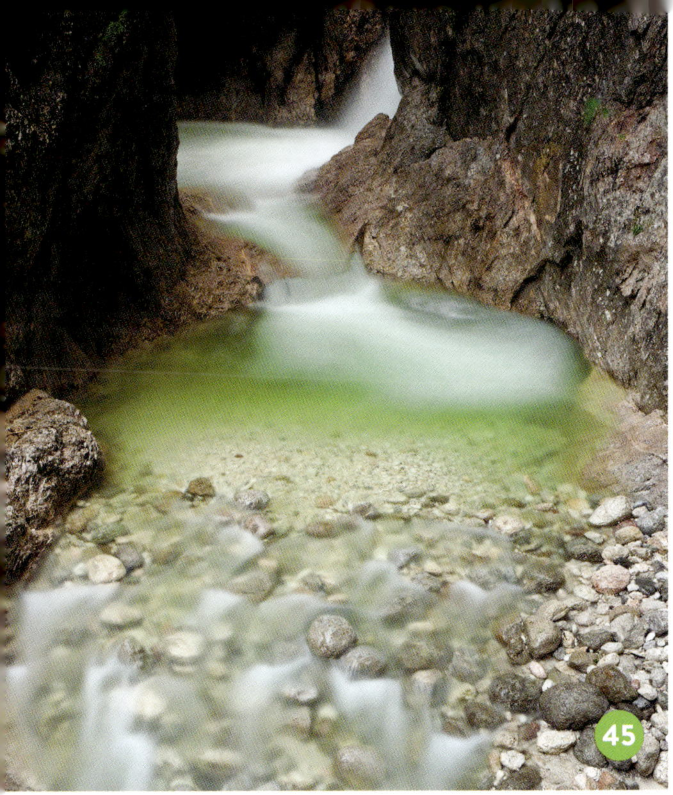

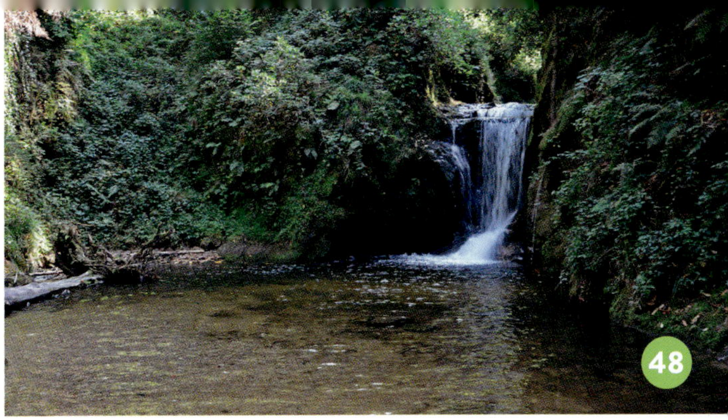

Bayern und Baden-Württemberg

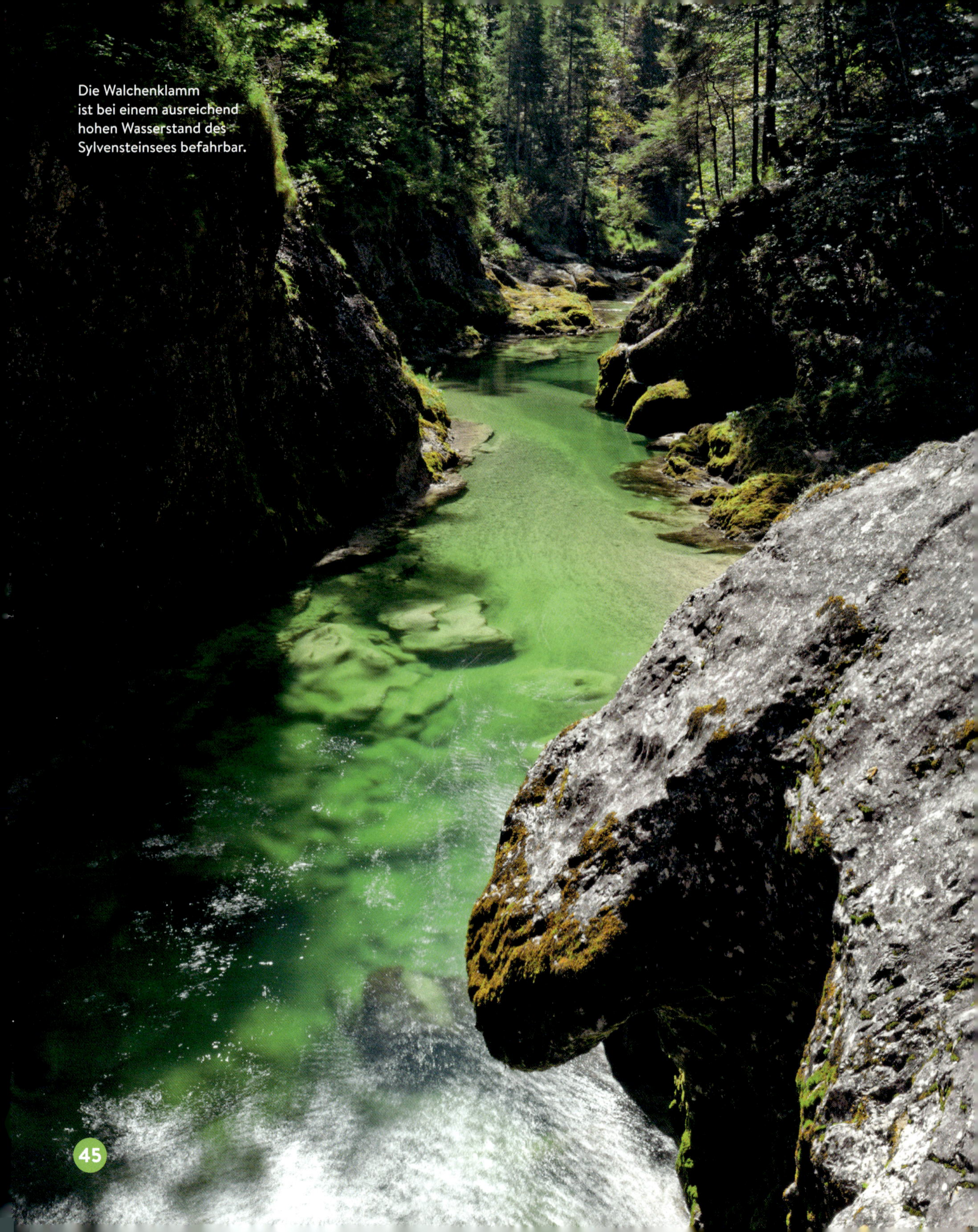

Die Walchenklamm ist bei einem ausreichend hohen Wasserstand des Sylvensteinsees befahrbar.

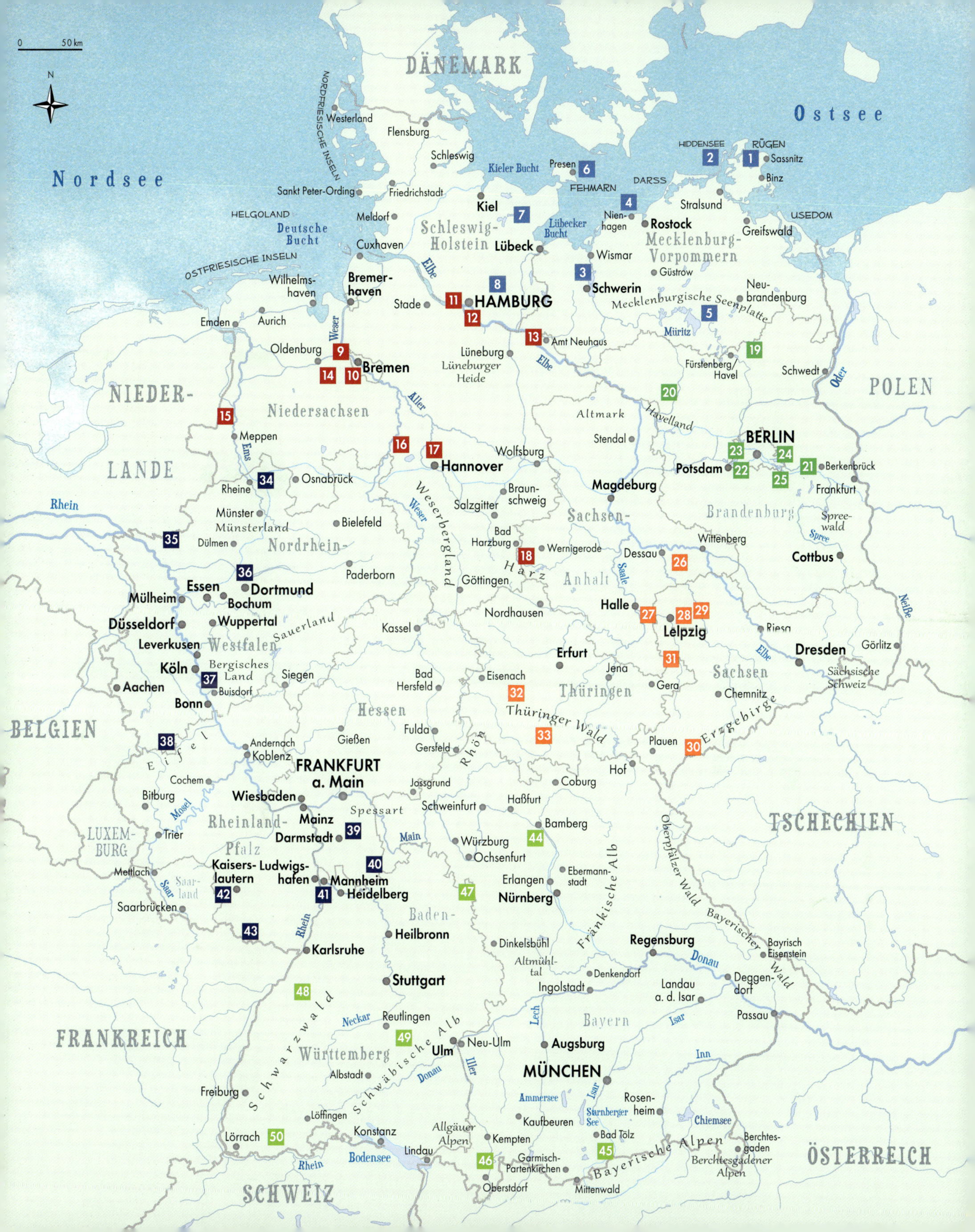

0
50 km
N
DÄNEMARK
Ostsee
Nordsee
NORDFRIESISCHE INSELN
Westerland
Flensburg
Schleswig
Kieler Bucht
Presen
6
HIDDENSEE
2
RÜGEN
1
Sassnitz
Binz
FEHMARN
DARSS
Sankt Peter-Ording
Friedrichstadt
Kiel
7
4
Nienhagen
Rostock
Stralsund
USEDOM
Greifswald
HELGOLAND
Deutsche Bucht
Meldorf
Schleswig-Holstein
Lübecker Bucht
Mecklenburg-Vorpommern
Cuxhaven
Lübeck
Wismar
OSTFRIESISCHE INSELN
Elbe
3
Güstrow
Wilhelmshaven
Bremerhaven
8
Schwerin
Neubrandenburg
Stade
11
HAMBURG
Mecklenburgische Seenplatte
Emden
Aurich
12
5
Müritz
Weser
13
Amt Neuhaus
Oldenburg
9
Lüneburg
Lüneburger Heide
19
Bremen
14
10
Fürstenberg/Havel
Schwedt
Elbe
Oder
NIEDER-
Niedersachsen
Aller
20
POLEN
15
Altmark
Havelland
Meppen
16
17
Stendal
BERLIN
Ems
Wolfsburg
23
24
LANDE
34
Osnabrück
Hannover
Potsdam
22
21
Berkenbrück
Rheine
Weserbergland
Braunschweig
Magdeburg
25
Frankfurt
Rhein
Salzgitter
Münster
Weser
Sachsen-
Brandenburg
Spreewald
Münsterland
Bielefeld
Bad Harzburg
35
Dülmen
Nordrhein-
18
Wernigerode
Wittenberg
Spree
Dessau
Cottbus
Harz
26
Paderborn
Anhalt
Saale
36
Essen
Dortmund
Göttingen
Mülheim
Bochum
Halle
27
28
29
Nordhausen
Neiße
Riesa
Düsseldorf
Wuppertal
Leipzig
Sauerland
Kassel
Görlitz
Leverkusen
Westfalen
Erfurt
Elbe
Dresden
31
Köln
Bergisches Land
Siegen
Jena
Sachsen
Sächsische Schweiz
37
Bad Hersfeld
Eisenach
Aachen
Buisdorf
32
Thüringen
Gera
Chemnitz
Bonn
Hessen
Thüringer Wald
BELGIEN
Fulda
33
Erzgebirge
38
Andernach
Gießen
Gersfeld
Plauen
30
Eifel
Koblenz
Rhön
FRANKFURT a. Main
Hof
Cochem
Jossgrund
Coburg
Bitburg
Wiesbaden
Schweinfurt
Haßfurt
Mosel
Spessart
Oberpfälzer Wald
Rheinland-
Mainz
Bamberg
TSCHECHIEN
Trier
Darmstadt
39
Main
Würzburg
44
LUXEMBURG
Pfalz
Ochsenfurt
40
Fränkische Alb
Mettlach
Kaisers-lautern
Ludwigshafen
Mannheim
Ebermannstadt
Saar
Saarland
Erlangen
42
41
Heidelberg
47
Nürnberg
Saarbrücken
Bayerischer Wald
Baden-
43
Rhein
Heilbronn
Bayrisch Eisenstein
Karlsruhe
Dinkelsbühl
Regensburg
Altmühltal
Donau
Denkendorf
Stuttgart
Deggendorf
48
Ingolstadt
Landau a. d. Isar
Neckar
Reutlingen
Bayern
Isar
Passau
FRANKREICH
Schwarzwald
Lech
49
Ulm
Neu-Ulm
Württemberg
Schwäbische Alb
Augsburg
Inn
Iller
Albstadt
Donau
MÜNCHEN
Freiburg
Ammersee
Isar
Rosenheim
Starnberger See
Löffingen
Chiemsee
Kaufbeuren
Allgäuer Alpen
Lörrach
50
Konstanz
Kempten
Bad Tölz
Berchtesgaden
Bodensee
Lindau
45
ÖSTERREICH
Garmisch-Partenkirchen
Bayerische Alpen
Berchtesgadener Alpen
Rhein
46
SCHWEIZ
Oberstdorf
Mittenwald

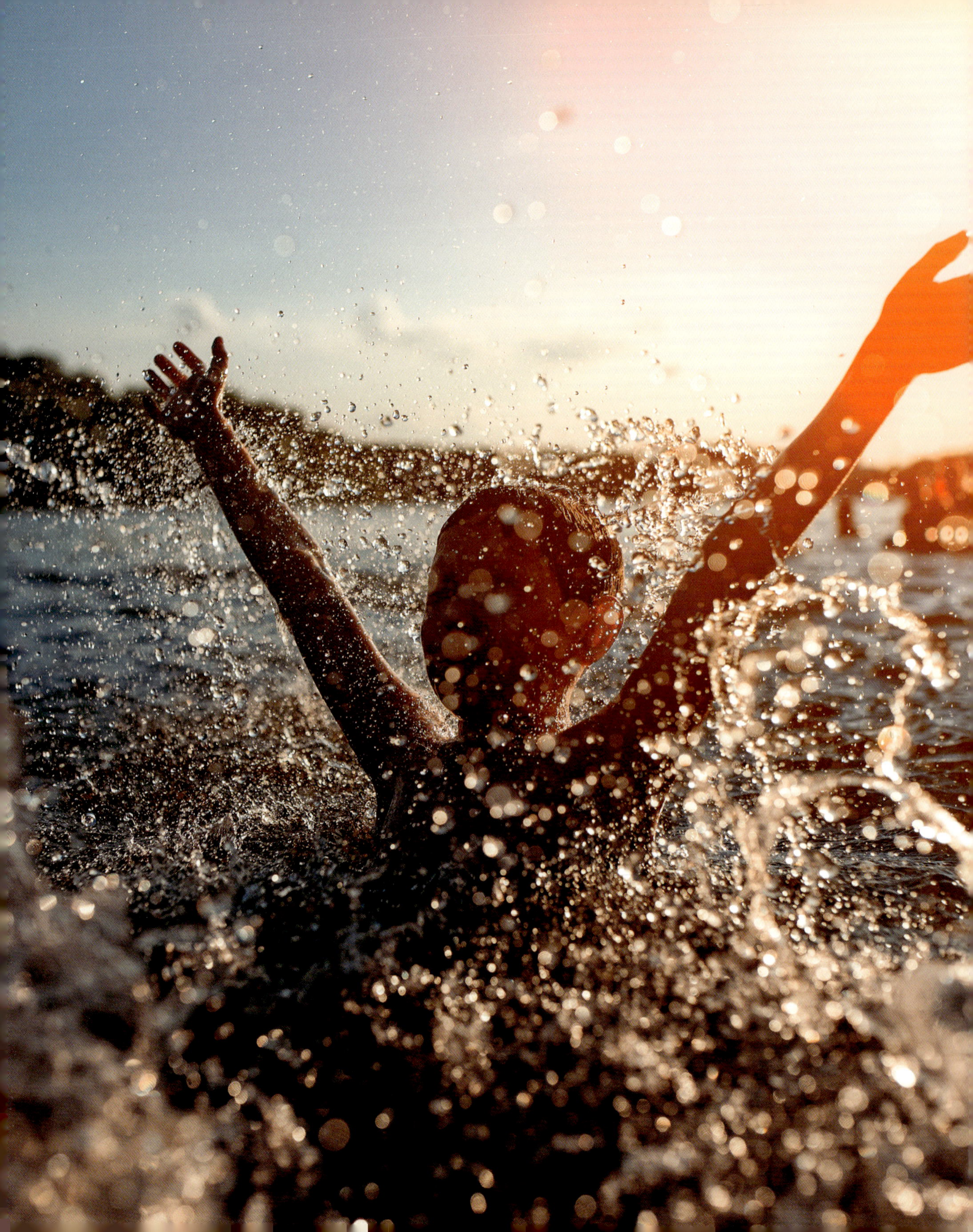

Vorwort

Wildnis und Deutschland? Das passt für viele Menschen auf den ersten Blick nicht zusammen. Noch weniger das Wildbaden, also das Schwimmen in Seen, Flüssen und Meeren.

Auch ich war vor vielen Jahren skeptisch: Was soll ich in einem grünen Badesee, wenn der Freibadbesuch doch viel bequemer ist? Ich wusste ja nicht, was mir entgeht! Inzwischen weiß ich, was Wildbaden bedeutet: loslassen nämlich. Loslassen und im wahrsten Sinn eintauchen in die Natur, und zwar jenseits von Warteschlangen, Pommesbuden und Chlorgeruch.

Angefangen in Seen und Flüssen zu baden und unter Wasserfällen zu duschen habe ich im Jahr 2017, als mein Mann und ich uns in einem verregneten Sommer einfach aufgemacht haben. Wir sind aufgebrochen zu einer unvergleichlichen Reise hin zu den schönsten Badeplätzen, die dieses Land zu bieten hat. Dieses Buch erzählt ein wenig davon. Denn inzwischen weiß ich: Deutschland hat spektakuläre Seen und Flüsse zu bieten.

Dieses Buch will euch, liebe Leserinnen und liebe Leser, dazu inspirieren, euch aufzumachen in die Natur. Euch überraschen zu lassen, was auf dem Weg zum nächsten Badesee oder Fluss passiert. Die Augen aufzuhalten: Kreist da ein Seeadler über mir? War das ein Biber da hinten am Ufer? Und die Ohren offenzuhalten: Rauscht da ein Wasserfall, gurgelt da ein unentdeckter Bach? Das *wilde* Schwimmen in Seen, Flüssen, im Meer oder in Kanälen birgt den Hauch von Abenteuer, den ein sommerliches Erlebnis am Wasser perfekt macht.

Dieses Buch zeigt über 50 tolle Badeplätze mitten in der Natur. Einige von ihnen sind bekannt, einige warten noch darauf, entdeckt zu werden. Einige von ihnen sind groß und leicht zugänglich, zu einigen ist der Weg etwas beschwerlicher – und damit umso schöner.

Dieses Buch liefert möglichst genaue Beschreibungen für jede Badestelle sowie Wissenswertes und, wenn es sich anbietet, ähnlich schöne Badestellen in der Umgebung. Nützliche Infokästen geben Tipps zu sehenswerten Höhepunkten in der Nähe und zur Anreise mit öffentlichen Verkehrsmitteln, per Auto, mit dem Fahrrad oder zu Fuß.

Dieses Buch will keinen Anspruch auf Vollständigkeit erheben, sondern Inspiration liefern. Wer sich aufmacht, in einem wilden Gewässer zu schwimmen, erlebt die Natur aus einer ganz anderen Perspektive. Als Wildschwimmer spürt man die Temperatur von Luft und Wasser am Körper, man erfühlt die Beschaffenheit des Bodens, ertastet die Pflanzen am Ufer und begibt sich auf Augenhöhe mit der Tierwelt um sich herum.

Wer wildschwimmt, setzt sich bewusst den Elementen aus, wird eins mit der Natur, taucht in sie ein. Und das ist ein unvergleichliches Gefühl. Wildnis im Wasser? Ja, bitte!

Viel Spaß beim Wildschwimmen wünscht

Marieluise Denecke

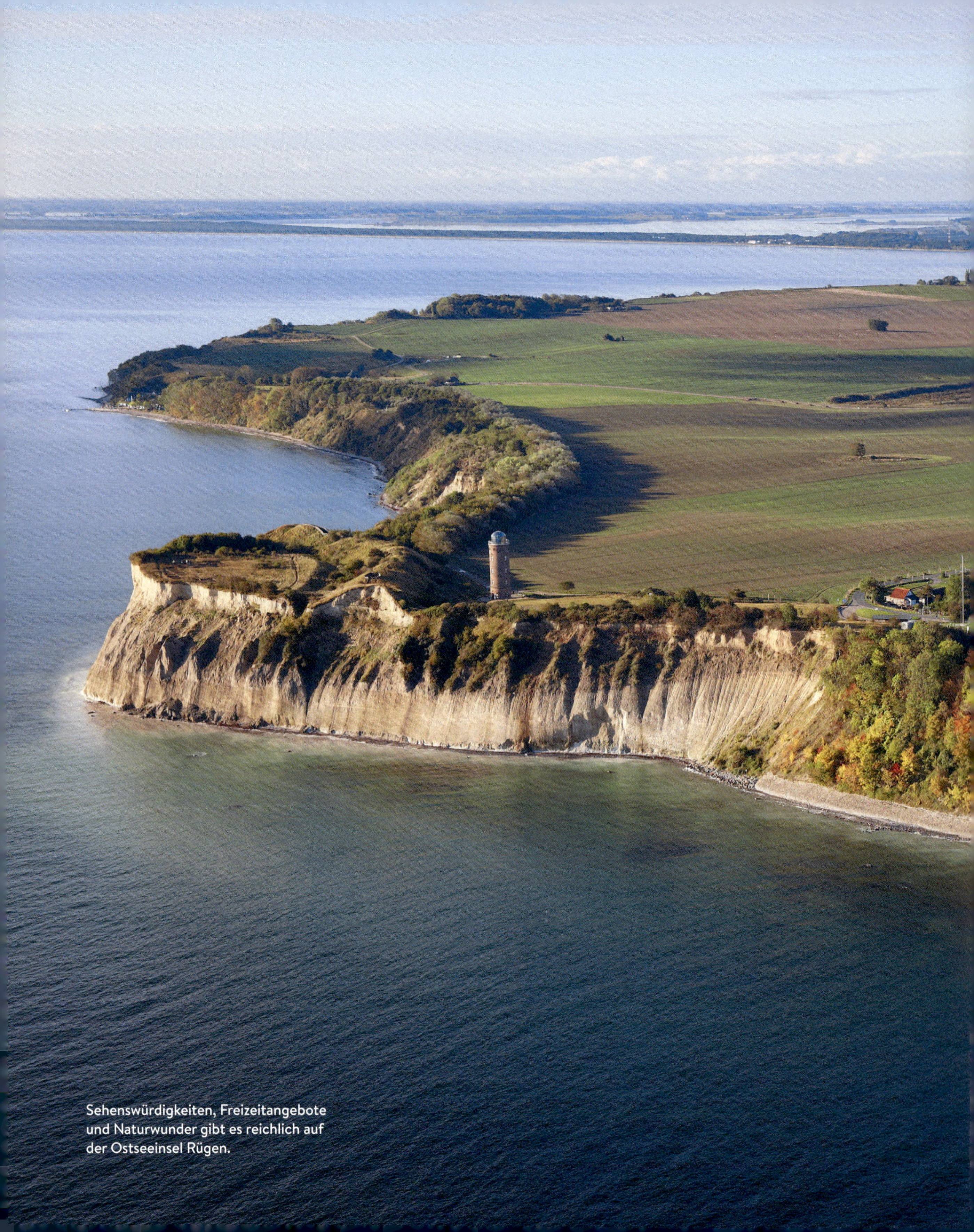

Sehenswürdigkeiten, Freizeitangebote und Naturwunder gibt es reichlich auf der Ostseeinsel Rügen.

Schleswig-Holstein und Mecklenburg-Vorpommern

Länder zwischen den Meeren

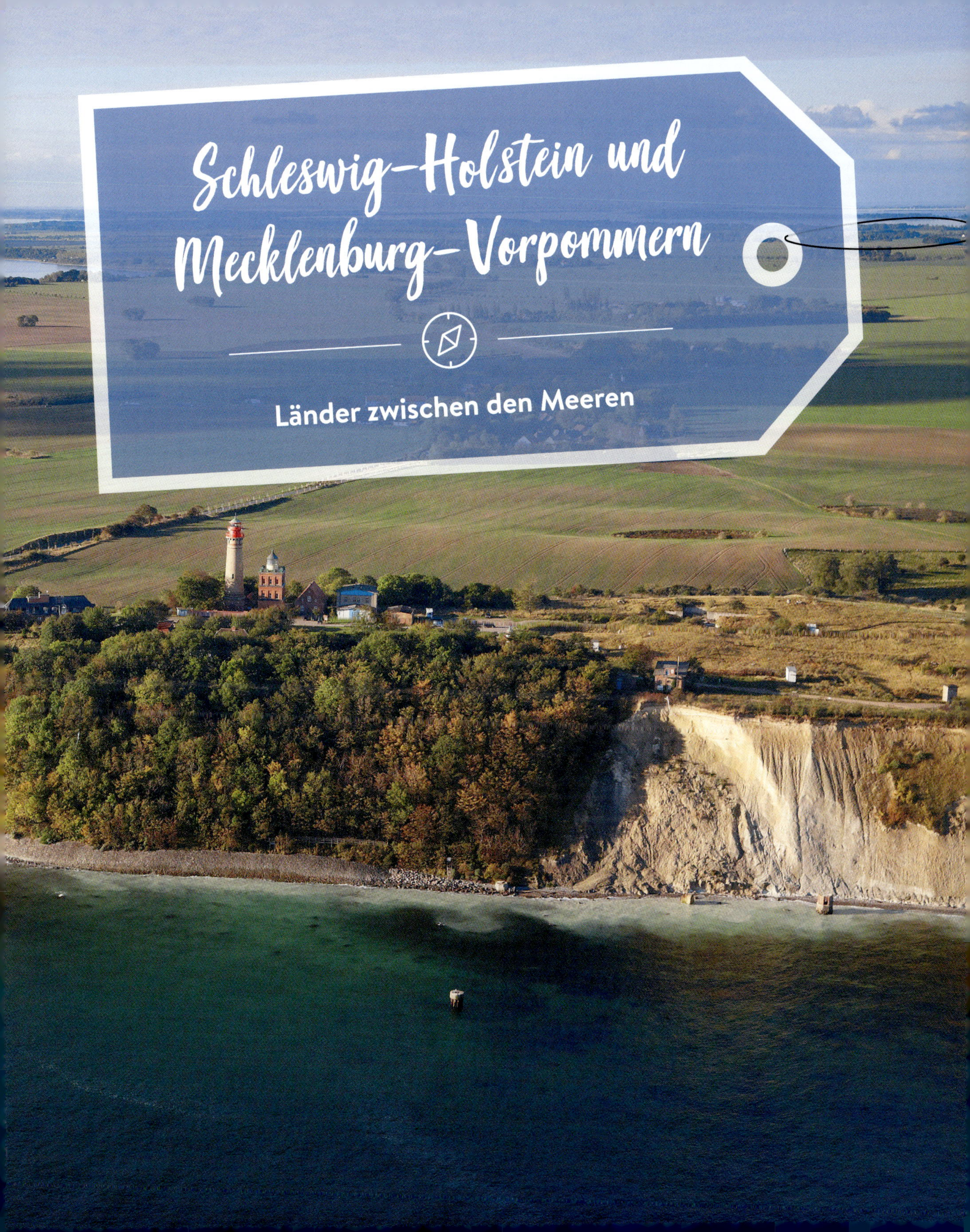

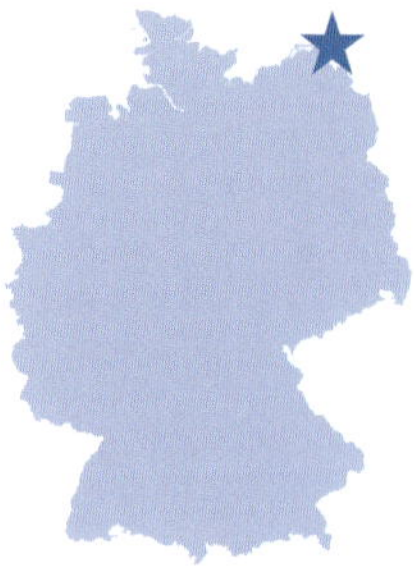

1 Entspannen an weiten Stränden: die Sonneninsel Rügen

Ob im Norden oder Süden: wilde Badestellen für jeden

Kilometerlange Sandstrände, rauschendes Meer, bewaldete Ufer – solche Landschaften bietet wohl nur Deutschlands Sonneninsel Rügen. An der Nordspitze hat man nur das Wasser und Schweden vor Augen, im Süden hat jeder richtig viel Platz – wenn man die besten Stellen kennt.

Rügen ist nicht nur die größte Insel Deutschlands, sondern auch eine der sonnenverwöhntesten Flecken unseres Landes. Neben viel Land, Weite, Meer und Sonne hat die Insel aber auch noch so viel mehr zu bieten. Ob UNESCO-Weltkulturerbe, gewaltige Buchenwälder oder die berühmten Kreidefelsen: Als Naturliebhaber sollte man sich Rügen auf keinen Fall entgehen lassen. Auf der über 900 Quadratkilometer großen Insel gibt es nicht nur zahlreiche Naturwunder, sondern auch viele wunderbare Badestellen. Rügens Strände sind perfekt geeignet zum Entspannen: kilometerlang, feinsandig und weiß. Doch gerade in den touristischen Gegenden wie Binz oder Sellin sind sie oft voll, und ein Strandkorb reiht sich an den nächsten. Schöner ist es, fernab der Touristengruppen ins Wasser zu gehen. Dies ist zum Beispiel wunderbar möglich am beinahe südlichsten Zipfel der Insel. Hier ist der Strand zwar schmaler und rauer, aber genau deshalb auch ruhiger und idyllischer.

Eine abgelegene Badestelle gibt es in der Nähe der kleinen, 2000 Einwohner zählenden Stadt Garz südlich von Putbus. Garz ist eine der ältesten und zugleich kleinsten Städte von Rügen. Der Ort ist überschaubar, aber durch seine gedrungenen Häuser und seinen alten Baumbestand sehenswert. Mit mehreren Cafés, Einkaufsmöglichkeiten und Hotels ist Garz außerdem ein toller Ausgangspunkt für Besucher, die fernab vom Touristentrubel die Insel erkunden möchten.

→ Diese gefiederten Badegäste sind auch am Strand zu finden.

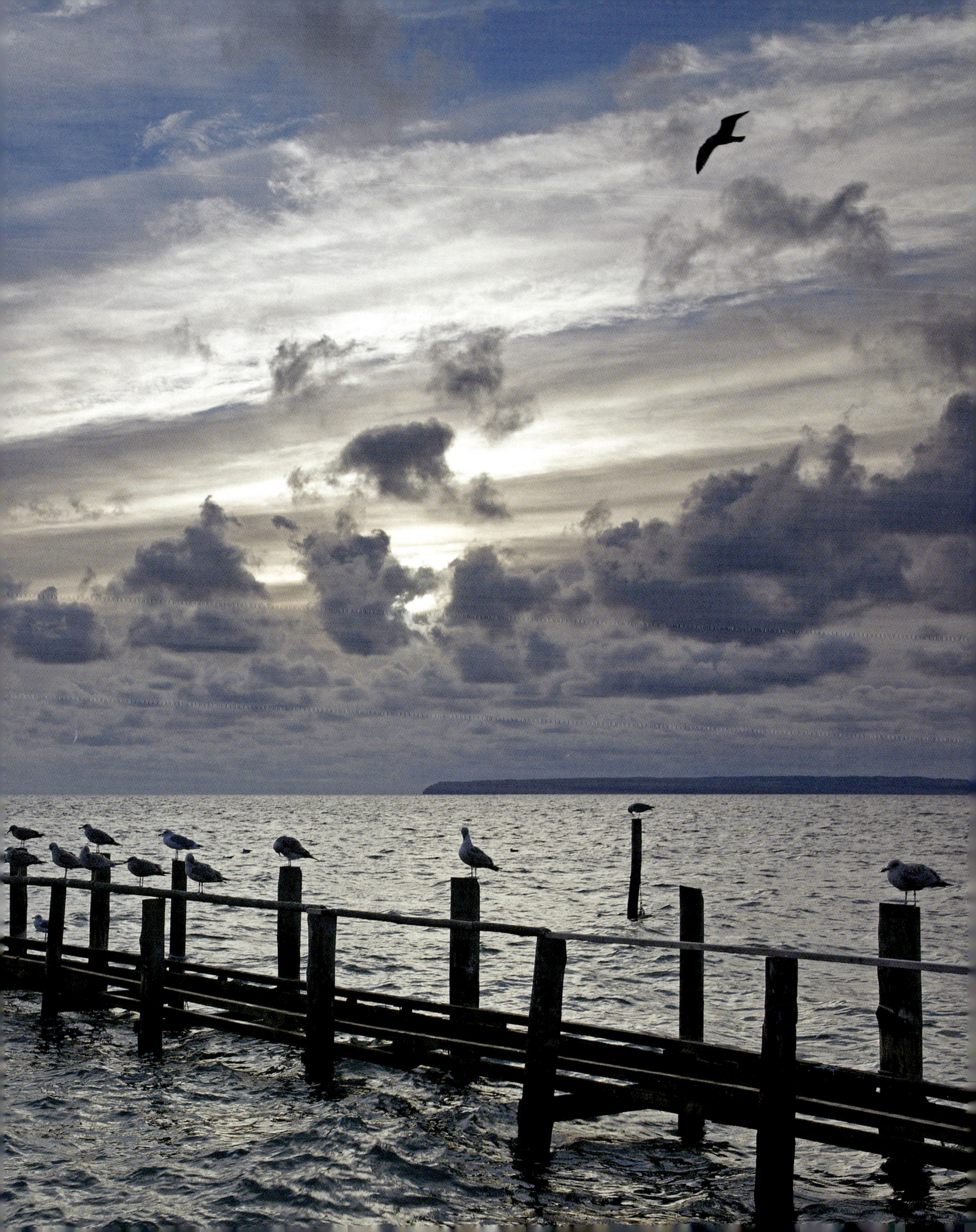

»Über den Kreidefelsen stehen einige der letzten unberührten Buchenwälder Europas.«

Rund zwei Kilometer östlich von Garz, am Ende der Wendorfer Straße, liegt die Siedlung Rosengarten, die vor allem durch das Bio-Landgut »Gut Rosengarten« bekannt ist (www.gutrosengarten.de). Von hier aus führt auf einer Länge von etwa noch einmal zwei Kilometern ein schmaler Feldweg hinunter zum Strand. Der Weg ist teilweise voller Schlaglöcher und daher etwas abenteuerlich; er knickt nach links hin ab und folgt dem Ufer. Hier kann man an mehreren Stellen ans Wasser. Das Auto kann man direkt auf dem Rasen parken und dann wenige Meter zu Fuß zum Wasser laufen.

Kissen aus Strandgras stehen links und rechts der Badestellen, sodass man ganz abgeschieden für sich sein kann. Zuerst geht es viele Meter flach ins Wasser, bis es tiefer wird. Da der Boden sehr steinig ist, sind Badeschuhe empfehlenswert. Auch Kitesurfer kommen mit ihrer Ausrüstung gern hierher, weil der Wind hier an der Südküste sehr stark werden kann.

Hinter dem Horizont beginnt Schweden

Wild und romantisch geht es auch an vielen Badestellen im nördlichen Teil der Insel zu. Eine absolute Empfehlung sind zum Beispiel die weiten Strände auf der Halbinsel Wittow, die den nördlichsten Teil Rügens markiert. Hier gibt es auf vielen Kilometern feinen Naturstrand, vor sich haben Wildschwimmer das schier nicht enden wollende Meer. Jenseits des Horizonts beginnt schon Schweden. Das Wasser ist hier meistens kühler als anderswo auf der Insel, und da es sich um die Nordspitze handelt, weht oft ein frischer Wind. Aber gerade an heißen Sommertagen ist diese Gegend perfekt für ein Bad im Meer.

Besonders schöne Flecken lassen sich entdecken, wenn man vom Kap Arkona aus mit dem Fahrrad dem Nordufer folgt. Der Weg führt meist durch Wald und ist sehr malerisch. Gerade zwischen dem kleinen Ort Schwarbe und der Siedlung Bakenberg lassen sich tolle Abschnitte entdecken. Wer kein Fahrrad dabeihat, hat auch kein Problem: Parkplätze gibt es bei Putgarten (kostenpflichtig) oder am Ende des Feldweges nördlich von Fernlüttkevitz. Was den Nordstrand besonders macht, ist die Mischung aus Sandstrand, feinem Kiesel und den bewaldeten Hängen, die sich direkt vom Strand aus in die Höhe schrauben.

Das Kap Arkona ist die Haupt-Sehenswürdigkeit der Halbinsel Wittow und eine der beliebtesten Sehenswürdigkeiten der ganzen Insel. Hinter dem berühmten Namen verbirgt sich eine über 40 Meter hohe Steilküste, die wegen der hellen Kreidefelsen besonders fotogen über dem Meer emporragt. Zwei Leuchttürme ragen hier in den Himmel, unter anderem der charakteristisch rote Schinkelturm, eines der ältesten Leuchtfeuer an der Ostsee. Der Turm kann besichtigt werden, Rügen-Fans können außerdem hier heiraten (www.kap-arkona.de). Zum Flächendenkmal Kap Arkona gehört außerdem das Fischerdorf Vitt, das besonders im Sommer ein malerisches Ausflugsziel mit kleinem Hafenbereich und mehreren Restaurants ist.

Tipp

Putbus liegt etwa zehn Kilometer nordöstlich der Badestelle bei Gut Rosengarten. Bekannt ist die 4500-Einwohner-Stadt als ältestes Seebad der Insel, staatlich anerkannter Erholungsort und besonderes Ausflugsziel. Sein weißes Häuser-Rondell in der Ortsmitte im klassizistischen Stil, der zu Schloss und Park passt, ist ein architektonischer Hingucker. Besonders schön ist es im Hochsommer, wenn die Rosen an den weißen Häusern blühen: www.putbus.de.

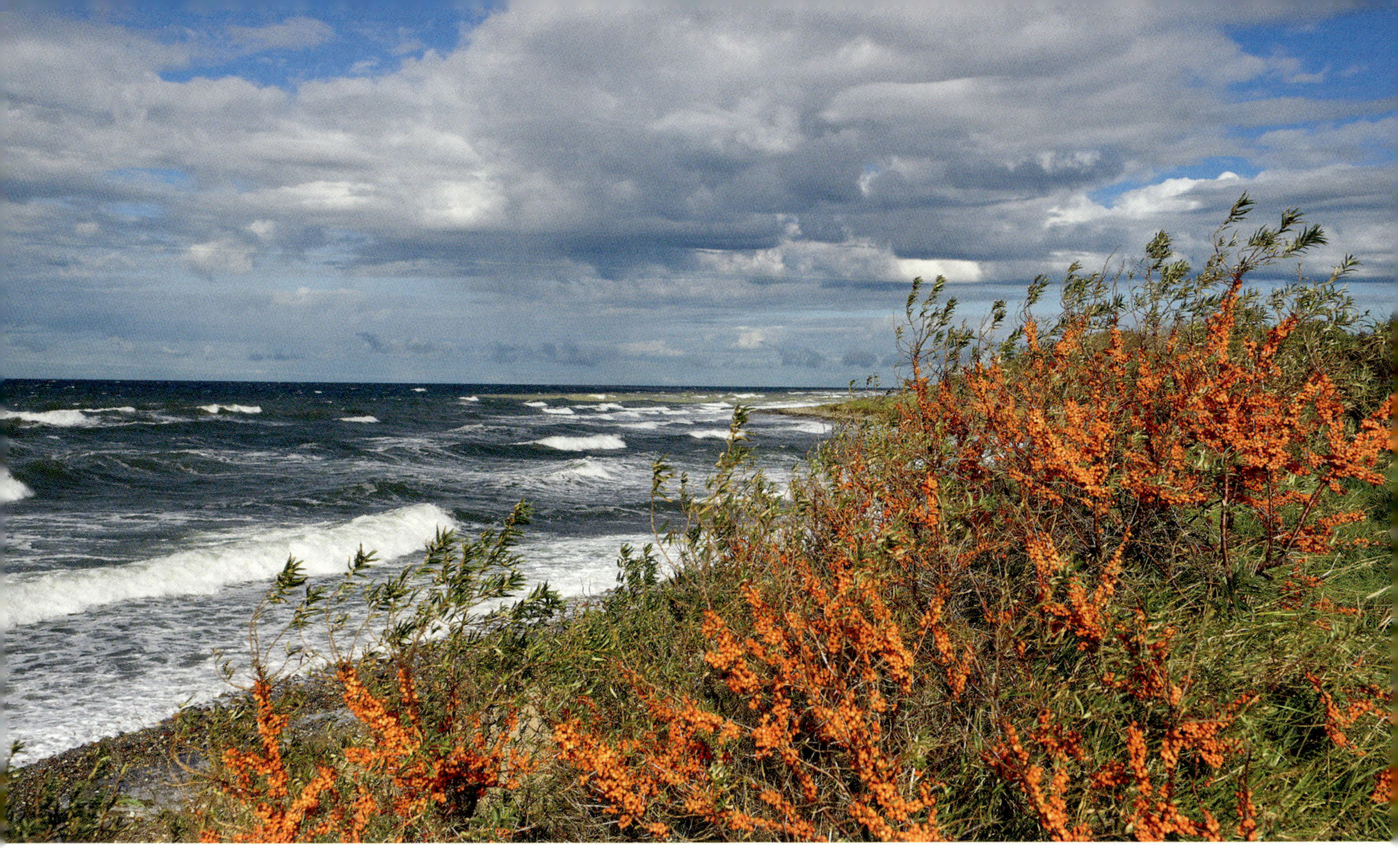

↑ Die Mischung aus Sandstrand, feinem Kiesel und Wald macht den Nordstrand besonders.
↓ Auch mit dem Fahrrad lässt sich die Insel toll erkunden.

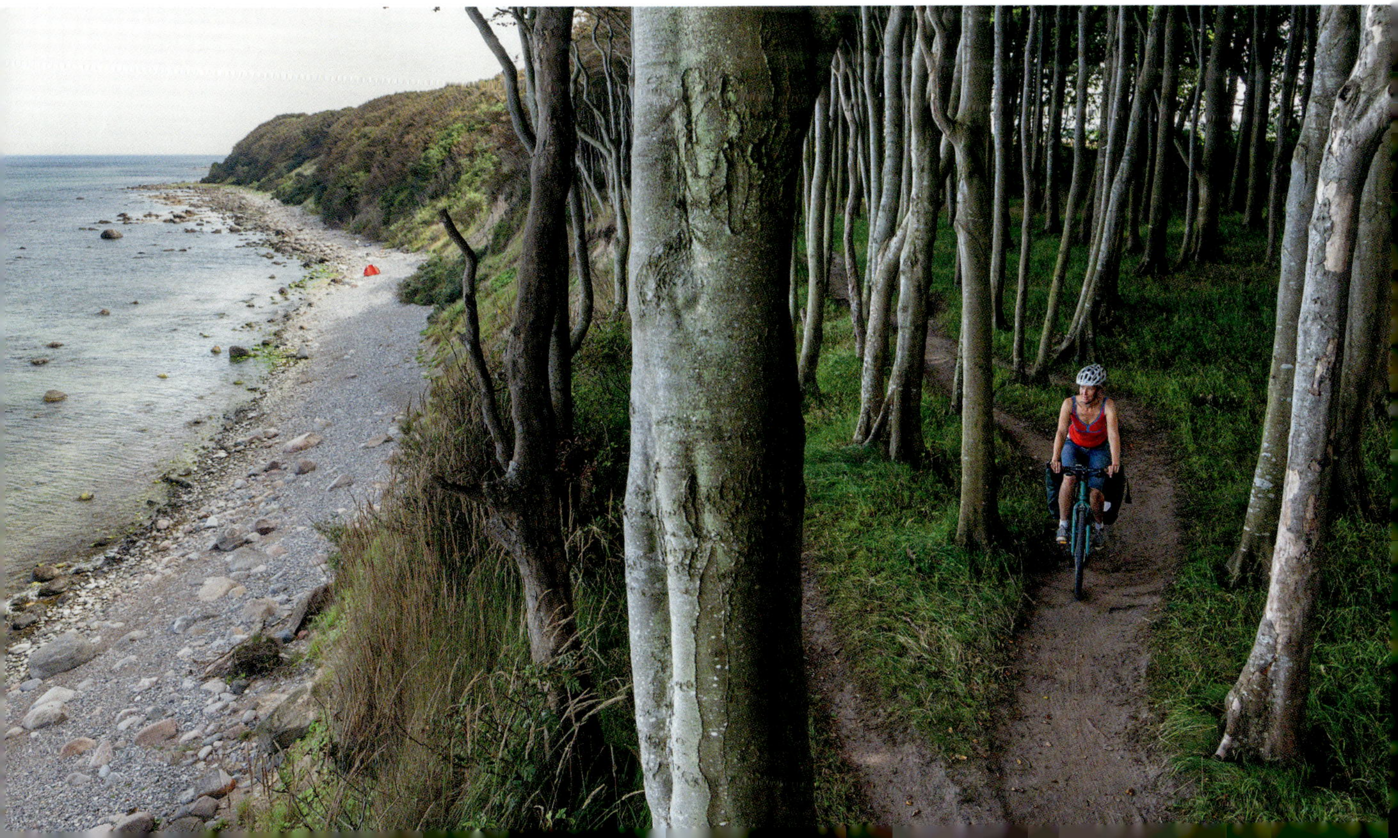

Tipp

Berühmt ist der Kreidefelsen Königsstuhl mit seinem fantastischen Ausblick und den lichten, uralten Buchenwäldern nicht erst seit dem Romantik-Maler Caspar David Friedrich. Wer hier ist, sollte das moderne Nationalparkzentrum nicht verpassen (www.koenigsstuhl.com). Besonders schöne Aussichten gibt es auf dem zwölf Kilometer langen Hochuferweg von Sassnitz bis Lohme: www.auf-nach-mv.de/wandern/wandertouren/a-der-hochuferweg-125-km-1-tagestour. Der Start liegt am Tierpark. Hierher kann man übrigens auch mit der Bahn kommen.

Nur Kiefernwald, Dünen und Wasser

Ruhig und idyllisch ist auch der rund zehn Kilometer lange Naturstrand auf der sogenannten Schaabe. Die Schaabe ist eine schmale Verbindung zwischen den Halbinseln Wittow und Jasmund. Auf Jasmund sind die größten Sehenswürdigkeiten der Insel angesiedelt: Die berühmten Kreidefelsen des Königsstuhls sowie die gewaltigen Buchenwälder, UNESCO-Weltnaturerbe. Auf rund 500 Hektar beherbergen sie eine der letzten ursprünglich erhaltenen Buchenwälder Europas.

Genau eine Straße verbindet die beiden Halbinseln Wittow und Jasmund miteinander. Links und rechts dieser Straße befinden sich bemooste Hügel, Kiefernwald, viel Strand und Wasser. Man muss sich

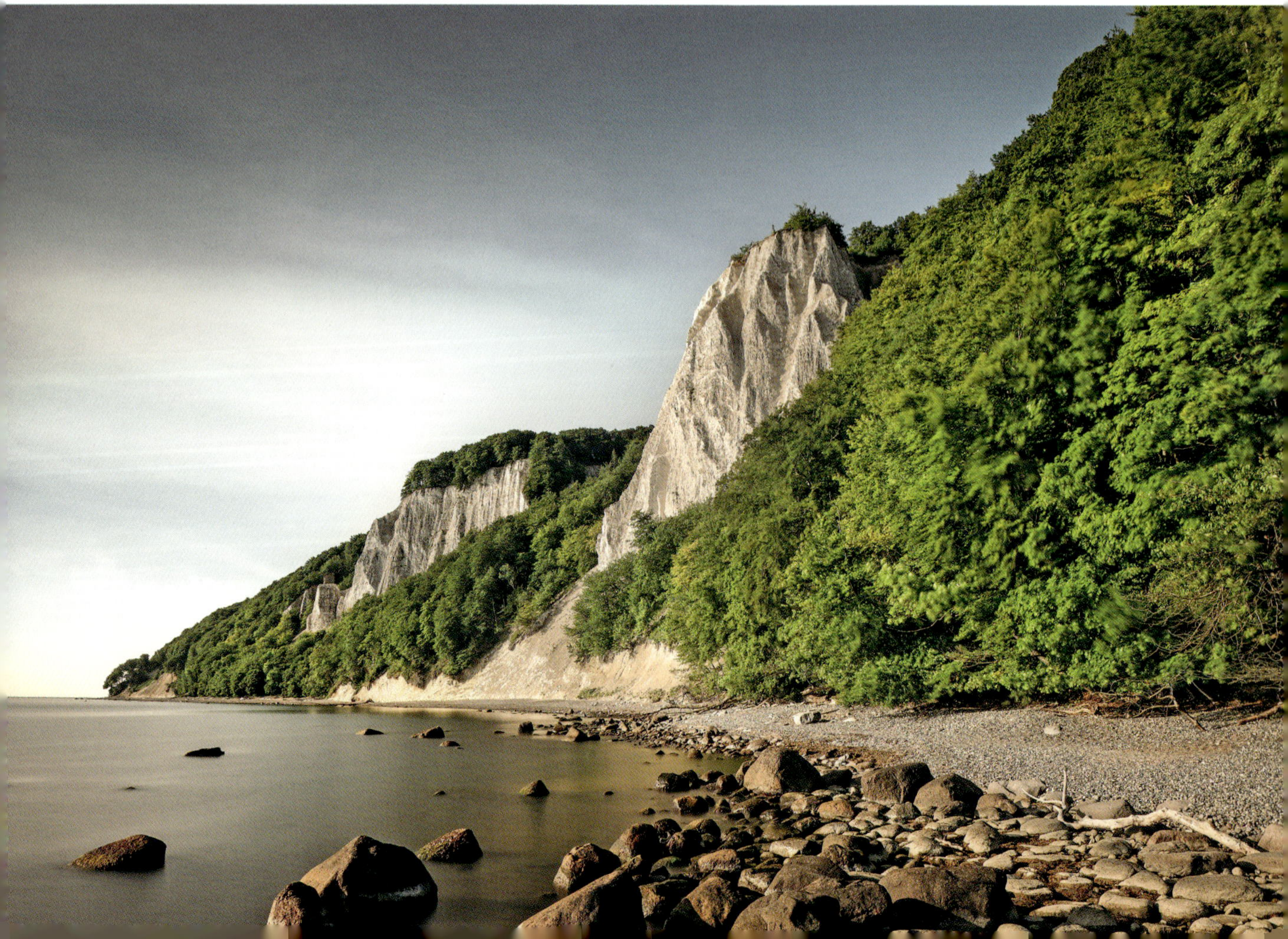

nur seinen Lieblingsflecken aussuchen, sein Handtuch ausbreiten – und kann die Ruhe genießen. Parken kann man an mehreren Parkplätzen rechts der Straße. Von hier aus folgt man sandigen Pfaden nur wenige Hundert Meter lang zwischen Kiefern hindurch, schon steht man am Meer. Der Strand ist hier so lang und weit, dass jeder einen ruhigen Fleck für sich findet. Auch FKK-Anhänger können sich hier frei entkleiden. Infrastruktur gibt es in direkter Nähe ansonsten nicht.

Wer es etwas zivilisierter mag, der kann nur ein paar Kilometer weiter Richtung Norden fahren, und zwar ins beschauliche Seebad Breege-Juliusruh. Hier gibt es kilometerweiten feinen Sandstrand (die Ansässigen sagen, es sei der längste Sandstrand der Insel), verbunden mit den Annehmlichkeiten eines Seebades, wie beispielsweise Restaurants und Cafés an der überschaubaren, gepflegten Promenade, Strandkorb-Verleiher und schicke, weiße Seebad-Architektur. Hier wartet außerdem eine tolle Bade-Alternative auf Besucher, falls das Wetter mal nicht mitspielen sollte: Das große, aber stilvolle Hotel »Aquamaris« mit eigenem Wellness-Bereich inklusive Saunen, Indoor-Schwimmbad und Eisgrotte (Wittower Straße 4, www.aquamaris.de).

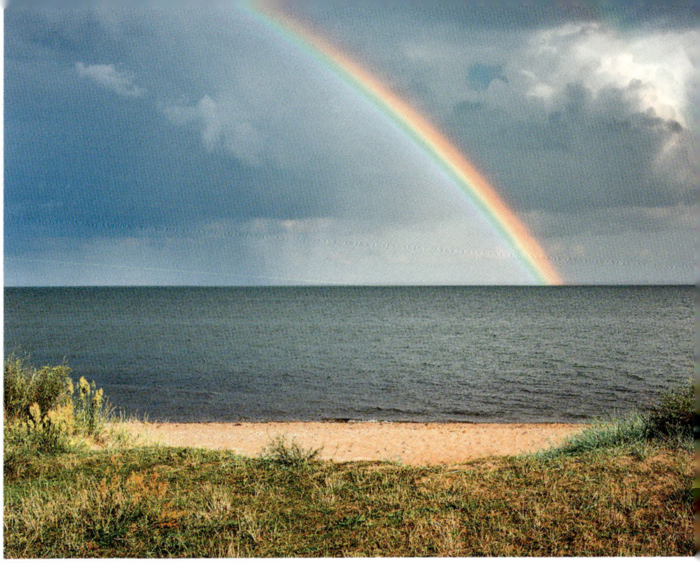

↑ Sonne und Regen lassen beeindruckende Naturschaupiele entstehen.

↙ Majestätisch heben sich die Kreidefelssen auf Rügen empor.

»Von Kap Arkona aus findet man tolle Badestellen, am besten per Rad.«

Info

GEEIGNET

Für Naturfans und Strandliebhaber

DIE INSEL RÜGEN

www.ruegen.de

OZEANEUM

Auf der Festlandseite liegt Stralsund. Die Stadt ist nicht nur wegen ihrer von der UNESCO auserkorenen Altstadt einen Besuch wert, sondern auch wegen ihres »Meeresmuseums« und des »Ozeaneums«: https://www.meeresmuseum.de und www.ozeaneum.de.

PRORA

Nördlich vom Ostseebad Binz steht mit »Prora« ein knapp drei Kilometer langer Gebäudekomplex, ein ehemaliges Seebad. Inzwischen werden die Gebäude entwickelt, es gibt ein Dokumentationszentrum und einen sehenswerten Baumwipfelpfad: www.baumwipfelpfade.de/nezr.

ANREISE

Nach Rügen kommt man bequem mit dem Bus, der Bahn oder dem eigenen Auto. Über Stralsund gibt es Anschlüsse nach Bergen, Sassnitz, Binz oder Samtens. Von Stralsund aus führt die Rügenbrücke auf die Insel. Auch kann man eine Autofähre buchen: www.ruegen.de/service/anreise-1.

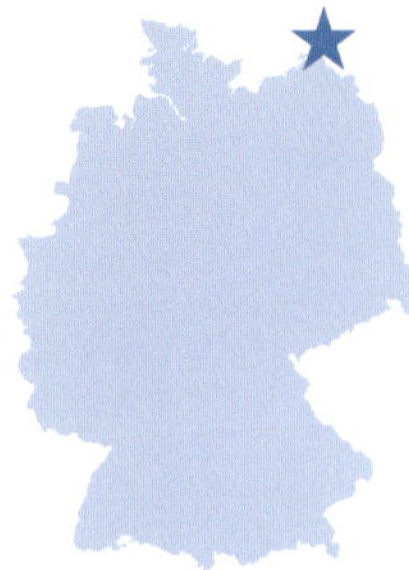

2 Strand bei Kloster auf Hiddensee

Hier ist man allein mit dem Meer

Wie eine schmale Landzunge schirmt sie Rügen gegen die offene Ostsee ab: die Insel Hiddensee. Für jeden Naturliebhaber ist die 17 Kilometer lange, sehr schmale Insel ein Juwel. Sie bietet kilometerlange Strände, Dünen, Wald und schnuckelige Dörfer.

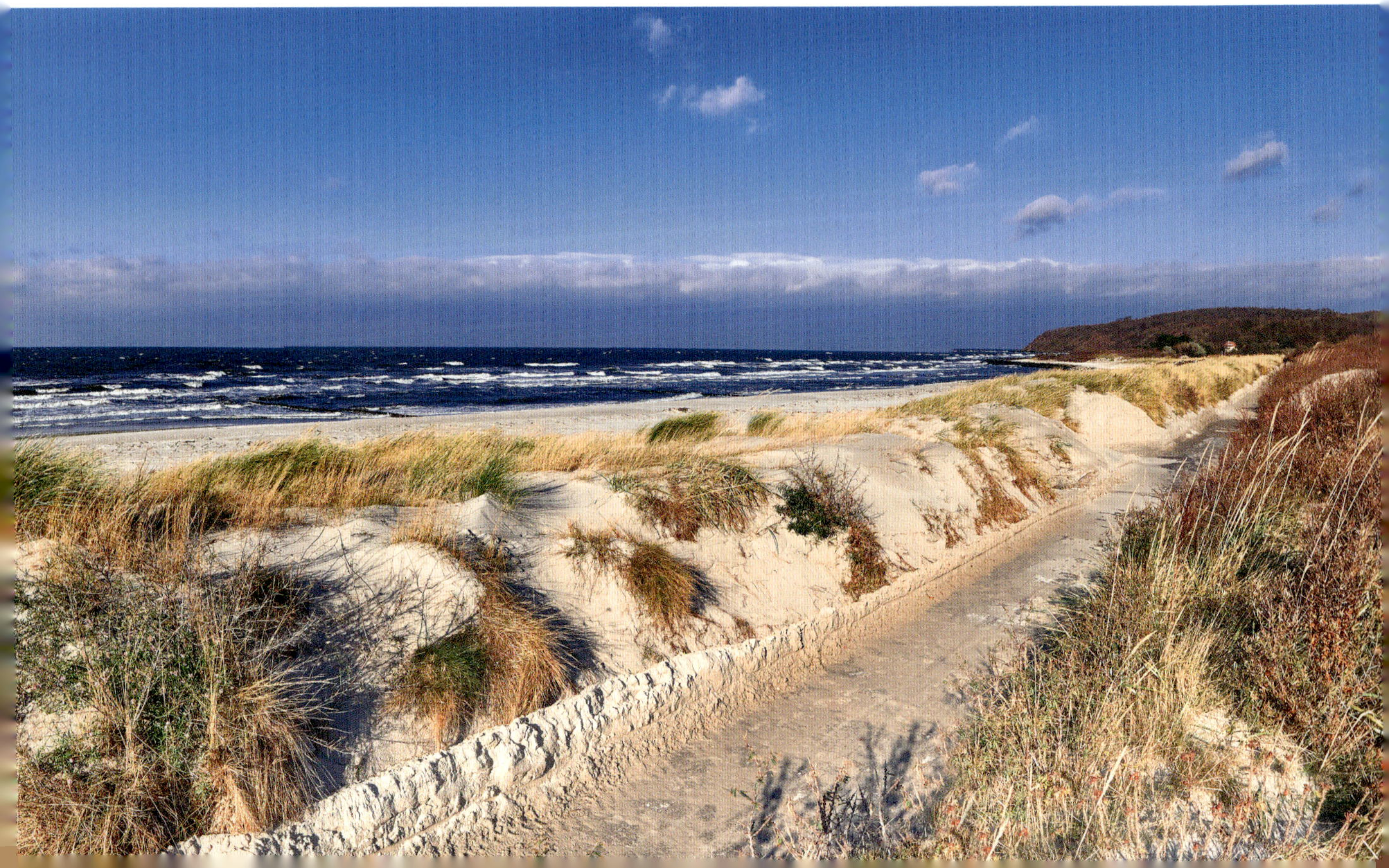

Ruhe und Erholung in der Natur werden hier großgeschrieben, denn: Privaten Autoverkehr gibt es auf Hiddensee nicht. Auf der Insel kommt man zu Fuß, auf dem Fahrrad oder per Pferdekutschen, die hier als Taxi-Ersatz gelten, herum. Bei so viel Idyll ist es kein Wunder, dass die Insulaner ihre Heimat das »söten länneken«, das süße Ländchen, nennen.

Befestigte Wege gibt es nicht

Hiddensee hat viele wunderschöne Badespots. Einer der schönsten ist der großzügige Strand bei Neuendorf. Er beginnt unterhalb des Ortes Vitte und zieht sich in den Süden hinunter bis in das ehemalige Fischerdörfchen Neuendorf. Der gesamte Ort steht unter Denkmalschutz, befestigte Wege sucht man hier vergebens. Dafür ist der Ort mit seinen reetgedeckten und weiß getünchten Häusern eine reine Augenweide. Schwimmer locken feinster Sandstrand, wilde Dünen und ein scheinbar endlos weiter Blick.

↙ Gelblich weiß schimmernder Sand und eine weite Dünenlandschaft – Hiddensee bietet seinen Urlaubern wunderschönen Ostseestrand.

Der Weg zum Strand ist simpel: einfach von Vitte aus nach Süden laufen und den schönsten Spot auswählen. Wer nicht so weit laufen möchte, kann mit Fahrrad oder Kutsche der Straße In den Dünen folgen und an einem beliebigen Punkt das Naturschutzgebiet Dünenheide durchqueren. Dahinter liegt der Strand.

Hinter dem Strand liegt Wald

Wildschwimmer, die für sich sein möchten, sind am Strand bei Kloster am besten aufgehoben. Er liegt im nördlichen Teil der Insel, oberhalb des Ortes Kloster. Er ist deutlich rauer, aber dafür auch abgeschiedener als die Strände bei Vitte und unterhalb von Kloster. Kieselige und sandige Passagen wechseln sich ab, direkt hinter dem Strand beginnt der Wald.
Erreichen kann man den Strand nur dort, wo es Durchbrüche in der sogenannten Huckemauer gibt. Diese Mauer wurde in den 30er-Jahren aus Stein errichtet, um die Insel vor den Kräften der Ostsee zu schützen. Zugänge sind unter anderem möglich in der Nähe des »Heimatmuseums«, Kirchweg 1, oder über die Klausner Treppe in der Nähe vom Leuchtturm Dornbusch.

Info

GEEIGNET
Für Muschelsucher und Ostsee-Schwimmer

INSEL HIDDENSEE
www.seebad-hiddensee.de

LEUCHTTURM
Den besten Überblick verschafft man sich vom Leuchtturm Dornbusch aus. Er ist knapp 30 Meter hoch und ein schickes Fotomotiv: www.hiddensee.m-vp.de/leuchtturm-dornbusch.

NATIONALPARKHAUS
Das Nationalparkhaus, Norderende 2, ist frisch renoviert und lockt mit einer großen Ausstellung rund um den Nationalpark Vorpommersche Boddenlandschaft. Virtuell erleben kann man sie in einer 3-D-Ausstellung: www.seebad-hiddensee.de/museen/nationalparkhaus-hiddensee.

ANREISE
Auf die Insel kommt man nur übers Wasser. Das Auto parkt man auf einem der Großparkplätze in Schaprode, Rügen. Auch per Zug und Bus kommt man bequem hierher. Tickets für die Fähre (Fahrtdauer: 30 Minuten) kann man vorab online bestellen: www.reederei-hiddensee.de.

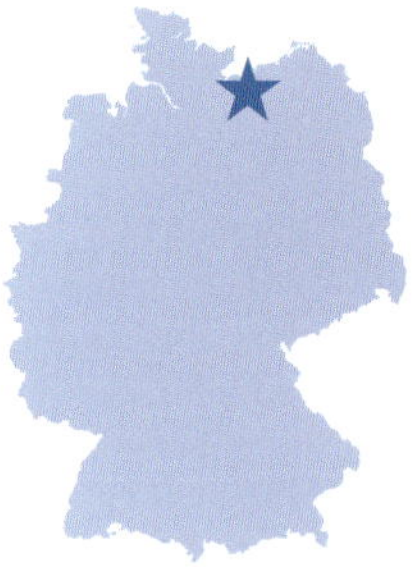

3 Schwimmen am Schweriner Außensee

Großer See mit toller Natur

Wohl jeder Schwimmer kennt den Schweriner See. Das Gewässer hat die unglaubliche Größe von über 60 Quadratkilometern und ist damit viertgrößter See des Landes. Hier locken viele versteckte Badestellen.

Der Schweriner See ist ein Herzstück der Mecklenburgischen Seenplatte und ideales Ausflugsziel für jeden, der Natur, Sport und Wasser liebt. Er ist in einen sogenannten Innen- und einen Außensee unterteilt. Die Teilung geschah im Jahr 1842 durch den Paulsdamm, einen drei Kilometer langen Damm zwischen Schwerin und dem Ostufer des Sees, über den auch eine Bundesstraße führt. Eine Verbindung für Schiffe ist mit dem Paulsdammkanal offen gelassen worden. Der Schweriner See ist auch eine Bundeswasserstraße, Schwimmer sollten also stets auf Schiffsverkehr achten.

Fischotter und Seeadler beobachten

Trotz der Infrastruktur durch Damm und Schiffe ist der See ein Naturparadies. Er ist ein europaweit anerkanntes Vogelschutzgebiet und gilt als bedeutend für den Arten- und Biotopschutz. Wegen seiner großen Vielfalt in Tier- und Pflanzenwelt wurde er als *Lebendiger See* prämiert. So konnten beispielsweise Fischotter schon häufig an den Ufern des Schweriner Sees gesichtet werden, und See- sowie Fischadler und andere Vögel brüten regelmäßig hier. Also am besten das Fernglas nicht vergessen!
Wer gerade im Sommer Ruhe vor Touristen und Wassersportlern sucht, ist am sogenannten Schweriner Außensee genau richtig. Eine entspannte Badestelle befindet sich am Nordufer, nahe des 3000-Einwohner-Ortes Bad Kleinen. Am Ufer des Dorfes Gallentin findet man einen geschützten kleinen Strand und eine von Bäumen umgebene Liegewiese vor. Infrastruktur sucht man vergeblich. Gute Nachricht für Kanuten: Gleich nebenan befindet sich ein Wasserwanderplatz. Der Grund ist steinig, Badeschuhe empfohlen.

↗ Der Schweriner See bietet durch seine Naturbelassenheit ein einmaliges Naturerlebnis.

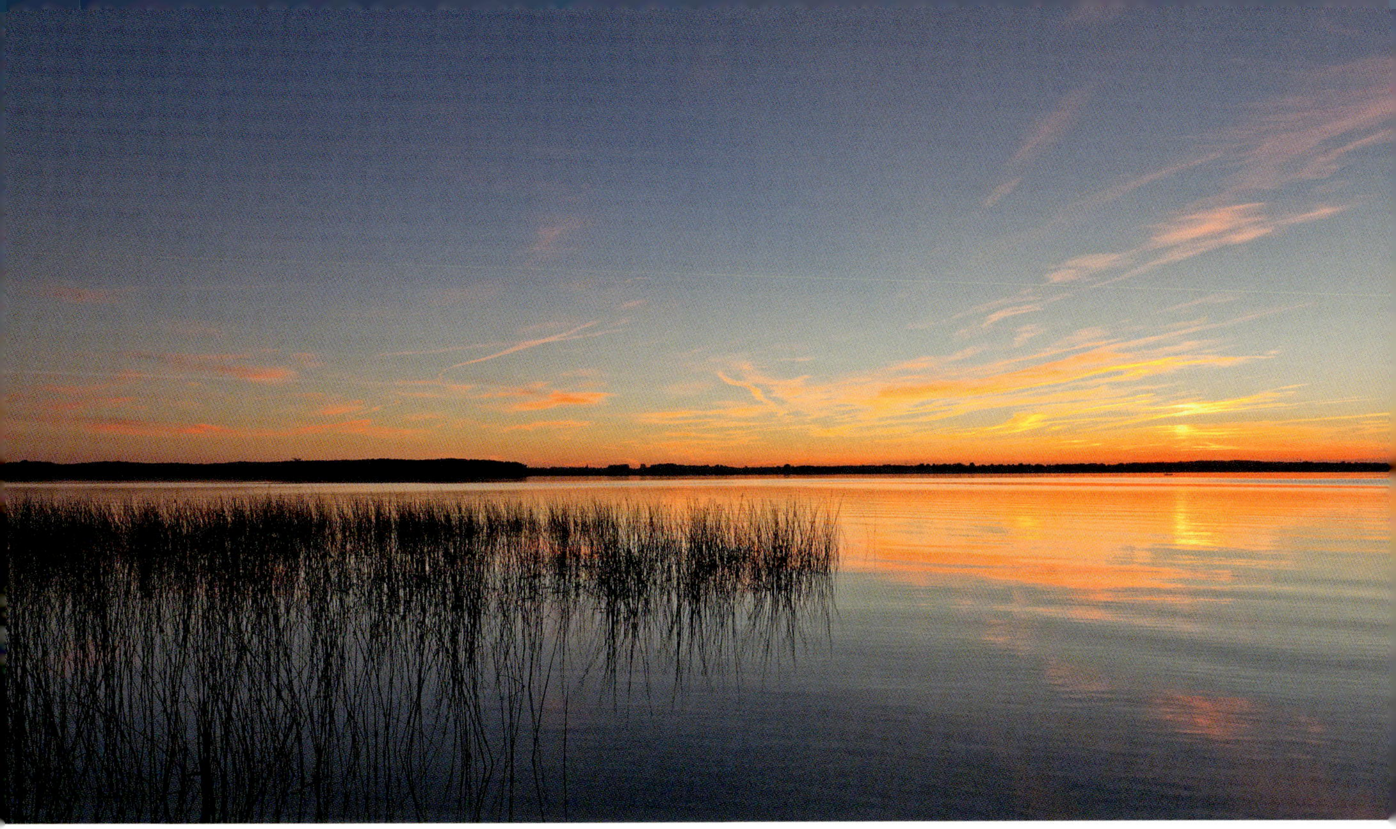

Ein langer Steg führt ins Wasser

Deutlich mehr Infrastruktur gibt es an der Badestelle direkt in Bad Kleinen am »Seeblick-Restaurant« (mit Wintergarten, Terrasse und Ferienwohnungen). Ein langer Steg führt von hier aus ins Wasser, es gibt eine Liegewiese, öffentliche Toiletten und Sitzmöglichkeiten. Der Blick auf den See und die Insel Lieps sind einfach grandios. Eine weitere Badestelle gibt es bei Hohen Viecheln mit Steg, Liegewiese und Volleyballplätzen.

Info

GEEIGNET
Für Tierbeobachter und Wassersportler

SCHWERINER SEE
www.schwerinersee.de

NATURCAMPING
Keine Lust auf Hotelzimmer? Am Außensee gibt es zwei Naturcampingplätze. »Naturcamping Retgendorf« bietet auch Unterkünfte für alle ohne eigenes Wohnmobil: https://naturcamping-retgendorf.de. Das größere »Seecamping Flessenow« bietet sogar schickes Glamping: https://seecamping.de.

ANREISE
Badestelle bei Gallentin: von Bad Kleinen aus der Gallentiner Chaussee folgen, in Gallentin in die Alte Dorfstraße abbiegen. An dessen Ende führt der Weg Am See bis zum Wasserwanderplatz. Die Badestelle liegt auf der Wiese dahinter. Badestelle in Bad Kleinen: liegt am »Seeblick-Restaurant«, Uferweg 24a. Badestelle in Hohen Viecheln: dem Rosenweg folgen, über den Bahnübergang, am Ende des Uferwegs Richtung Wald.

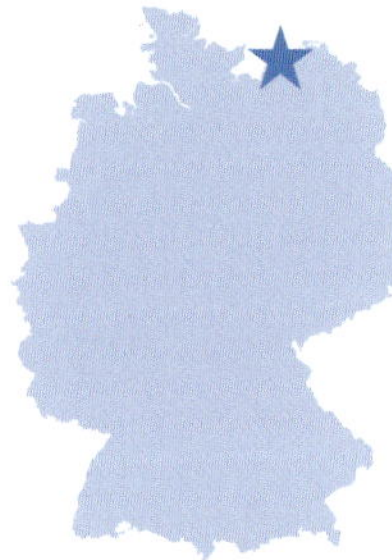

4 Strand Nienhagen hat viel zu bieten

Schwimmen mit Auszeichnung

Die See rauscht, die Bäume knarzen, der Sand ist warm, und vor einem liegt nur der Horizont – und, weit entfernt, Dänemark. Das Ostseebad Nienhagen ist klein, doch es hat enorm viel Natur zu bieten.

Das Ostseebad Kühlungsborn und das benachbarte Heiligendamm, das älteste Seebad Deutschlands, kennt wohl jeder Ostsee-Liebhaber. Dementsprechend voll werden die Strände im Sommer. Was aber ist mit dem gerade mal 2000 Einwohner zählenden Ort Nienhagen, das ebenfalls direkt an der Küste liegt, gerade mal 15 Kilometer von der Universitätsstadt Rostock entfernt? Der malerische Ort besticht durch seine Abgeschiedenheit, seinen kilometerlangen Sandstrand und durch seine eigentümliche Natur.
Vier Kilometer misst der Strand, von dem aus man einen wunderbaren Weitblick über die Ostsee und in Richtung Dänemark hat. Der feinsandige Hauptstrand liegt direkt unterhalb der Promenade. Er ist sehr beliebt bei Familien und älteren Urlaubern. Durch die Steilküste findet man auch im Hochsommer ein schattiges Plätzchen und Windschutz. Ob mit Hund oder ohne, ob FKK-Anhänger oder Familienmenschen: Für jeden gibt es hier den passenden Strandabschnitt. Am Hauptstrand hat man sogar freien WLAN-Zugang!
Ruhiger und ursprünglicher wird es, wenn man von der Promenade aus in Richtung Osten läuft. Hier beginnt der Naturstrand. Der ist zwar steiniger, aber auch ruhiger. Hierher verirren sich eher mal Spaziergänger und Bernsteinsucher. Zwei Treppen führen zum Strand, wenn man vom schmalen Küstenwald kommt.
Ein bisschen vorsichtig sollte man hier sein, da man sich direkt an einer Steilküste befindet. Vor allem nach starken Regenfällen kann es zu plötzlichen Abbrüchen kommen. Das kleine Ostseebad Nienhagen profitiert jedoch stark von seiner Lage: Das raue Seeklima wird hier abgemildert. Bei sonnigem Wetter kann man hier schneller ein Sommer-Feeling bekommen als an anderen Orten an der offenen Küste.

→ Der naturbelassene Strandabschnitt ist die meiste Zeit des Jahres einsam.

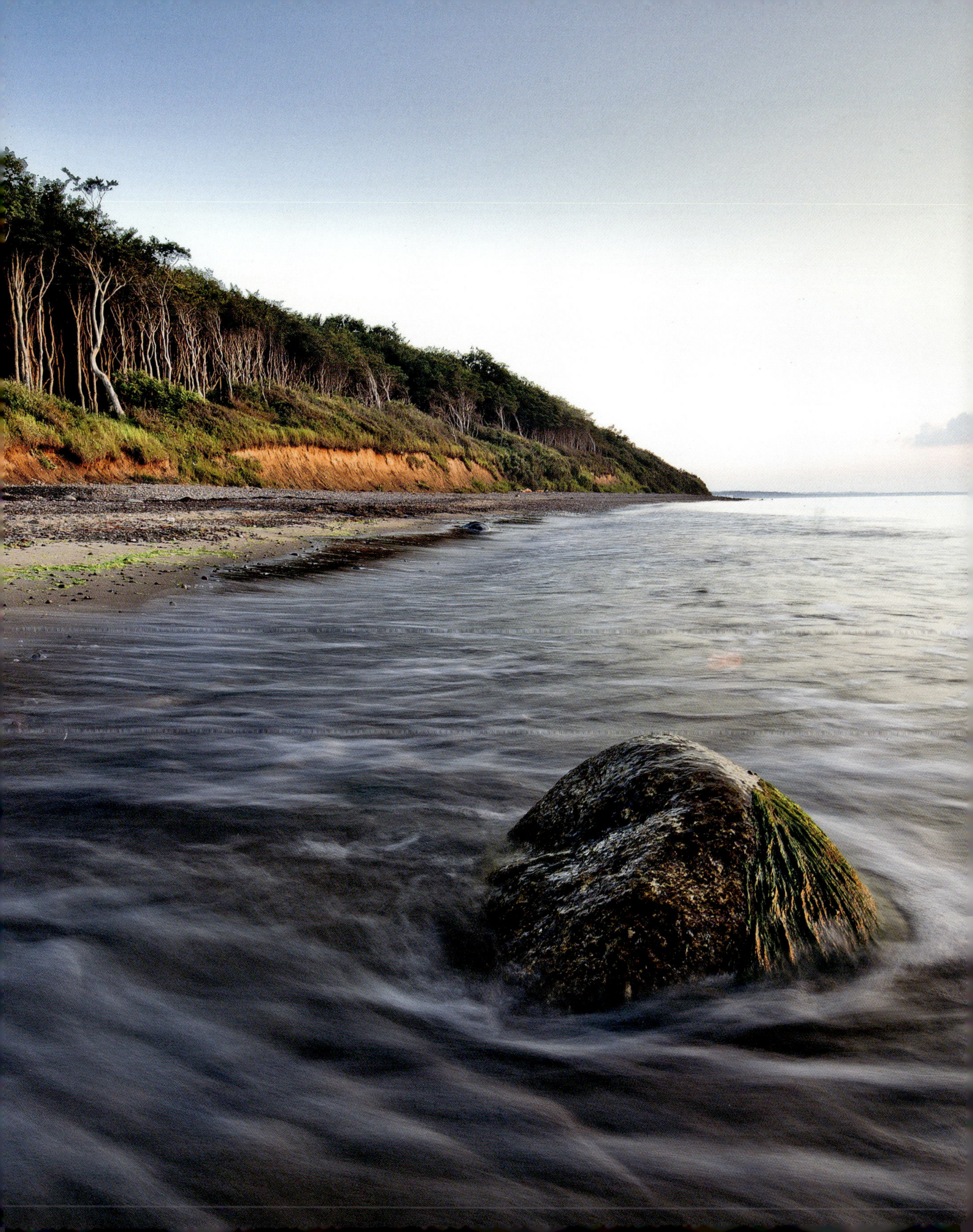

Bizarre Bäume im Gespensterwald

Eine weitere Besonderheit ist der sogenannte Gespensterwald. Wie bitte, Gespensterwald? So heißt der Waldabschnitt am westlichen Strandabschnitt unterhalb von Nienhagen tatsächlich. Grund für diesen Namen sind die Bäume, die im rund 180 Hektar großen Nienhäger Holz bizarr und eigentümlich gewachsen sind. Der Mischwald aus Eichen, Eschen und Buchen wächst bis an die Steilküste heran. Da die Bäume dem steten Wechsel von Wind, Meer und Salz ausgesetzt sind, haben sich ihre Stämme auf vermeintlich gespenstische Weise verformt.

Die bizarren Bäume, die rauschende Ostsee, das Geschrei der Möwen, ansonsten Stille: Der Gespensterwald verbreitet vor allem in den Morgen- und Abendstunden eine ganz besondere Atmosphäre. Auch für (Hobby-)Fotografen und Vogelbeobachter ist dieser Ort etwas ganz Besonderes, man sollte also reichlich Zeit einplanen. Direkt unterhalb des Ge-

Tipp

Diese Orte zeigen Wirkung: Bad Doberan und das nahe Heiligendamm sind Seebäder, die unter anderem für ihre heilsame Luft bekannt sind. In Bad Doberan kommen zum Beispiel die gesunde Wirkung von Moor und Ostseewasser gleichzeitig in den Kuren zur Anwendung: https://bad-doberan-heiligendamm.de.

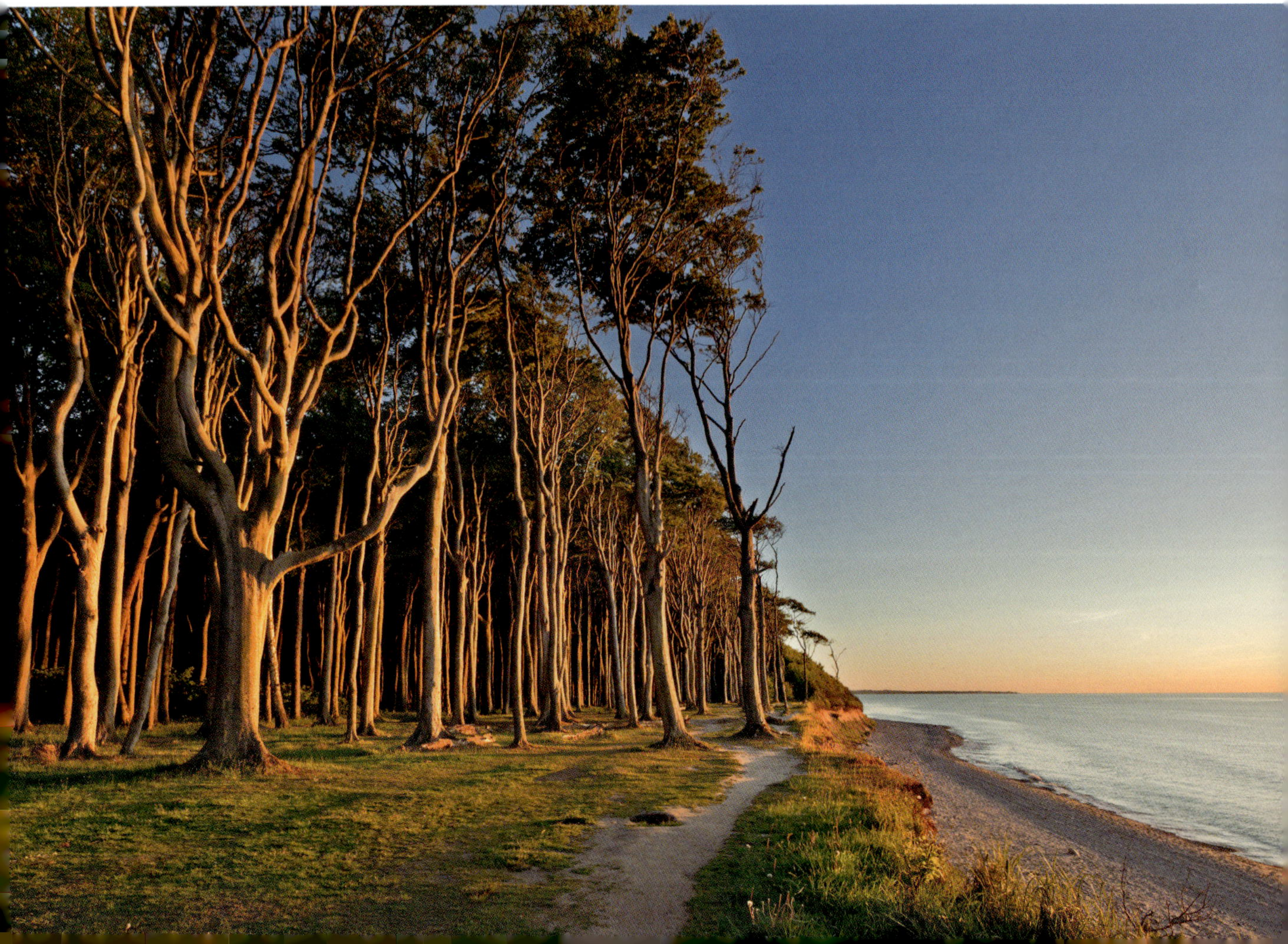

spensterwalds liegt übrigens der Hundestrand von Nienhagen, einen Zugang gibt es am Garnitzbach. Auch Wanderer kommen hier auf ihre Kosten, denn im Nienhäger Holz kann man wunderbar spazieren gehen oder auch mit dem Rad unterwegs sein. Wer einfach ein bisschen schlendern möchte, kann der bewaldeten Küstenlinie in beiden Richtungen folgen. Wer die Ostsee und seine Küste noch intensiver erleben möchte, kann sich bequeme Schuhe einpacken: Der »Ostseeküsten-Wanderweg« E9 führt hier vorbei. Er verbindet auf 400 Kilometern Travemünde und Swinemünde miteinander.

Der Strand in Nienhagen hat übrigens eine so hohe Qualität, dass er bereits zum wiederholten Mal die Auszeichnung *Blaue Flagge* bekommen hat. Dabei handelt es sich um ein internationales Umweltsymbol. Die Auszeichnung wird international an Küstenabschnitte, Seen und Häfen vergeben, die besonders vorbildliche Umweltarbeit vorweisen können. Dabei müssen sie einen strengen Kriterienkatalog erfüllen. Dazu gehört neben der Qualität des Gewässers unter anderem auch Umweltbildung und Umweltmanagement. Nienhagen erfüllt die Kriterien vorbildlich: Das Bad wurde im Jahr 2021 bereits zum 14. Mal ausgezeichnet.

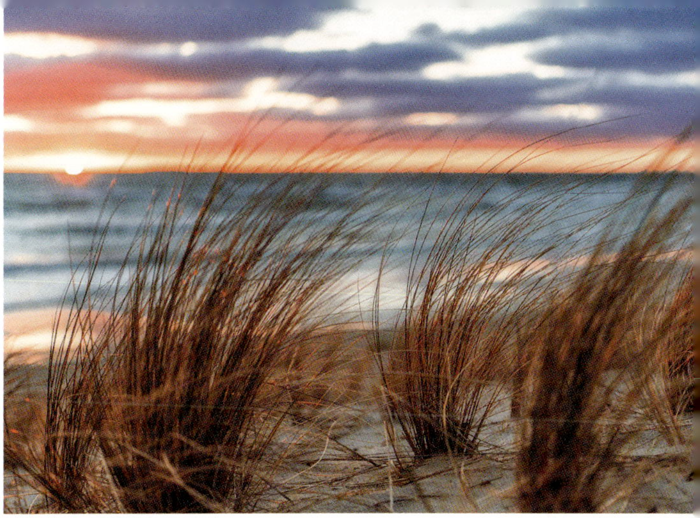

↑ Zum Ostseebad gehört ein ca. vier Kilometer langer Strandbereich.
↙ Die Einmaligkeit dieses Küstenwaldes liegt in den von der Natur »gespenstisch« geformten Bäumen.

»Nienhagen ist mit der Blauen Flagge für hohe Umweltstandards ausgezeichnet.«

Info

GEEIGNET
Für Waldwanderer und Strandfans

OSTSEEBAD NIENHAGEN
www.ostseebad-nienhagen.de

ROSTOCKER ALTSTADT
Backsteingotik, eine 16 Quadratmeter große Uhr, ein besonderer Zoo, ein interaktives »Trick Art«-Museum: Rostock ist immer einen Ausflug wert: www.rostock.de.

FISCHRÄUCHEREI
In der Fischräucherei Ostseebad Nienhagen, Doberaner Straße 21, wird das alte Räucherhandwerk aufrechterhalten. Die Fischsorten werden über offenem Holzfeuer geräuchert: www.fischausdemrauch.de.

ANREISE
Per Bahn: Nienhagen hat keinen eigenen Bahnhof, am nächsten liegen die Bahnhöfe in Bad Doberan (zehn Kilometer entfernt) oder Rostock (20 Kilometer). Mit dem Auto: Aus Richtung Berlin kommt man über die A24 / A9 / A20, nimmt die Abfahrt Bad Doberan und fährt Richtung Warnemünde bis Ostseebad Nienhagen. Aus Richtung Hamburg über die A20, Abfahrt Bad Doberan.

5 Schwimmen, wo die Havel entspringt

Der Mühlensee ist naturbelassen

Auf über 300 Kilometern durchquert die Havel den Nordosten Deutschlands. Ihre Quelle liegt im Müritz-Nationalpark, und zwar in der Gemeinde Ankershagen. Ganz in ihrer Nähe kann man wunderbar wildschwimmen.

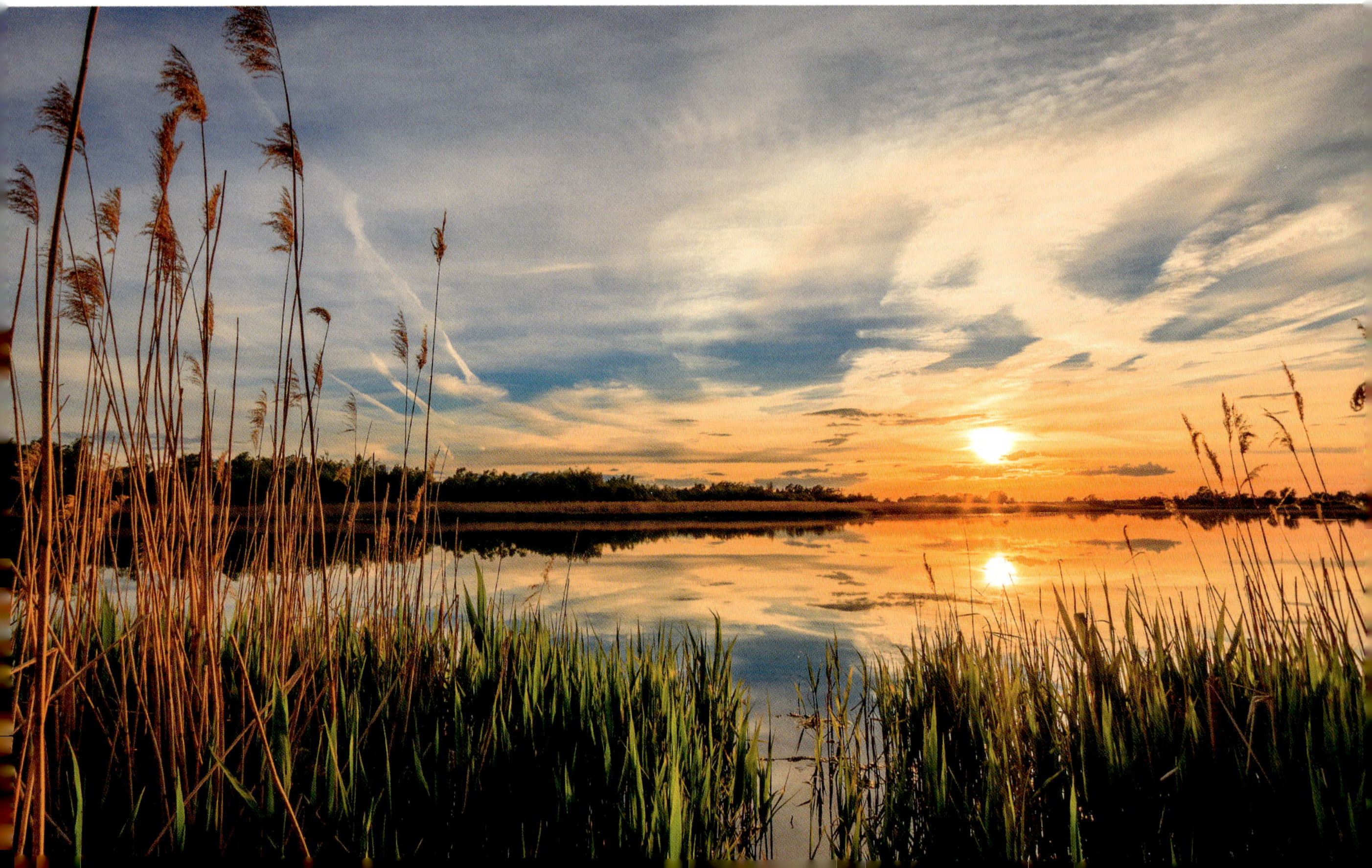

Schwimmen direkt an der Quelle des Havelflusses: Wenn man in Mecklenburg-Vorpommern schwimmen geht, darf diese Badestelle auf keinen Fall fehlen. Als historische Quelle der Havel wird der Bornsee in der Gemeinde Ankershagen angesehen, der unter Naturschutz steht.
Eine wunderbare Ausweichmöglichkeit zum Schwimmen ist der Mühlensee. Er gilt als einer der drei historischen Quellseen des Flusses. Durch den Trinnensee ist er mit dem Bornsee verbunden und er liegt mitten im Wald.

Der See liegt im Müritz-Nationalpark

Da alle Gewässer im Müritz-Nationalpark liegen und daher dem Naturschutz unterstehen, ist Schwimmen nur an der ausgewiesenen Stelle am Mühlensee erlaubt. Er liegt am Quellstein der Havel. Gekennzeichnet ist die Quelle des Flusses durch eine Senke im Boden, aus der Wasser hervorsprudelt, sowie durch Steine mit den Wappen der Gemeinden, durch die die Havel fließt. Der Damm zwischen Mühlensee und dem südlich gelegenen Feuchtgebiet Diekenbruch markiert außerdem die Wasserscheide zwischen Nordsee und Ostsee.
Als EU-Badegewässer wird der Mühlensee regelmäßig überprüft; seine Wasserqualität gilt als ausgezeichnet. Allerdings sollte man sich nichts aus den Wasserpflanzen machen, die gerade in den späteren Sommermonaten hoch werden und bis direkt unter die Wasseroberfläche wachsen können. Mit rund 40 Hektar bietet der See allerdings genug Ausweichfläche und tiefere Stellen.

Die Havelquelle ist nebenan

Die Badestelle befindet sich am südlichen Ende des Sees in direkter Nachbarschaft zur Havelquelle. Zwei Holzstege führen hier ins Wasser, die sich in der Mitte zu einem H verbinden. Der Bereich zwischen den Stegen ist sehr flach und daher für Kinder geeignet. Auf einem der Stege steht ein Sprungturm. Der Einstieg ist flach und sandig. Ein schmaler, abschüssiger Wiesenstreifen führt ans Wasser.
Es lohnt sich, mit dem Rad oder als Teil einer Wanderung zu Fuß herzukommen; beispielsweise führen der Müritz-Nationalpark-Wanderweg sowie der Radweg rund um die Havelquellseen hier entlang.

↙ Der Mühlensee ist ein wunderschöner Waldsee mit toller Badestelle.

Info

GEEIGNET
Für Kulturinteressierte

GEMEINDE ANKERSHAGEN
www.ankershagen.de

SCHLIEMANN-GEMEINDE
In Ankershagen steht das abwechslungsreiche »Heinrich-Schliemann-Museum«, gewidmet dem Archäologen, der Troja entdeckte. Kinder können u. a. auf einem nachgebauten trojanischen Pferd spielen. Eintritt: 7 Euro für Erwachsene. www.schliemann-museum.de.

MÜRITZ-NATIONALPARK
Die Havelquelle ist ein beliebtes Ausflugsziel für Wanderer und Radfahrer. Der Müritz-Nationalpark-Wanderweg verbindet auf über 170 Kilometern alle Sehenswürdigkeiten miteinander: www.mueritz-nationalpark.de.

ANREISE
Von Neubrandenburg aus führt die B192 nach Penzlin. Die Straße Am Mühlengraben führt vom Ortsausgang nach Ankershagen. Der Mühlenstraße bis zum Wald folgen, hier gibt es einen Parkplatz. Schilder führen zur Havelquelle und zur Badestelle.

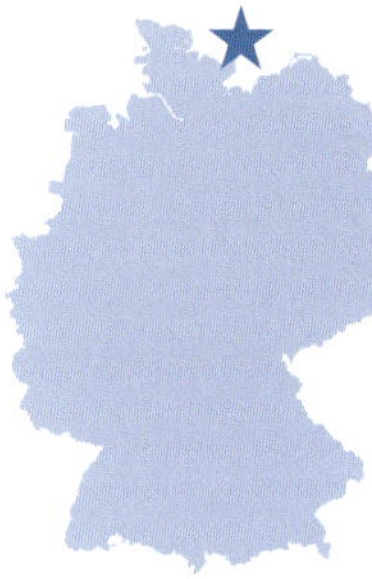

6 Mehr Norden geht nicht: Fehmarn

Naturstrände mit Dänemark-Blick

Blick auf Dänemark, 80 Kilometer Küste, Dutzende Strände: Mehr Norden als die Insel Fehmarn in Schleswig-Holstein geht fast nicht. Fehmarn war schon immer das perfekte Ziel für Naturliebhaber und Sportfans.

Die Insel Fehmarn im Norden Schleswig-Holsteins ist bekannt für ihre Weitläufigkeit, ihre Ruhe und ihre wildromantischen, natürlichen Strände. Einer der ruhigsten von ihnen ist der kleine Abschnitt bei Presen. Am (beinahe) östlichsten Zipfel von Fehmarn kann man hier einen Naturstrand ohne viel Trubel oder Infrastruktur genießen. Knapp zwei Kilometer südlich von Puttgarden hat man nichts als Wasser und, weiter hinten, Dänemark vor der Nase.

Vom kleinen Ort Presen aus führt eine Straße in nur wenigen Hundert Metern direkt zum Strand. Hier gibt es auch Parkflächen fürs Auto, eine zweite liegt weiter unten am Strand. Um ungestört zu sein, sollte man ein gutes Stück weit in Richtung Süden laufen. Der Strand erstreckt sich von Presen aus etwa drei Kilometer lang in südlicher Richtung bis hin zum Campingplatz »Klausdorfer Strand«.

Ideale Insel fürs Fahrradfahren

Der Strand Presen ist umgeben von windumspielten Bäumen und schier endlosen Feldern. Auch zur Hochsaison wird es nie voll. Hier kann man jenseits von Surfern, sandburgbauenden Familien und Strandkorbverleihern die Stille der Natur und das Rauschen des Meeres genießen. Der Strand besteht meist aus großen Steinen und Kieseln; Badeschuhe sind also empfohlen. Zum Wasser hin wird der Untergrund allerdings sandiger und damit angenehmer für die Füße. Wasserpflanzen oder Algen gibt es hier wenige.

Kein Auto? Kein Problem: Fehmarn ist durch Größe und Beschaffenheit eine ideale Insel zum Fahrradfahren. Die Anreise mit dem Drahtesel lohnt sich also besonders, rund 300 Kilometer lang ist das Radwegenetz hier. Wer fit ist, folgt dem Ostseeküsten-Radweg, der einmal komplett der Küstenlinie

↗ Die drittgrößte Insel Deutschlands besticht mit wunderschöner Natur.

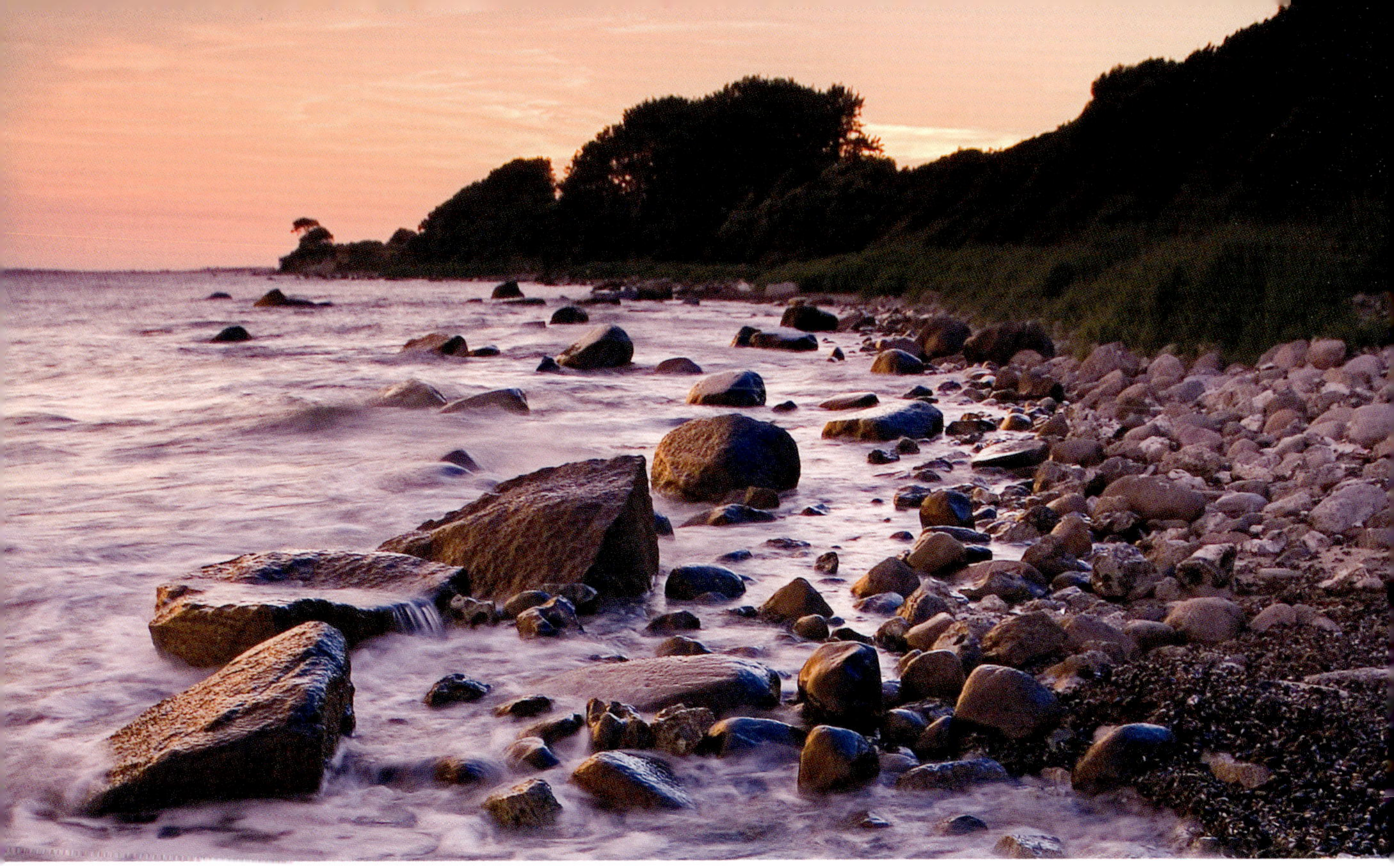

der Insel folgt. So hat man immer das Meer im Blick – und die besten Naturstrände. Schöne, abgeschiedene Badestellen gibt es zum Beispiel auch noch in Staberhuk oder Westermarkelsdorf.
Toll ist die Insel auch für alle Naturliebhaber und Vogelbeobachter: Das Wasservogelreservat Wallnau an der Westküste zählt zu den ökologisch wertvollsten Regionen Norddeutschlands. Zehntausende Zugvögel kann man hier beobachten (https://wallnau.nabu.de).

Info

GEEIGNET
Für Liebhaber von Naturstränden und offenem Wasser

DIE INSEL FEHMARN
www.fehmarn.de

MEERESZENTRUM
Das Meereszentrum in Burg ist ein tropisches Aquarium mit Haifischbecken, Korallen und Unterwassertunnel. Besucht man außerdem die nahe »Ostsee-Erlebniswelt« in Heiligenhafen, kann man mit dem Kombiticket Geld sparen: https://mega-meereswelten.de.

FÄHREN NACH DÄNEMARK
Von Puttgarden aus verlassen Fähren regelmäßig die Insel in Richtung Rodby in Dänemark. Die Überfahrt dauert 45 Minuten: www.scandlines.de.

ANREISE
Über die Fehmarnsundbrücke kann man Fehmarn bequem per Auto oder Bus erreichen. Auch per Zug ist die Anreise kein Problem: Vom Hamburger Hauptbahnhof dauert die Reise per IC knapp zwei Stunden.

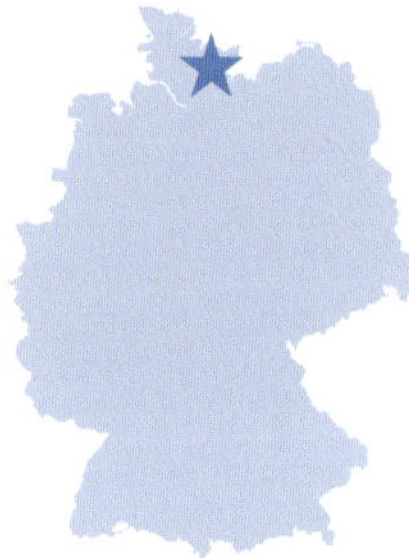

7 Naturjuwel in der Holsteinischen Schweiz

Kellersee erfüllt jeden Anspruch

Hügel, Seen, Wälder, Kulisse für einen liebenswerten Filmklassiker aus den 1950er-Jahren: Die Holsteinische Schweiz lockt Naturfans von weit her an. Mittendrin liegt der malerische Kellersee.

Die Holsteinische Schweiz ist beliebtes Urlaubsland. Warum, weiß jeder, der schon einmal da war: Saftig-grüne Hügel formen die Landschaft, die von atmosphärischen Städtchen, freundlichen Wäldern und blau-blitzenden Seen unterbrochen wird. Eines der Herzstücke für Wildschwimmer ist der Kellersee, ein tiefblauer See, der direkt an den 11 000-Einwohner-Kurort Malente grenzt und damit auch mitten in der Holsteinischen Schweiz liegt. Mit knapp 600 Hektar ist er riesig und schmiegt sich wie ein funkelndes Kleinod in die idyllische Hügellandschaft. Knapp 30 Meter misst das Badegewässer mit ausgezeichneter Gewässerqualität an seiner tiefsten Stelle. Es ist der zweitgrößte See der Holsteiner Seenplatte, die mit insgesamt 200 Gewässern protzen kann.

Der Kellersee, ähnlich wie der nahe Dieksee, hat sauberes Wasser und bietet für jeden Anspruch genau das Richtige. Eine Badestelle liegt mitten im schnuckeligen Malente. Die Wöbbensredder Badestelle ist jedoch eher etwas für Familien. Hier locken ein schöner Sandstrand, flaches Wasser, Spielplatz, Liegewiese. Eine zweite Badestelle im Ort Fissau lässt sich nur über den Campingplatz Prinzenholz am südlichen Ufer erreichen.

Wer Natur und Ruhe sucht, ist am sogenannten Hamburger Strand gut aufgehoben. Der liegt am östlichen Ufer des Sees, mitten im Wald südlich des kleinen Ortes Sielbek. Hier hat man wirklich seine Ruhe: Die Badestelle erreicht man nur mit dem Fahrrad, mit dem Boot übers Wasser oder zu Fuß bei einer Wanderung. Der Strand ist klein, aber dafür umgeben von Bäumen und wirklich abgeschieden.

Ein malerischer Rundweg führt um den See

Man kann einmal komplett um den Kellersee herumlaufen. Die gesamte Länge beträgt gut 20 Kilo-

→ Der zweitgrößte See der Holsteiner Seenplatte liegt in idyllischer Landschaft zwischen Wäldern und Wiesen.

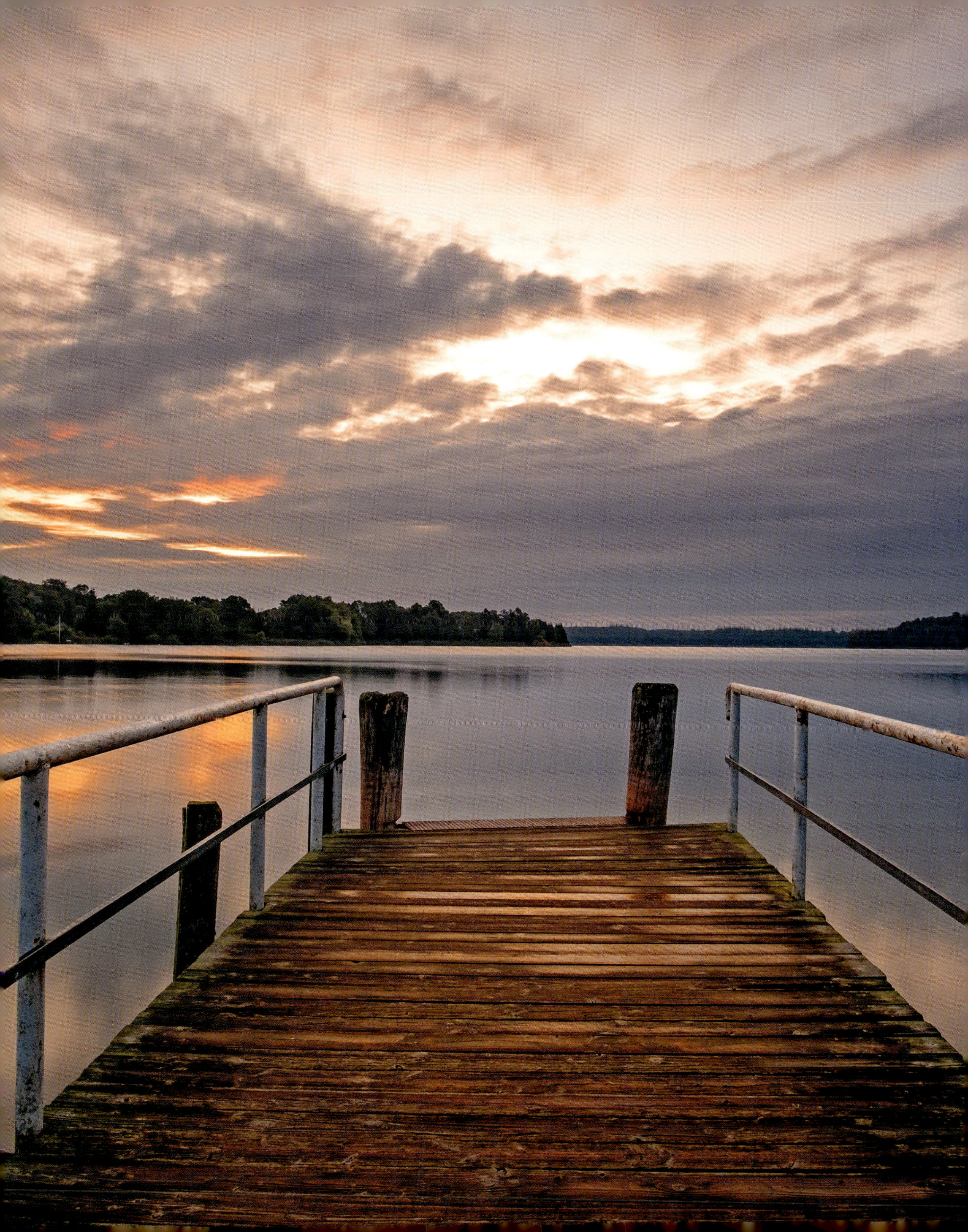

meter und dauert damit rund sechs Stunden. Der Weg führt oft direkt am Seeufer entlang sowie durch unberührte Natur mit ihrer reichen Tier- und Pflanzenwelt. Der Weg ist damit ideal für naturverliebte Wanderer und Fotografen.

Tipp

»So ein Pony, das kann alles ...« Wer kennt sie nicht, die gut gelaunten Mädels vom Immenhof? Malente und der Kellersee waren die Kulisse für den TV-Klassiker. Gefilmt wurde auf »Gut Rothensande« südlich von Malente, heute nach langer Sanierung ein Ferienhotel: https://gut-immenhof.de.

Ein schönes Ausflugsziel ist auch der Holzbergturm zwischen Kellersee und Dieksee. Von Malente aus läuft man keine drei Kilometer bis hierher. Der Turm ist erst im Jahr 2020 eröffnet worden und bietet mit seinen 30 Metern Höhe eine grandiose Aussicht über den Ort, die beiden Seen und die Holsteinische Schweiz. Eine gewisse körperliche Fitness sollte man mitbringen: Bis zur Spitze sind es 147 Stufen. Der Eintritt ist frei (www.malente-tourismus.de/malente/sehenswuerdigkeiten/holzbergturm).
Doch den See nur von Land aus zu erleben, wäre viel zu schade. Beispielsweise in Fissau oder in Malente kann man sich Kanus und SUP-Boards ausleihen und damit den See vom Wasser aus erkunden. Wie es sich für eine so wasserreiche Region gehört, muss es mit einem Gewässer nicht getan sein. Man kann dem Fluss Schwentine folgen, der den See unter an-

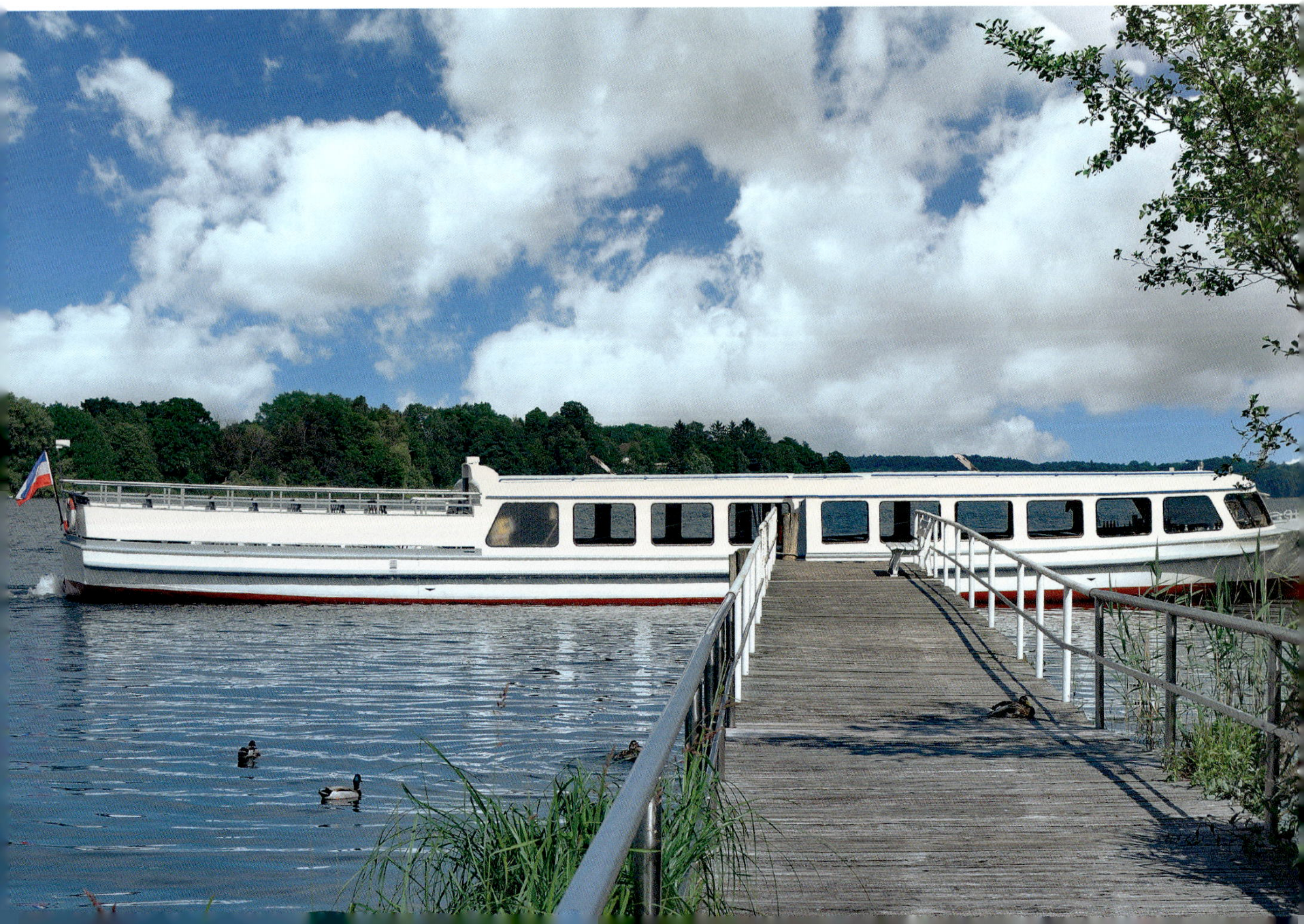

derem speist, und so zum Dieksee gelangen und hier weiterpaddeln.
Der See ist so groß, dass man hier sogar Segeltörns veranstalten kann. Auch Angeln ist möglich, wenn man den entsprechenden Schein beim örtlichen Angelverein vorweisen kann. Die Angelkarten gibt es zum Beispiel in der traditionsreichen Fischerei Schwarten, die in Bad Malente am Ende der Kellerseestraße ihren Sitz hat.
Häufig gefangen werden hier zum Beispiel Karpfen, Rotauge, Flussbarsch und Hecht. Angler lieben den Kellersee wegen der großen Fischvielfalt. Die kommt auch jenen Besuchern zugute, die ihr Abendessen nicht selbst aus dem Wasser ziehen wollen. Zahlreiche Lokale in der Nähe bieten lokalen Fisch an. Die Familie Schwarten hat die wahrscheinlich leckersten Fischbrötchen der ganzen Gegend und dazu eine entspannte Atmosphäre mit norddeutschem Klönschnack und direktem Blick auf den See. Die »Seehütte« inklusive Passagierschiff aus den 30er-Jahren findet man in der Kellerseestraße 52 (und online auf https://zwischendenseen.com).
Wer Kultur liebt, kommt hier auf seine Kosten: Im Süden und Osten stößt der See an die Residenzstadt Eutin. Allein die historische Altstadt und das prächtige Barockschloss in Backsteinrot, umgeben von Wasser, sind einen Abstecher wert.

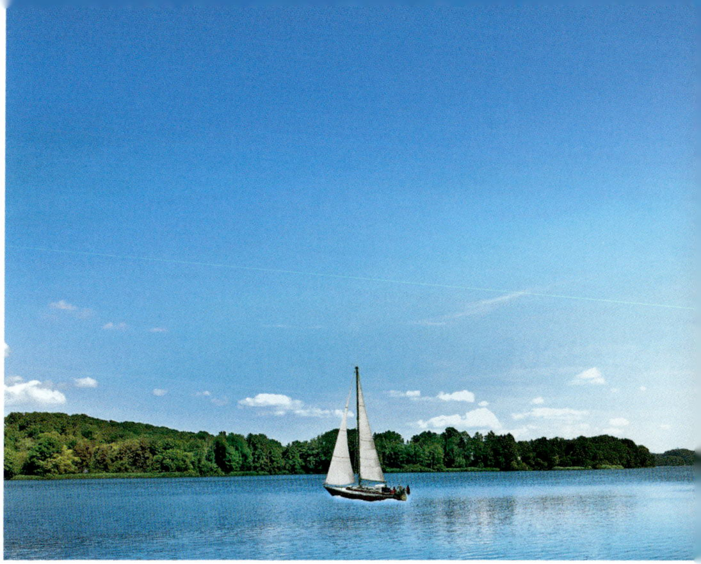

↑ Der See wird von einem Malenter Segelverein genutzt.
↙ Der Kellersee lässt sich am besten bei einer Schifffahrt erkunden.

»Der Wanderweg um den See ist ideal für Naturliebhaber und Fotografen.«

Info

GEEIGNET
Für Radfahrer, Familien und Fotografen

HOLSTEINISCHE SCHWEIZ
www.holsteinischeschweiz.de

WUNDERWELT WASSER
Vom Wasser noch nicht genug? Der Naturlehrpfad »Wunderwelt Wasser« führt durch die schöne Malenter Au. Kinder und Jugendliche lernen hier spielerisch und anschaulich alles über das Element Wasser und das Leben im und am Wasser: www.malente-tourismus.de.

MALENTE
Kneippen, Heilbäder nehmen, entspannen: Das alles bietet der malerische Ort Bad Malente-Gremsmühlen direkt am Ufer des Kellersees. Ob Schlösser-Sightseeing, Fünf-Seen-Schifffahrt, Kultur oder Natur: Hier gibt es für alle viel zu entdecken.

ANREISE
Die Badestelle Hamburger Strand am Kellersee ist über die B76 zu erreichen, dann in Eutin abfahren und der Sielbeker Landstraße nach Norden folgen. Die Badestelle liegt im Wald südlich von Sielbek. Ohne Auto sind es fünf Kilometer vom Bahnhof Eutin bis zur Badestelle.

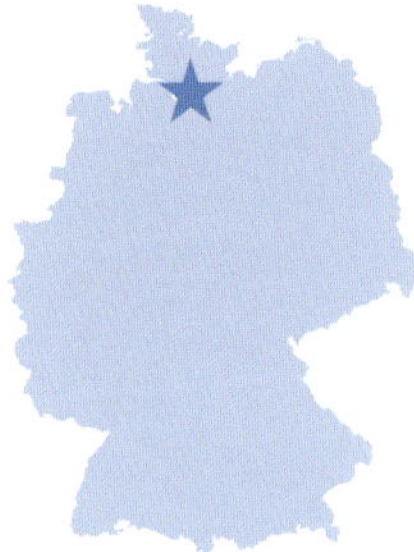

8 Die Drei-Seen-Platte: Baden mitten im Wald

Schwimmen im klaren Großensee

Er ist nur wenige Kilometer von Hamburg entfernt und einer der saubersten Seen der Umgebung: Den Großensee in der Stormaner Schweiz dürfen Naturfreunde nicht verpassen. Hier schwimmt man zwischen Hügeln und Bäumen.

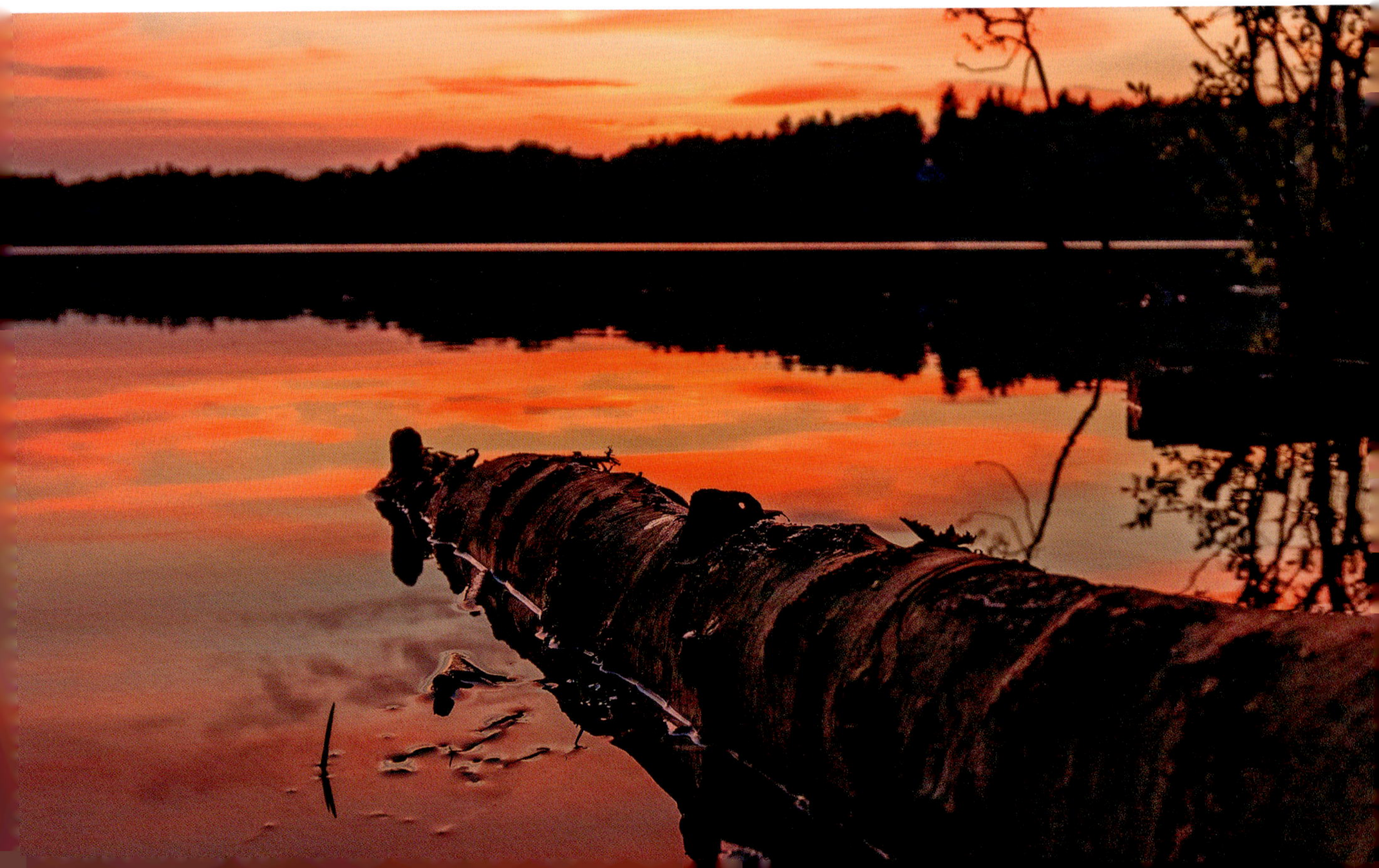

Nicht einmal 30 Kilometer östlich der Hamburger Innenstadt liegt ein See- und Naturparadies: die sogenannte Drei-Seen-Platte, die den Großensee, den Lütjensee und den Mönchteich meint. Schwimmen in der Natur ist hier ein besonderes Vergnügen, denn die Gewässer gelten als einige der saubersten im Hamburger Großraum.
Am Großensee gibt es ein freundliches Freibad am Südufer mit Liegewiesen, Toiletten, Kiosk und mehr. Die Zufahrt erfolgt über die Trittauer Straße und dann die Seestraße. In der Nähe liegt auch ein naturnaher Campingplatz. Wildschwimmer dürfte eher das Nordufer interessieren, an dem man sich seine eigene Badestelle suchen kann. Hier gibt es einen Naturstrand, jedoch auch versteckte Plätze zwischen den Bäumen. Die Zufahrt erfolgt über den Strandweg.

Der Großensee ist sehr sauber und klar

Der Großensee macht seinem Namen alle Ehre: Er ist über 70 Hektar groß und an seiner tiefsten Stelle über 16 Meter tief. Als sogenannter glazialer Rinnsee, der sich in der letzten Kaltzeit gebildet hat, ist sein Wasser besonders sauber und klar. Er wird vor allem von Grundwasser gespeist. Im südlichen Abschnitt liegt eine kleine, bewaldete Insel.
Vom östlichen Ufer aus kann man bis zum Lütjensee wandern. Der Weg führt nicht komplett am Ufer des Großensees vorbei, da sich große Teile davon in Privatbesitz befinden. Dabei streift man als Wanderer ein weiteres Gewässer: den Mönchteich. Er ist mit seinen knapp 25 Hektar und einer Wassertiefe von gerade mal drei Metern deutlich kleiner als der Großensee.

Bei FKK-Anhängern ist der Mönchteich beliebt

Wer die Idylle sucht, kann aber auch zwischen seinen bewaldeten Ufern abtauchen. Das geht vor allem am Ostufer von der Trittauer Straße aus. Besonders bei FKK-Anhängern ist der See sehr beliebt. Weil er so flach ist, bilden sich im Sommer schnell Wasserpflanzen. Auch rund um den Mönchteich kann man wunderbar wandern.
Der Lütjensee ist der nördlichste der drei Seen. Entspannt schwimmt man am Nordufer, doch auch unter den gewaltigen Kiefern findet man idyllische Badestellen. Auch der benachbarte See ist nach dem Gewässer benannt.

↙ Im Osten Hamburgs gelegen, bietet der Großensee Natur und Erholung.

Info

GEEIGNET
Für Wanderfreunde und FKK-Anhänger

ABENTEUERGOLF
Zwischen Großensee und Mönchteich kann man auf einem über 2000 Quadratmeter großen Gelände Abenteuergolf spielen. Die 18-Loch-Anlage ist eine spaßige Abwechslung für jedes Alter. Eintritt: 6,90 Euro für Erwachsene. Strandweg 51, 22952 Lütjensee: www.abenteuergolf-luetjensee.de.

HOCHSEILGARTEN
Im Hochseilgarten in Lütjensee kann man seinen Mut an 99 Hindernissen in bis zu 20 Metern Höhe testen. Anfahrt über die Sieker Landstraße oder Haltestelle Lütjensee Kreuzung. Tageskarte für Erwachsene 22 Euro, für Kinder ab 16 Euro. Montags ist Ruhetag: http://hochseilgarten-luetjensee.de.

ANREISE
Das Freibad am Südufer des Großensees erreicht man über die Seestraße 1, 22946 Großensee. Ans Nordufer gelangt man über den Strandweg. Ans Nordufer des Lütjensees führt die Straße Seeredder.

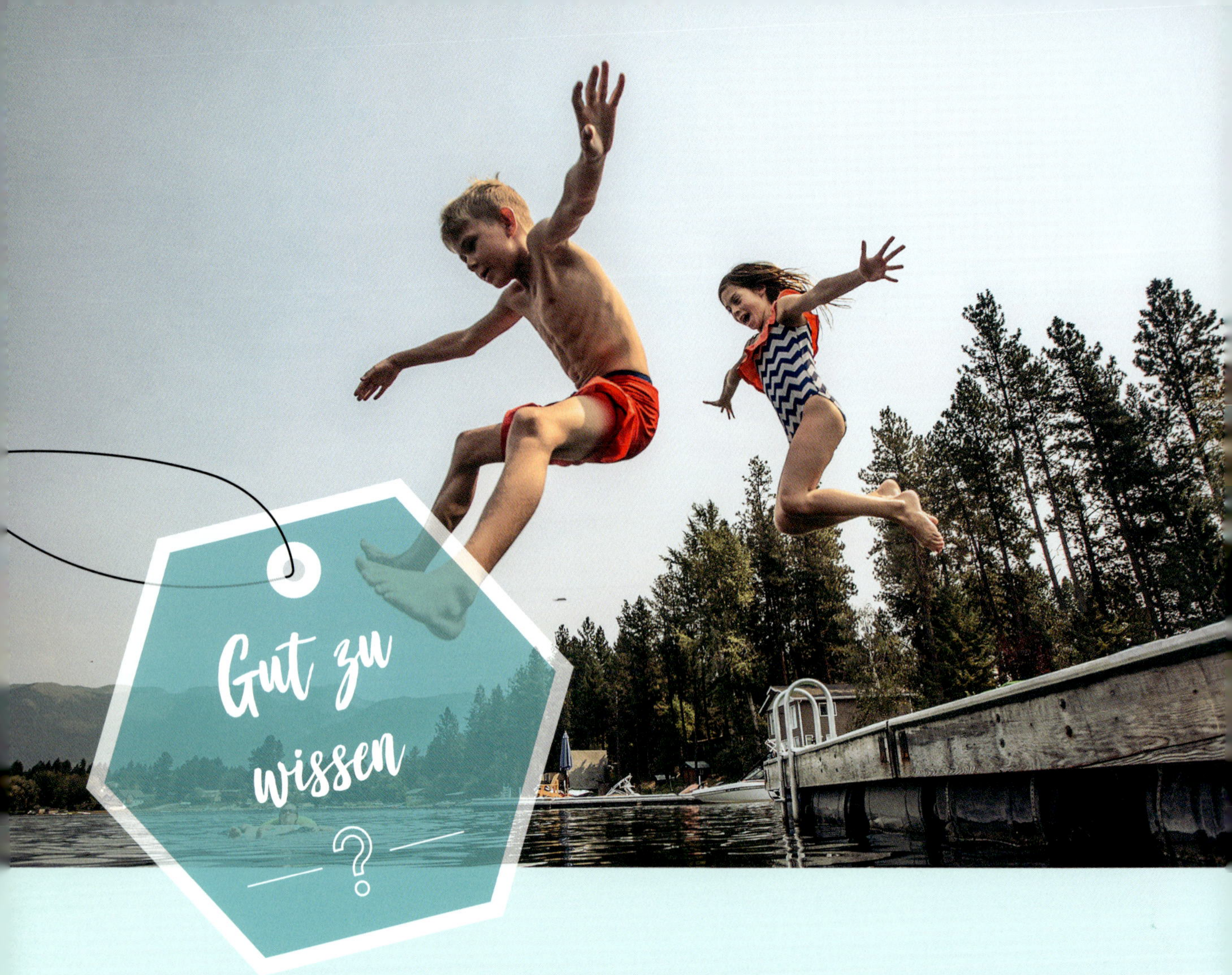

Was heißt »Wildbaden«?

Der Naturtrend kommt aus England

Wildbaden in der Natur – für manche Menschen ist das ganz selbstverständlich. Warum sollte man Eintritt zahlen, um in gechlortem Freibadwasser schwimmen zu gehen? Vor allem in wasserreichen Regionen wie Schweden oder Norwegen ist Wildbaden ganz normal.
Doch das ganz bewusste Baden in Seen, Flüssen und unter Wasserfällen ist in den vergangenen Jahren auch ein Trend geworden. Kein Wunder: Wer wildschwimmt, lebt gesünder. Es kurbelt das Immunsystem an, bringt den Kreislauf in Schwung und macht rundum glücklich.
Dass man auch als »Normalo«, der mit wilden Bergseen wenig zu tun hat, toll in der Natur schwimmen gehen kann, haben die Briten bewiesen. Der erste moderne Wildschwimmer war der britische Autor Roger Deakin. Mit seinem Buch »Waterlog« (auf Deutsch: Logbuch eines Schwimmers) holte er das »wild swimming« im Jahr 1999 wieder ins Bewusstsein vieler Naturfreunde. Darin beschrieb er eine einjährige Reise durch sein Heimatland, eine Reise von Gewässer zu Gewässer, durch Flüsse, Seen, Kanäle und Tümpel.
Er folgte damit der britischen Tradition des »outdoor swimming«. Großbritannien ist zum einen eine Nation des Wassersports, zum anderen verbringen viele Briten gerne ihre Zeit in der freien Natur. Für viele Briten war der nächste Fluss oder See lange Zeit außerdem die einzige und nächstliegende Möglichkeit, schwimmen zu gehen.

Mehr Gewässer für die Öffentlichkeit

Diese Tradition zeigt sich auch heute noch in den »outdoor swim clubs«. Berühmt sind zum Beispiel die Bademöglichkeiten im Londoner Park Hampstead Heath. Hier kann man getrennt nach Geschlechtern oder gemeinsam im »Mixed Pond« schwimmen gehen – in natürlichem Wasser, an baumbestandenen Ufern. Das sei einer der besten Outdoor-Schwimmspots, lobt sich die City of London selbst. Dabei drohte die Stadt im Jahr 2004 damit, die Badeseen für die Öffentlichkeit zu schließen. Das konnten leidenschaftliche Schwimmer vor Gericht jedoch verhindern.
Um den Trend zu festigen, hat sich im Jahr 2006 die »Outdoor Swimming Society« gegründet, die heute über 100 000 Mitglieder weltweit hat (www.outdoorswimmingsociety.com). Ziele der »OSS« sind unter anderem, mehr Menschen über das Schwimmen wieder mit der Natur zu verbinden und mehr Gewässer für die Öffentlichkeit zugänglich zu machen. Denn in vielen Ländern in Europa, auch in Deutschland, ist der Zugang zu Gewässern für naturbewusste Schwimmer oft ein Problem: Viele Seen, Flüsse und Bäche befinden sich in Privatbesitz. In Schottland oder in skandinavischen Ländern hingegen regelt das sogenannte Jedermannsrecht, dass Menschen sich grundsätzlich im Freien und auf »unkultiviertem Land« bewegen dürfen. Grenzen, etwa durch den Naturschutz, gibt es aber natürlich auch hier. Sowieso funktioniert das Wildbaden nur, wenn man sich an ein paar Regeln hält: Man stört die Natur nicht und hinterlässt die Badestelle so, wie man sie vorgefunden hat.

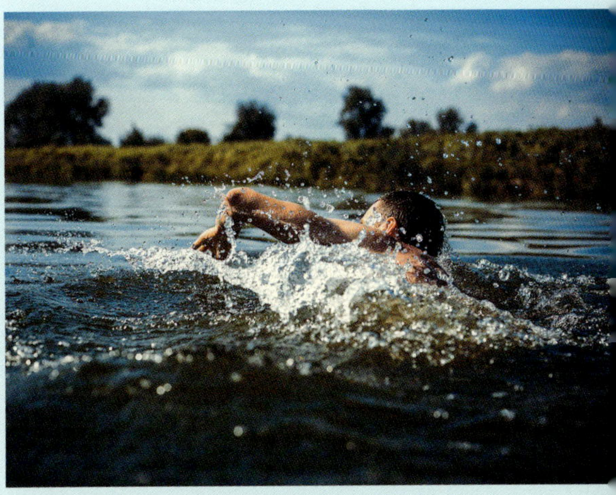

↑ Regelmäßiges Schwimmen macht glücklich.
↖ Ein Sprung ins Wasser kurbelt das Immunsystem an.

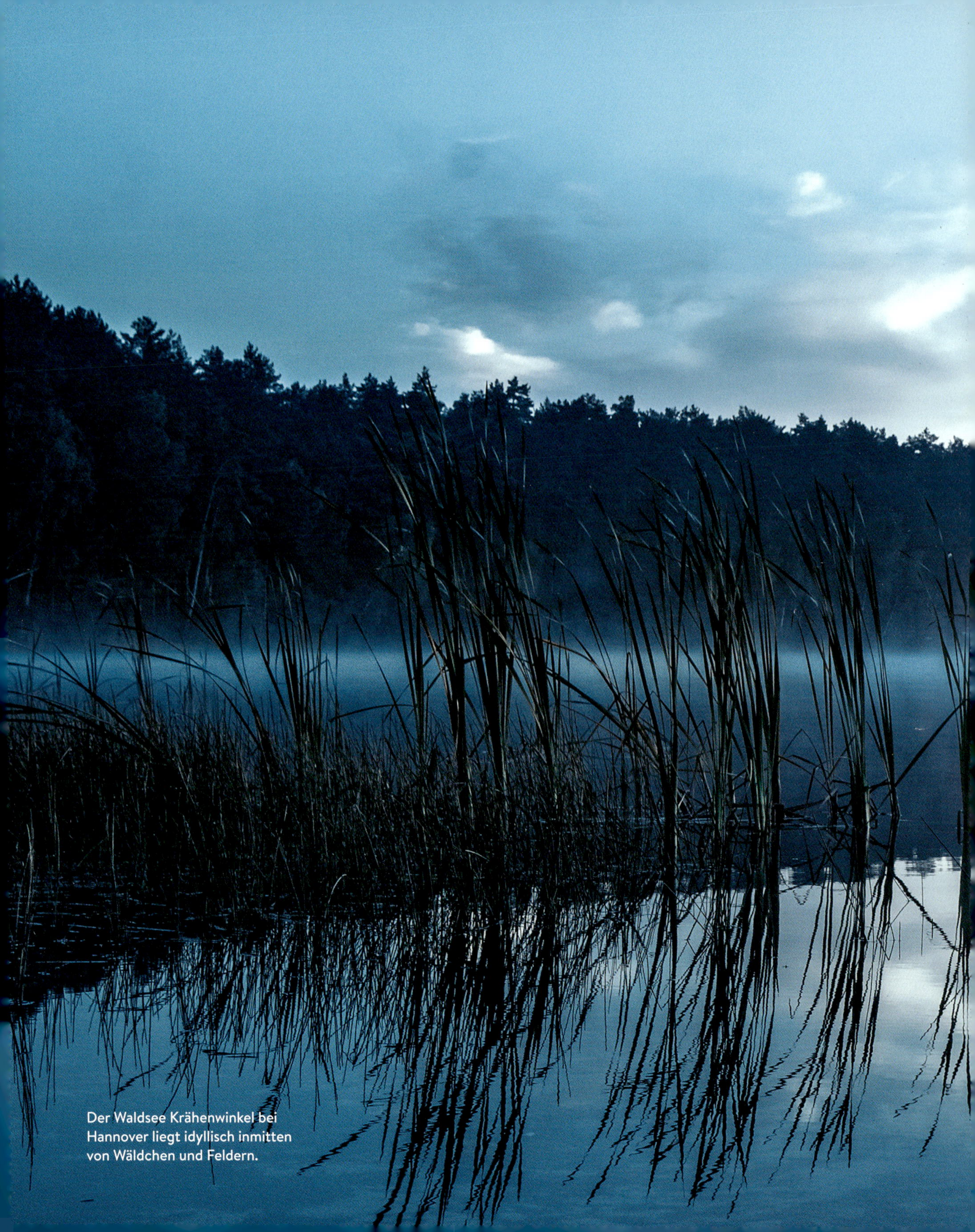

Der Waldsee Krähenwinkel bei Hannover liegt idyllisch inmitten von Wäldchen und Feldern.

Niedersachsen, Hamburg, Bremen

In Flüssen und Seen im hohen Norden

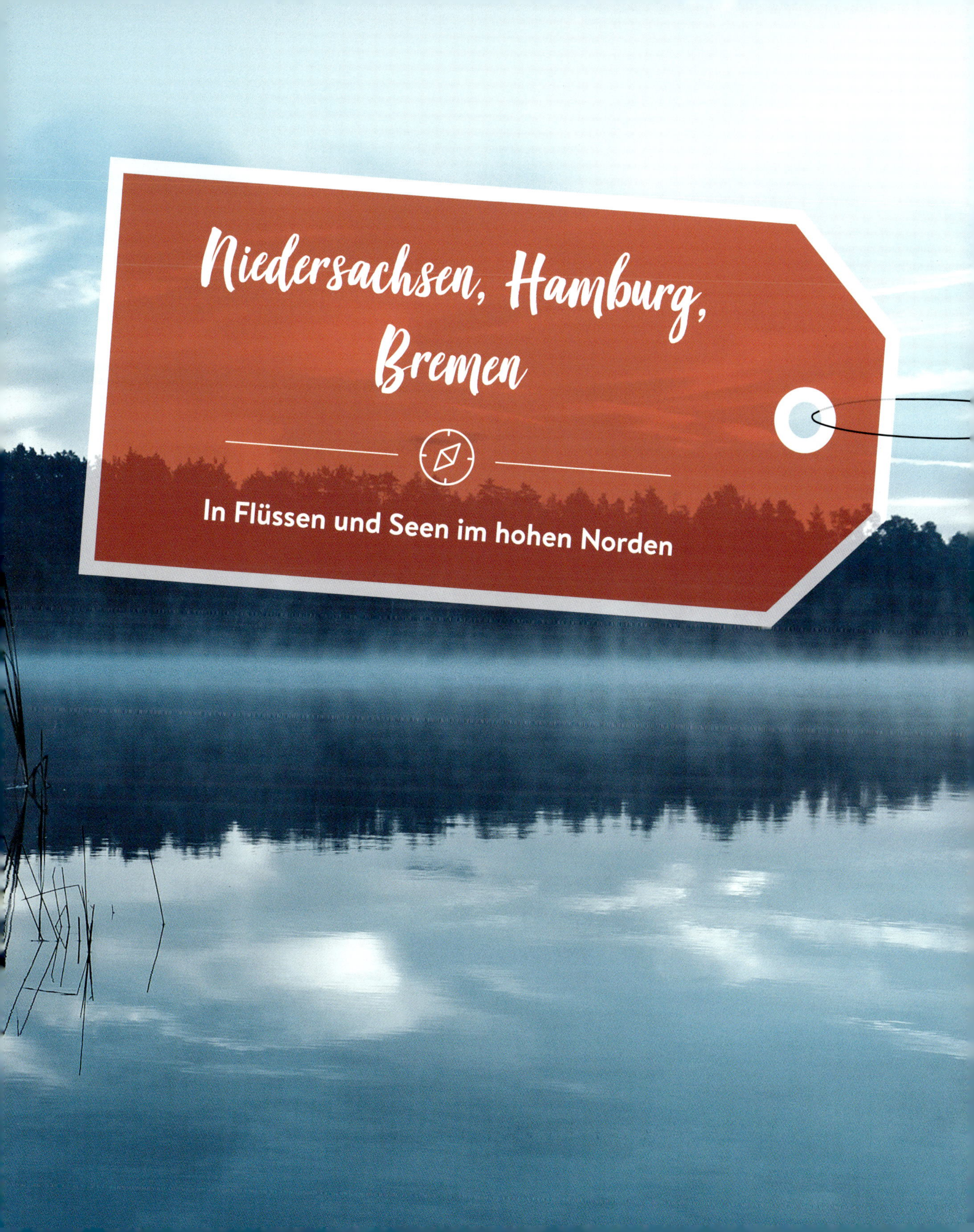

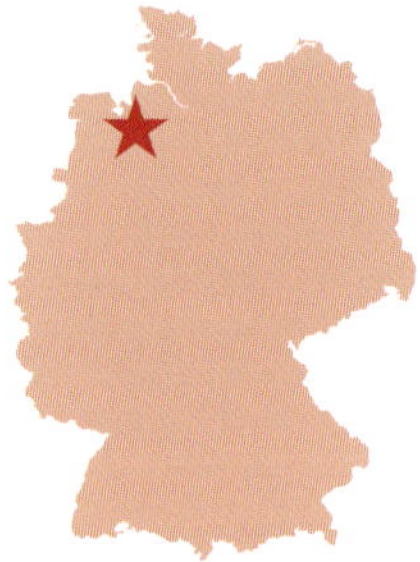

9 Flussbaden am weißen Weserstrand

Strand Juliusplate bei Bremen

Gefühle wie am Meer erwartet man vielleicht nicht unbedingt von einem Fluss wie der Weser. Aber an der Grenze zu Bremen gibt es kilometerlange Sandstrände, an denen man sich vorkommt wie im Urlaub.

Kilometerlange Sandstrände, an denen das Meerwasser leckt, riesige Pötte pflügen sich einen Weg durchs Wasser hinaus zum Ozean, begleitet von den heiseren Schreien der Möwen. Wer vom norddeutschen Meeresgefühl nicht genug bekommt, muss gar nicht unbedingt ans Meer fahren. An der Weser bei Bremen weht jedem Liebhaber von Wind und Weite genug salzgeschwängerte Seeluft um die Ohren.

Die beste Anlaufstelle für jeden, der mal in der Weser schwimmen will, ist der Strand Juliusplate, der dem nördlichen Bremer Stadtteil Blumenthal-Farge direkt gegenüberliegt. Diese Badestelle direkt an der Weser ist klein, aber idyllisch und damit perfekt für jeden Naturfreund und Wildschwimmer.

Von der rund 7000 Einwohner zählenden Gemeinde Berne im Landkreis Wesermarsch folgt man einfach der B74 durch Ranzenbüttel bis zum Fähranleger. Das Auto kann man hier stehen lassen. Der Strand Juliusplate liegt direkt neben dem Fähranleger. Von Bäumen umsäumt, und damit sehr naturnah, schmiegt er sich an das Weserufer. Hier findet jeder ein ruhiges Plätzchen für sich.

Der feine Sandstrand ist rund 200 Meter lang und sehr gepflegt. Rot-weiße Leuchttürme, die links und rechts der Badestelle stehen, sorgen für richtig norddeutsches Flair. Behelfsmäßige Toiletten gibt es sogar ebenfalls in der Nähe. In den Sommermonaten passt am Wochenende die DLRG-Wasserwacht auf.

»Der feine Sandstrand wird eingerahmt von zwei rot-weißen Leuchttürmen.«

→ An der Weser bei Bremen weht jedem Liebhaber von Wind und Weite Seeluft um die Ohren.

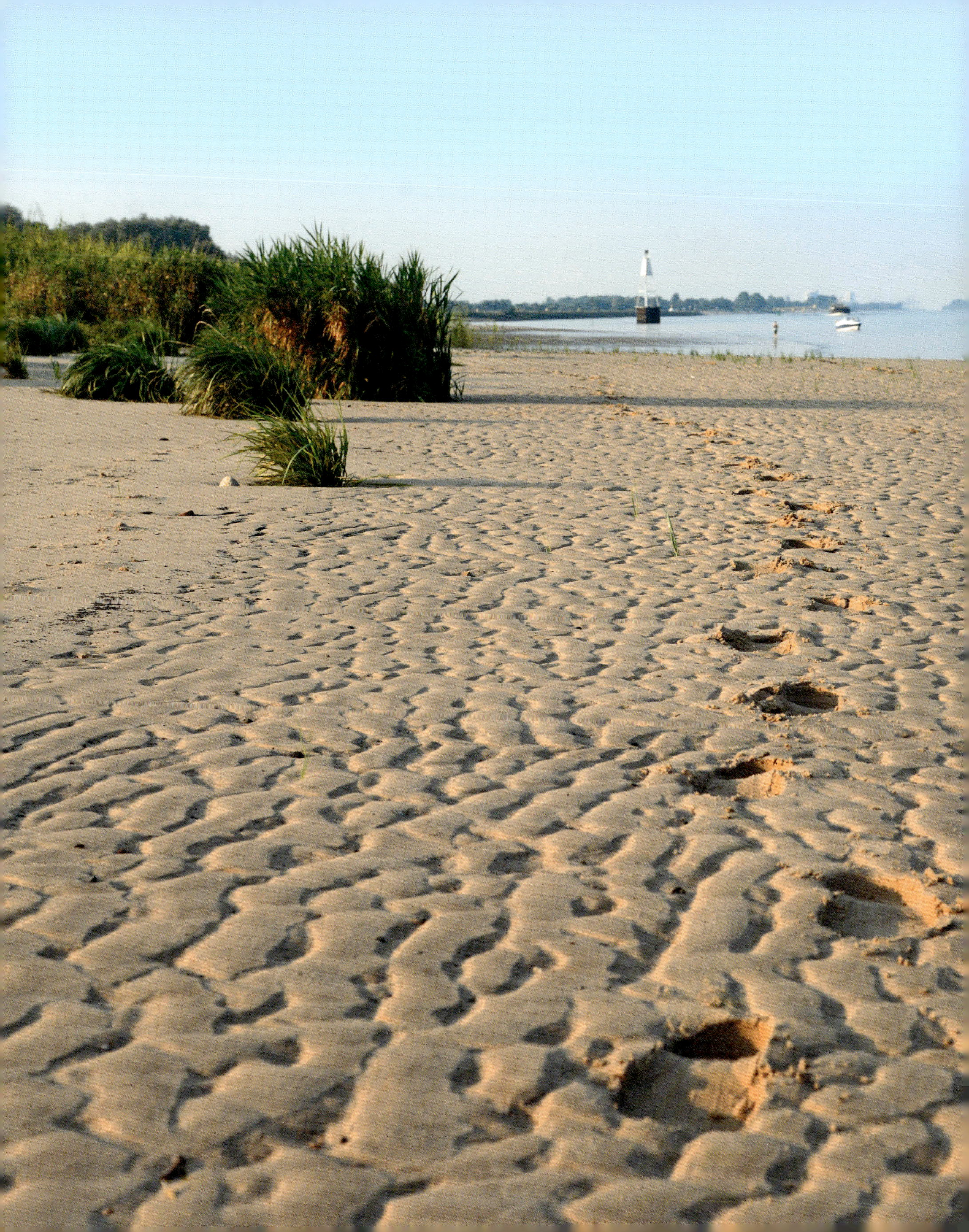

Schwimmen in der Weser sollten nur sichere Schwimmer, und auch dann sollte man auf die vorbeifahrenden Containerschiffe und Sportboote gut aufpassen. Große Schiffe sorgen für plötzlichen Wellengang, Schwankungen im Wasserpegel sowie Verwirbelungen unter der Wasseroberfläche, die auch für geübte Schwimmer nicht vorhersehbar sind. Durch Ebbe und Flut kann der Pegel der Weser außerdem um zwei bis vier Meter schwanken. Dadurch kann es auch im knietiefen Wasser schon zu starken Strömungen kommen. Auf ungeübte Schwimmer und Kinder sollte man an so großen Flüssen wie der Weser also immer ein Auge haben.

Falls die fleißigen Schwimmer und Sonnenanbeter der Hunger überfällt, kein Problem: Keine 200 Meter entfernt, auf der anderen Seite des Fähranlegers, gibt es den Campingplatz »Juliusplate«, auf dem ein kleiner Kiosk Snacks, Warmes und Kuchen für den kleinen Hunger anbietet.

Tipp

Die Huntebrücke bei Oldenburg ist knapp 20 Kilometer von Juliusplate entfernt. In 26 Metern Höhe überquert hier die A29 den Fluss Hunte. Unter der Fahrbahn führt ein Weg für Spaziergänger und Radfahrer entlang – hier kann der Blick mal so richtig in die Ferne schweifen.

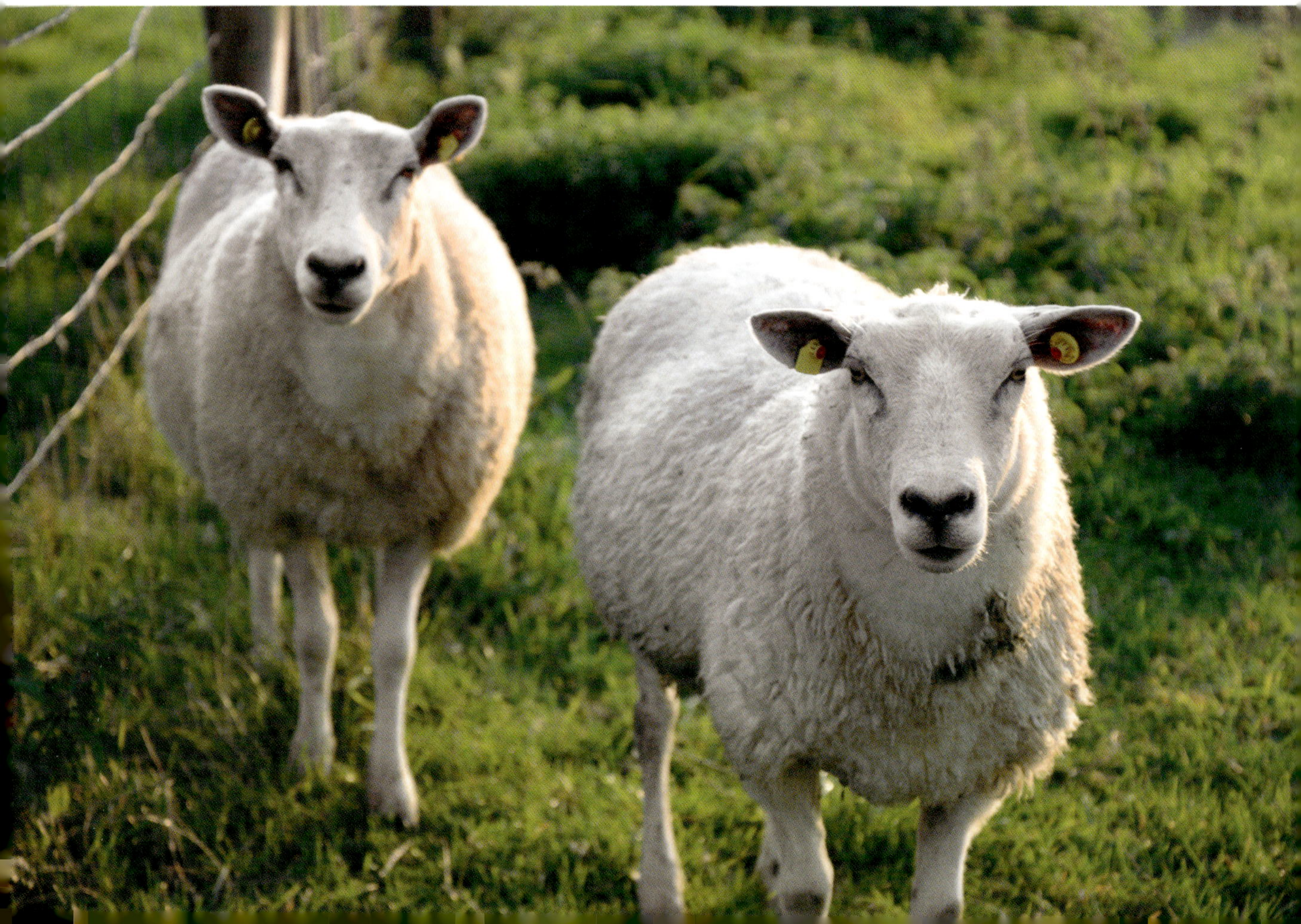

Seehunde ruhen sich am Strand aus

Eine andere naturbelassene und wunderschöne Badestelle zum Wildschwimmen befindet sich auf der Halbinsel Elsfleth. Hier, wo die Hunte in die Weser mündet, sind die Strände kilometerlang. Gerade am Abend, wenn die Sonne im Rücken untergeht, ist diese Badestelle hier etwas ganz Besonderes. Manchmal ist es hier so einsam, dass sich Seehunde direkt am Strand ausruhen. Wie breit der Strand ist, verändert sich natürlich mit Ebbe und Flut.

Die Halbinsel Elsflether Sand ist eine ehemalige Weserinsel, die vier Kilometer lang ist und nicht mal einen Kilometer breit. Sie ist äußerst idyllisch gelegen, besteht sie doch nur aus Deich, Wiesen, Büschen und Sandstrand. Mit dem Auto kann sie nicht befahren werden, was sie für Besucher nur noch idyllischer macht. Zu erreichen ist die Insel entweder über das Hunte-Sperrwerk im Norden (immer zur vollen Stunde) oder über das Dorf Ohrt. Wer keine Lust auf die Wanderung hat, kommt hier auch mit dem Fahrrad gut voran.

Wer auf sein Auto nicht verzichten will, der kann es hier auf dem Parkplatz stehen lassen. Zu Fuß oder mit dem Drahtesel folgt man dann noch etwa einhalb Kilometer der Deichstraße. Der Sandstrand erstreckt sich komplett entlang der weserzugewandten Seite. Der südliche Teil ist eher geprägt von Deich und Wiesen, während die Natur im nördlichen Teil etwas waldiger wird. Mehrere Leuchtfeuer wurden hier errichtet, um die vorbeikommenden Schiffe zu leiten.

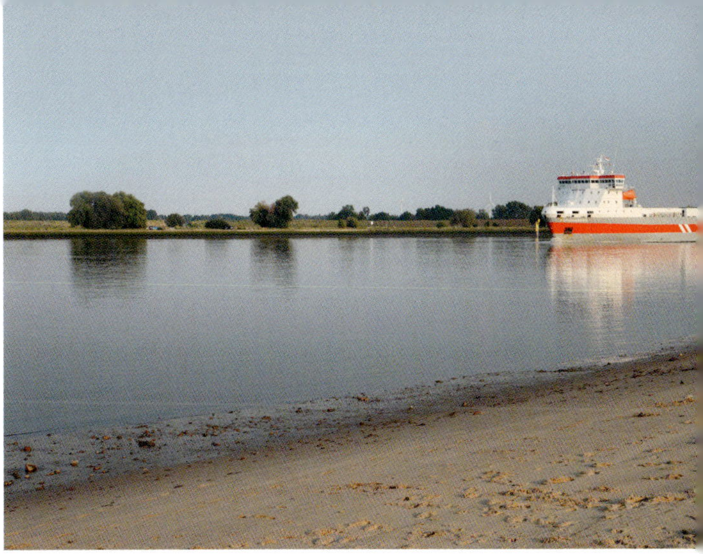

↑ Die Größe des Strandes ändert sich mit den Gezeiten.
↙ Zur typischen Landschaft gehören auch kuschelige Vierbeiner.

Info

GEEIGNET
Für Strandwanderer und Meerschwimmer

STRAND JULIUSPLATE
www.nordseejadeweser.de/poi/strand-juliusplate

HALBINSEL ELSFLETH
www.elsfleth.de

CAMPINGPLATZ JULIUSPLATE
Der Campingplatz liegt in direkter Nähe zum Fähranleger Berne. Der Platz ist klein, familiär, ruhig und liegt mitten in einem Naturschutzgebiet: https://juliusplate.de.

BREMEN-BLUMENTHAL
Blumenthal, das der Badestelle Juliusplate direkt gegenüberliegt, ist der einzige Bremer Stadtteil, der auf beiden Seiten der Weser liegt. Bekannt ist Blumenthal durch seine industrielle Geschichte und den dörflichen Charme inklusive reetgedeckter Häuser: www.bremen.de/leben-in-bremen/wohnen/stadtteile/blumenthal.

ANREISE
Badestelle Strand Juliusplate: von Berne aus der B74 durch Ranzenbüttel folgen bis zum Fähranleger. Das Auto hier parken. Der Strand liegt neben dem Fähranleger. Badestelle Elsflether Sand: in Ranzenbüttel von der B74 abfahren und der Deichstraße bis zum Ende folgen. Hinter Ohrt gibt es einen kleinen Parkplatz. Dem Weg weiter zum Strand folgen (etwa ein Kilometer).

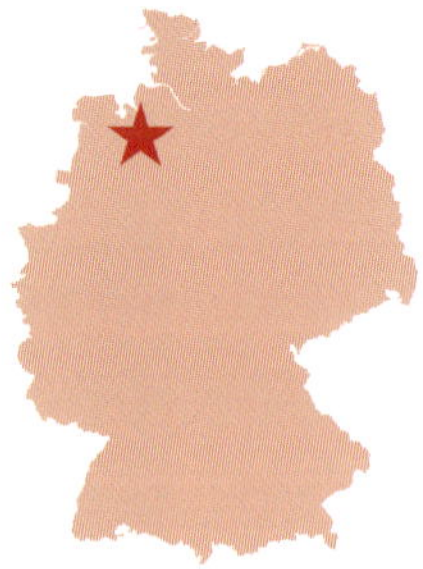

10 Urbanes Baden: Café Sand in Bremen

Der Badestrand in Innenstadtnähe

Wer in einer Großstadt wohnt und entspannt in der Natur schwimmen gehen möchte, muss meist weit aus der Stadt hinausfahren. Nicht so am Strand bei »Café Sand« in Bremen. Hier treffen sich Natur und Großstadtflair.

Maritimes Flair, hellen Sandstrand und Weserwasser genießen, ohne dabei weit aus der Stadt herausfahren zu müssen? Das alles bekommt man an der Badestelle Café Sand, die nur wenige Minuten von der historischen Innenstadt des Stadtstaates entfernt liegt.
Die Badestelle ist benannt nach dem Café, das sich hier befindet. Hier ist reichlich Platz für jeden – vor allem für Weserschwimmer und Sonnenanbeter ist diese Badestelle ein Höhepunkt. Für viele Bremerinnen und Bremer sowie Besucher aus dem Umland ist der Strand beim »Café Sand« ein beliebtes Ausflugsziel – vor allem an den Wochenenden sowie in den Abendstunden kann es voll werden.

Entspannte Badestelle in Citynähe

Ruhiger ist es unter der Woche sowie in den frühen Morgenstunden. Am sichersten schwimmt es sich in Ufernähe. Die Weser ist ein stark befahrener Fluss, gerade in der Fahrrinne der Pötte kann es zu Verwirbelungen und Unterströmungen im Wasser kommen.
Keine andere Badestelle kann so schnell von der Innenstadt aus erreicht werden. Vom Strand aus hat man einen fantastischen Blick über den Fluss, die Stadt und den davorliegenden Osterdeich, einen weitläufigen Deich mit grünem Gras, der beliebter Treffpunkt vor allem bei schönem Wetter ist.

Eine Fähre führt über die Weser

Der helle Strand schmiegt sich in eine Bucht. Die Umgebung ist absolut grün: Die Halbinsel, an der der Strand liegt, ist besiedelt mit Kleingärten. Auf der anderen Seite der Halbinsel, etwa 500 Meter entfernt, befindet sich außerdem der beliebte Werdersee inklusive Badestrand und Grillwiese. Wem der Strand am »Café Sand« zu ruhig ist, findet hier genug Action!

↗ Auch gefiederte Gäste sind am Café Sand zu finden.

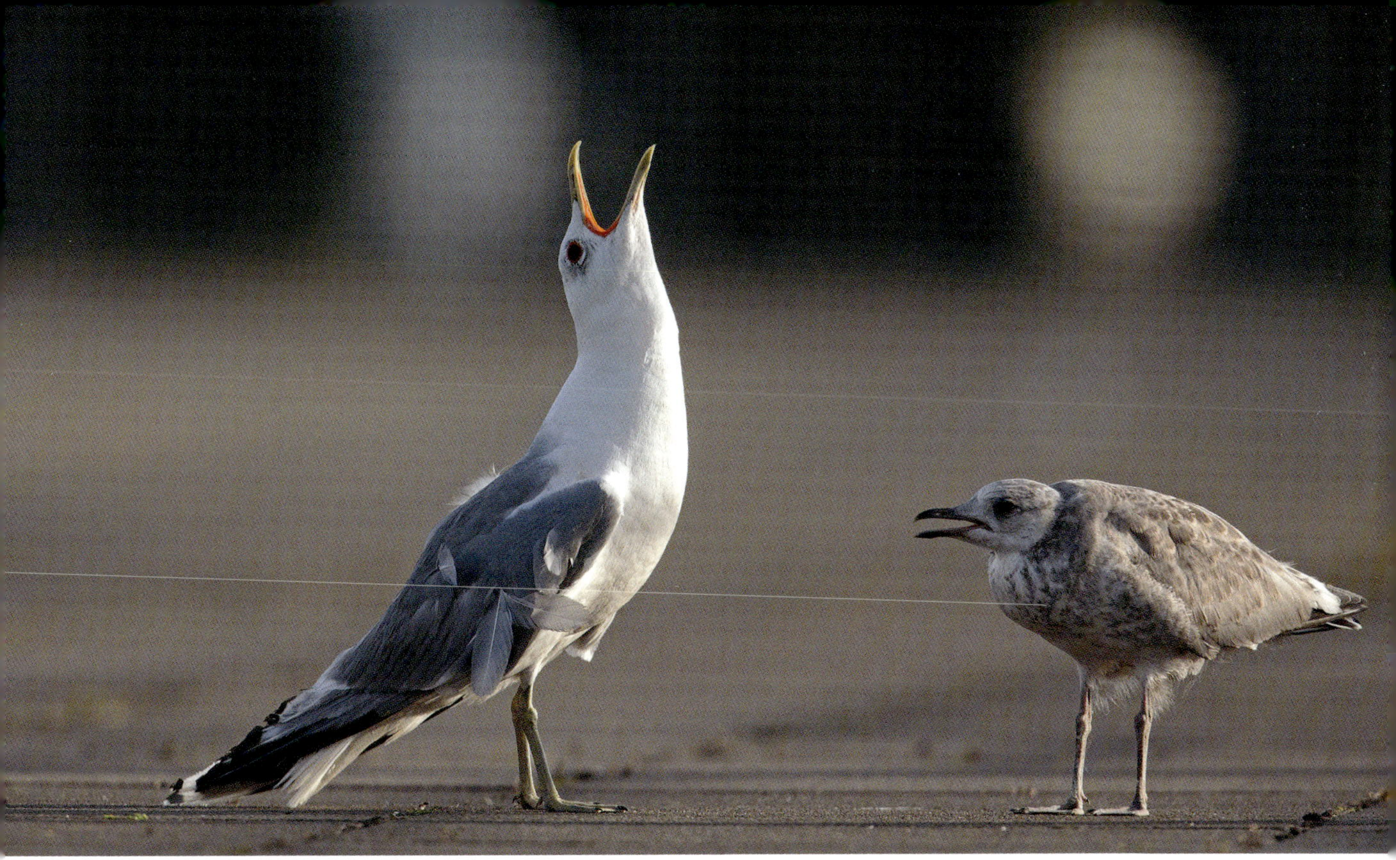

Café und Strand sind leicht von der Innenstadt aus zu erreichen, nämlich mit der Sielwallfähre, die Passagiere einmal über die Weser bringt. Die Fähre legt am Osterdeich ab und fährt regelmäßig zwischen beiden Zielen hin und her. Die Fahrt dauert nur wenige Minuten, eine Vorabanmeldung ist nicht nötig (Preis: 2,70 Euro für Erwachsene für Hin- und Rückfahrt). Im Monat November ist jedoch kein Fährbetrieb und auch das »Café Sand« ist dann geschlossen.

Info

GEEIGNET
Für Strandbummler und Bremen-Liebhaber

CAFÉ SAND
Das »Café Sand«, Strandweg 106, bietet viel Platz und die wohl entspannteste Atmosphäre in Bremen. Es gibt wechselnde Tageskarten und eine große Getränkekarte: www.cafe-sand.de.

WESERSTADION
Fans dürfen sich das Stadion des SV Werder Bremen wenige Hundert Meter stadteinwärts am Weserufer nicht entgehen lassen. Das gut 42 000 Fans fassende Stadion beherbergt unter anderem das Museum »Wuseum«: www.werder.de/de/fankurve/stadionerlebnis/wuseum.

ANREISE
Von der Innenstadt aus reist man am entspanntesten mit der Sielwallfähre an, der Ableger befindet sich am Osterdeich: www.hal-oever.de/de/fahrten/sielwallfaehre. Fahrräder und Hunde dürfen mit. Über die Wilhelm-Kaisen-Brücke kann man auch mit dem Auto herkommen, einen Parkplatz gibt es am Ende des Kuhhirtenwegs.

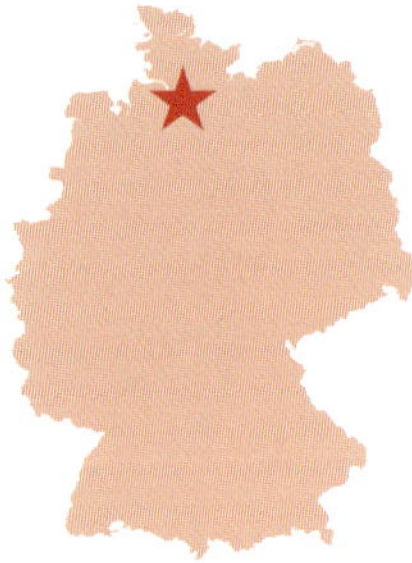

11 Schwimmen an Hamburgs schönstem Strand

Das Falkensteiner Ufer in Blankenese

Traumort, Wasserstraße, Sportmöglichkeit und Ausflugsziel: Die Elbe ist Hamburgs Lebensader. Am schönsten erlebt man sie am Falkensteiner Ufer, nämlich mit viel Strand, Natur und Schiffswracks.

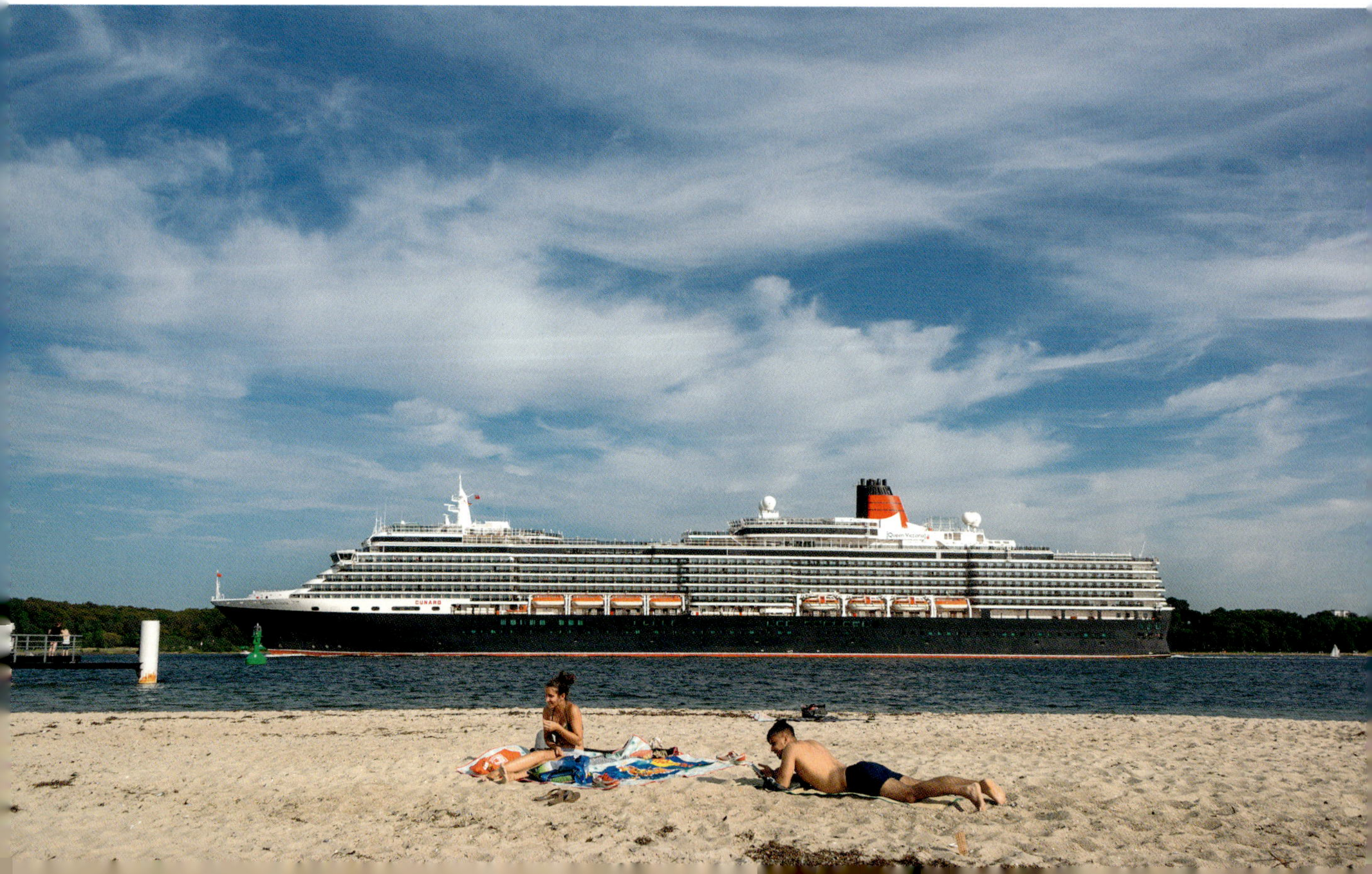

Er gilt als einer der schönsten, wenn nicht gar als der schönste Strand der Hansestadt: Der über ein Kilometer lange Sandstrand am Falkensteiner Ufer im schicken Stadtteil Blankenese. Hier genießt man, eingerahmt von zwei rot-weiß gestreiften Leuchtfeuern, einen unvergleichlichen Blick auf die Elbe. Die lange Uferpromenade bietet für gemütliche Spaziergänge ebenso viel Platz wie für Radfahrer oder Inlineskater, die mit einem weiten Blick über Hamburgs größte Wasserstraße Sport treiben wollen.

Zwei Schiffswracks liegen im Wasser

Zwischen Wasser und Promenade erstreckt sich der feine, helle Sandstrand. Die einzelnen Buchten finden Platz für jeden, zwischendurch bieten Bäume und Büsche Schatten und viel Grün. Das Schwimmen in der Elbe muss man schon mögen: Das Wasser ist eher braun als blau, die Elbe ist nun mal eine der Wasserstraßen des Landes. Doch für eine angenehme Abkühlung mit grandiosem Blick hinüber nach Finkenwerder oder zur Insel Neßsand reicht es allemal. Vorsichtig sollte man auf jeden Fall weiter draußen im Wasser sein, denn hier können unvermittelt Unterströmungen auftauchen. Gerade Jugendliche schwimmen zum Beispiel gern zu den beiden Schiffswracks »Uwe« und »Polstjernan« auf Höhe des Römischen Gartens. Davon wird jedoch abgeraten, da es dabei immer wieder zu Badeunfällen kommt.

Früher waren hier nur weiße Berge

Viel schöner ist es, sich im Sand zu suhlen (auch für den treuesten Freund des Menschen gibt es übrigens große Hundeauslaufflächen) und den großen Containerschiffen zuzusehen, die sich auf den Weg ins Meer machen. Wer Lust auf viel Bewegung hat, sollte bequeme Schuhe einpacken: Mit dem Römischen Garten, dem Waldpark Falkenstein, dem Naturschutzgebiet Wittenbergener Elbwiesen und den daran anschließenden Heideflächen bietet die Gegend richtig viel Natur.
Früher gab es hier übrigens wenig Grün, sondern umso mehr hellen Sand, weshalb die Gegend den Namen Wittenbergen, also weiße Berge, bekam. Wie gut, dass diese Tage schon lange vorbei sind und Hamburg und seine Gäste diese idyllische grüne Lunge bekommen haben.

↙ Sonnenbaden vor den großen Pötten ist am Falkensteiner Ufer möglich.

Info

GEEIGNET
Für Fans von Schiffen und Ausblick

FALKENSTEINER UFER
www.hamburg.de/wandern-ausflug-hamburg/295010/wandern-falkensteiner-ufer

WANDERWEG
Ein sieben Kilometer langer Rundwanderweg zeigt die schönsten Orte des Falkensteiner Ufers. Los geht's am Wanderparkplatz an der Kösterbergstraße. Der Weg enthält viele Steigungen. Fernglas für die Aussicht nicht vergessen!

TREPPENVIERTEL
Schöne Häuser, toller Fernblick: Das Treppenviertel von Blankenese ist eines der schönsten Ausflugsziele der Stadt: www.hamburg.de/treppenviertel.

ANREISE
Per Bahn: Mit der S1 kommt man vom Hamburger Hauptbahnhof zur S-Bahn-Station Blankenese. Von hier aus geht's mit dem Bus weiter zur Haltestelle Falkenstein, dann zehn Minuten zu Fuß. Per Auto: Die Blankeneser Landstraße entlang, dann der Kösterbergstraße bis zum Ende folgen, hier gibt es einen großen Parkplatz.

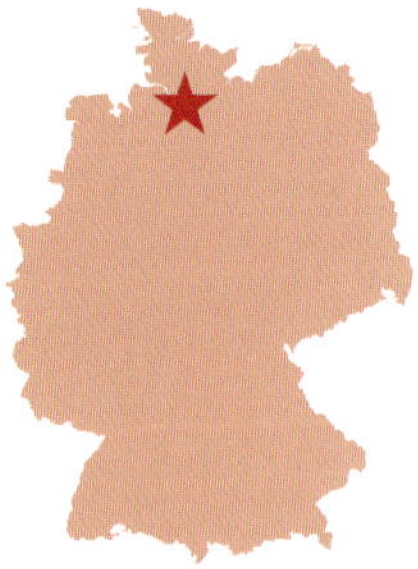

12 Glasklarer Badesee: viel Natur am See Hinterm Horn

Schwimmen nah am grünen Stadtrand

In einen glasklaren Badesee springen – und das nur wenige Minuten von Hamburgs Hafencity entfernt? Das geht – und zwar am See Hinterm Horn, der mit viel Natur und tollem Wasser lockt.

Der Himmel ist strahlend blau, die Temperaturen steigen auf 25 Grad und mehr, der Wind fächelt durch die grünen Baumkronen am Ufer, und die Sonne glitzert auf hellblauem Wasser. Das klingt nach keiner Szene, die in Hamburg spielen könnte? Aber na klar! Nicht nur ist der Hamburger Sommer abwechslungsreicher und oft auch wärmer, als viele vermuten. Auch gibt es hier viele natürliche Schwimmparadiese, die es zu entdecken gilt.

Eines davon ist der See Hinterm Horn, der durch viel Natur und exzellente Wasserqualität glänzt. Der See im Südosten der Stadt ist wunderschön gelegen und sehr sauber, weil er von Grundwasser gespeist wird. Hier, zwischen den Bäumen, findet jeder ein Plätzchen für sich.

Der See entstand in den späten 70er-Jahren, als Sand für den Bau der A25 gebraucht wurde. Diese Vergangenheit sieht man dem See heute aber überhaupt nicht mehr an: Er liegt in den Marschlanden vor der Stadt und damit mitten im Grünen.

Am schönsten ist die Anfahrt mit dem Rad

Am nördlichen Ufer gibt es einen Badestrand sowie eine breite Liegewiese, außerdem gibt es Toiletten. Das war es aber auch schon mit der Infrastruktur vor Ort. Die Schwimmer verteilen sich meist rund um den See. Es gibt keine Badeaufsicht und keinen eigenen Nichtschwimmerbereich. Wer Kinder oder ungeübte Schwimmer dabeihat, sollte immer ein Auge aufhalten. Da der See Hinterm Horn ein Baggersee ist, gibt es sogenannte Abbruchkanten in Ufernähe. Das bedeutet, dass das Wasser plötzlich sehr tief werden kann, wie es typisch für einen solchen Baggersee ist. Dafür wird man mit tollem Wasser und einem grandiosen Schwimmerlebnis belohnt.

Am schönsten ist es, wenn man mit dem Fahrrad herkommt. Parkplätze in der Nähe zu finden, kann

→ Seele und Füße baumeln lassen geht bestens am See Hinterm Horn unweit der Hamburger Hafencity.

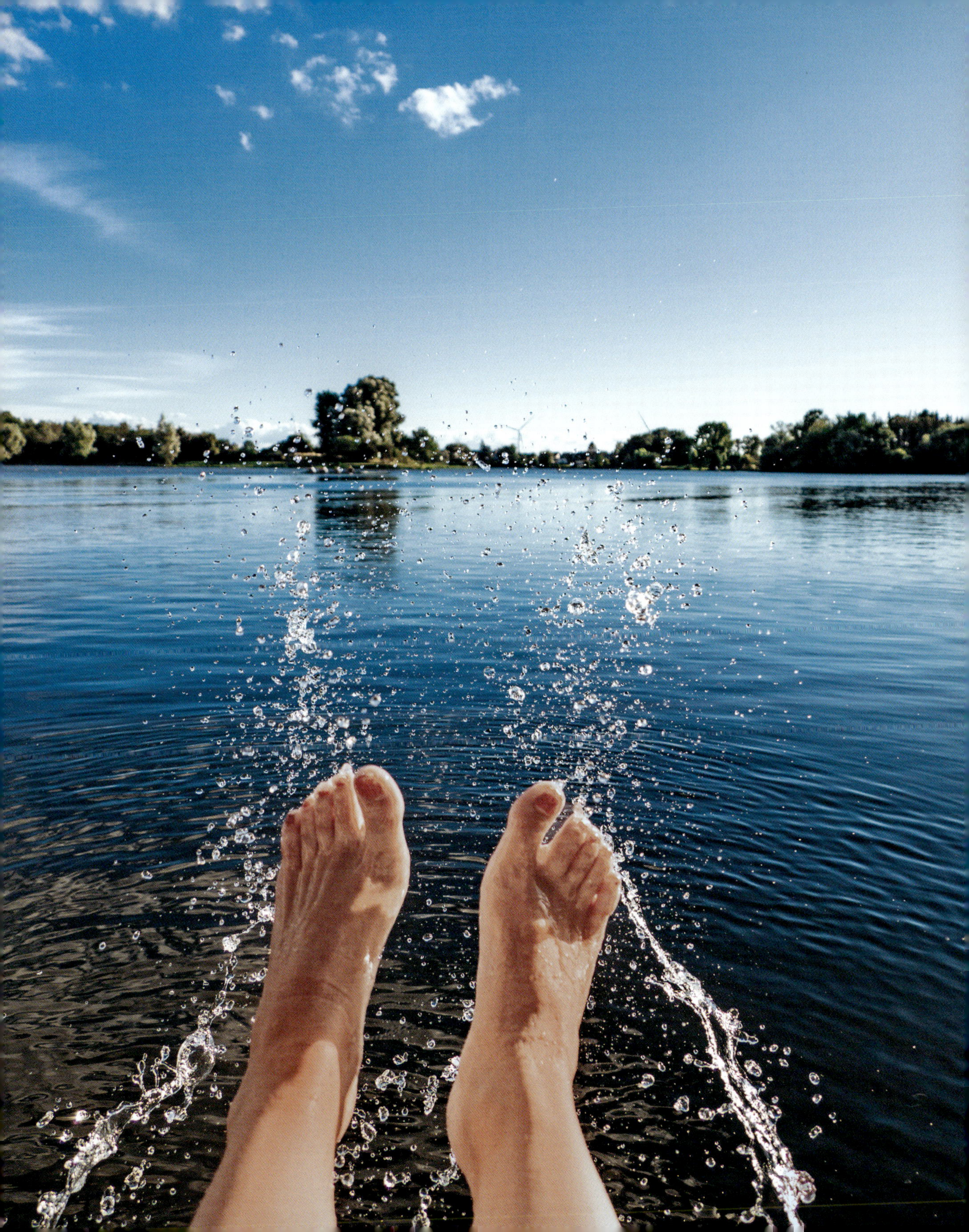

sowieso schwierig sein. Von der Innenstadt aus kann man der Elbe aus der Stadt heraus folgen. Die Dove-Elbe, ein Nebenarm der Elbe, führt direkt zum See, dafür einfach der Straße Allermöher Deich folgen.

Tipp

Mit ihren grünen Ufern und ihrer gemächlichen Fließgeschwindigkeit ist die 18 Kilometer lange Dove-Elbe das perfekte Gewässer zum Stand-up-Paddling und Kanufahren. Eine Tagestour dauert vier bis sechs Stunden. Boote verleiht z. B. »Paddel-Meier« an der Gose-Elbe in Hamburg-Kirchwerder: www.paddel-meier.de.

Wer die Route gewählt hat, kommt übrigens an einer zweiten, sehr natürlichen und sehenswerten Badestelle vorbei. Im Knick der Dove-Elbe in Richtung Osten kann man wunderbar schwimmen. In der Nähe vom Eichbaumsee führen mehrere Stege ins Wasser. Umrahmt von Büschen und Bäumen, fühlen sich hier naturverliebte Schwimmer ebenso wohl wie Ruderer, Stand-up-Paddler oder Kanufahrer. In der Dove-Elbe fließt das Wasser gemächlich dahin und lädt zum Baden ein. Ein paar Parkplätze gibt es an der Straße Moorfleeter Deich beim Eichbaumsee, aber am bequemsten ist die Anreise per ÖPNV oder Rad.
Am Eichbaumsee ist Baden übrigens verboten, so verlockend er auch aussieht. Zwar gab es bis vor Kurzem eine eigene Badestelle am östlichen Ufer mit eigenem Sandstrand. Jedoch sind in der Vergangenheit immer wieder sogenannte Blaualgen im

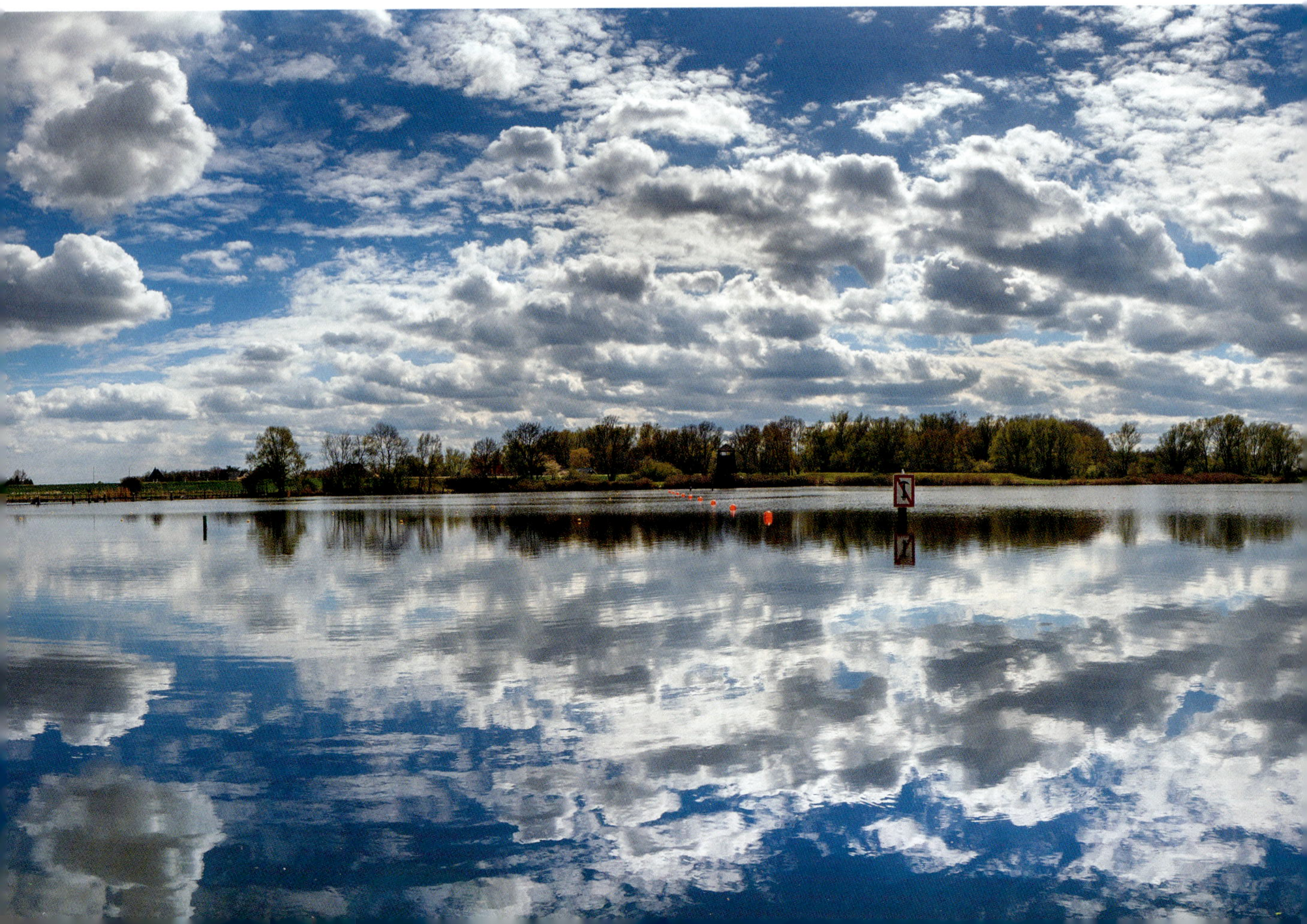

Wasser aufgetreten, Bakterien, die für Menschen und Tiere potenziell giftig sein können, wenn man sie zusammen mit dem Wasser in großen Mengen schluckt. Der See ist daher zum Baden gesperrt worden. Durch seine Ruhe ist er aber immer noch das perfekte Ausflugsziel.

Im Südosten unterhalb der Dove-Elbe erschließt sich übrigens eine einzigartige Tier- und Pflanzenwelt: das Naturschutzgebiet Kirchwerder Wiesen. Eingebettet in die flachen Vier- und Marschlande zählt diese Kulturlandschaft zu den ältesten in ganz Norddeutschland. Viel Gemüse und auch zahlreiche Blumen, die man in Hamburg kaufen kann, stammen aus dieser Gegend.

Mit knapp 900 Hektar sind die Kirchwerder Wiesen das größte Naturschutzgebiet Hamburgs. Hier weidet heute Vieh und schützt so das seltene Biotop, in dem zahlreiche selten gewordene Wasserpflanzen sowie Molche und Vögel ihre Brutplätze finden. Vom S-Bahnhof Bergedorf aus kann man das Naturschutzgebiet gut über verschiedene Buslinien erreichen, zum Beispiel in Richtung Marschbahndamm. Ein Rundweg führt durch das Gebiet. Weitere Infos gibt es beim Naturschutzbund Hamburg (https://hamburg.nabu.de/natur-und-landschaft/kirchwerder-wiesen/index.html).

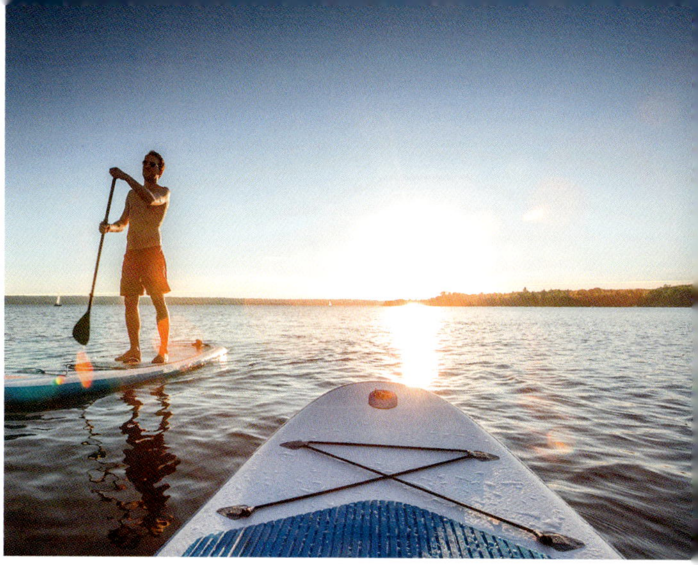

↑ Stand-up-Paddling in den Sonnenuntergang ist ein entspannter Start in den Abend.
↙ Ruhig gelegen und natürlich belassen liegt der See gut erreichbar für die Großstädter.

»Der See Hinterm Horn ist unglaublich klar, weil er von Grundwasser gespeist wird.«

Info

GEEIGNET
Für Großstadt-Bummler und Radfans

BADESEE HINTERM HORN
www.hamburg.de/see-hinterm-horn

ERLEBNISBAUERNHOF
Das Marschland rund um die Dove-Elbe ist grün und ländlich. Erlebnis- und Pädagogik-Bauernhöfe laden zum besonderen Erlebnis ein, z. B. der »Erlebnisbauernhof Burmester« und der »Harderhof«.

SEGELN
Wer schon immer mal segeln wollte, aber sich noch nicht aufs Meer traut, ist an der Dove-Elbe gut aufgehoben. Das Stück am Eichbaumsee ist sogar Regattastrecke. Infos hier: https://segelverband-hh.de/revieruebersicht/dove-elbe.

ANREISE
Am See Hinterm Horn gibt es kaum Parkplätze, daher das Auto am besten stehen lassen. Entweder per Rad anreisen oder per ÖPNV, mit der S21 bis zur Haltestelle Mittlerer Landweg, von da aus den Bus 321 in Richtung Nettelnburg, Haltestelle See Hinterm Horn. Die Anreise-Adresse lautet Allermöher Deich 274.

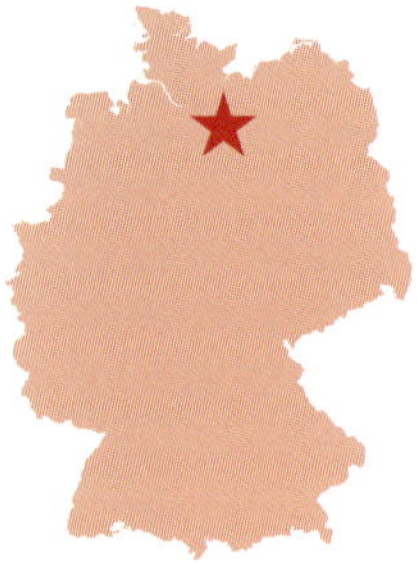

13 Wild und grün: die Krainke in Ost-Niedersachsen

Naturnahe Badestelle am Fluss

Wo Niedersachsen und Mecklenburg-Vorpommern zusammentreffen, wird der Natur freien Lauf gelassen. Hier, in einem Biosphärenreservat nahe der Elbe, wartet eine besonders wilde Badestelle.

Hier wird der Schutz von Flora und Fauna besonders groß geschrieben: In einem Gebiet, das Naturschutzgebiet und Biosphärenreservat gleichzeitig ist, darf man eigentlich nicht schwimmen. Ausnahmen gibt es jedoch; nämlich dann, wenn eine Badestelle ausgewiesen ist. Hier hat man dann das Glück, in besonders ursprünglicher Atmosphäre zu schwimmen.
Genau das ist der Fall beim Fluss Krainke bei Amt Neuhaus in Ost-Niedersachsen. Der Fluss ist lediglich 35 Kilometer lang und fließt von Mecklenburg-Vorpommern ins niedersächsische Gebiet. An mehreren Stellen wird der Flussverlauf breiter, sodass er ruhig verläuft und eher wie ein See wirkt.

In Zeetze wirkt der Fluss wie ein See

Im Ortsteil Zeetze liegt die Badestelle in direkter Nähe zur Dorfstraße beziehungsweise B195. Die Nähe zur Straße stört die Idylle jedoch kaum, denn ein breiter Wiesenstreifen sowie zahlreiche Birken trennen Gewässer und Straße. Die Badestelle heißt auch Zeetzer See, obwohl sie zur Krainke gehört. Ein Holzsteg führt direkt ins Wasser, und eine großzügige Liegewiese lädt zum Verweilen ein. Wer dem Ufer folgt, findet außerdem zahlreiche kleinere Einstiege. Infrastruktur gibt es hier nicht. Teilweise breiten sich Seerosen auf dem Wasser aus, und auch die Kleine Wasserlinse, besser bekannt als Entengrütze, scheint sich hier wohlzufühlen. Von den ein oder anderen Wasserpflanzen sollte man sich aber nicht stören lassen: Sie bedeuten, dass die Wasserqualität hier besonders hoch ist.

Die Elbe verläuft nah an der Krainke

Diese Natürlichkeit gehört zum Charme der Badestelle – und hat einen guten Grund: Seit Anfang der 1990er-Jahre sind die Krainke und ihre Ufer Naturschutzgebiet. Außerdem gehört der Fluss zum Bio-

↗ Der Holzsteg führt direkt in den Badesee.

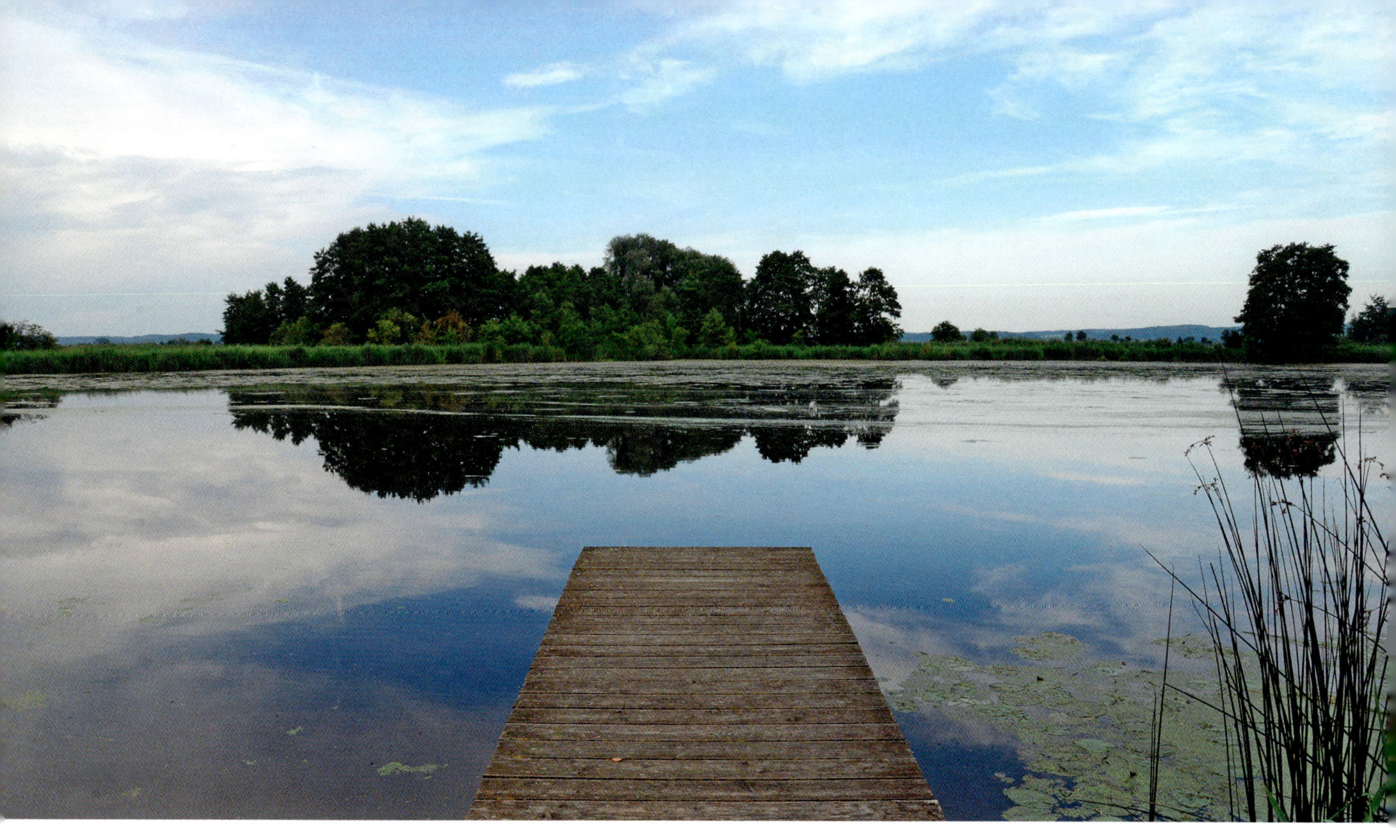

sphärenreservat Niedersächsische Elbtalaue, das besonders die Auenlandschaft in dieser Region schützt.
Die Elbe verläuft nur wenige Kilometer südlich der Krainke. Hier ist ihr Verlauf ursprünglich gehalten: Feuchtwiesen, Auwälder, weite Weideflächen und alte Flussarme prägen die Landschaft. Zahlreiche Pflanzen- und Tierarten fühlen sich hier heimisch; allein rund 250 Vogelarten leben im Biosphärenreservat.

Info

GEEIGNET
Für Vogelkundler und Flussfans

BIOSPHÄRENRESERVAT
Das UNESCO-Biosphärenreservat Niedersächsische Elbtalaue bietet einzigartige Einblicke in eine geschützte Tier- und Pflanzenwelt. Rund ums Jahr gibt es Wanderungen. Infos unter: www.elbtalaue.niedersachsen.de.

BESONDERER BAHNHOF
Rund 50 Kilometer südwestlich von Amt Neuhaus entfernt liegt Uelzen, bekannt für seinen einzigartigen Bahnhof. Der wurde vom Wiener Architekten Friedensreich Hundertwasser gestaltet; der sogenannte Hundertwasserbahnhof war sein letztes Werk: www.hansestadt-uelzen.de.

ANREISE
Die B195 führt über Boizenburg / Elbe und Amt Neuhaus direkt durch die Ortschaften Zeetze und Holz. Wenige Meter nach dem Ortsausgang von Holz führt eine große Wiese von der Straße aus direkt zur Badestelle mit Holzsteg.

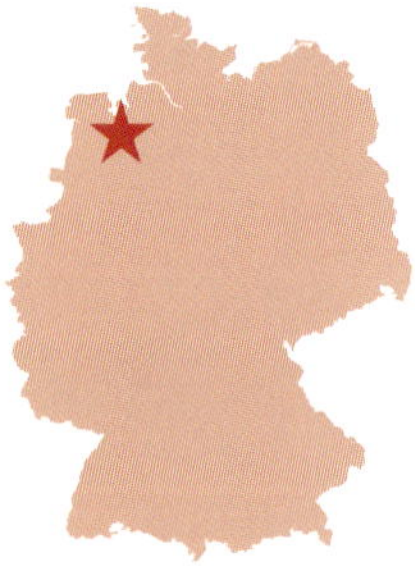

14 Viel Flair am Westrittrumer See

Strand und Wald bei Oldenburg

Felder, Wälder, Fluss und See: Das ist die Landschaft rund 30 Kilometer südlich von Oldenburg. Der Fluss Hunte prägt die idyllische Landschaft, und außerdem lockt hier eine Badestelle mit wenig Infrastruktur.

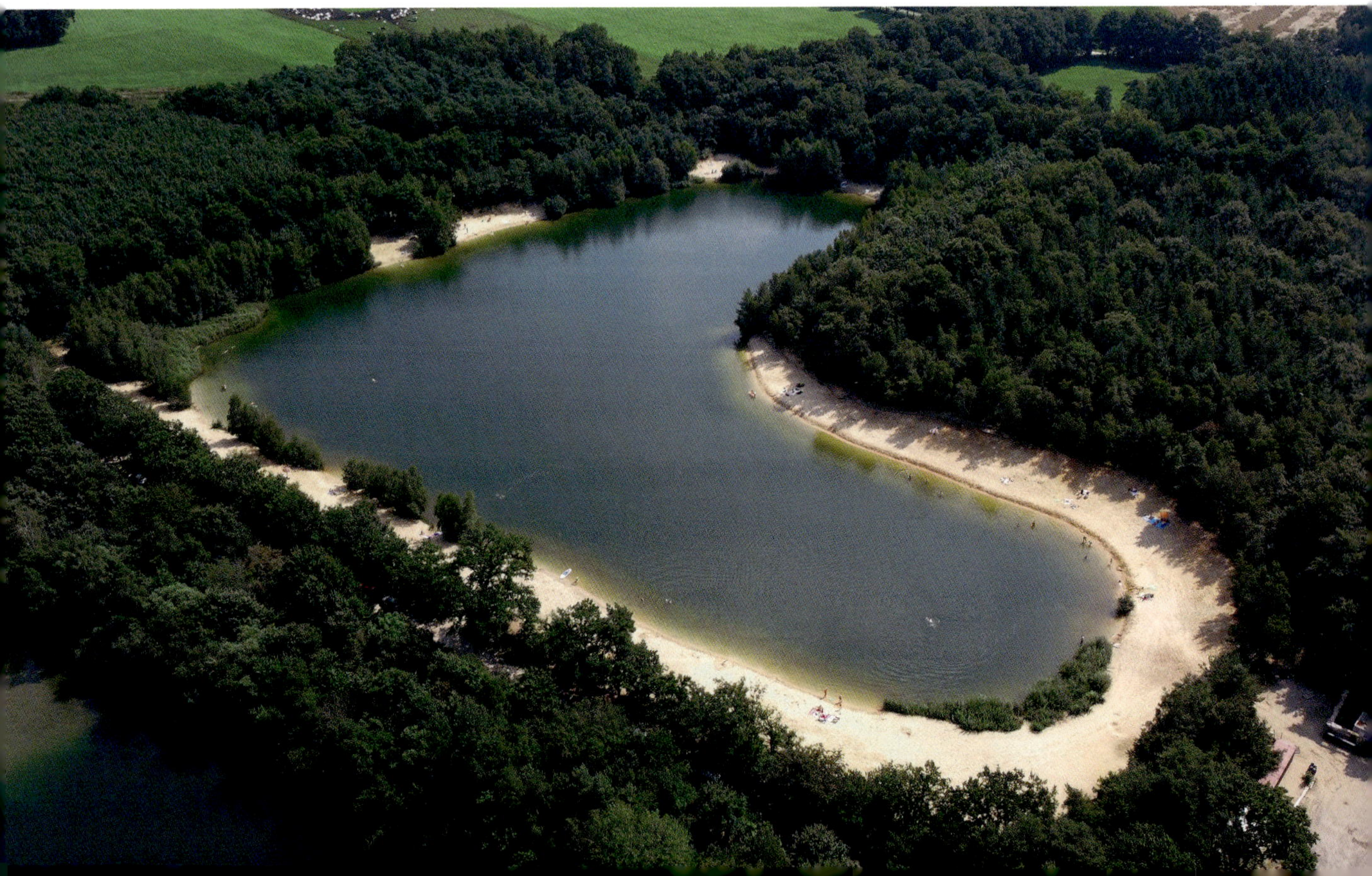

Das Land rund um Oldenburg mitten in Niedersachsen ist vor allem bekannt für seine Flachheit, seine Felder und – im Winter – für das Nationalgemüse der Region, Grünkohl. Dass die Gegend aber auch im Sommer ordentlich etwas zu bieten hat, beweist zum Beispiel der Badesee Westrittrum. Der liegt 33 Kilometer südlich von Oldenburg und rund 50 Kilometer westlich von Bremen bei Großenkneten.

Heller Sandstrand verbreitet Flair

Der See ist rund zwei Hektar groß und bietet damit allen Wildschwimmern ausreichend Platz. Er ist wie ein umgekehrtes L geformt und seine Ufer sind komplett umgeben von hellem Sandstrand, was ihn zu einem Ausflugsziel mit nahezu karibischem Flair macht. Ein freundliches Wäldchen säumt den See, sodass man in den heißen Mittagsstunden hier einen versteckten Schattenplatz findet. Neben dem Westrittrumer See liegt ein noch größerer See, in dem man allerdings nicht schwimmen darf.
Der Badesee ist aus einem ehemaligen Tagebau entstanden, aus dem Sand gewonnen wurde, ist also eigentlich künstlich angelegt. Nachdem der Sandabbau abgeschlossen war, kaufte die Gemeinde Großenkneten ihn und stellte ihn als Badegewässer der Öffentlichkeit zur Verfügung. Seine Gewässerqualität gilt als ausgezeichnet. Weil er mit maximal fünf Metern flach ist, erwärmt sich das Wasser im Sommer schnell.

Wenig Infrastruktur und viel Ruhe

Das Wasser ist klar und tiefblau. Der helle, sandige Untergrund ermöglicht einen entspannten Einstieg und lässt den See nicht nur bei Sonnenschein freundlich wirken. Bis auf einen Toilettenwagen und einen Imbisswagen am Westufer, in dem während der Sommermonate eine Beach-Bar mit kleiner Außenanlage eingerichtet ist (www.babalumbabeachbar.com), findet man hier keine Infrastruktur und damit auch keine Badeaufsicht vor.
Die Gemeinde Großenkneten kontrolliert das Besucheraufkommen rund um den See – Falschparken kann da schnell bestraft werden. Also am besten mit dem Rad herkommen oder weiter weg parken und den Rest zu Fuß laufen.

↙ Von oben betrachtet erinnert der See an ein umgekehrtes L.

Info

GEEIGNET
Für Wildbaden-Anfänger

GEMEINDE GROSSENKNETEN
www.grossenkneten.de/portal/seiten/bademoeglichkeiten-900000063-22300.html

DIE HUNTE
Die rund 200 Kilometer lange Hunte kommt auch am Westrittrumer See vorbei. Kanutouren über den schönen Fluss organisiert zum Beispiel »Hunte Adventures« im nahen Dötlingen: www.hunte-adventures.de.

WILDPARK
Mitten im Naturpark Wildeshauser Geest kann man auf rund 20 Hektar Hirsche, Luchse, Otter und mehr beobachten, nämlich im »Wild- und Freizeitpark Ostrittrum« in Dötlingen: www.freizeitpark-ostrittrum.de.

ANREISE
Eine Anreise mit dem öffentlichen Nahverkehr ist kaum möglich, besser per Rad oder Auto. Von Oldenburg aus die A29 Richtung Süden nehmen, in Westerburg abfahren. Der Huntloser / Sannumer Straße folgen. Von Großenkneten aus führt die Amelhauser Straße direkt zum See.

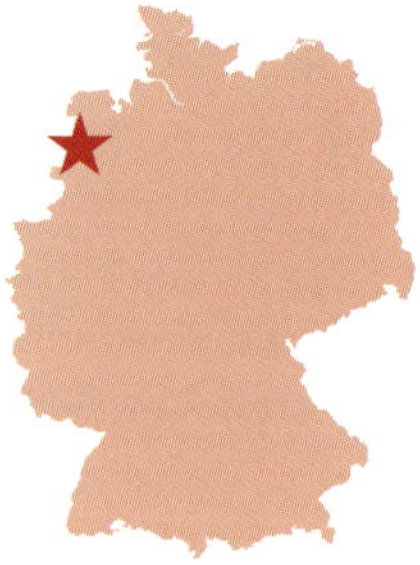

15 Für jeden etwas: der Dankernsee

Der größte See im Emsland

Mit 40 Hektar ist er das mit Abstand größte Badegewässer der Region: der Dankernsee im Emsland. Er glänzt durch karibisches Flair, exzellente Wasserqualität und ein riesiges Angebot für jeden Geschmack.

Zugegeben, ein Geheimtipp ist der Dankernsee im Emsland nicht. Er ist schließlich der größte Badesee der Region und lockt gerade an heißen Sommerwochenenden viele Besucher an. Hier gibt es nicht nur Eis vom Kiosk und die Möglichkeit, den See mit dem Tretboot zu erkunden, sondern auch eine große Wasserskianlage, einen SUP-Verleih sowie eine Surf- und Tauchschule.

Eine funkelnde Perle in Norddeutschland

Aber auch Wildschwimmer werden hier zufrieden sein. Denn der aquamarinblaue See mit seinem rund drei Kilometer langen, blendend hellen Sandstrand ist eine ganz besonders funkelnde Perle mitten in Norddeutschland. Wer zu Zeiten herkommt, an denen der See nicht so überlaufen ist, kann die ganz besondere Atmosphäre des Dankernsees in sich aufnehmen. Und sollte am See mal viel los sein: Genügend Platz, damit man sich einen ruhigen Einstieg suchen kann, ist immer noch.

Der Dankernsee liegt direkt westlich neben der Stadt Haren (Ems) mit ihren rund 23 000 Einwohnern. Westlich vom See beginnt schon nach wenigen Kilometern die niederländische Grenze. Mit unglaublichen 40 Hektar ist der See sowie Strand und Wald drumherum einladend groß. Egal ob Hundebesitzer, Wassersportler, Familienmenschen, Camper oder Naturfreunde: Hier findet jeder seinen eigenen Uferabschnitt.

Barockes Wasserschloss nebenan

Am westlichen Ufer liegt das hübsche Schloss Dankern, ein barockes Wasserschloss, das wirklich sehenswert ist. Direkt daran schließt sich ein Ferienzentrum mit mehreren Hundert Ferienhäusern an. Wer es also so erholsam findet, dass er gar

↗ Urlaubsstimmung kommt allein durch die türkisgrüne Färbung des Wassers auf.

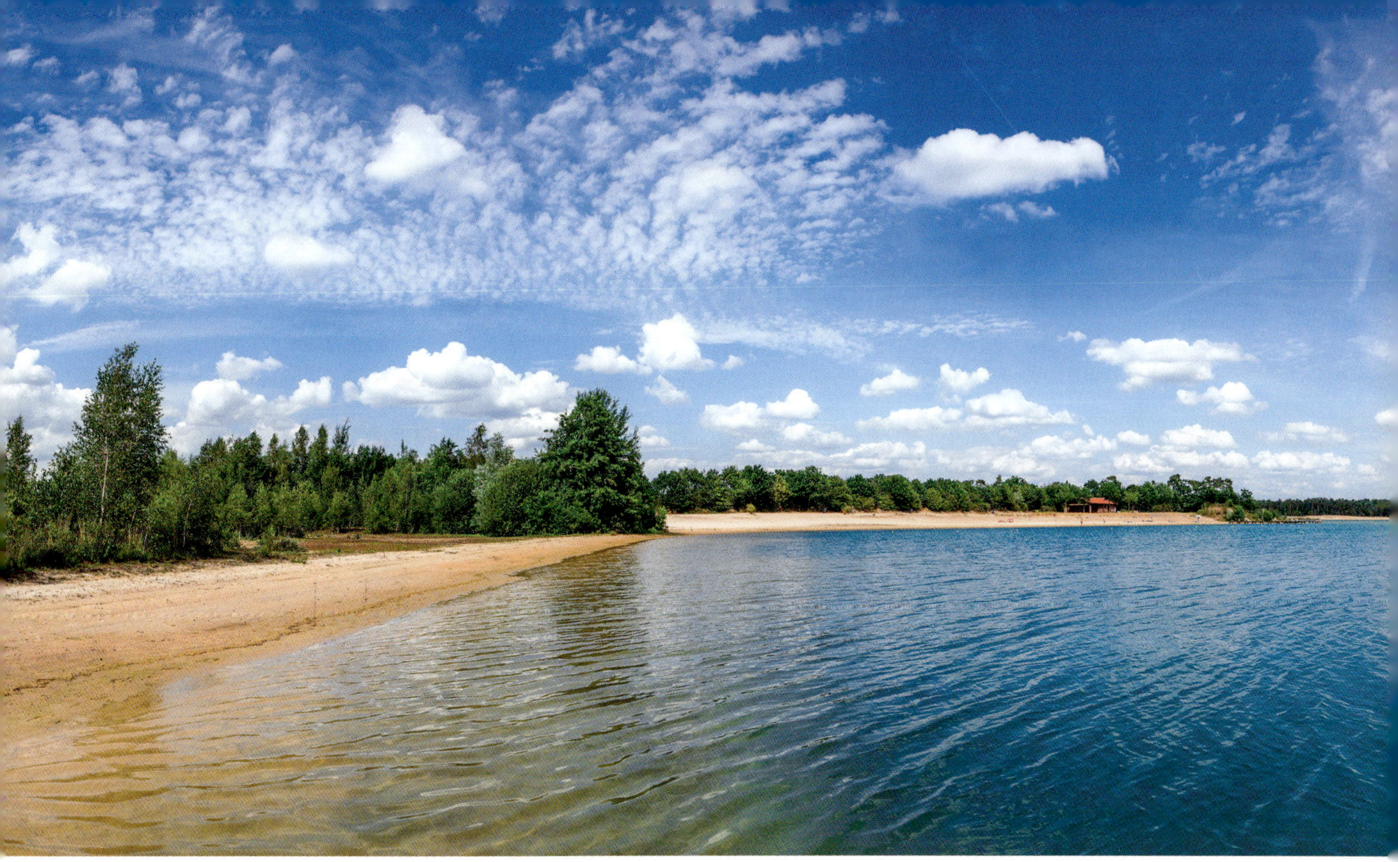

nicht wieder weg will, kann problemlos bleiben (https://schloss-dankern.de).
Der Zugang zum See ist kostenfrei, am entspanntesten schwimmt man im hinteren Teil des Gewässers jenseits der Wasserskianlage. Von hier aus kann man auch den Sandberg erkunden, eine große helle Düne am südlichen Ufer, die künstlich aufgeschüttet wurde. Der hinterste Teil des Sees ist für Hunde reserviert.

Info

GEEIGNET
Für Wassersportler und Sandburgenbauer

DANKERNSEE
www.emsland.com/urlaub/sehenswertes/details/dankern-see-1

SCHLOSS DANKERN
Das Wasserschloss ist über 300 Jahre alt und durch seine einmalige Lage einen Besuch wert. Rundherum ist ein Freizeitzentrum für Familien entstanden mit Spaßbad, Hochseilgarten, Spielplätzen und mehr: https://schloss-dankern.de/urlaub-in-schloss-dankern.

GOLFEN FÜR JEDERMANN
Wer schon immer mal Golf ausprobieren wollte, ist auf dem nahen »Gut Düneburg« gut aufgehoben. Hier gibt es Golf für jedermann auf einem Vier-Loch-Platz (15 Euro pro Tageskarte): http://www.golf-emsland.de.

ANREISE
Der Parkplatz vor Schloss Dankern ist kostenlos. Von der A31 in Haren (Ems) abfahren und der B408 bis zur Rentmeisterstraße folgen. Die Adresse des Schlosses lautet: Am Tiergarten, 49733 Haren (Ems).

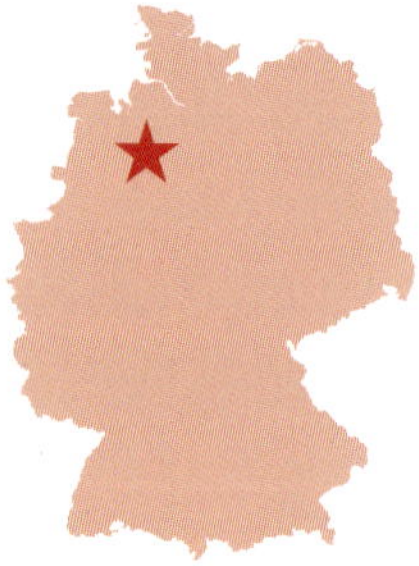

16 Der Husumer See: Südsee-Gefühl mitten in Niedersachsen

Glasklarer Badesee bei Nienburg

Wer in glasklarem Wasser schwimmen und seine Füße in weißem Sand vergraben will, der muss einen Frankreich-Urlaub machen? Nicht doch: Auch im Norden kann man im Südsee-Feeling schwelgen.

Dafür sorgt der Husumer See, auch genannt der Heye-Glas-See oder schlicht Heyesee, im Landkreis Nienburg/Weser mitten in Niedersachsen. Hier, mitten im Wald, liegt der große See, der außerordentlich klares Wasser hat. Mit über 14 Meter Tiefe ist der See also so tief, dass seine Wasserqualität meist gut ist. Er ist bei Schwimmern sowie bei Tauchern und Wochenendausflüglern gleichermaßen beliebt, doch so weitläufig, dass sich alle Gruppen hier aus dem Weg gehen können.
Ursprünglich war der See mal eine Kiesgrube für die Firma »Heye«. Heye mit Sitz im niedersächsischen Obernkirchen ist heute ein international agierendes Anlagen- und Maschinenbauunternehmen, das seine Ursprünge in einer Glashütte hat. Auch heute noch ist Heye auf die Planung von Maschinen zur Fertigung von Glasbehältern spezialisiert. Glashütten benötigen viel Sand, um ihre filigranen Produkte herzustellen. Als Heye eine seiner vielen Unternehmensstandorte im Jahr 1871 auch im Landkreis Nienburg/Weser eröffnete, war die Gegend rund um die beiden kleinen Ortschaften Brokeloh und Husum perfekt, denn hier konnte extrem feiner Sand gefördert werden.
Aus einer dieser ehemaligen Kiesgruben ist heute einer der schönsten Badeseen Niedersachsens entstanden. Der liegt mitten im Landschaftsschutzgebiet Husumer Geest. Der Name verrät es bereits: Die Gegend rund um den See ist sandig. Eine Geest bezeichnet in Norddeutschland eine während der Eiszeit entstandene sandige Landschaftsform, die wenig fruchtbar ist. Das bekannteste Beispiel ist wohl die Lüneburger Heide.
Die Lage des Sees im Landschaftsschutzgebiet sowie in einem stark bewaldeten Gebiet machen den See so kostbar und auch so attraktiv für Wildschwimmer. Vom kleinen Parkplatz an der L370 aus kommend, muss man zunächst einem kleinen Pfad

→ Die einmalige Lage des Sees im Landschaftsschutzgebiet zeichnet den Husumer See aus.

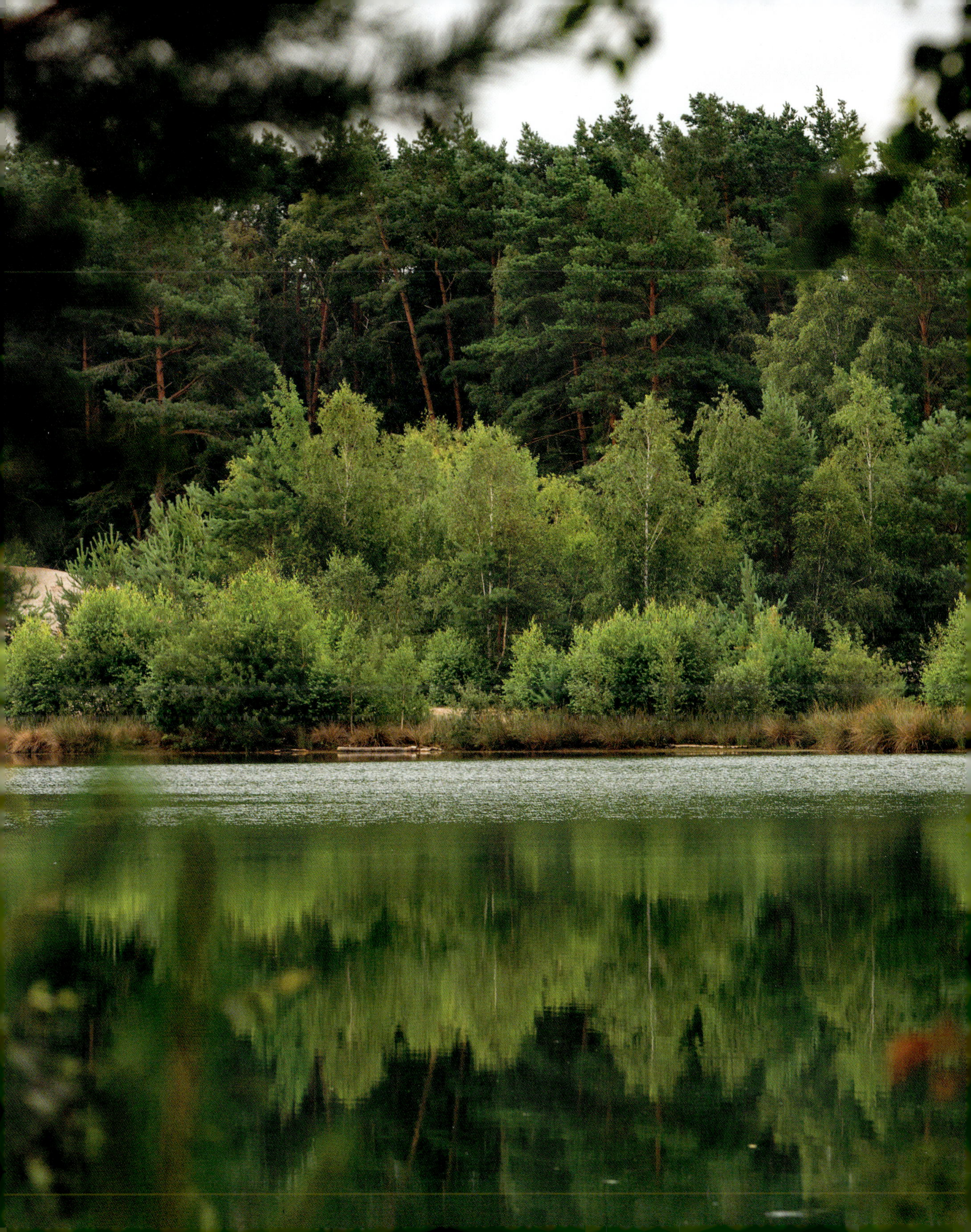

durch ein Waldstück folgen. Der See ist jedoch nicht zu verfehlen. Dann breitet sich eine große Sandfläche, beinahe eine Dünenlandschaft, vor den Augen der Besucher aus. Hier fühlen sich Familien und Wochenendausflügler besonders wohl; auch wird hier immer wieder gerne gegrillt, was hier im Landschaftsschutzgebiet jedoch verboten ist.

Tipp

Die sandige Gegend rund um Nienburg bringt Jahr für Jahr den berühmten Nienburger Spargel hervor. Nicht umsonst liegt die Stadt an der Niedersächsischen Spargelstraße und beheimatet das »Spargelmuseum«. Im Mai wird dem Stangengemüse sogar mit einem eigenen Festwochenende gehuldigt: www.nienburger-spargel.de.

Lauschige Ruheplätze unter Bäumen

Die schönsten Ruhe- und Einstiegsplätze am See hat man, wenn man links am Ufer des Sees herumgeht. Hier, zwischen den Bäumen, findet jeder sein eigenes kleines Reich und einen schattigen Ort mit Blick auf das Wasser. Der Einstieg ist den See ist oft flach, sandig und problemlos. Hier und da können Wasserpflanzen auftreten. Was Besucher wissen sollten: Hierbei handelt es sich nicht um ein offiziell registriertes Badegewässer, die Qualität des Wassers wird also von keiner offiziellen Stelle kontrolliert. Auch Infrastruktur ist keine vorhanden.

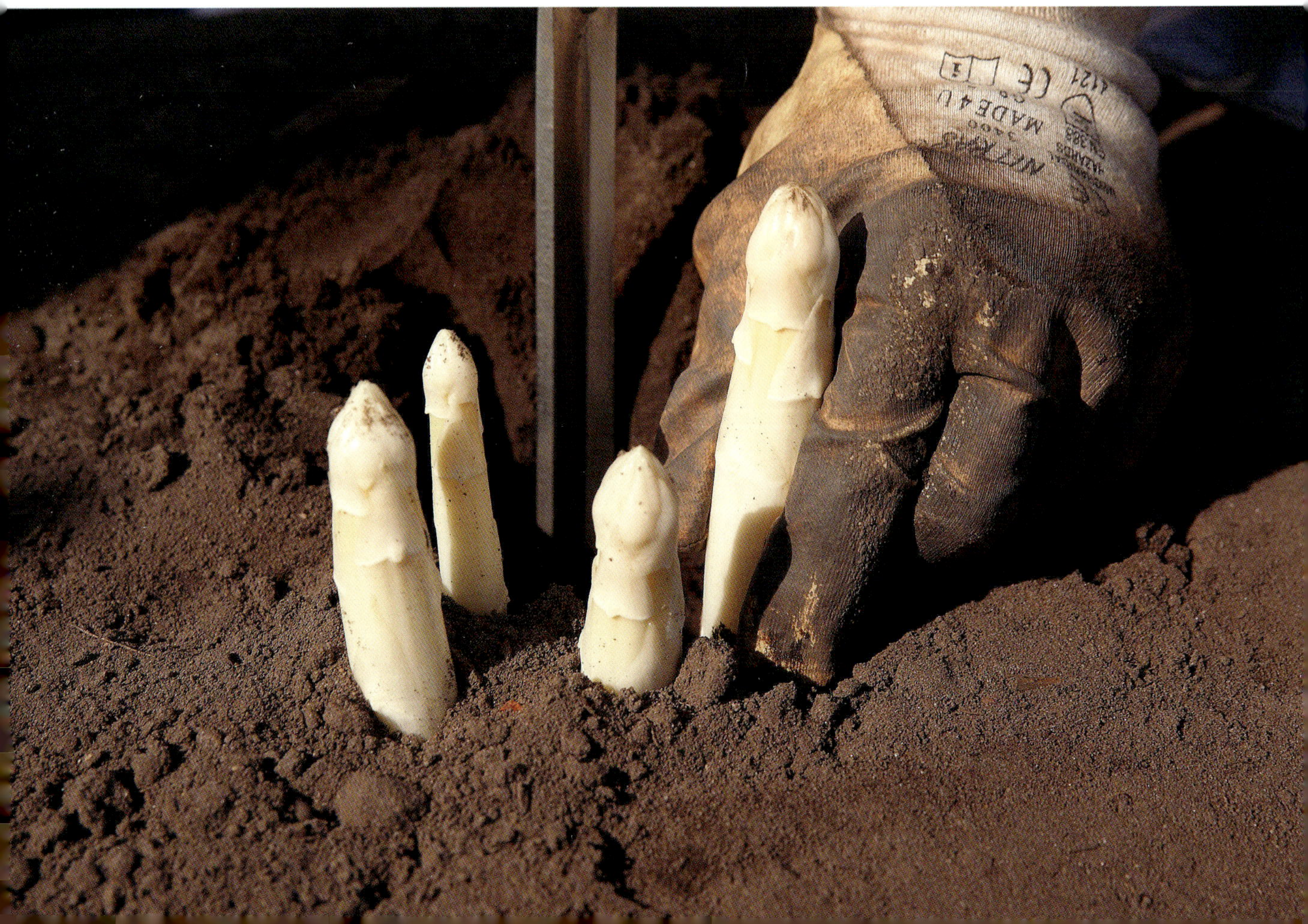

Der Husumer See zeichnet sich durch besonders klares Wasser und große Sichtweiten von zehn Metern und mehr aus. Auch bei Tauchern ist das Gewässer daher besonders beliebt. An seinem Grund sind deshalb Plattformen, kleine Wälder, Figuren und mehr angebracht, zu denen man tauchen kann. Leider ist der See vor allem an heißen Sommerwochenenden extrem beliebt. Auch wenn dies am Gewässer selbst kaum auffällt, da das Gelände so weitläufig ist, führt dies zu regelmäßigen Kontrollen von Polizei und Ordnungsamt, da viele Besucher grillen, Feuer machen oder ihren Müll einfach im Sand zurücklassen. Ruhigere Stunden hat man hier frühmorgens oder unter der Woche.
Der See liegt in direkter Nähe zur L370 (Rehburger Straße) zwischen den Orten Rehburg und Husum. Zwei Kilometer vor dem Ortseingang von Husum befindet sich der Parkplatz auf der linken, östlichen Straßenseite. Der See liegt auf der gegenüberliegenden Straßenseite hinter Bäumen. Wildparken sollte man nicht: Hier bekommt man schnell einen Strafzettel oder wird abgeschleppt. Der See befindet sich in Privatbesitz, der Eigentümer duldet das Schwimmen und Tauchen hier jedoch.

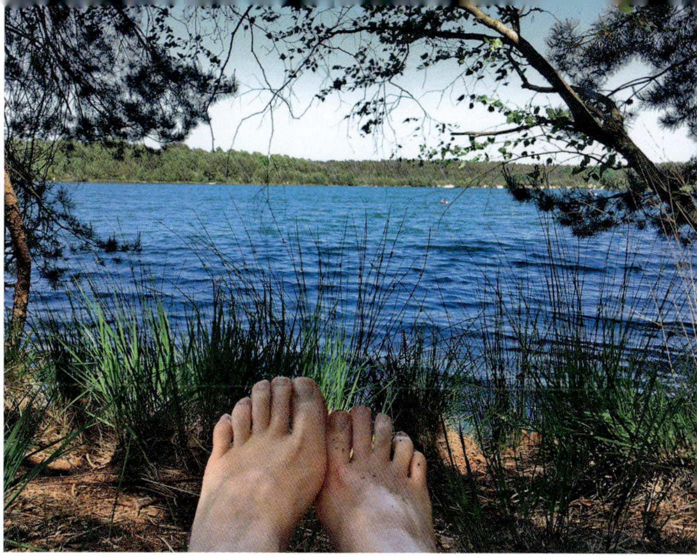

↑ Für jeden findet sich ein ruhiges Fleckchen.
↙ Nienburger Spargel ist die Spezialität der Gegend.

»Der See liegt besonders idyllisch in einem bewaldeten Landschaftsschutzgebiet.«

Info

GEEIGNET
Für Südsee-Fans und Taucher

KLOSTER REHBURG-LOCCUM
In der Nähe des Sees liegt nicht nur das schöne Steinhuder Meer, sondern auch das Kloster Rehburg-Loccum, ein 1163 gegründetes Zisterzienserkloster. Es ist der perfekte Ort für eine idyllische Andacht oder Ausgangspunkt fürs Pilgern und Wandern: www.kloster-loccum.de.

BLAUBEEREN-HOF
Die Gegend rund um Nienburg ist bekannt für ihren Spargel sowie die Blaubeeren, die hier auf dem trockenen Boden in Hülle und Fülle wachsen. Der »Bickbeernhof«, Brokeloher Hauptstraße 37 in Landesbergen, bietet unzählige Spezialitäten, einen Hofladen, Waldbaden und mehr an: www.bickbeernhof.de.

ANREISE
Von Hannover aus folgt man der B6 in Richtung Nienburg. Bei Meinkingsburg biegt man links in Richtung Husum ab. Man durchquert den Ort und folgt der Rehburger Straße zum See (Zwei Kilometer hinter Ortsausgang).

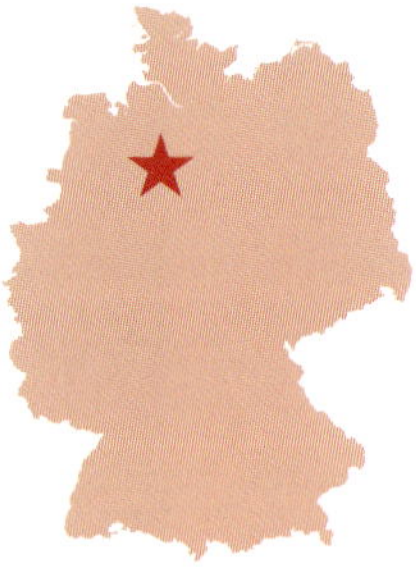

17 See zwischen Feldern: Waldsee Krähenwinkel

Kleiner Badesee mit Charme bei Hannover

Ein grünes Naturidyll wartet nördlich von Hannover auf Wildschwimmer, aber auch auf Familien und andere Wasserratten. Der Waldsee Krähenwinkel ist ein natürlicher Badesee, der klein ist, aber viel zu bieten hat.

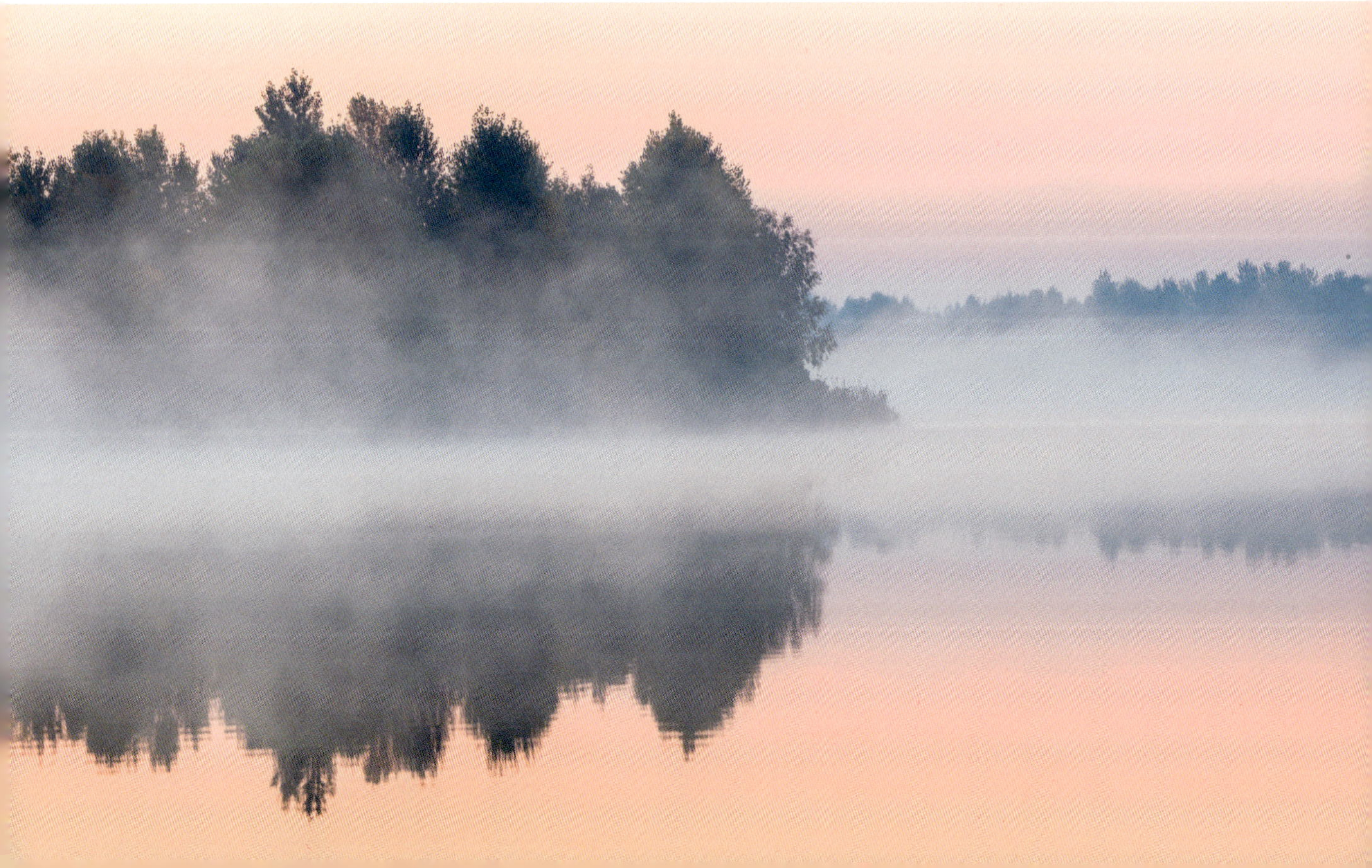

Niedersachsens Landeshauptstadt Hannover ist nicht nur für das angeblich klarste Hochdeutsch und die imposanten Herrenhäuser Gärten bekannt, sondern kann auch im Sommer mit so einigen schönen Badegewässern aufwarten. Da wären zum Beispiel die Ricklinger Kiesteiche, der Dreiecksteich, das Freibad im großen Maschsee oder der Blaue See im nahen Garbsen, in dem neben Sandstrand auch eine große Wasserskianlage lockt.

Naturjuwel mit grünen Ufern

Rund 15 Kilometer nördlich von der Hannoveraner Innenstadt wartet jedoch ein kleines Naturjuwel auf Wildschwimmer: der Waldsee Krähenwinkel nahe der Stadt Langenhagen. Mit rund zwei Hektar ist der See zwar recht überschaubar, doch er liegt idyllisch inmitten von Wäldchen und Feldern. Seine grüngesäumten Ufer geben ihm ein natürliches Aussehen. In den 60er-Jahren wurde das Gewässer hier eigens angelegt, um ein natürliches Freibad für die Bevölkerung zu schaffen. Als Badesee wird er seit den 70er-Jahren genutzt. Der See hat eine maximale Wassertiefe von rund acht Metern. Gerade in warmen Tagen kann es daher sein, dass das Wasser gerade in Ufernähe eher grünlich aussieht. Die Wasserqualität wird jedoch regelmäßig überprüft und ist ausgezeichnet.

Lauschige Plätze unter Bäumen

Von drei Seiten aus kann man ans Wasser kommen. Die vierte Seite ist stark begrünt und ist den Tieren und Pflanzen vorbehalten. Am westlichen und östlichen Ufer gibt es große Liegewiesen, am südlichen Ufer wartet ein kleiner Strand vor allem für Familien und jüngere Schwimmer. Hier ist auch ein Nichtschwimmerbereich abgesteckt. Gerade dieser Uferbereich ist bei den Familien beliebt. Hier gibt es Toiletten, Grillplätze, einen Spielplatz und einen Kiosk. Ein langer Holzsteg führt ins Wasser.
Eine Badeinsel treibt mitten im Wasser, die besonders beliebt bei Jugendlichen ist. Wildschwimmer nutzen meistens die freie Bahn im nördlichen Teil des Waldsees. Wer auf seinem Handtuch seine Ruhe haben will, sucht sich ein lauschiges Plätzchen unter den großen Bäumen am westlichen Ufer.

↙ Zauberhaft in Nebel eingehüllt liegt der See im zarten Morgenrot.

Info

GEEIGNET
Für Familien und Naturfreunde

WALDSEE KRÄHENWINKEL
www.hannover.de/Kultur-Freizeit/Freizeit-Sport/Sport/Bäderführer/Badeseen/Waldsee-Krähenwinkel

WIETZEPARK
Südwestlich von Krähenwinkel liegt der Wietzepark, ein 60 Hektar großer Landschaftspark mit riesigem Baggersee und viel, viel Platz. Mehr Infos unter www.hannover.de.

RENNBAHN
Langenhagen ist bekannt für seine Pferderennbahn »Neue Bult«, die noch zu Königszeiten gegründet wurde. Bis heue gibt es hier erstklassige Pferderennen zu sehen: www.neuebult.de.

ANREISE
Am besten kommt man mit dem Fahrrad oder mit dem Auto zum Waldsee. Von Hannover aus der Vahrenwalder Straße nach Norden folgen. Nördlich von Langenhagen auf die Wagenzeller Straße, dann in den Hainhäuser Weg abbiegen. Der Sportplatzweg führt zum See. Parken kann man am südlichen Ufer.

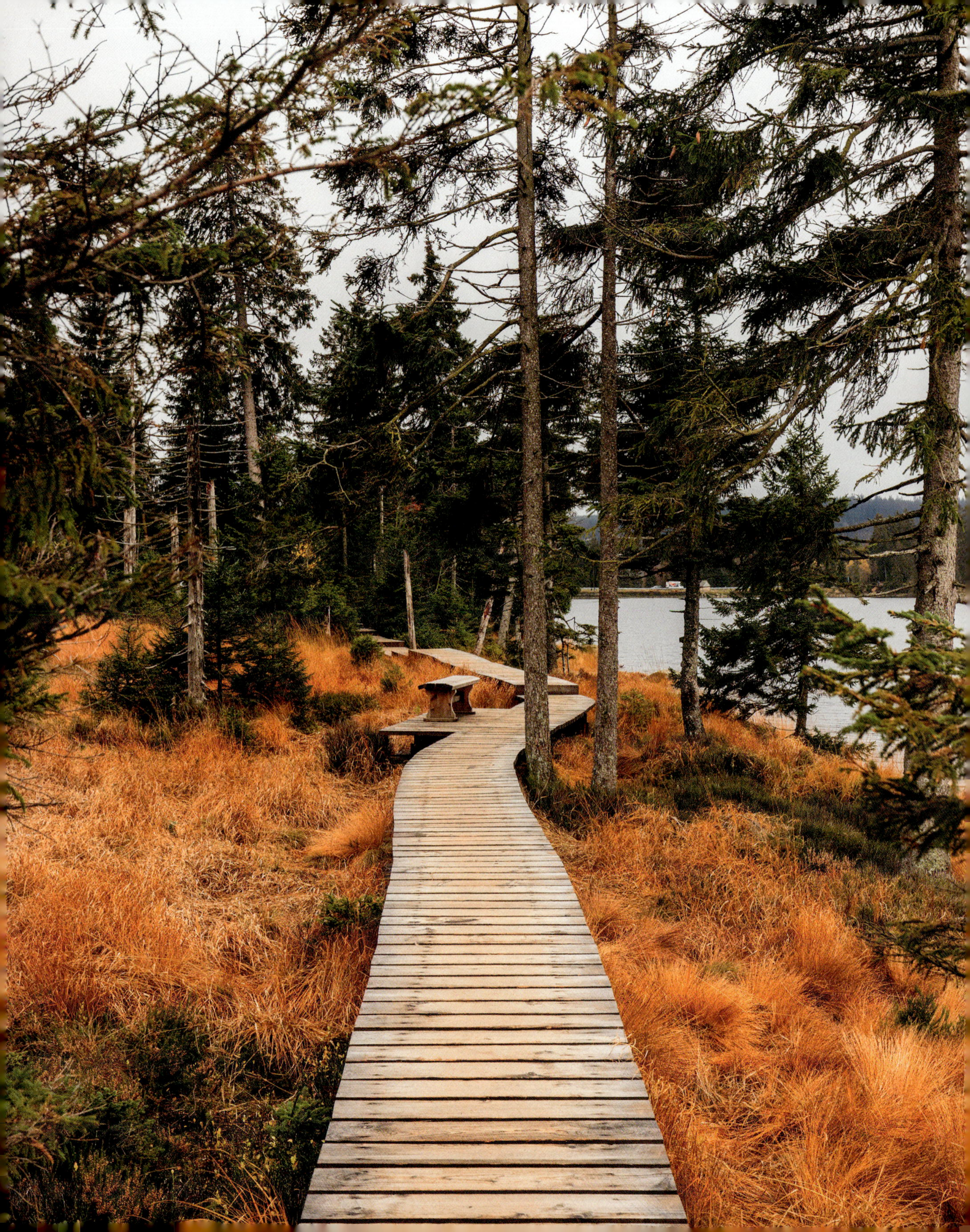

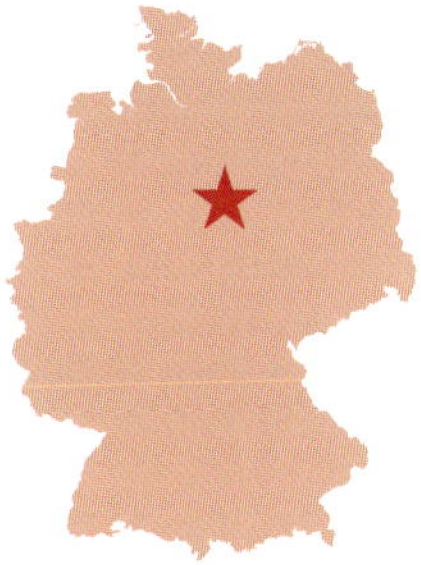

18 Glasklare Badeseen im Harz: Schwimmen im UNESCO-Weltkulturerbe

Der Oderteich und Ziegenberger Teich bei Clausthal-Zellerfeld

Der Harz ist einer der natürlichen Ausflugsziele in Nord- und Ostdeutschland. Kein Wunder: Hier streifen Luchse und Auerhühner durch die weiten Wälder, und man kann UNESCO-Weltkulturerbestätten bestaunen. Im Sommer bietet der Harz außerdem viele Badeseen in uriger Landschaft.

Das höchste Gebirge Norddeutschlands, weite Wälder, urige Dörfer, Ursprungsort zahlreicher Mythen und eine einzigartige Kulturlandschaft: Der Harz ist einer der größten und lohnendsten Ausflugsziele im Norden zwischen Niedersachsen, Sachsen-Anhalt und Thüringen.

Was viele Besucher nicht wissen: Im Harz kann man während der Sommermonate nicht nur toll wandern und mountainbiken, das Mittelgebirge hält für naturbegeisterte Besucher auch wunderbare Möglichkeiten zum Schwimmen bereit.

Ein besonderes Schmuckstück ist der Oderteich im Landkreis Goslar auf gut 700 Metern über Normalnull. Unglaubliche 30 Hektar misst dieser Stausee und fasst dabei knapp 1,7 Millionen Kubikmeter Wasser. Wie diese Daten schon verraten, handelt es sich hierbei nicht um ein natürliches Gewässer, sondern um eine Talsperre. Jedoch um eine mit besonderem Status: Die Talsperre wurde bereits im 18. Jahrhundert erbaut, und zwar von Bergleuten aus dem nahen St. Andreasberg, einem Ortsteil von Braunlage.

← Auch auf verschiedenen Wanderrouten kann die eindrucksvolle Seenlandschaft erkundet werden.

Weltweit bedeutendes Wassersystem

Gemeinsam mit zahlreichen weiteren Bauwerken im Harz gehört der Oderteich zum »Oberharzer Wasserregal«, einem vor Jahrhunderten geschaffenen System, um Wasser zu speichern, umzuleiten oder

für die Industrie zu nutzen. Es gilt weltweit als bedeutend als Wasserwirtschaftssystem des Bergbaus aus der Zeit vor der Industrialisierung.
Wegen ihrer langen Historie ist die Talsperre als Teil des Oberharzer Wasserregals seit 2010 sogar UNESCO-Weltkulturerbe, und zwar gemeinsam mit der Altstadt von Goslar und dem Besucherbergwerk Rammelsberg.
Der Oderteich ist rund ums Jahr ein beliebtes, jedoch uriges und ursprüngliches Ausflugsziel von Harz-Urlaubern. Rund um die historische Talsperre führt ein mehr als vier Kilometer langer Rundwanderweg, der über die knapp 20 Meter hohe Staumauer und am bewaldeten Ufer entlangführt und tolle Ausblicke über den See ermöglicht. Dabei kommt man an einigen der ältesten Fichten (300 Jahre!) des Nationalparks Harz vorbei. Der Rundwanderweg beginnt am Parkplatz Oderteich an der B242. Er verläuft meist sehr flach, kann jedoch für Besucher mit Rollator oder Kinderwagen beschwerlich sein, da er nicht überall befestigt ist (www.nationalpark-harz.de/de/natur-erleben/wandern/w6oderteich).
Ins Wasser gehen kann man am Oderteich nicht überall, da es sich hier um eine Talsperre handelt und der Wasserstand stark schwanken kann. Badestellen gibt es links und rechts am südlichen Teil des Sees. Hier kann man auf grünen Wiesen sein Handtuch ausbreiten oder unter knorrigen Fichten Schatten suchen. Am westlichen Ufer finden Besucher außerdem einen kleinen sandigen Abschnitt vor. Die Badestellen sind vom Parkplatz aus in wenigen Minuten zu Fuß zu erreichen.

Ein kleinerer See: der Ziegenberger Teich

Da es im Oderteich immer Strömungen gibt, ist das Wasser stets klar und kühl. Beim Schwimmen sollte man etwas Vorsicht walten lassen, da plötzlich kalte Unterströmungen auftauchen können.
Ein ähnlicher schöner Badesee ist der Ziegenberger Teich, fünf Kilometer südlich von der Universitätsstadt Clausthal-Zellerfeld gelegen. Die Badestelle befindet sich am südwestlichen Zipfel des Sees, unweit eines hier verlaufenden Wanderweges. Bei gutem Wetter muss man also damit rechnen, auf Wanderer und Mountainbiker zu treffen. Da der See allerdings an drei Seiten von dichtem Wald umgeben ist, fällt es gar nicht auf, wenn an einem Nachmittag mal mehr Menschen unterwegs sind.
Der Ziegenberger Teich verbindet die Weite einer Hügellandschaft mit der Waldlandschaft des Harzes. Die Badestelle ist durch ein Schild gekennzeichnet und besteht aus einer Wiese, die direkt zum Teich führt. Das Wasser ist klar und weich. Schnell wird das Gewässer tiefer, sodass ungeübte Schwimmer aufpassen sollten. Mit einer Oberflächengröße von rund acht Hektar und einer maximalen Tiefe von neun Metern ist der Ziegenberger Teich deutlich

»Der Ziegenberger Teich verbindet weite Hügellandschaft mit der Waldlandschaft des Harzes.«

Tipp

Die Sehenswürdigkeiten des UNESCO-Weltkulturerbes Oberharzer Wasserregal werden über verschiedene »WasserWanderWege« sowie »Welterbe-Erkenntniswege« miteinander verbunden. Auf insgesamt 113 Kilometern und Wanderrouten verschiedener Längen erwandert man sich eindrucksvolle Seenlandschaften, alte Stollen, wertvolle Industriegeschichte und schönste Harz-Idylle: www.oberharz.de/sommer/wandern-im-harz/wandern-im-weltkulturerbe-oberharzer-wasserwirtschaft.

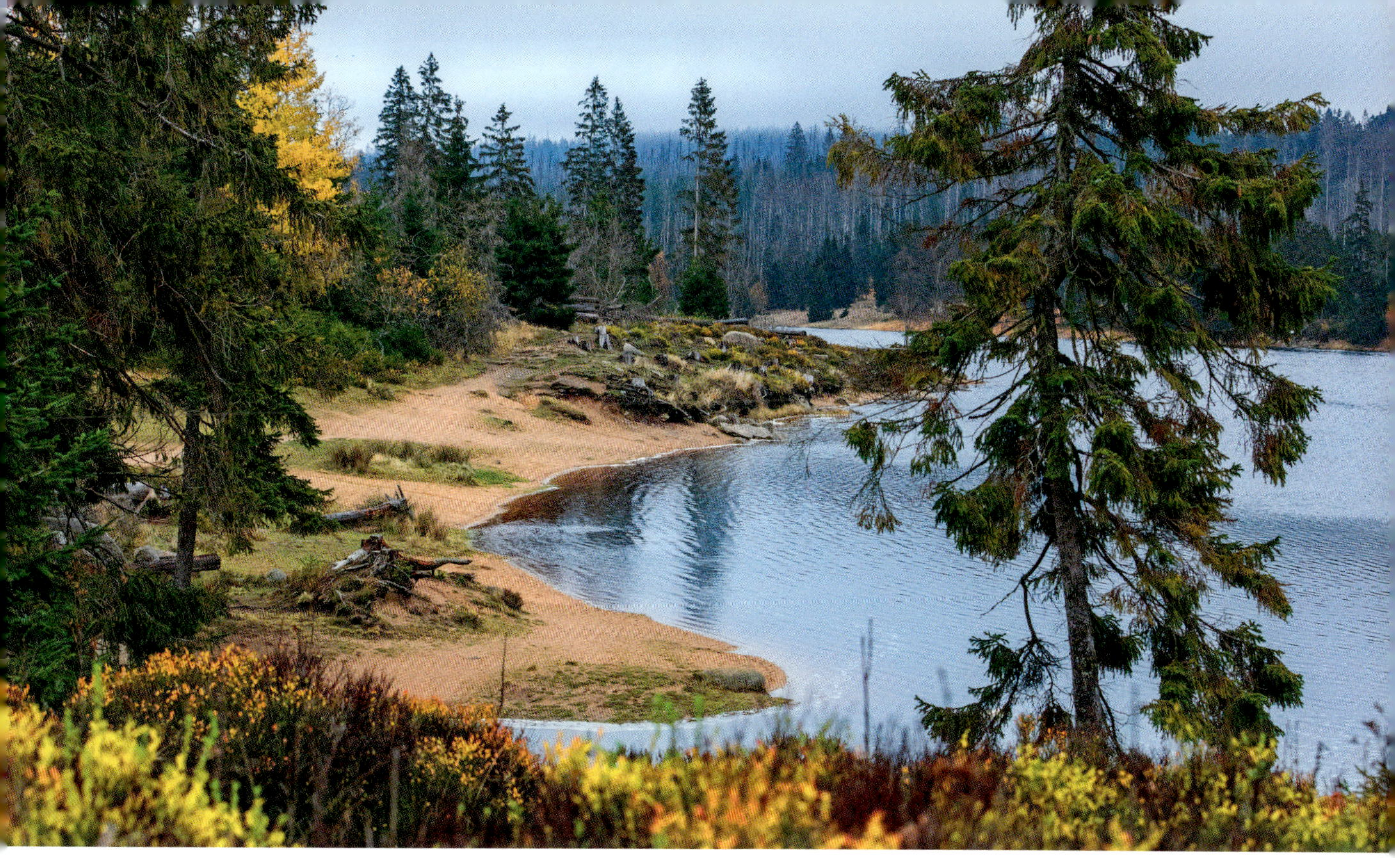

↑ Wasserreiche Naturschutzgebiete haben eine große Bedeutung für die Vogelwelt, die Reptilien und die Insekten.
↓ Der Ziegenberger Teich ist an mehreren Seiten von Wald umgeben.

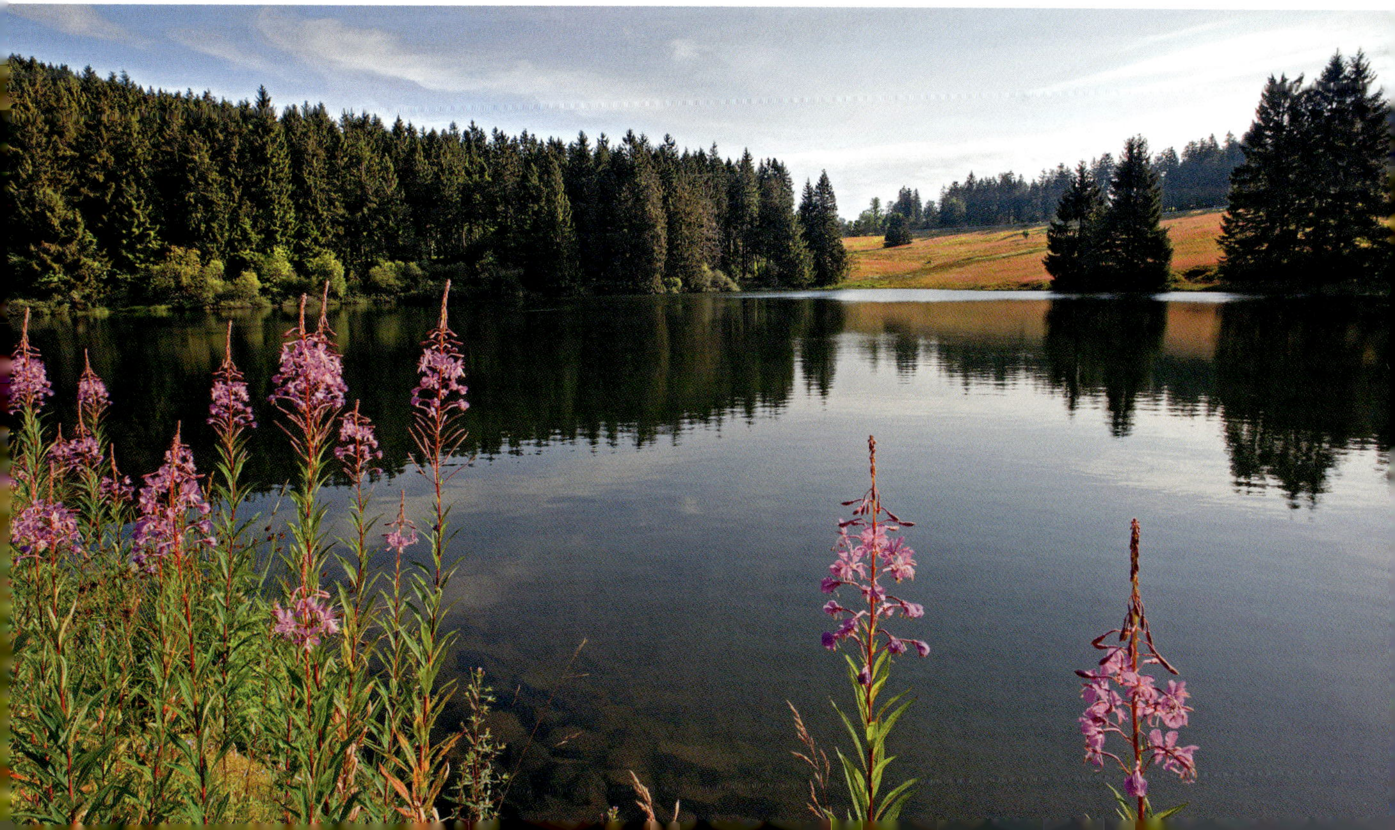

Tipp

Im Betriebshof der Harzwasserwerke in Clausthal-Zellerfeld gibt es von April bis Oktober täglich die Ausstellung »Oberharzer Wasserregal« zu sehen. Bis Ende Oktober werden außerdem thematisch passende, geführte Touren angeboten, beispielsweise in die sehenswerte Altstadt von Goslar oder in das Bergwerk Rammelsberg, das Führungen für jede Altersstufe und jeden Geschmack anbietet, inklusive verschiedener Stollen und Grubenbahn: www.rammelsberg.de und www.harzwasserwerke.de.

kleiner als der Oderteich, und doch steht er der Talsperre weder in Wasserqualität noch in Natürlichkeit nach. Da der Ziegenberger Teich offizielles EU-Badegewässer ist, wird hier regelmäßig während der Sommermonate das Wasser auf seine Qualität kontrolliert. Es gilt stets als ausgezeichnet.
Man findet die Badestelle am einfachsten von Buntenbock aus, einem Ortsteil von Clausthal-Zellerfeld. Der See liegt etwa ein Kilometer östlich von Buntenbock. Vom Ort aus passiert man die alte Schmiede und folgt dann dem Buntenbocker Bergwiesenweg, der über almähnliche Wiesen zum Ziegenberger Teich führt. Der liegt in der Mitte einer Dreiseenkette, eingerahmt vom Sumpfteich im Wes-

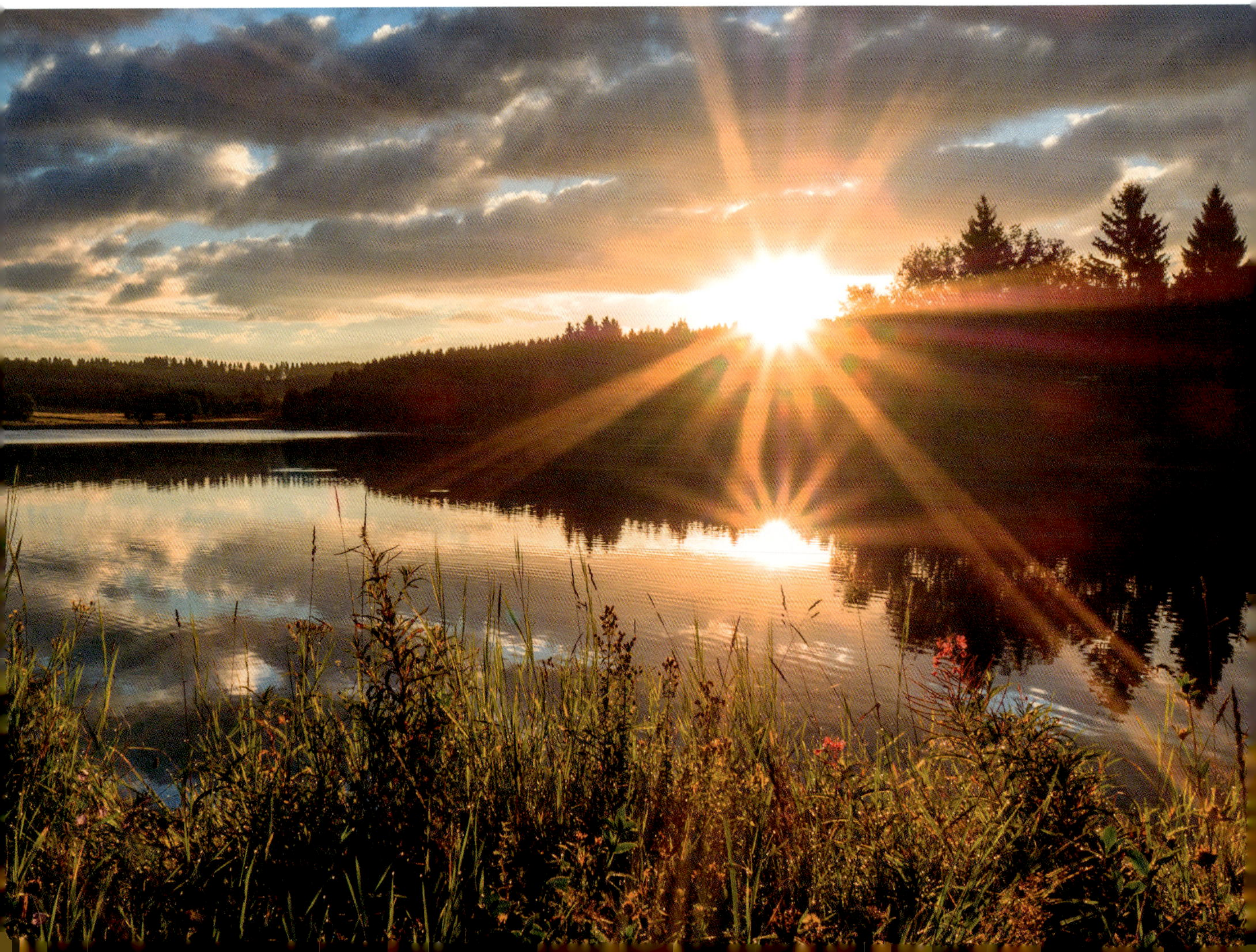

ten und dem Bärenbrucher Teich im Osten. Verbunden sind die Seen durch den Fluss Innerste.

Ganz in der Nähe, nur einen Kilometer entfernt, gibt es übrigens schon die nächste Badestelle, und zwar am überschaubaren Pixhaier Teich. Direkt an seinen Ufern liegt der natürlich gehaltene Campingplatz »Prahljust« mit großem Spielplatz, Sauna, Hallenbad und mehr (www.prahljust.de).

Der See diente früher zum Betrieb einer Mühle und ist deshalb auch als Pixhaier Mühlenteich bekannt. Auch er gehört zum historischen System des Oberharzer Wasserregals. Gebadet werden kann am Ostufer am Campingplatz, der Eintritt kostet 1,60 Euro pro Person. Auch seine Wasserqualität wird stets überprüft und ist anstandslos.

Wer etwas mehr Infrastruktur wünscht, der sollte weiterwandern zum Hausherzberger Teich nordöstlich von Clausthal-Zellerfeld, rund fünf Kilometer vom Ziegenberger Teich entfernt. Hierbei handelt es sich um ein kleines Waldseebad, das von Juli bis September von einem Bademeister überwacht wird. Es gibt einen Nichtschwimmerbereich, einen Sandstrand, einen Spielplatz, einen Kiosk und einen Bootsverleih. Der Eintritt ist kostenlos (www.oberharz.de/sommer/baden-im-harz).

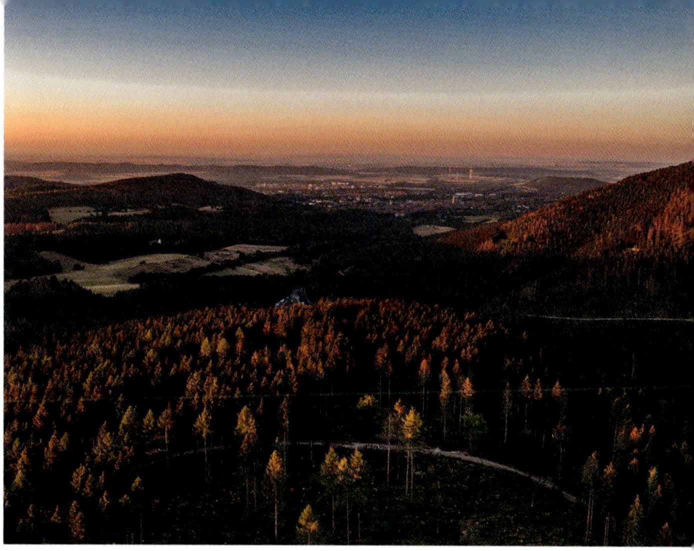

↑ Die tolle Landschaft lädt auch zum Wandern ein.
↙ Die Wasserqualität des Sees wird ständig überprüft.

»Im Oderteich badet man auf über 700 Meter über Normalnull.«

Info

GEEIGNET
Für Harz-Fans und Wanderer

NATIONALPARK HARZ
www.nationalpark-harz.de

BESUCHERZENTRUM
Im Ort Torfhaus informiert das Besucherzentrum, Torfhaus 8, 38667 Altenau, über Leben und Wandel im Harz. Der Besuch lohnt sich bei jedem Wetter, der Eintritt ist frei. Das Torfhaus ist auch Startpunkt vieler Wanderungen: www.nationalpark-harz.de/de/besucherzentren/torfhaus.

ST. ANDREASBERG
Das acht Kilometer entfernte St. Andreasberg ist ein Luftkurort mit langer Bergbautradition. Perfekt geeignet für einen Urlaub in den Bergen – Sommerrodelbahn und Sternwarte inklusive: ww.braunlage.de/ortsteile/sankt-andreasberg.

ANREISE
Badestelle Oderteich: Die Badestellen liegen westlich und östlich im unteren Teil des Oderteichs. Von Bad Harzburg aus führt die B4 bis hinter Oderbrück, dann rechts auf die B242 abbiegen, hier gibt es einen großen Parkplatz. Badestelle Ziegenberger Teich: Im Ort Buntenbock der Straße am Brink über die Ortsgrenze hinaus folgen. Der Wanderweg führt direkt an den See.

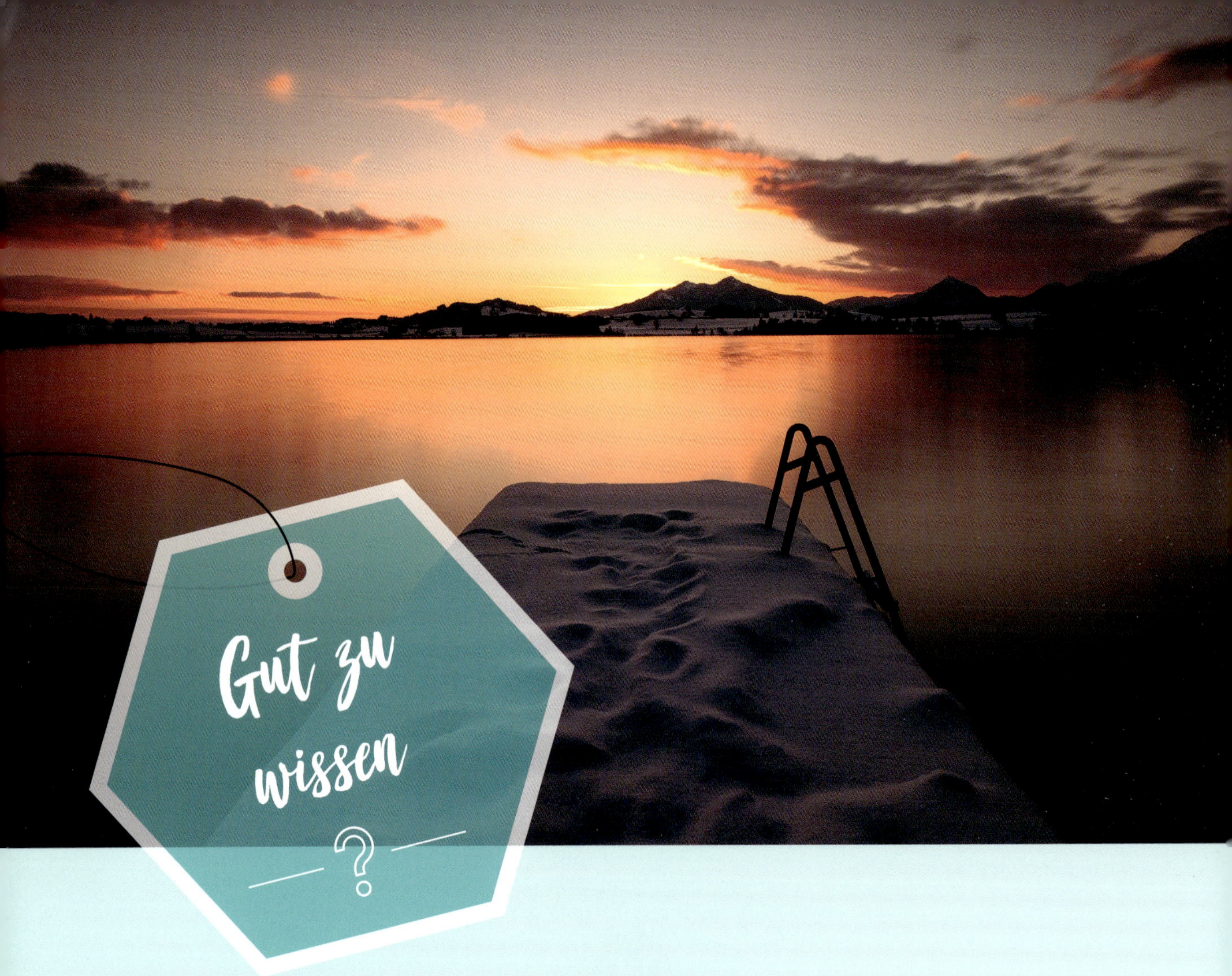

Wild, aber sicher

Zehn Tipps fürs Wildbaden

Wie gut kann ich schwimmen?

Fragt euch offen und ehrlich: Wie gut kann ich schwimmen? Danach entscheidet ihr, ob ihr lieber im Wasser planschen oder auf Meer und See hinausschwimmen wollt. Denn: Ganz ungefährlich ist Wildbaden nicht. Laut der Deutschen Lebens-Rettungs-Gesellschaft (DLRG) ertrinken die meisten Menschen in Deutschland in Binnengewässern.

Wer kommt mit?

Nehmt Freunde oder Familie mit zum Schwimmen in der Natur. So habt ihr ein Auge aufeinander, zum Beispiel, falls ihr einen Krampf bekommen solltet. Gemeinsam macht Schwimmen sowieso mehr Spaß.

Darf ich hier schwimmen?

Nicht jedes Gewässer ist ein schöner Badespot – auch wenn es verlockend aussieht. Viele Seen sind nicht für Schwimmer gedacht, sondern Anglerteiche, Stauseen, aktive Baggerseen oder Rückzugsgebiete für Flora und Fauna. An Kanälen oder an Stauwehren ist das Schwimmen aus Sicherheitsgründen verboten. Achtet auf die Schilder vor Ort oder checkt vorher online, ob es sich um ein offizielles Badegewässer handelt.

Kenne ich das Gewässer?

Bevor du in ein Gewässer steigst, mach dich damit vertraut. Das schützt dich vor Überraschungen wie steilen Ufern, Unterströmungen oder Hindernissen am Boden. Besonders vorsichtig solltest du in trüberen Gewässern und Kanälen sein.

Ein- und Ausstieg

Überprüft vor dem Schwimmen, dass ihr vom Wasser aus wieder sicher ans Land kommt. Seen können steile Ufer haben oder der Pegelstand von Flüssen kann sich verändern.

Hat sich das Gewässer verändert?

Gewässer sind selten immer gleich. Je nach Wetter kann sich der Pegelstand eines Sees oder Flusses verändern, nach heißen Tagen können vermehrt Blaualgen auftreten, starke Regenfälle können Schadstoffe von Feldern ins Wasser spülen. Nehmt daher auch euren Lieblingsbadespot vorm Hineinspringen einmal genau in Augenschein.

Langsam machen

In Flüssen kann es Unterströmungen geben, in Baggerseen kann es schnell tief und kalt werden – macht beim Wildschwimmen daher am besten langsam.

Signalfarben

Sinnvoll ist, wenn ihr Badesachen in Signalfarben wie Rot oder Gelb tragt – so fallt ihr schneller auf.

Rücksicht nehmen

Rücksicht auf andere Leute, unerfahrene Schwimmer und Kinder nehmen ist das A und O in einem wilden Gewässer. Vom Badespaß will schließlich jeder was haben.

Auf euren Körper hören

Tragt im Wasser am besten Sonnencreme (die die Umwelt nicht belastet) oder ein leichtes Oberteil, denn auch im Wasser kann es starke Sonneneinstrahlung geben. Hört immer auf euren eigenen Körper: Sobald ihr merkt, dass ihr müde werdet, verlasst das Wasser und ruht euch aus.

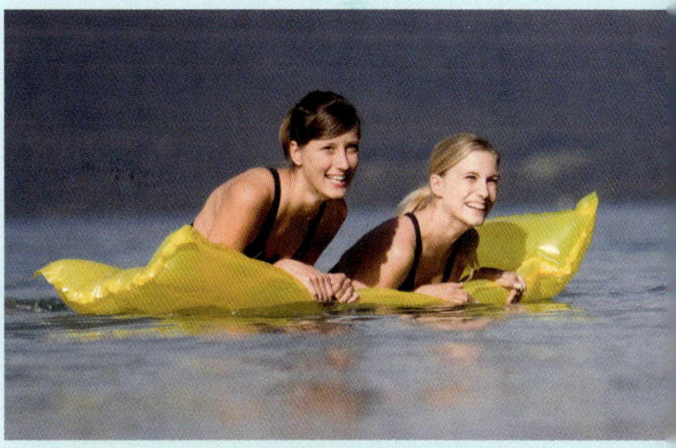

↑ Ungeübte Schwimmer sollten sich nicht alleine und ohne Hilfmittel im Wasser aufhalten.
↖ Winterschwimmen kurbelt den Kreislauf an - und erfordert starke Nerven.

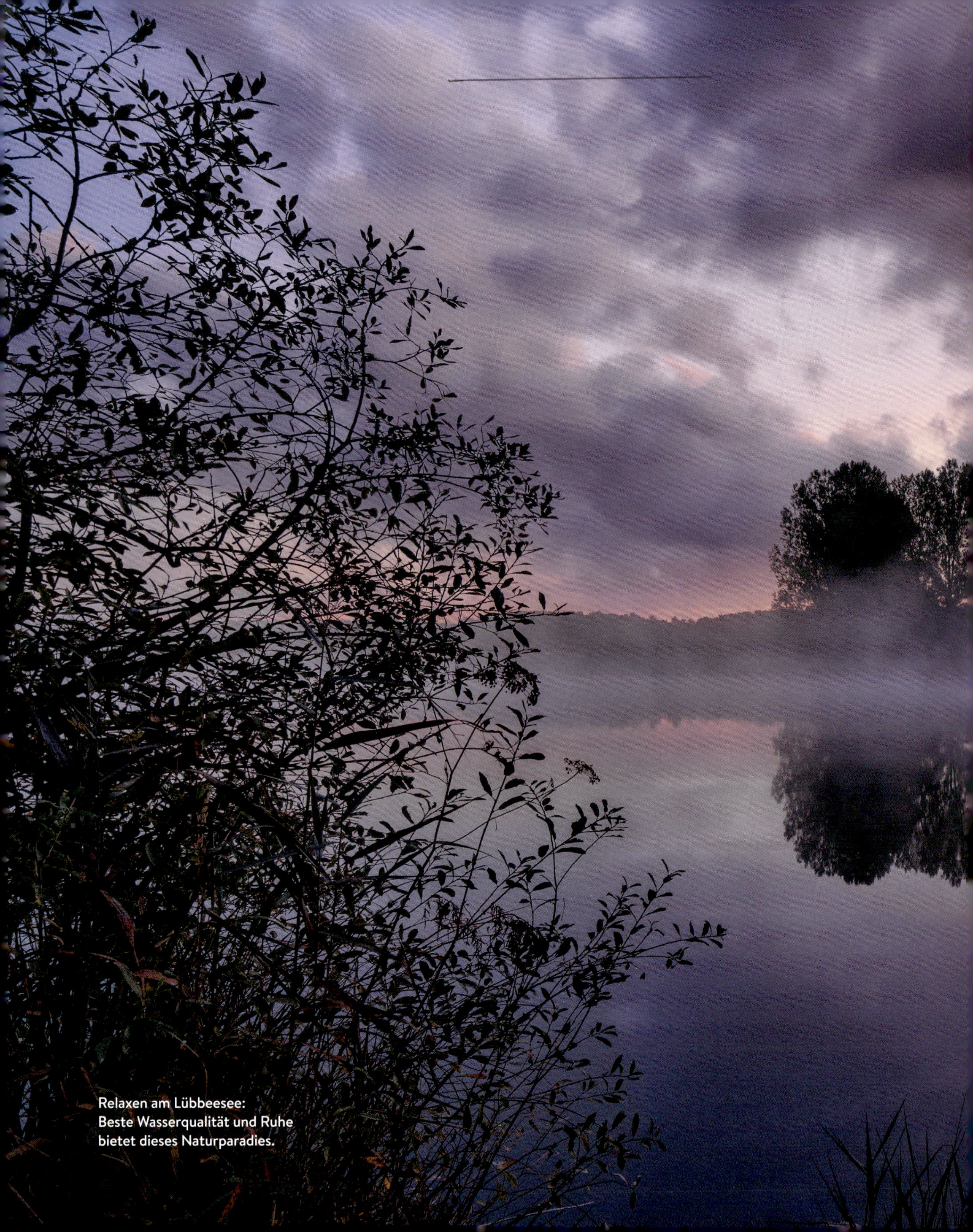

Relaxen am Lübbeesee:
Beste Wasserqualität und Ruhe
bietet dieses Naturparadies.

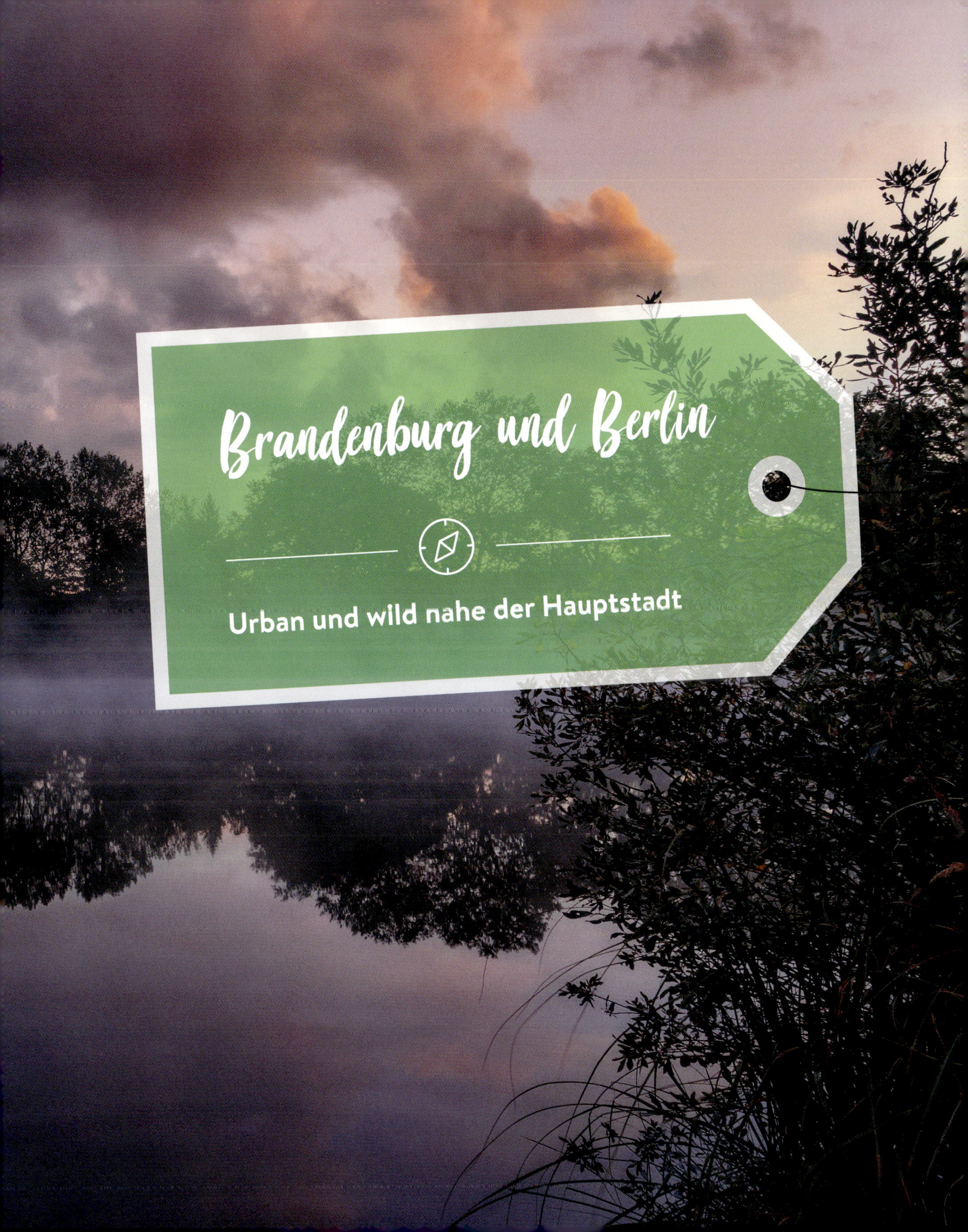
Brandenburg und Berlin
Urban und wild nahe der Hauptstadt

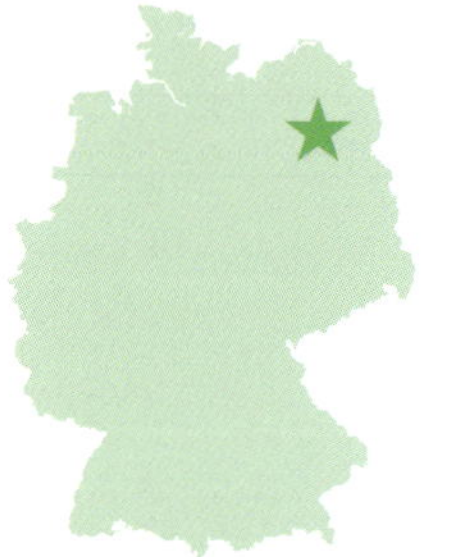

19 Mit Fischadlern und Bibern schwimmen: der Lübbesee bei Templin

Glasklares Gewässer, geformt wie ein Fluss

Er erinnert eher an einen Fluss als an einen See, doch hier kann man nach Herzenslust in ausgezeichnetem hellblauem Wasser schwimmen: Auf über zehn Kilometern Länge schlängelt sich der malerische Lübbesee durch die wunderschöne Waldlandschaft der Schorfheide im Nordosten Brandenburgs.

Der Lübbesee liegt rund 70 Kilometer nördlich von Berlin mitten in der waldig-hügeligen Landschaft der Uckermark. Als Überbleibsel der letzten Eiszeit vor rund 15 000 Jahren haben sich viele Gewässer in der Gegend gebildet, die oft lang und schmal, aber sehr tief sind und meist eine exzellente Wasserqualität haben. Ein Beispiel hierfür ist neben dem Lübbesee auch der rund 30 Kilometer entfernte Werbellinsee, der mit rund 55 Metern an seiner tiefsten Stelle eine außergewöhnliche Tiefe aufweist.
Diese besonderen Formen wurden in der letzten Eiszeit geschaffen: Das Schmelzwasser der Eismassen floss nach unten ab und grub so tiefe Gräben mit hohen Seitenwänden ins Erdreich. Diese Form blieb bis heute erhalten, da hartes Eis die steilen Flanken dieser riesigen Rinnen konservierte.

Der Lübbesee ist lang, aber schmal

Seine besondere Geschichte sieht man auch dem Lübbesee bis heute an: Er ist bei einer Länge von rund zwölf Kilometern mit nur rund 300 Meter Breite sehr schmal geraten. Daher erinnert er eher an einen Fluss denn an einen See. Er deckt jedoch eine Wasserfläche von rund 300 Hektar ab. Mit maximal 13 Metern Tiefe ist er außerdem mit einem sprudelnden Bächlein überhaupt nicht zu vergleichen. Die tiefste Stelle befindet sich im nordwestlichen Teil, nach Südosten hingegen wird der See allmählich flacher. Im Mittel ist der See sechs Meter tief.
Die Qualität des Wassers wird regelmäßig unter-

→ Der Lübbesee hat eine lange Geschichte, die man ihm heute noch ansieht.

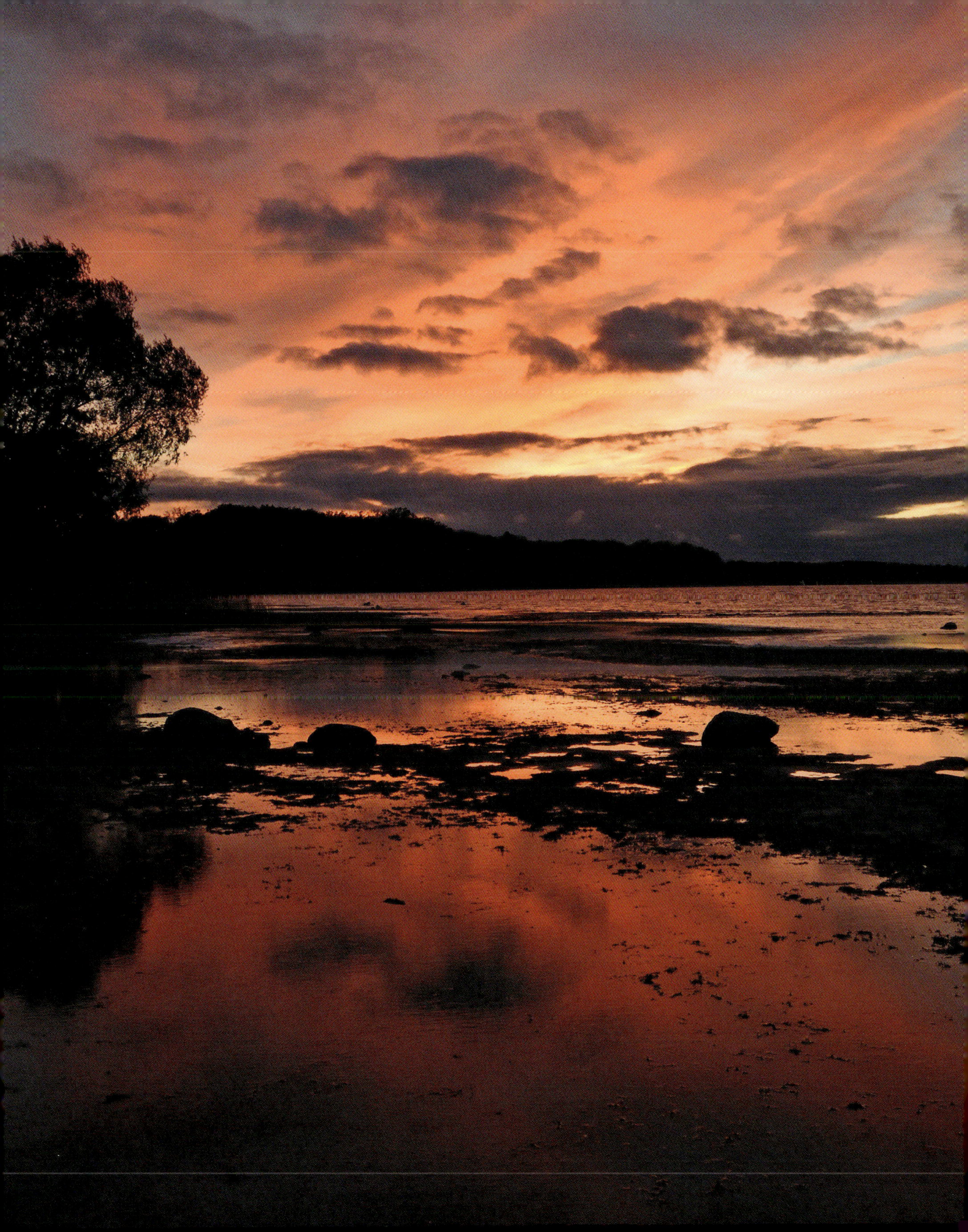

sucht und ist ausgezeichnet. Gespeist wird er von Grundwasser, daher ist das Wasser besonders klar und weich. Durch den umstehenden Wald wird diese Qualität zusätzlich erhöht, weswegen er von besonderer ökologischer Bedeutung ist.
Durch Abwasser ist in der Vergangenheit zu viel Dünger in den See geraten, was seine Qualität dramatisch verschlechterte. Durch ein langzeitig angesetztes Umweltprogramm konnte man dies jedoch ändern, und mittlerweile gehört der Lübbesee zu den klarsten Gewässern des Bundeslandes.
Allein die Fahrt zur Badestelle Milmersdorf im Ortsteil Petersdorf führt durch eine idyllische Landschaft von Kiefernwäldern und Heide, vorbei an Alleen und über Sandwege. Der Weg endet in einer baumumsäumten Wiese, von der aus ein sehr flacher Einstieg ins Wasser führt. Links und rechts der Badestelle steht das Schilf dicht, sodass man an anderen Stellen eher schlecht ans Ufer gelangen kann. Ein Holzsteg führt am Schilf vorbei mitten in den See, sodass man direkt ins Wasser springen kann. Hier legen auch gerne Kanuten an und machen eine Rast.
Auch im Ort Postheim kann man ans Wasser; allerdings gestaltet sich das Schwimmen hier urbaner als bei Milmersdorf: Es gibt einen Strand inklusive Bar. Die Bar, Am Lübbesee 1, steht direkt an einem rund 100 Meter breiten, künstlich aufgeschütteten Sandstrand am Ufer mit fantastischem Blick über den glasklaren See. Sie gehört zum großen »Ahorn Seehotel Templin«, das mit seiner großen, bunten Fassade am nordwestlichen Ufer des Sees nicht zu übersehen ist. Die Bar wartet in den Sommermonaten mit Cocktails, Loungemöbeln und Livemusik auf. Hier kann man sich außerdem Sonnenliegen und Kanus für eine gemächliche Tour übers Gewässer ausleihen.

Motorisierte Boote dürfen hier nicht fahren

Vom Templiner Ufer aus werden Rundfahrten mit einem Elektroboot angeboten. Ansonsten hat man hier vor Schiffsverkehr wirklich seine Ruhe: Boote mit Verbrennungsmotoren dürfen auf dem Lübbesee erst gar nicht fahren. Daher ist der See perfekt, um darauf Kanu, Ruder- oder Tretboot zu fahren, und natürlich fürs Wildbaden. Auch für Kinder oder unerfahrene Schwimmer ist dieser See perfekt, da seine Uferbereiche oft sehr flach sind. Der Untergrund ist sandig, was den Einstieg besonders angenehm macht.
Der Lübbesee spielt eine große ökologische Bedeutung: Als Teil eines sogenannten FFH-Gebietes (Fauna-Flora-Habitat) bietet er vielen Tier- und Pflanzenarten besonderen Schutz. Im Lübbesee fühlen sich viele Fischarten besonders wohl, und wenn man Glück hat, kann man auch Biber und Fischotter in den mit Bäumen und Röhrichtgräsern bestückten

»Die besondere Form des Lübbesees entstand in der Eiszeit, als Schmelzwasser abfloss.«

Tipp

Buchenwälder, viele Tiere und lauschige Gewässer: Durch die Schorfheide kann man stundenlang, ja sogar tagelang wandern. Dabei kann man sogar ein UNESCO-Weltnaturerbe entdecken: den ursprünglichen Buchenwald Grumsin. Es gibt zahlreiche Wander- und Rundwege. Bester Ausgangspunkt ist das Geoparkzentrum in Zur Mühle 51 in Ziethen, OT Groß-Ziethen. Weitere Infos und viele Routen: www.schorfheide.de oder www.geopark-eiszeitland.de.

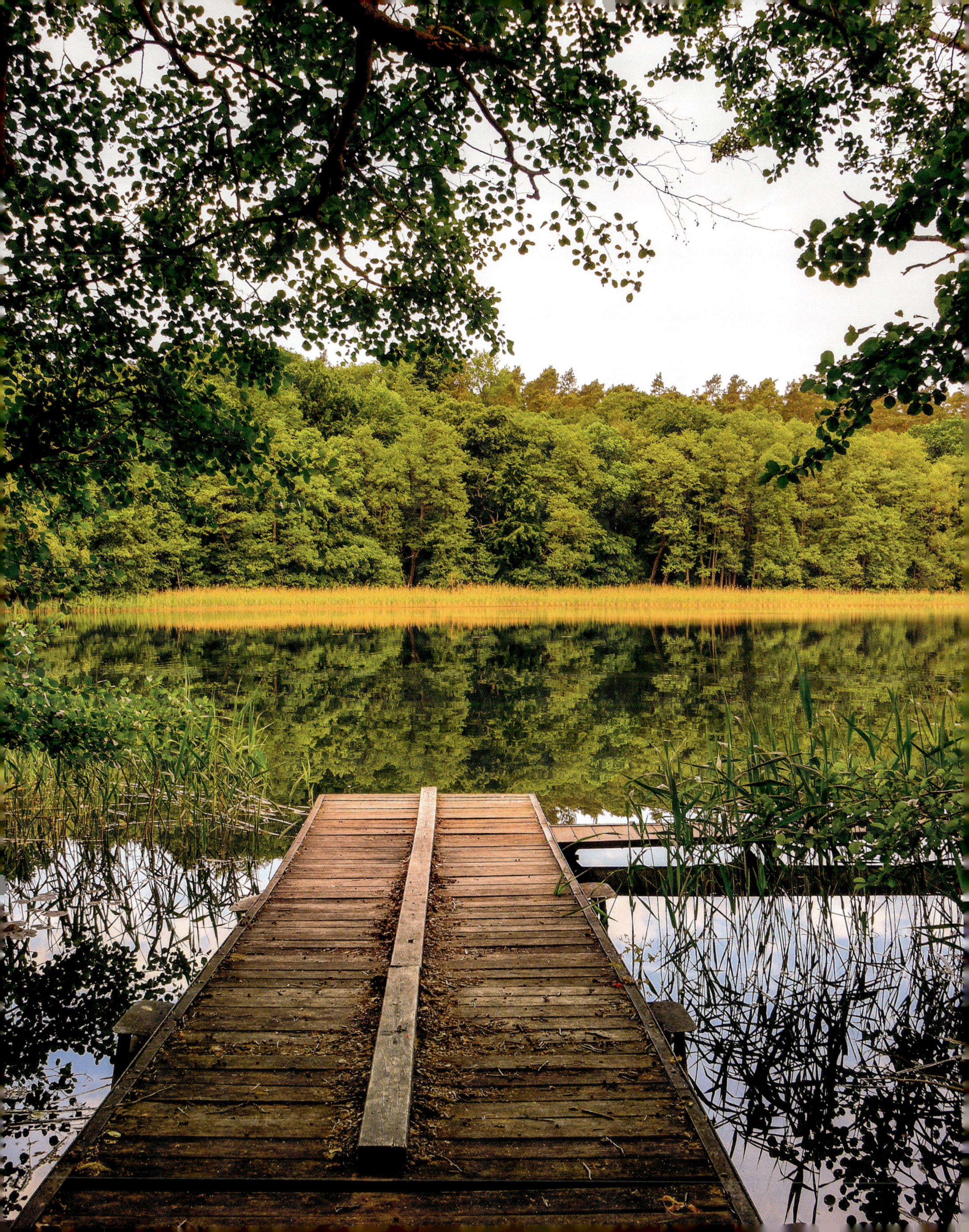

Tipp

Rund 40 Kilometer vom Lübbesee liegt der Erholungsort Angermünde. Er lockt mit einer Innenstadt, deren schönes historisches Aussehen über die Jahrhunderte größtenteils erhalten geblieben ist: www.angermuende.de. Hier liegt außerdem der einzige Tierpark der Uckermark. Der sieben Hektar große Park mit altem Baumbestand ist zu jeder Jahreszeit einen Besuch wert. Hier kann man rund 50 Tierarten von allen Kontinenten der Erde bestaunen (Eintritt 4 Euro für Erwachsene): www.angermuende.de/tierpark.

Ufern beobachten. Durch den besonderen Schutz als FFH-Gebiet und Biosphärenreservat wird versucht, die außergewöhnliche Mischung aus Mischwald, Gewässern, kleinen Mooren und Wiesen in diesem Gebiet möglichst natürlich zu erhalten.
Der Lübbesee sowie zahlreiche weitere Gewässer liegen mitten im Naturpark Uckermärkische Seen (www.uckermaerkische-seen-naturpark.de). In der sanft hügeligen Landschaft der Uckermark mit ihren zahlreichen großen und kleinen Seen fühlen sich zahlreiche Vogelarten besonders wohl, weshalb die Region als europäisches Vogelschutzgebiet ausgezeichnet wurde.
Das Wappentier des Naturparks bildet der Fischadler ab, der in dieser Region ungewöhnlich häufig

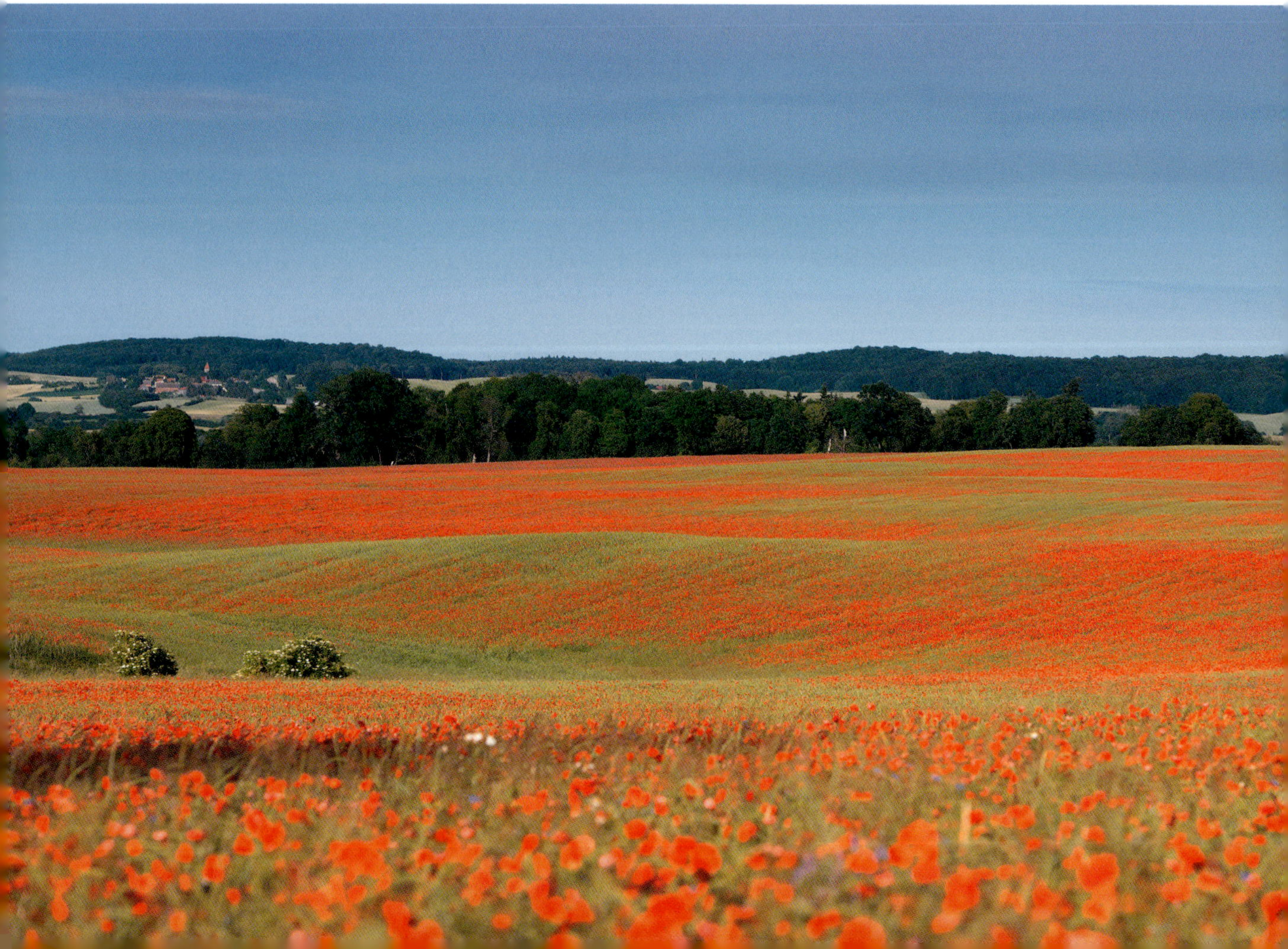

vorkommt: Über 30 Brutpaare zählte man hier zuletzt. Mit Hunderten Kilometern an Rad- und Wanderwegen sowie über hundert Kilometern Wasserwanderwegen für Ruderer und Kanuten ist der Naturpark ein besonders schönes Ausflugsziel für Naturfreunde. Im Nordwesten schließt sich an das Gebiet die Mecklenburgische Seenplatte an. Außerdem liegt der Lübbesee mitten in der Brandenburger Schorfheide. Sie ist ein riesiges, geschlossenes Waldgebiet, das sich neben der Uckermark über zwei weitere Landkreise erstreckt. Früher ein bedeutendes Jagdgebiet für das preußische Königshaus und wichtige Staatsoberhäupter, ist die Schorfheide mittlerweile beliebtes Ausflugsziel für Berliner, Brandenburger und Besucher. Ein Teil des Gebietes steht als Biosphärenreservat unter besonderem Naturschutz. Kiefern, Eichen, Birken und Linden bilden ein besonders freundliches Waldgebiet, das zum Radfahren und Wandern einlädt.

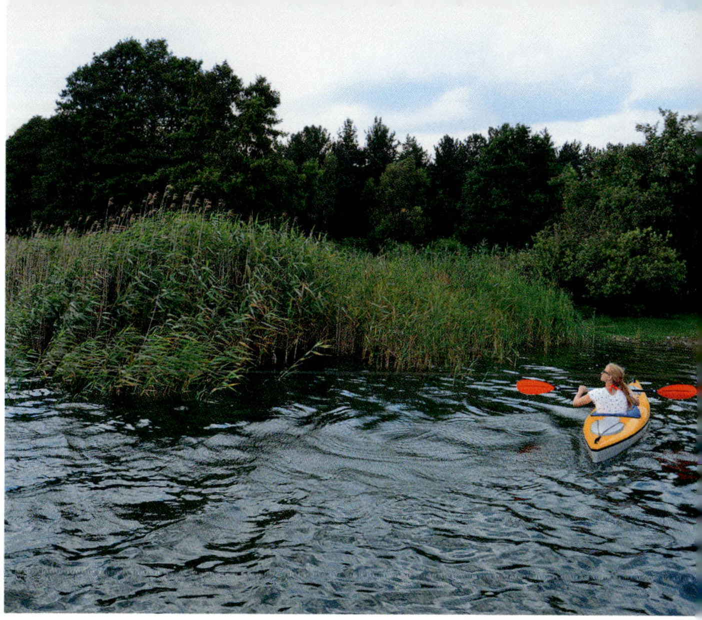

↗ Kanuten kommen hier auf ihre Kosten.
↙ Die hügelige Landschaft der Uckermark ist europäisches Vogelschutzgebiet.

»Der Lübbesee ist einer der klarsten Gewässer Brandenburgs.«

Info

GEEIGNET
Für Kanuten und Wanderfans

DER LÜBBESEE
www.reiseland-brandenburg.de/poi/uckermark/naturbadestellen/luebbesee-strandbar-templin

STADT TEMPLIN
Templin zählt zwar nur 16 000 Einwohner, ist aber wegen seiner großen Flächenausdehnung eine der größten Städte Deutschlands. Die Stadt hat neben viel Natur auch reichlich Kultur und ist staatlich anerkannter Erholungsort: https://templin.de.

THERME IN TEMPLIN
Wenn das Wetter mal nicht mitspielt oder man sich noch mehr Erholung wünscht, ist man in der »Naturtherme« in Templin gut aufgehoben. Hier kann man schwimmen und saunieren, u.a. mit Thermalsolebad und Grotte: www.naturthermetemplin.de.

ANREISE
Von Berlin aus der L100 bis kurz vor Milmersdorf folgen (etwa 65 Kilometer). Links zur Siedlung Schönberg nach Milmersdorf-Petersdorf abbiegen. Durch Petersdorf durchfahren, nach dem Ortsausgang in den Feldweg nach rechts einbiegen, er führt zur Badestelle.

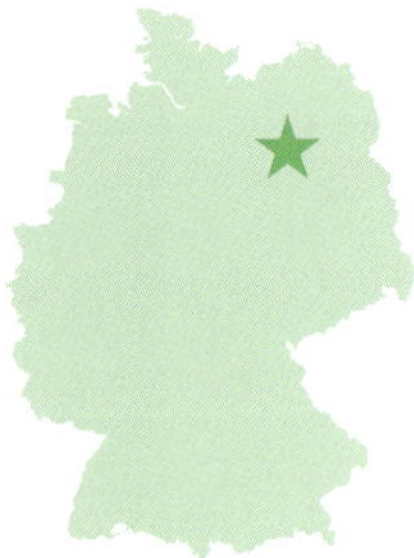

20 Baden an der Kyritzer Seenkette

Der Ober- und Untersee in der Prignitz

Kyritz ist eine beschauliche 9000-Einwohner-Stadt in der Prignitz, eine idyllische Landschaft im nördlichen Brandenburg, bekannt für Wälder und Seen. Hier liegt die Kyritzer Seenkette, an der es sich wunderbar baden lässt.

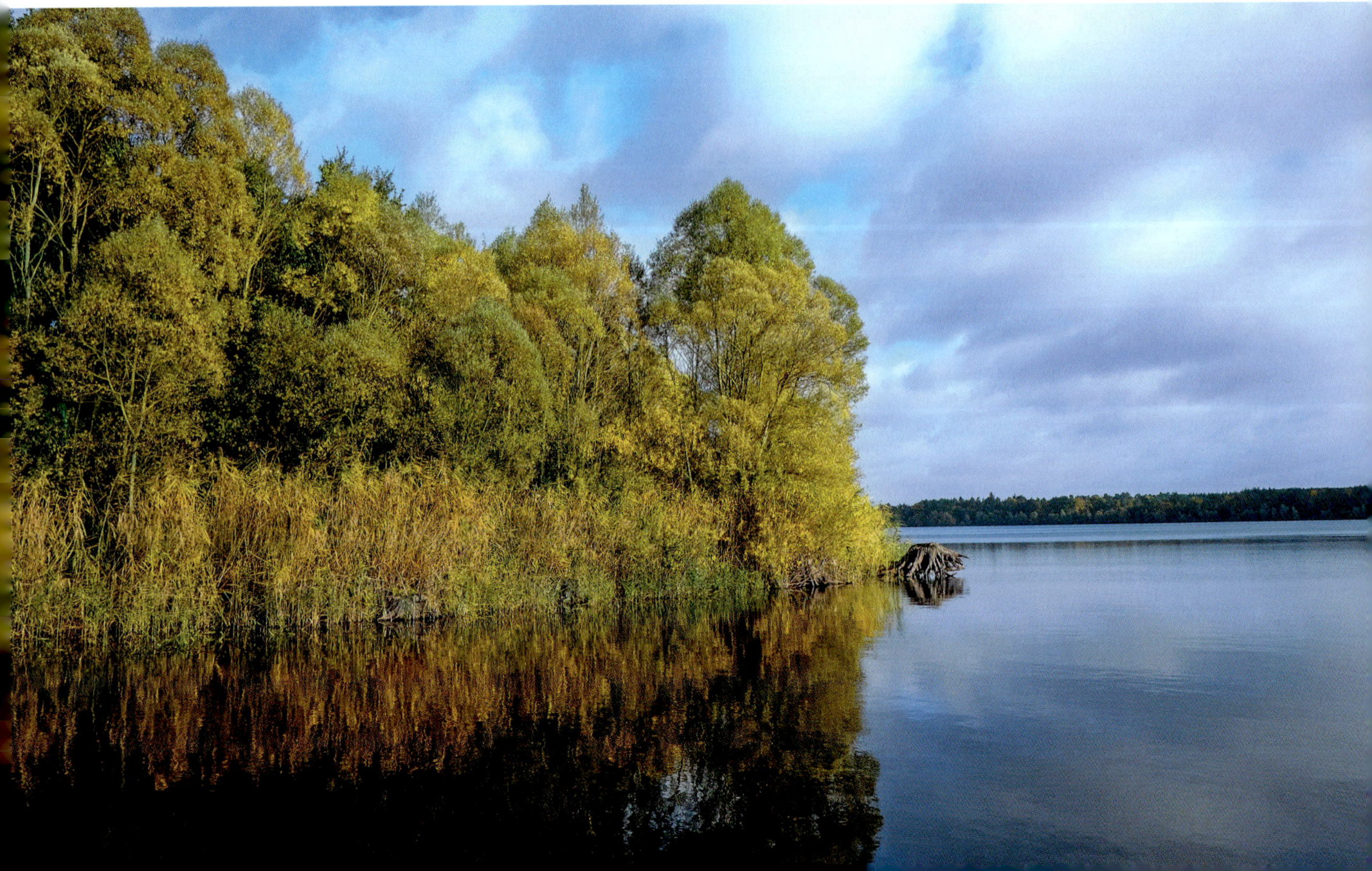

Die Gegend ist sehr idyllisch: Hier gibt es weites Hügelland, Felder und Wälder. Die gesamte Seenkette mit ihrer Länge von über 20 Kilometern ist von Wäldern umgeben, die vielen Vogelarten eine Heimat geben.
Die Seenkette ist eine Seerinne, die sich in den Ober- und den Untersee inklusive Klempowsee teilt. Der Klempowsee bei Wusterhausen wurde einst angestaut und ging so in den Untersee über. Beinahe schnurgerade zieht sie sich von Norden nach Süden. Sie entstand als sogenannte eiszeitliche Schmelzwasserrinne in einer der letzten Eiszeiten vor rund 20 000 Jahren. Als die dicke Eisschicht im Innern des Landes abschmolz, blieb die tiefe Einkerbung in der Landschaft zurück, was die besondere Form der Seen erklärt.
Rund um die Seenkette gibt es tolle, versteckte Badestellen, die mal mit einem kleinen Strand, mal mit einer Wiese und mal mit einem Schattenplatz unter Bäumen aufwarten. Einige schöne Badestellen mit viel Sand und weitem Blick über das Gewässer gibt es auch am Obersee rund um den kleinen Ort Bork. Um sie zu finden, folgt man am besten zu Fuß oder mit dem Rad dem Uferverlauf durch den Wald.
Wer Infrastruktur haben will, ist am Strandbad Kyritz gut aufgehoben. Das über 100 Jahre alte, in den 90er-Jahren sanierte Strandbad wartet mit Sandstrand, Stegen, Sprungtürmen, einem Imbiss, einem Bootsverleih und mehr auf (Eintritt: 3 Euro für Erwachsene). Von Kyritz aus muss man einfach der Seestraße bis zum großen Parkplatz folgen.

Unterseeinsel als besonderes Ziel

Wer es idyllischer haben möchte, der folgt zu Fuß oder per Rad von der Seestraße aus einfach dem Weg am Ufer entlang in Richtung Süden (nach Wusterhausen). Hier gibt es zahlreiche versteckte Einstiege in den Untersee.

Ein ganz besonderes Erlebnis ist das Schwimmen, Chillen und Schlemmen auf der kleinen, bewaldeten Insel im Untersee, auf dem das Gasthaus »Insl« steht. Von Kyritz aus bringt eine Fähre regelmäßig Gäste auf die Insel und zurück (3 Euro für Erwachsene). Hier gibt es neben der Wirtschaft und einem Biergarten auch kleine Lädchen, einen Spielplatz, Badestellen unter Bäumen – und heiraten geht sogar auch.

Info

GEEIGNET
Für Waldliebhaber und Familien

STRANDBAD KYRITZ
www.strandbad-kyritz.de

GASTSTÄTTE »INSL«
www.insl.de

STADT KYRITZ
Slawische Wurzeln, viel Fachwerk, ein altes Kloster, umwerfende Natur – die kleine Stadt Kyritz mitten in der malerischen Prignitz ist definitiv einen Ausflug wert: www.kyritz.de

SEERUNDWEG
Wer die schöne Natur rund um die Seenkette erleben will, macht dies am besten per Fahrrad oder zu Fuß. Auf 19 Kilometern führt ein Rundweg rund um den Untersee. Hier sagen Biber, Fischotter und der Rotmilan guten Tag, und im Sommer runden weiße Segelboote das idyllische Bild ab: www.reiseland-brandenburg.de/poi/prignitz/wandertouren/seerundweg-um-den-untersee.

ANREISE
Kyritz liegt rund 100 Kilometer nordwestlich von Berlin. Der A24 folgen, bei Neuruppin abfahren und der B167 nach Westen Richtung Neustadt (Dosse) folgen. Die B5 führt durch Wusterhausen / Dosse und direkt am Untersee vorbei.

← Die besondere Form des Sees entstand in der letzten Eiszeit.

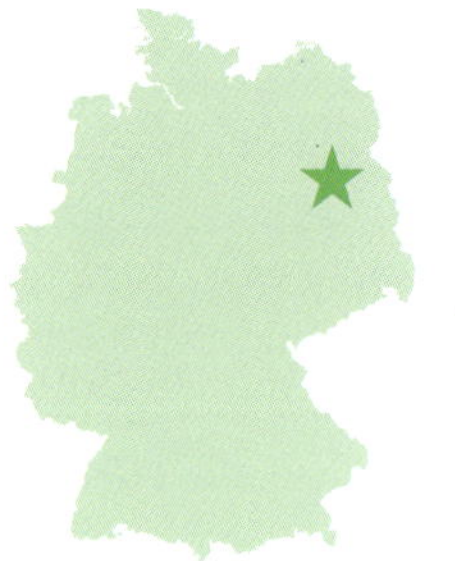

21 Schwimmen im Wasserlabyrinth der Spree östlich von Berlin

Badestellen in Fürstenwalde, Berkenbrück und Lübben

Auf über 400 Kilometern mäandert die Spree durch den Osten Deutschlands. Südöstlich von Berlin ist ihr Flussbett üppig grün und weit – perfekt für eine Abkühlung an einem Sommertag.

Brandenburg ist ohne Zweifel das Land der Seen – das kann es schon schwer machen, an Sommertagen ungestört an einem der großen bekannten Badegewässer zu liegen. Eine idyllischere Alternative ist da die Spree. Der Nebenfluss der Havel schlängelt sich bekanntlich nicht nur mitten durch Berlin, sondern auch durch wunderschöne Landschaft und durch viele brandenburgische Dörfer.

Eine charmante Badestelle liegt im kleinen Ort Berkenbrück im Landkreis Oder / Spree, zwischen Berlin und Frankfurt (Oder). Hier, sieben Kilometer östlich der Stadt Fürstenwalde, ist die Spree noch nahezu unberührt und fließt sehr gemächlich vor sich hin. Für Sonnenanbeter gibt es eine sehr großzügige Liegewiese; vereinzelt spenden Bäume Schatten. Rechter Hand führt ein langer Holzsteg ins Wasser. Hier können Boote – auch motorisiert – anlegen. Da es bei gutem Wetter auf dem Fluss viel Bootsverkehr geben kann, ist die Badestelle durch Bojen gesichert.

Der Einstieg in den Fluss ist flach und sanft abfallend. Der Untergrund ist sandig. Allzu empfindlich gegen Wasserpflanzen darf man hier allerdings nicht sein; je nach Saison können sie hoch werden. Das Wasser ist grünlich trüb, die Sichtweite beträgt nur knapp einen Meter. Die Wassertemperatur beträgt an Sommertagen etwa 20 Grad.

Die Wasserqualität der Spree wird an dieser Stelle regelmäßig überprüft und ist konstant ausgezeichnet. Wer Hunger hat, kann in der nahen Gaststätte »Strandidyll« einkehren. Bei einem warmen Imbiss und einem kühlen Getränk hat man vom Biergarten

→ Der Spreewald ist ein besonderes Paradies für Kanufahrer, Schwimmer und Naturliebhaber.

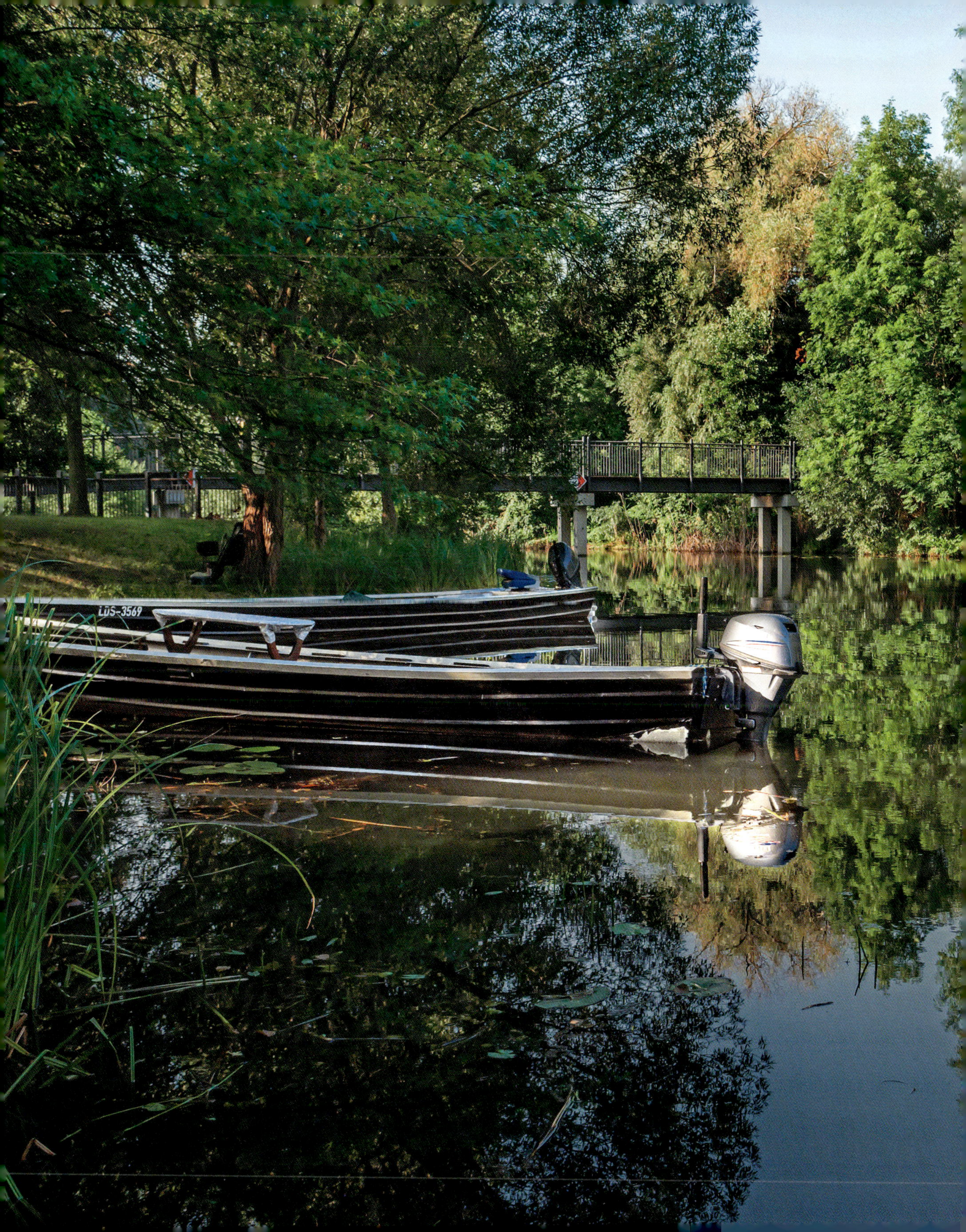
LDS-3569

aus den besten Blick über die Spree (www.reiseland-brandenburg.de/poi/seenland-oder-spree/gastronomie/strandidyll/?no_cache=1). Gerade für Familien mit kleinen Kindern und vorbeikommenden Kanuten ist diese Badestelle ideal.

Badestelle in einzigartiger Landschaft

Wer es urbaner mag, kann auch mitten im 32 000-Einwohner-Ort Fürstenwalde direkt an die Spree: Am Goetheplatz gibt es eine ausgewiesene Naturbadestelle mit großer Liegewiese, die an heißen Sommertagen sehr beliebt ist. Die Spree ist hier klar und hat ein breites Flussbett. Ein Steg führt ins Wasser.

Tipp

Bekannt ist Fürstenwalde auch als »Grüne Stadt an der Spree«, da sie einen großen Baumbestand hat und von großen Waldgebieten umgeben ist. Wenige Kilometer südlich liegt der idyllische Scharmützelsee, an dem der Dichter Theodor Fontane auf seiner berühmten Wanderung vorbeikam: www.scharmuetzelsee.de.

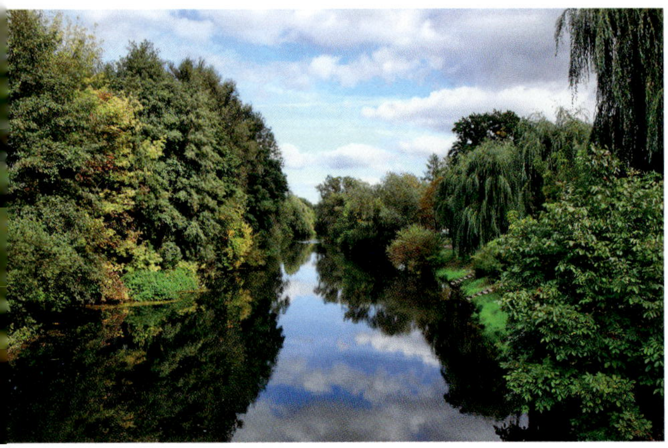

»Am besten lässt sich der Fluss per Kanu oder Spreewaldkahn erkunden.«

Eine weitere Badestelle in der Spree, die weniger Infrastruktur bietet, liegt im kleinen Ort Steinkirchen. Die 1500-Einwohner-Gemeinde gehört zur 14 000-Einwohner-Stadt Lübben im Landkreis Dahme-Spreewald und liegt rund 60 Kilometer südwestlich von Fürstenwalde / Spree im einzigarten Wasserlabyrinth des Spreewalds.

Mitten im Ort liegt die Naturbadestelle. Hier ist der Fluss breit und fließt träge dahin, sodass er sich für eine entspannte Schwimmtour eignet. Vom Steg aus kann man direkt ins Wasser springen und durch die weiten Verzweigungen der Spreearme schwimmen. Hier gilt natürlich, wie auf jedem Fluss: Auf den Bootsverkehr und Naturschutz achten!

Die Ufer sind dicht von Bäumen und Gras bewachsen; beliebiges Ein- und Aussteigen lässt dieser Fluss also nicht zu. Auch sollte man hier darauf gefasst sein, ab und zu Wasserpflanzen an Füßen und Beinen zu spüren. Das Wasser ist grünlich trüb, aber von konstant guter Qualität.

Die Badestelle lohnt sich für alle Naturliebhaber, denn sie liegt mitten im Biosphärenreservat Spreewald. Es umfasst eine in Europa einzigartige Landschaft. Früher schlängelte sich der Fluss durch echten Urwald. Auch heute noch kann man dieses Gefühl der Ursprünglichkeit schnell bekommen, wenn man den Spreewald erkundet. Durch Kultivierung entstand ein kleinteiliges Geflecht aus Flüssen und Bächen, Wiesen, Äckern und Wald, das ein feingliedriges Mosaik bildet. Diese Auenlandschaft spendet zahlreichen – teilweise bedrohten – Pflanzen- und Tierarten wie Biber, Otter oder Fischadler

↗ Auch Brandenburgs Flüsse sind einen Badeausflug wert.
← Die Ufer sind von Bäumen gesäumt.

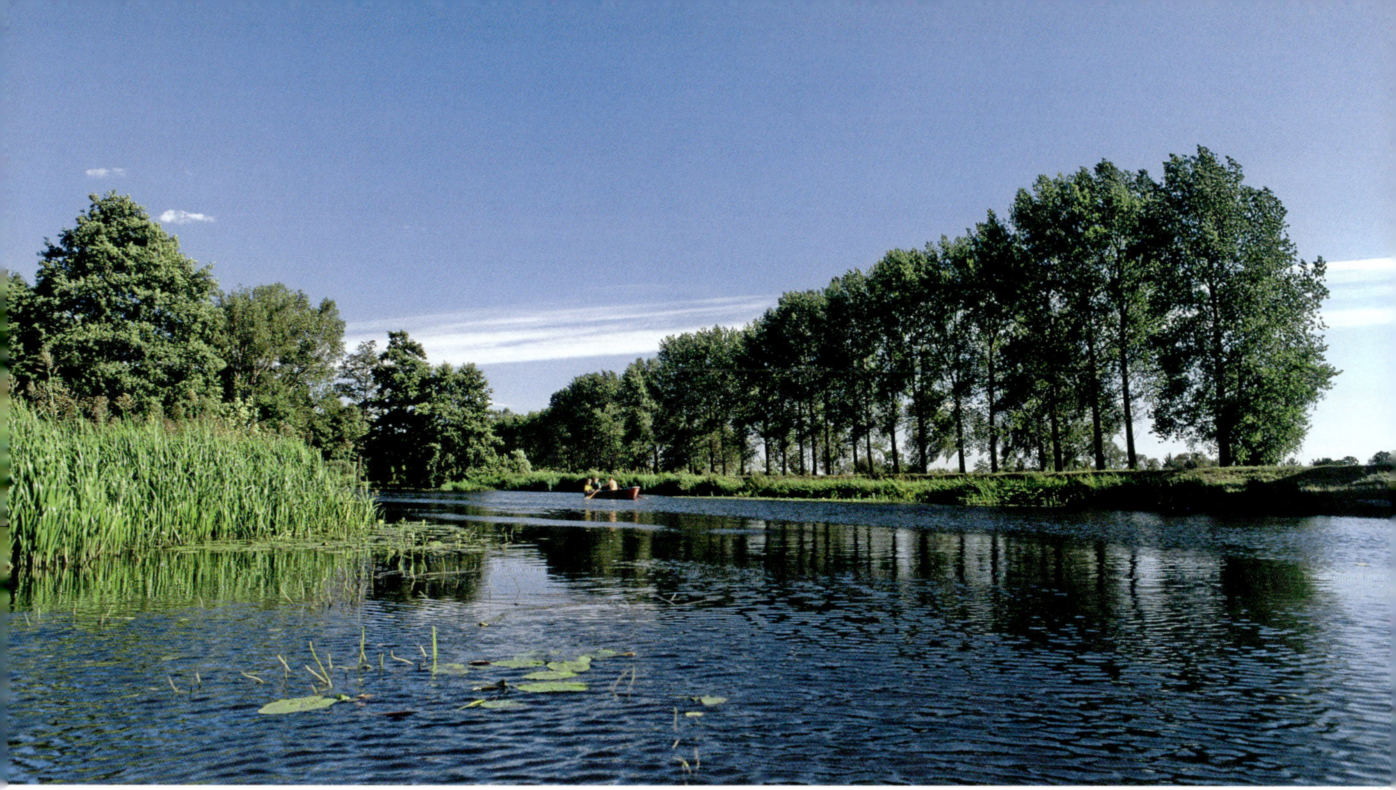

wertvollen Lebensraum. Die achtsame Erkundung des Gewässers wird hier großgeschrieben.
Mit einem Spreewaldkahn kann man sich vom Wasser aus den gesamten Ort Lübben ansehen, oder man plant eine längere Tour in den Ober- oder Unterspreewald ein. Wer selbstbestimmt fahren möchte, der kann sich an vielen Stellen im Ort ein Kanu leihen und auf eigene Faust auf Erkundungstour gehen. Eine Übersicht über Anbieter gibt es hier: www.spreewald.de/kahnfahrten-in-luebben.

Info

GEEIGNET
Für Kanuten und Familien

NATURBADESTELLE IN FÜRSTENWALDE
www.seenland-oderspree.de/seenland-erleben/wasserreich-hoehenfluege/wasser

SPREEWELTEN IN LÜBBENAU
Das ist in Europa einzigartig: In der Therme »Spreewelten« im von Lübben nicht weit entfernten Lübbenau / Spreewald kann man zusammen mit Humboldt-Pinguinen schwimmen, lediglich durch eine Glasscheibe getrennt: www.spreeweltenbad.de.

MITTELALTERLICHE BURG
Zwischen Fürstenwalde und Lübbenau liegt Beeskow, eine Kleinstadt mit sehenswerter historischer Altstadt, einer mittelalterlichen Burg auf einer Spreeinsel und der über 500 Jahre alten St. Marienkirche: www.beeskow.de.

ANREISE
Badestelle in Fürstenwalde: Die Naturbadestelle liegt am Goetheplatz, einfach von der Spreebrücke aus der Eisenbahnstraße folgen. Badestelle Berkenbrück: Die Dorfstraße und die Bunitzstraße / Pflaumenweg führen direkt zur Wiese. Badestelle Steinkirchen: Die Badestelle liegt am Ende der Spreestraße.

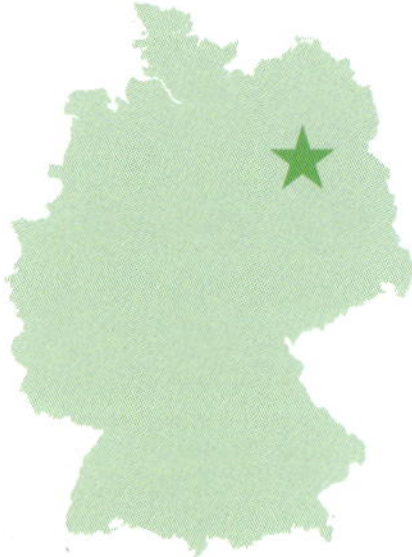

22 Schlösser-Blick: der Heilige See in Potsdam

Baden im historischen Park

Rund um Potsdam gibt es so viele Seen, dass man an heißen Sommertagen gar nicht weiß, für welchen man sich entscheiden soll. Besonders schön gelegen und leicht zu erreichen ist der Heilige See nördlich von Potsdam.

Der See ist mit 30 Hektar Wasserfläche eher einer der kleineren Seen im Berliner Umland (und erst recht im Vergleich zu Brandenburger Gewässern), aber er ist so groß, dass hier wirklich jeder einen lauschigen Platz für sich findet. Was den Heiligen See besonders macht, ist seine idyllische Lage mitten zwischen Parkanlagen und Schlössern in und um Potsdam. An drei Seiten umschließt der sogenannte Neue Garten den See. Dahinter verbirgt sich ein über 100 Hektar großer Park, angelegt im 18. Jahrhundert, der eine einzigartige Ruhe ausstrahlt.

Drei Schlösser rund um den See

In der direkten Umgebung des Sees befinden sich außerdem drei sehenswerte Gebäude: das Schloss Cäcilienhof im Westen sowie die Schlösser Glienicke und Babelsberg im Osten. Im Cäcilienhof fand nach dem Zweiten Weltkrieg die bedeutende Potsdamer Konferenz statt, die die europäische Geschichte maßgeblich beeinflusste (www.spsg.de/schloesser-gaerten/schloesser-gaerten-im-ueberblick).
So überrascht es auch nicht, dass die Ufer des Sees zum größten Teil unverbaut und üppig grün sind. Einige Badestellen gibt es am Westufer, zugänglich über den Park Neuer Garten, sowie am Nordufer. Offiziell sind diese Badestellen nicht. Das Baden und Planschen wird jedoch vom Eigentümer des Sees, der Stiftung preußische Schlösser und Gärten, hingenommen. Schwimmer finden hier großzügige Rasenflächen, Schatten spendende Bäume und wenig Infrastruktur vor.

Direkte Verbindung zur Havel

Im Norden ist der Heilige See über einen Kanal mit dem nahen Jungfernsee verbunden. Dieser über drei Kilometer lange See stellt eine direkte Verbindung

↗ Diese Badestelle wird von Potsdamern hoch geschätzt.

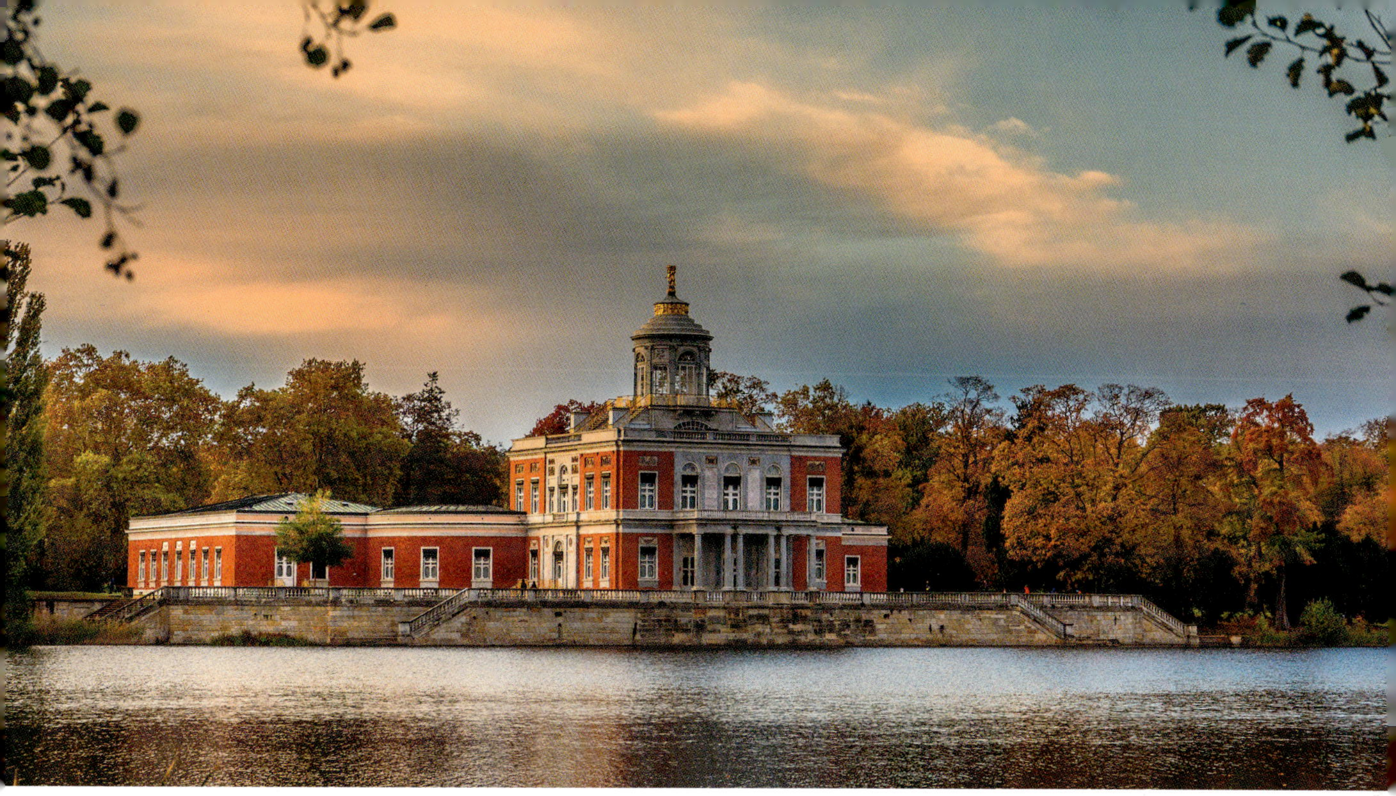

zur Havel her. Er ist damit perfekt geeignet für ausgedehnte Touren mit dem Boot, Kanu oder Standup-Paddling-Board. Mit dem nahen Groß Glienicker See und dem Sacrower See bildet der Heilige See eine Seenkette, in der man sich wunderbar erfrischen kann. Die drei Seen haben sich in einer tiefen Rinne gebildet, die in der letzten Eiszeit entstanden ist. Dadurch sind die Seen recht tief und haben stets klares Wasser. Der Heilige See zum Beispiel misst an seiner tiefsten Stelle rund 13 Meter.

Info

GEEIGNET
Für Stadtbummler und Schlossgucker

HEILIGER SEE
www.potsdam.de/content/heiliger-see

HOLLÄNDISCHES VIERTEL
Das berühmte Holländische Viertel befindet sich in Gehweite vom Südufer des Heiligen Sees. Das Viertel verfügt über in Europa einzigartige Architektur aus rund 150 Backsteinhäusern aus dem 18. Jahrhundert. Es locken viele Lädchen, Restaurants und Cafés: www.potsdam.de/hollaendisches-viertel.

GLIENICKER BRÜCKE
Auf der Glienicker Brücke wurden zur Zeit des Kalten Krieges häufig Spione zwischen Ost- und Westdeutschland ausgetauscht. Sie ist rund 500 Meter vom Nordufer des Heiligen Sees entfernt: www.berlin.de/sehenswuerdigkeiten/3560243-3558930-glienicker-bruecke.html.

ANREISE
Vom Potsdamer Hauptbahnhof in der Innenstadt aus sind es kaum drei Kilometer bis zum Heiligen See, die Strecke kann man also auch bequem per Rad oder zu Fuß zurücklegen. Erst der Friedrich-Ebert-Straße und dann der Kurfürstenstraße zum See folgen.

23 Mitten im Grunewald: Badestelle Kuhhorn

Schwimmen in der Berliner Havel

Venedig, Stadt des Wassers und der Brücken? Im Vergleich zu Berlin kann die Lagunenstadt einpacken: Mehr als doppelt so viele Brücken wie Venedig hat die deutsche Hauptstadt, nämlich über 600. Über sechs Prozent der gesamten Stadtfläche gehören dem Wasser.

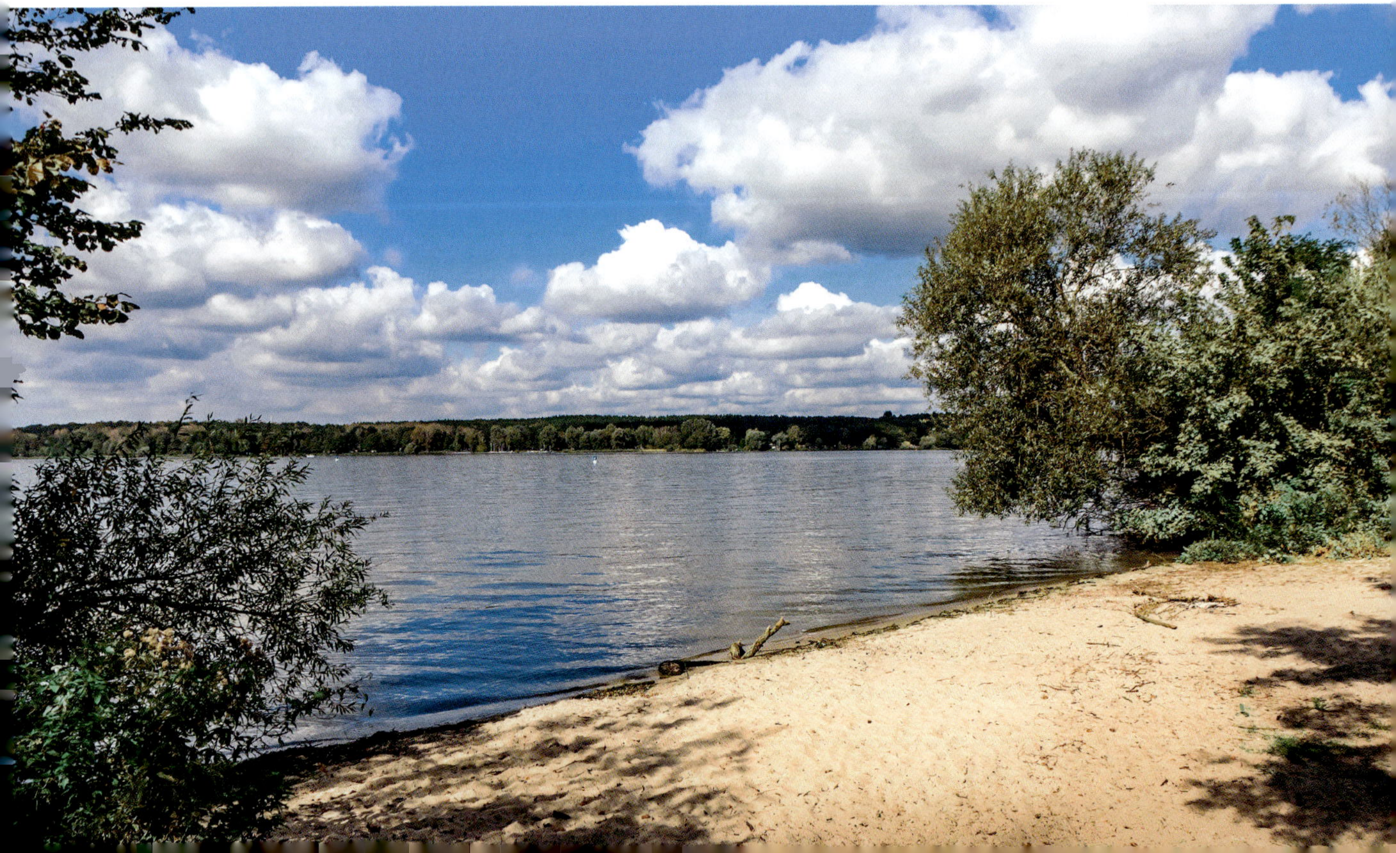

Das mit Abstand berühmteste Gewässer, das die pulsierende Hauptstadt durchfließt, ist die Havel. Natürlich soll hier auch die Spree nicht unerwähnt bleiben, doch sie ist ein Nebenfluss der Havel. Auf über 300 Kilometern windet sie sich kurvenreich durch das Land und durchfließt auf ihrem Weg auch Berlin. Sie schenkt der Hauptstadt damit nicht nur Lebensader und ein Paradies für Wassersportler, sondern auch natürliche Idylle und viele Badestellen.

Großer Sandstrand, kleine Buchten

Herrlich lässt es sich zum Beispiel im nördlichen Ausläufer der Berliner Havelseen baden, zum Beispiel an der Badestelle Kuhhorn im riesigen Forst Grunewald. Die Badestelle liegt so versteckt und ist so überschaubar, dass sie selten überfüllt ist. Neben einem großzügigen Sandstrand mit DLRG-Station warten auch kleinere Buchten und flache, seichte Einstiege auf die Schwimmer. Die Wasserqualität ist exzellent. Toller Bonus: Im Sommer kommt ab und zu ein Boot vorbei, das den Wasserratten Eis verkauft.

Ganz in der Nähe befinden sich weitere Badestellen, an denen jeder ein eigenes Plätzchen findet. Rund ein Kilometer nördlich der Badestelle Kuhhorn, in direkter Nähe zum »Seehotel Grunewald«, kann man zum Beispiel auf der rund 400 Meter langen Halbinsel Schildhorn toll baden. An der Spitze der bewaldeten Halbinsel führt ein langer Holzsteg mitten ins Wasser, außerdem gibt es einen kleinen Sandstrand. Ein kleiner Rundwanderweg führt über die Insel.

Am besten mit dem Rad anreisen

Rund ein Kilometer südlich der Badestelle Kuhhorn liegt die Badestelle Grunewaldturm mit langem Holzsteg, breitem Sandstrand und Schutz vor Bootsverkehr.
Richtig gut kommt man im Grunewald eigentlich nur mit dem Fahrrad voran. Viele Stellen des 4500 Hektar großen Waldgebiets sind fürs Auto nicht zugänglich, und für Spaziergänger oft zu weit. Von der S-Bahn-Station Pichelsberg kann man der Schirwindter Allee / Am Postfenn folgen und dann die Straße am Schildhorn hinunterfahren, direkt am Havelufer entlang.

← Herrlich lässt es sich im nördlichen Ausläufer der Berliner Havelseen baden.

Info

GEEIGNET
Für Radfahrer und Strandliebhaber

FORST GRUNEWALD
www.berlin.de/ba-charlottenburg-wilmersdorf/ueber-den-bezirk/freiflaechen/artikel.230857.php

KLEIN-VENEDIG
Ganz in der Nähe, zwischen den Ortsteilen Rahnsdorf und Hessenwinkel, liegt das Gebiet »Klein-Venedig«. Zwischen Spreeinseln verlaufen malerische Kanäle; der ideale Ausgangspunkt für Touren per Kajak oder Paddelboot.

OLYMPIASTADION
Nördlich des Grunewalds liegt das Olympiastadion. Hier spielt nicht nur der Hertha BSC, auch finden hier Konzerte und Events statt. Eine Führung lohnt sich: https://olympiastadion.berlin.

ANREISE
Zur Badestelle Kuhhorn fährt man am besten mit dem Rad. Mit der S7 kommt man bis Station Grunewald, dann geht es rund sechs Kilometer quer durch den Wald. Als Orientierung kann man zuerst das »Seehotel Grunewald«, Straße am Schildhorn 5, ansteuern, von da aus rund einen Kilometer südlich dem Ufer folgen.

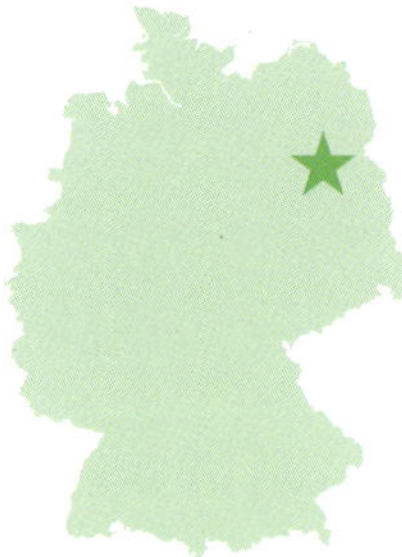

24 Entspannt schwimmen im Flakensee

Badespaß östlich von Berlin

Rund 50 Kilometer östlich von der Berliner Innenstadt liegt einer der entspanntesten Seen des Berliner Umlands: der Flakensee. Wer mehr Trubel braucht, ist hier ebenfalls gut aufgehoben: In direkter Nachbarschaft liegt der größte Berliner See, der Große Müggelsee.

Rund 70 Hektar misst der Flakensee auf der Grenze zwischen Berlin und Brandenburg. Er glänzt durch gute Erreichbarkeit, viel Natur und grüne Ufer. Mit gerade mal sieben Metern Tiefe ist der Flakensee nicht gerade tief, er erwärmt sich daher im Sommer schnell. Hier und da kann es nach heißen Tagen auch schon mal dazu kommen, dass sich Grünpflanzen im Wasser ebenso wohlfühlen wie Wildschwimmer. Die Wasserqualität ist jedoch immer gut und das Wasser ist glasklar.

Heller Sandboden, freundlicher Wald

Besonders schön am Flakensee ist seine Natürlichkeit. An seinen östlichen Ufern erstreckt sich die Rüdersdorfer Heide mit hellem Sandboden und freundlichem Kiefernwald. Genauso präsentiert sich auch das Ufer des Sees: Hier kann sich jeder ein lichtdurchflutetes Plätzchen suchen. Besonders schön ist der weiße Strand nördlich des Campingplatzes am östlichen Ufer. Hier gibt es viel Sand, eine tolle Aussicht über den See, Sitzmöglichkeiten und Bäume, von denen aus man ins Wasser springen kann. Auch oberhalb und unterhalb der Badestelle findet man Möglichkeiten, sein Handtuch auf dem Gras auszubreiten und ins Wasser zu steigen.

Die Müggelseen gleich nebenan

Wer weitere Seen erkunden will, hat die volle Auswahl in direkter Nachbarschaft: Nur rund zehn Kilometer vom Flakensee entfernt liegen der Kleine und der Große Müggelsee. Mit über sieben Quadratkilometern Wasserfläche ist der Große Müggelsee der größte der Berliner Seen. Hier bieten sich mehrere idyllische Möglichkeiten an, ins Wasser zu waten, beispielsweise bei Friedrichshagen. Wer vor historischer

↗ Badespaß bietet das Berliner Umland auch für gefiederte Schwimmer.

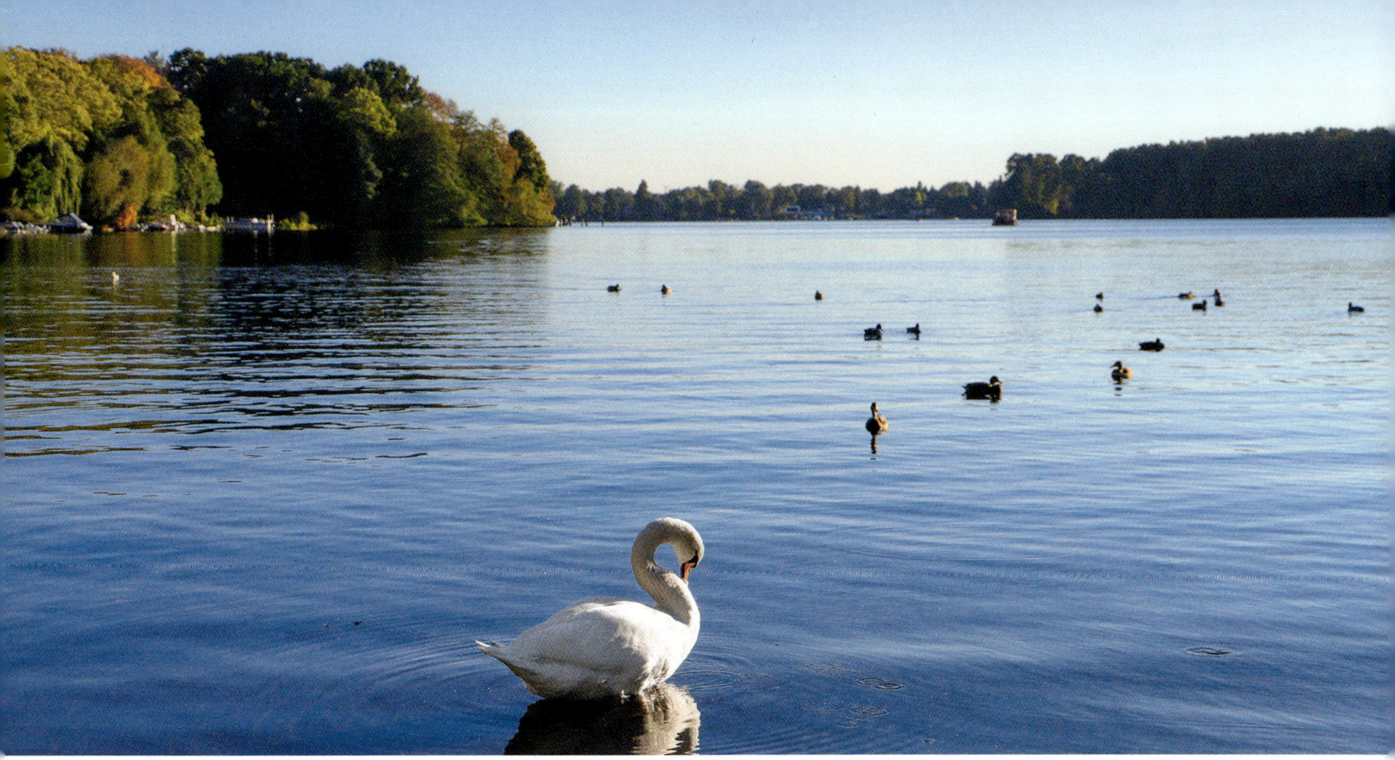

Kulisse schwimmen möchte, dem sei das Strandbad am Nordufer des Müggelsees empfohlen. Es ist im Jahr 1929/30 erbaut worden, nachdem das alte Freibad im Jahr 1928 abgebrannt war. Die denkmalgeschützte Anlage bietet über 500 Meter Sandstrand sowie einen FKK-Bereich. Der Eintritt ist kostenlos. Direkt nebenan liegt der Kleine Müggelsee, in dem man ebenfalls entspannt baden kann. Eine schöne Badestelle mit sandigem Untergrund gibt es am Südufer. Rund um beide Seen und ihre bewaldeten Ufer führt ein Wanderweg. Man kommt so auch am »Museum im Alten Wasserwerk« am Nordufer vorbei, einem Industriemuseum, das sich unter anderem der Gewinnung von Trinkwasser widmet.

Info

GEEIGNET
Für Strandliebhaber und Waldspaziergänger

FLAKENSEE
https://takemetothelakes.com/ausflug-flakensee-berlin-see

GROSSER MÜGGELSEE
www.berlin.de/tourismus/seen/4361738-4299185-mueggelsee.html

RUNDWEG
Auf zehn Kilometern führt ein Rundweg einmal um den Flakensee, der Natur und Kultur miteinander verbindet. Unter anderem kommt man auch am »Gerhart-Hauptmann-Museum« vorbei, das dem deutschen Literaturnobelpreisträger gewidmet ist: https://sbahn.berlin/was-hast-du-vor/ausflugstouren/tour/zwischen-wald-und-wasser-von-erkner-rund-um-den-flakensee.

ANREISE
Über die S3, Haltestelle Erkner, sind der Flakensee sowie der Große und der Kleine Müggesee leicht mit öffentlichen Verkehrsmitteln zu erreichen. Von der Haltestelle aus geht es hinter der Stadthalle über den Zufluss Flakenfließ, dann der Rudolf-Breitscheid-Straße folgen bis zur Fangschleusenstraße. Der Lauf der Löcknitz führt zum Flakensee.

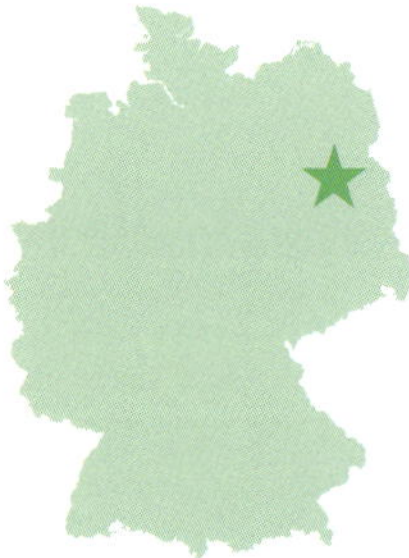

25 Naturnah: der Zeesener See und die Tonteiche Körbiskrug

Kleine Gewässer in einmalig schöner Landschaft

Natürliche Seen und viel Wald: »Soldatenkönig« Friedrich Wilhelm I liebte die Landschaft rund um Königs Wusterhausen. Auch Wildschwimmer wissen, dass man hier klein, aber fein baden kann.

Klares Wasser, bewaldete Ufer, sandiger Untergrund: Der Zeesener See in direkter Nähe zur Stadt Königs Wusterhausen ist ein kleines Naturidyll. Rund 40 Kilometer ist der See von der Berliner Innenstadt entfernt. Er liegt harmonisch eingebettet in einer für die Region typischen Landschaft aus Wald, Heide und sanften Hügeln. Mit rund einem Quadratkilometer ist der Zeesener See – gemessen an anderen Berliner Gewässern – zwar nicht besonders groß, doch dadurch geht es hier umso entspannter zu. Im seichten Gewässer sieht man oft die Fischreiher stehen, ein Zeichen dafür, dass das Wasser hier eine hervorragende Qualität hat.

Eine Badestelle mit guter Infrastruktur ist das sogenannte Strandbad, das mit einem Freibad jedoch nicht mehr viel gemein hat. Der Eintritt ist kostenlos. Hier gibt es einen Sandstrand, eine kleine Liegewiese, einen langen Holzsteg, der ins Wasser führt, sowie verschiedene Ballspielplätze. Die Badestelle ist ideal für Familien, denn ein Kiosk sowie Toiletten befinden sich ebenfalls hier. Die Anfahrt erfolgt über die Uferstraße in Zeesen.

Kleinere, lauschigere Badestellen befinden sich unterhalb des Strandbads am Ufer sowie am östlichen Ufer, zum Beispiel, wenn man der Bergstraße zum See folgt. Am besten kommt man mit den öffentlichen Verkehrsmitteln und einem Fahrrad hierher.

Wer es noch etwas natürlicher mag, der ist bei den Tonteichen nahe dem kleinen Ort Körbiskrug gut aufgehoben, rund zwei Kilometer in südöstlicher Richtung vom Zeesener See aus gesehen. Der große und der kleine Tonteich sind zwei ungeschliffene Diamanten des Wildschwimmens. Mit rund 15 Hektar Wasserfläche und bis zu 16 Meter Tiefe sind auch sie von ihrer Größe her eigentlich nicht erwähnenswert, und doch kann man hier so ruhig und ursprünglich schwimmen wie sonst nur selten.

→ Kleinere Badestellen befinden sich unterhalb des Strandbads.

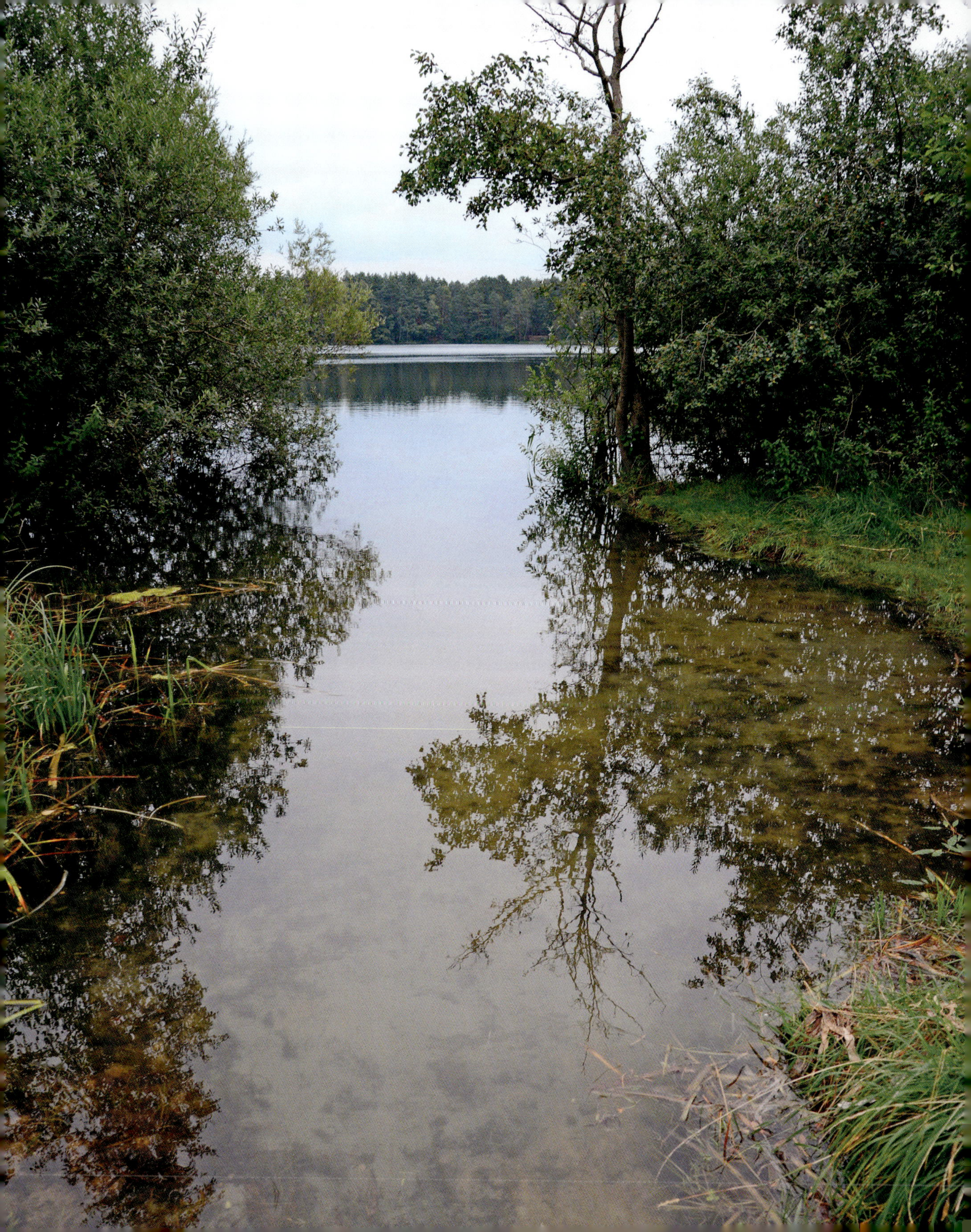

In den meisten Karten tragen die beiden ehemaligen Tonstiche, die direkt nebeneinander liegen, nicht einmal einen Namen oder sind überhaupt nicht verzeichnet. Sie liegen westlich des Zeesener Sees direkt am Waldgebiet Dolgenhorst.

Tipp

Auch der Soldatenkönig Friedrich Wilhelm I. liebte diese Gegend: Er ritt hier oft zur Jagd aus. Das noch heute schön anzusehende Schloss von Königs Wusterhausen inklusive Barockgarten machte er zu seiner Herbstresidenz: www.spsg.de/schloesser-gaerten/objekt/schloss-garten-koenigs-wusterhausen.

Ungeschliffene Diamanten für Wildschwimmer

Die beiden Tonteiche sind deshalb besonders erwähnenswert, weil sie im Vergleich zu den umliegenden Badeseen schnell übersehen werden können. Dementsprechend idyllisch ist es hier. Die Teiche sind Überbleibsel aus der Zeit des Tonabbaus in dieser Gegend. Sie entstanden um 1900, als in Berlin viel gebaut wurde. Als der Tonabbau aufgegeben wurde, füllten sich die Löcher kontinuierlich mit Wasser. Zurückgeblieben sind kleine Badeteiche, die von Wald dicht umstanden sind, sodass man leicht eine

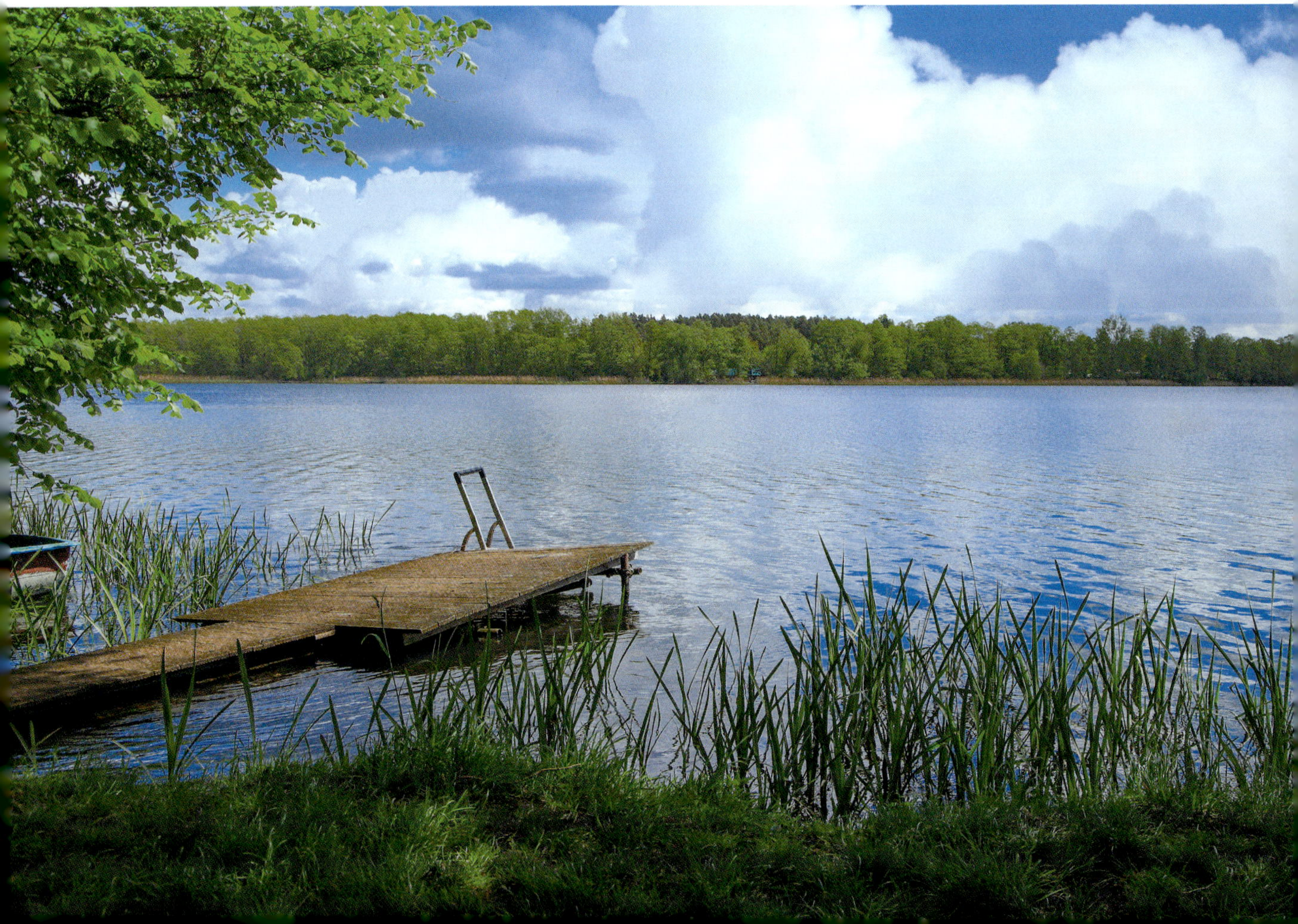

ruhige Badestelle finden kann. Das Wasser ist außerdem außerordentlich weich.

Der Große Tonteich wird am unteren Ende auf beiden Seiten von Campingplätzen umschlossen; einer der beiden ist FKK-Anhängern vorbehalten. Am nördlichen Ende befindet sich eine kleine Siedlung. Zwischen den beiden Campingplätzen am Westufer steht den Besuchern eine große Liegewiese zur Verfügung, inklusive Volleyballfeld und sandigem Einstieg ins Wasser. Für ungeübte Schwimmer ist der See allerdings mit etwas Vorsicht zu genießen, denn er wird schnell tief.

Wer es ruhiger und abgeschiedener mag, der sollte am Kleinen Teich schwimmen. Hier gibt es viele idyllische Badestellen und Einstiege ins Wasser – mal flach und sandig, mal von Birken umstanden, mal mit Steg oder Baum, von dem aus man ins Wasser springen kann. Das Wasser hat eine rötlich braune Färbung, doch ist von anstandsloser Qualität.

Eine schöne Badestelle gibt es am südlichen Ufer: Hier öffnet sich der Wald und gibt eine große Wiese frei. Ins Wasser führt ein sandig-flacher Einstieg. Tipp aus (leidgeprüfter) Erfahrung: Hier in der Gegend sollte man unbedingt an Mückenspray denken. Die Region ist sumpfig, sodass die kleinen Blutsauger sich hier richtig wohlfühlen. An manchen Tagen wird man von ihnen in riesigen Schwärmen belagert.

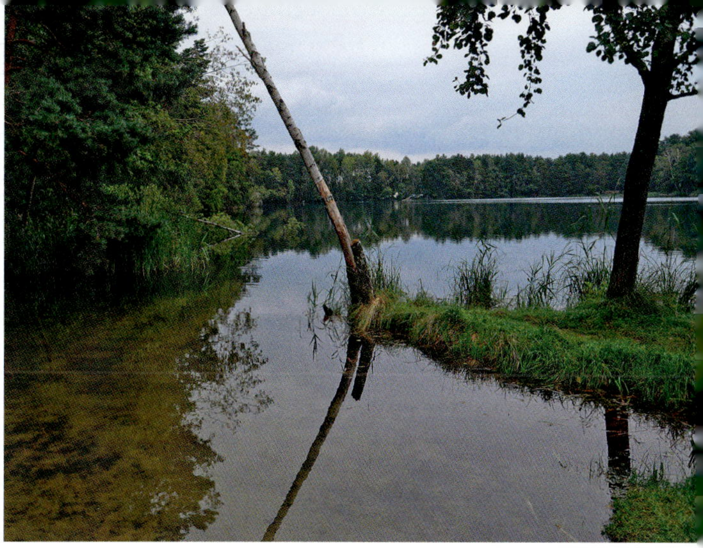

↑ Die Wasserqualität ist trotz der rötlichen Färbung anstandslos.
↙ Dicht umwaldet, sind die beiden Badeteiche ruhig gelegen.

»Im Zeesener See stehen oft Fischreiher – ein Zeichen für beste Wasserqualität.«

Info

GEEIGNET
Für Nacktbader und Kulturinteressierte

KÖNIGS WUSTERHAUSEN
Rund fünf Kilometer nördlich der Tonstiche liegt die Stadt Königs Wusterhausen, die allein wegen ihrer Baudenkmäler aus preußischer und industrieller Zeit sehenswert ist: www.koenigs-wusterhausen.de.

NATUPARK DAHME-HEIDESEEN
Rund 20 Kilometer südöstlich von Königs Wusterhausen liegt eine unvergleichliche Landschaft aus Seen, Heide und Wald, die zum Bootfahren, Schwimmen, Wandern und Radfahren einlädt – der Naturpark Dahme-Heideseen: www.dahme-heideseen-naturpark.de.

ANREISE
Nach Königs Wusterhausen kommt man von Berlin aus mit dem ÖPNV, z. B. mit dem RE2 in 34 Minuten. Vom Bahnhof aus sind es noch vier Kilometer Richtung Süden, einfach der Storkower Straße und Fasanenstraße folgen. Zu den Tonteichen: Südlich vom Zeesener See führt erst die Spreewaldstraße und dann die Straße Freudenthal hin.

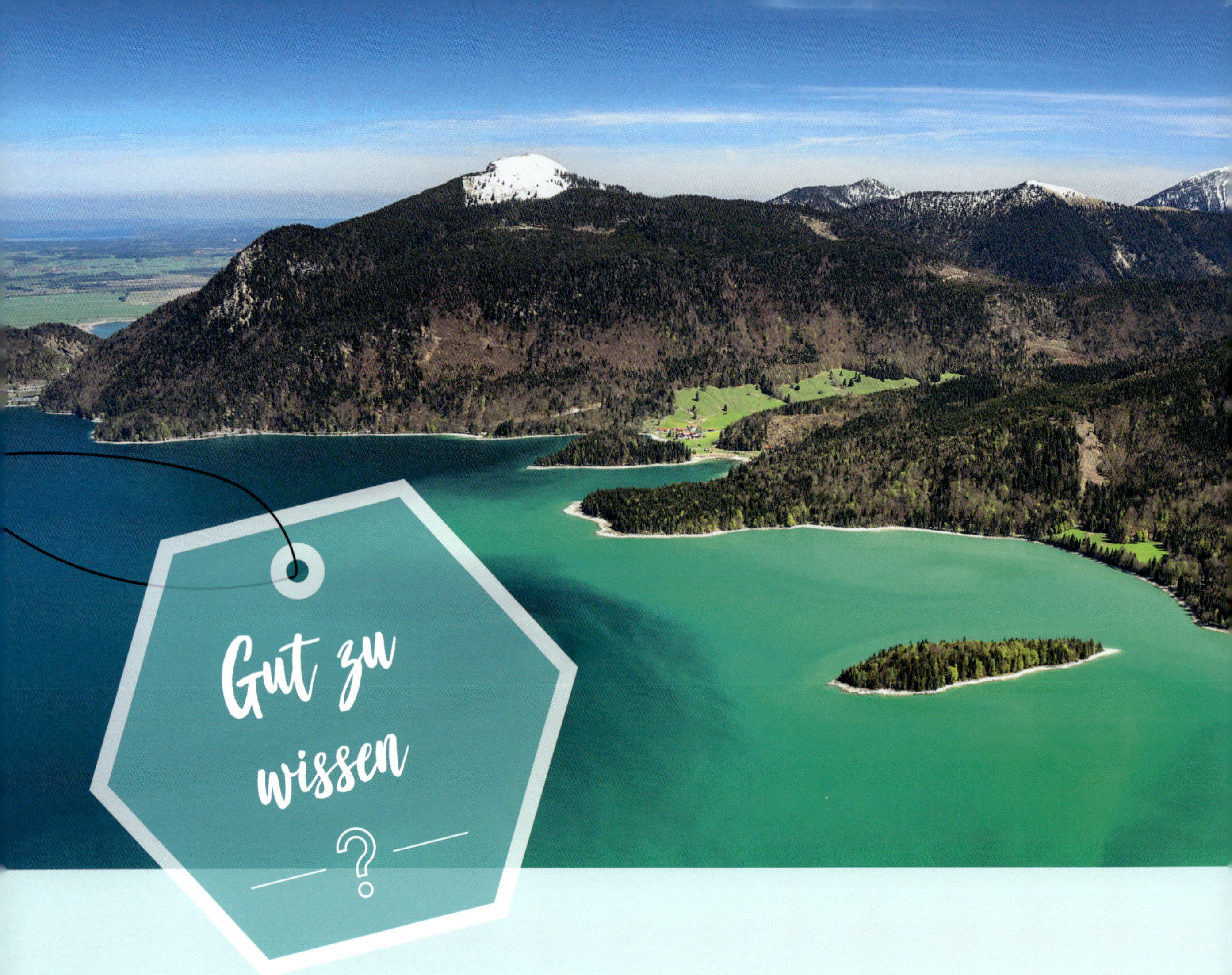

So sauber schwimmt ihr in Deutschland

Über die Qualität von Badegewässern

Wildschwimmen wird auch in Deutschland immer beliebter. Bei dem ein oder anderen sorgt der Gedanke, in einen See oder Fluss zu steigen, aber noch für Stirnrunzeln. Oft sieht das Wasser schließlich bräunlich grün und nicht kristallblau aus – sind sie dann trotzdem sauber?

Um darüber aufzuklären, veröffentlicht die Europäische Umweltagentur (kurz EEA) einen Bericht über die Qualität der Badegewässer in ganz Europa. Der jüngste Bericht stammt aus dem Juni 2021. Er zeigt: Baden in Europa ist eine echt saubere Sache! Gut 82 Prozent aller überprüften Badegewässer in Europa haben eine ausgezeichnete Wasserqualität. Rund 93 Prozent erfüllen die Mindestanforderungen an die Wasserqualität, sprich: Sie sind sauber genug, damit man darin baden kann. Überprüft wurden über 22 000 Badestellen. Mehr Infos von der EEA gibt es online unter www.eea.europa.eu.

Und in Deutschland? Da steht es um unsere Seen und Flüsse sogar noch besser als im europäischen Schnitt. 96 Prozent aller untersuchten Badegewässer haben laut dem deutschen Bundesumweltamt eine exzellente Wasserqualität. Untersucht wurden in Deutschland über 2300 Gewässer. Nicht schlecht, oder? Mehr Infos dazu gibt es unter www.umweltbundesamt.de.

In den Sommermonaten wird viel gemessen

Aber was ist eigentlich ein »EU-Badegewässer«, das hier untersucht wurde? So bezeichnet man eine Badestelle, die gewissen Mindestanforderungen entspricht. In Bürokraten-Deutsch heißt das: Das ist ein Badegewässer, das die Mindestanforderungen erfüllt, die in der EU-Badegewässer-Richtlinie von 2006 festgehalten wurden.

Während der Badesaison zwischen dem 15. Mai und dem 15. September wird die Wasserqualität an diesen Gewässern einmal im Monat gemessen. Zuständig dafür ist das örtliche Gesundheitsamt. Gemessen wird dabei unter anderem, ob sich bestimmte Bakterien in gesundheitsschädigender Menge im Wasser angesammelt haben.

Sind die Werte kritisch, sperrt die zuständige Behörde die Badestelle – entweder für eine Zeit lang oder für die komplette Badesaison. Trotzdem wird regelmäßig weiter gemessen. Häufiger Grund für eine solche Sperrung sind Cyanobakterien, sogenannte Blaualgen. Sie verbreiten sich besonders nach heißen Tagen schnell in flachen Gewässern oder in Uferzonen.

Für jedes EU-Badegewässer kann man online ein sogenanntes Badegewässerprofil einsehen. Man findet dieses Profil auch auf einem Schild vor Ort am Gewässer. In diesem Profil steht Wissenswertes über das Gewässer und die aktuellen Messdaten. Infos bekommt man auch auf der Website des lokalen Gesundheitsamts.

Für viele Bundesländer gibt es außerdem den sehr praktischen Badegewässer-Atlas (z. B. für Niedersachsen: www.apps.nlga.niedersachsen.de/batlas), der zahlreiche Badestellen und dazugehörige Infos auflistet.

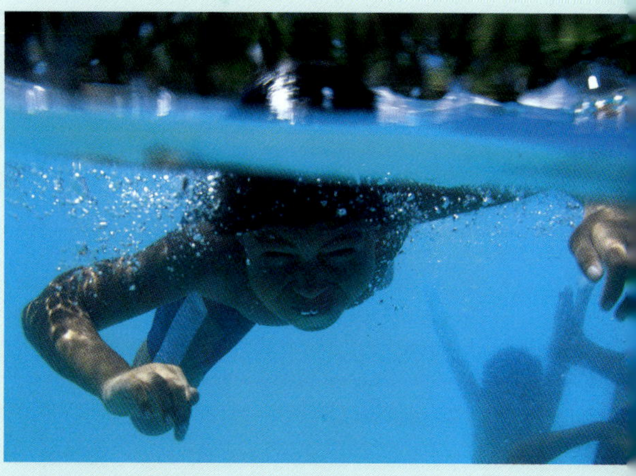

↑ Bei exzellter Wasserqualiät macht auch Tauchen Spaß.

↖ Deutsche Seen stehen im europäischen Durchschnitt als überaus sauber da.

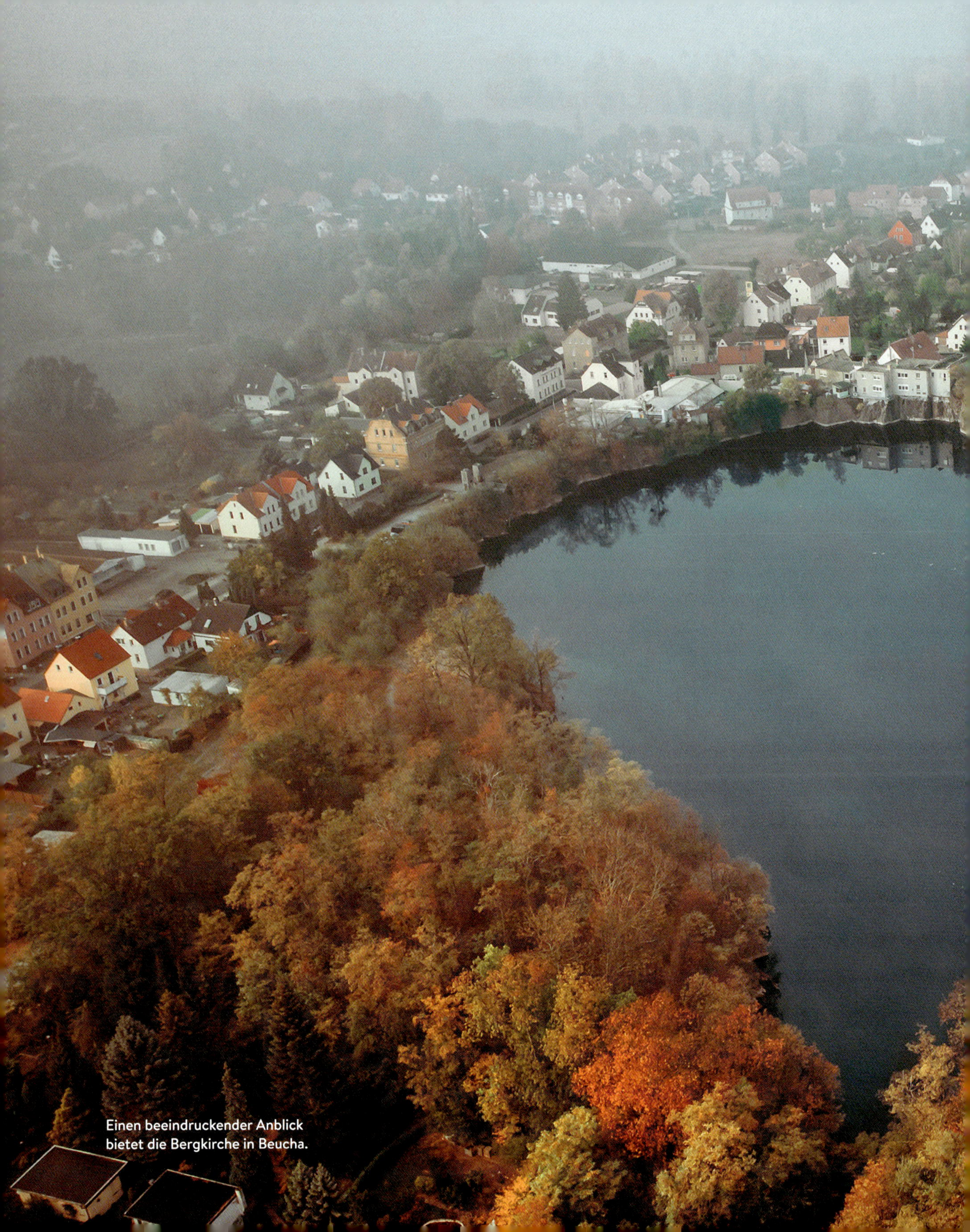

Einen beeindruckender Anblick
bietet die Bergkirche in Beucha.

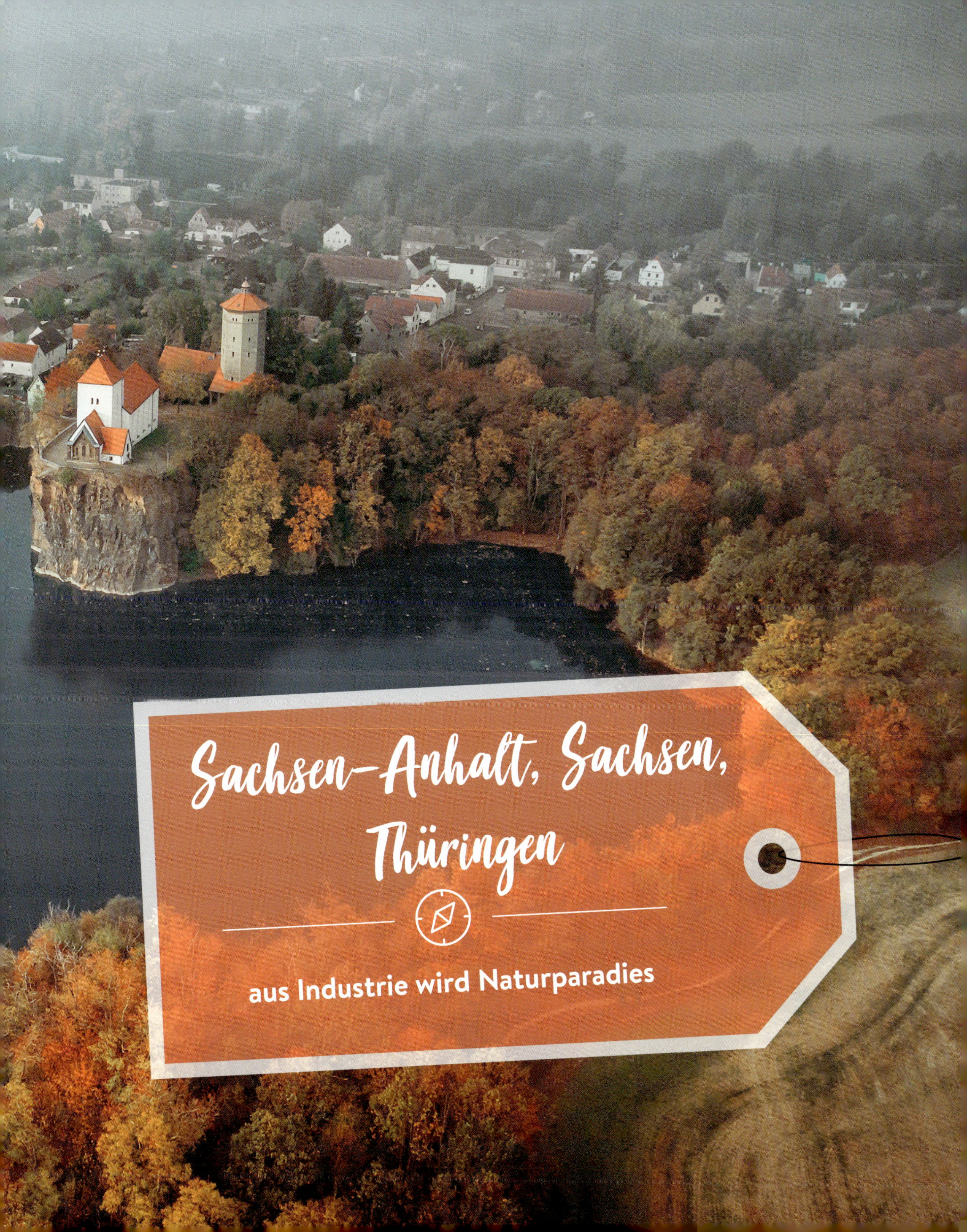

Sachsen-Anhalt, Sachsen, Thüringen

aus Industrie wird Naturparadies

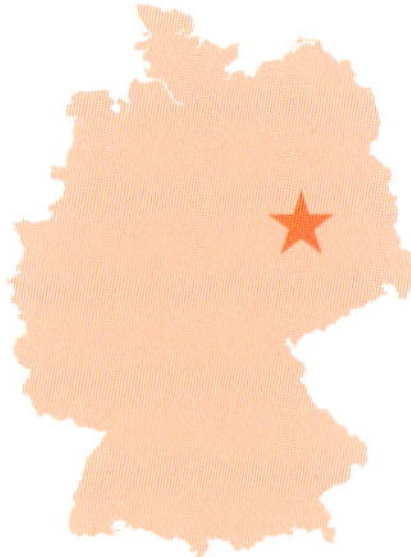

26 Schwimmen an der Stahlskulptur: Gremminer See

Außergewöhnlicher See bei Gräfenhainichen

Es ist ein See, der so außergewöhnlich ist wie die Landschaft, in der er liegt: Der Gremminer See ist aus dem ehemaligen Abbau von Braunkohle entstanden. Inzwischen ist er ein Naturidyll mit vielen Sportmöglichkeiten.

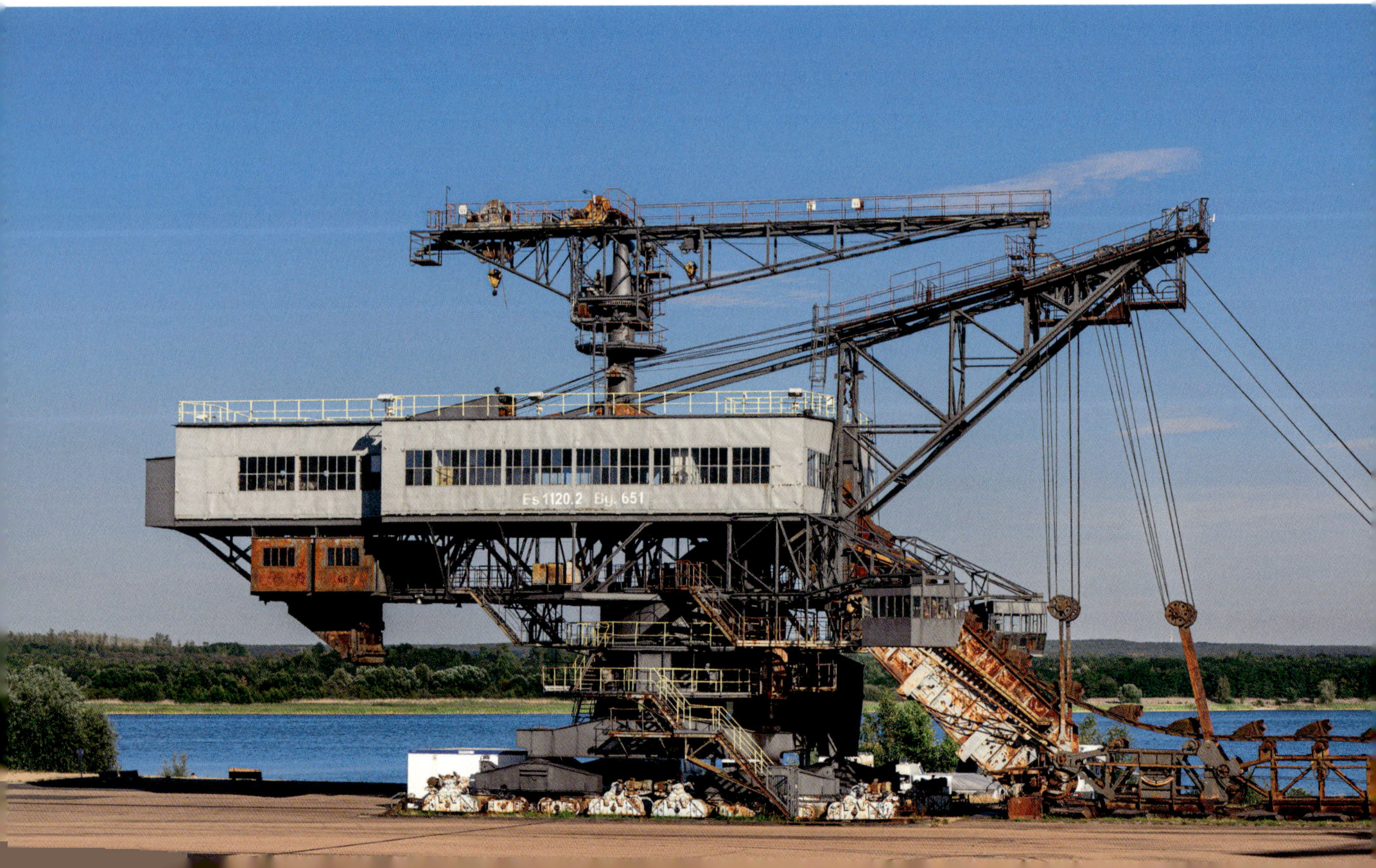

Grün, grün, grün: Mehr Natur als rund um den Gremminer See in der Nähe der 11 000-Einwohner-Stadt Gräfenhainichen im Landkreis Wittenberg, Sachsen-Anhalt, geht fast nicht. Der See ist umgeben von großen natürlichen Gebieten wie der Oranienbaumer Heide, der Dübener Heide und dem Muldental, durch das sich der Fluss Mulde malerisch schlängelt.

Seit 2020 zum Schwimmen freigegeben

Interessanterweise hat der Gremminer See jedoch eine ganz und gar nicht natürliche Vergangenheit: Er ist Überbleibsel des ehemaligen Braunkohlekombinats Bitterfeld. Der ehemalige Tagebau ist seit dem Jahr 2000 geflutet worden. Seit Sommer 2020 dürfen Wasserratten im Gremminer See schwimmen und tauchen, auch darf er mit kleineren Booten befahren werden. Am Gremminer See findet jeder einen Platz für sich, denn er misst gewaltige 5,4 Quadratkilometer. An seiner tiefsten Stelle misst er über 30 Meter. Seine Wasserqualität gilt daher als ausgezeichnet. Es gibt zwei offizielle Badestellen am Süd- sowie am Westufer mit Liegewiese und Holzsteg, doch rund um den See gibt es auch immer wieder sandige Einstiegsstellen zwischen hohen Bäumen.
Jetzt ist er einer der größten Gewässer des sogenannten Mitteldeutschen Seenlandes. Dahinter verbirgt sich eine Region, die aus dem alten Mitteldeutschen Braunkohlerevier entstanden ist. Aus den ehemaligen Tagebaulöchern sind inzwischen zahlreiche Badeseen und andere Gewässer entstanden.

Perfekt für viele Sportarten

Auf rund 14 Kilometern führt ein teils asphaltierter Rundweg einmal um den See und bietet fantastische Aussichten auf das grüne Umland und das Gewässer. Wer hierherkommt, sollte also auch das Fahrrad oder die Inlineskater einpacken: Hier kann man sehr viel mehr als nur eine Sportart betreiben. Auch zum Stand-up-Paddeln eignet sich der Gremminer See perfekt.
Die Entwicklung des Sees ist noch bei Weitem nicht abgeschlossen. Die Waldgebiete im Umland sollen in das Freizeitangebot weiter eingebunden werden, außerdem sollen Bootstouren mit einem Ausflugsschiff möglich gemacht werden.

↙ Spuren des Braunkohleabbaus sind noch heute am Gremminer See zu finden.

Info

GEEIGNET
Für Industrie-Interessierte und Sportler

STADT AUS EISEN
In den nördlichen Teil des Sees ragt eine rund 20 Hektar große Halbinsel. Darauf steht »Ferropolis«, die Stadt aus Eisen, ein Industriemuseum und Veranstaltungsort. Fünf riesige Geräte aus dem Bergbau bilden die weltweit größte Stahlskulptur: www.ferropolis.de.

GREMMINER SEE
http://www.blausee-groebern.de/seite/84178/der-see.html

SEERESORT
Wer in dieser wasser- und waldreichen Region bleiben will, kann zum Beispiel im »See- und Waldresort Gröben« am Gröberner See direkt südlich von Gräfenhainichen nächtigen – mit spektakulärem Fernblick über den See: www.seeresort-groebern.de.

ANREISE
Von Magdeburg aus führt zum Beispiel die B184 und ab Dessau die B107 direkt nach Gräfenhainichen. Von der B107 führt die Ferropolisstraße zum See. Direkt an der Straße gibt es einen großen Parkplatz. Von hier aus sind es nur noch wenige Schritte bis zur Badestelle am Westufer.

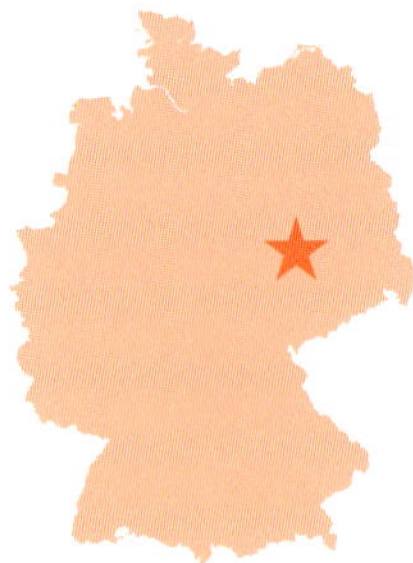

27 Raßnitzer See und Kanal: stadtnah schwimmen im Grünen

Schöner See mit Kiesstrand bei Leipzig

Der Raßnitzer See in der Nähe von Leipzig ist gewissermaßen noch jung: Erst seit 2019 ist er offizielles Badegewässer. Hier kann man idyllisch und doch stadtnah schwimmen.

Nah an einer jungen, pulsierenden Großstadt, aber doch mitten im Grünen: Das alles hat der Raßnitzer See in Sachsen-Anhalt, keine 20 Kilometer westlich von Leipzig, zu bieten. Der Raßnitzer See liegt mitten im Grünen, hat exzellente Wasserqualität und glasklares Wasser. Mit einer Größe von rund drei Quadratkilometern ist er zwar bei Weitem nicht das größte Gewässer des Bundeslandes, doch er ist einer der idyllischsten. Mit einer maximalen Tiefe von über 35 Metern bleibt sein Wasser auch an den heißesten Sommertagen immer erfrischend kühl und klar.

Natürlich ist der See, wie viele andere in dieser Gegend, nicht entstanden. Seine Ursprünge liegen ebenfalls im Tagebau. In den Besitz der nahen Gemeinde Schkopau gingen die ehemaligen Tagebaulöcher im Jahr 2003 über. Über Jahre wurden die Löcher mit dem Wasser des nahen Flusses Weiße Elster geflutet, damit sie als Heimat für Tier- und Pflanzenwelt und den Menschen zur Erholung dienen können. Dieses Ziel ist mehr als gelungen: Seine industrielle Vergangenheit sieht man dem See nicht mehr an.

Erst seit dem Jahr 2019 ist der Raßnitzer See offiziell als Badegewässer eingestuft. Das hindert Schwimmbegeisterte nicht daran, schon lange vorher hier zu baden. Rund um den See findet man mal größere, mal verstecktere Einstiegsstellen. Die größte Badestelle befindet sich am Nordufer: Hier gibt es einen mehrere Dutzend Meter breiten Kiesstrand, drumherum eine große Liegewiese. Die Badestelle findet man, wenn man die Weiße Elster von Raßnitz aus via Brücke Zur Weißen Elster überquert. Links von der Straße gibt es einen kleinen Parkplatz. Die Straße führt weiter zum Aussichtsturm, im Jahr 2010 saniert, von dem aus man den fantastischen Fernblick über die Seenlandschaft genießen kann.

→ Der Raßnitzer See liegt mitten im Grünen.

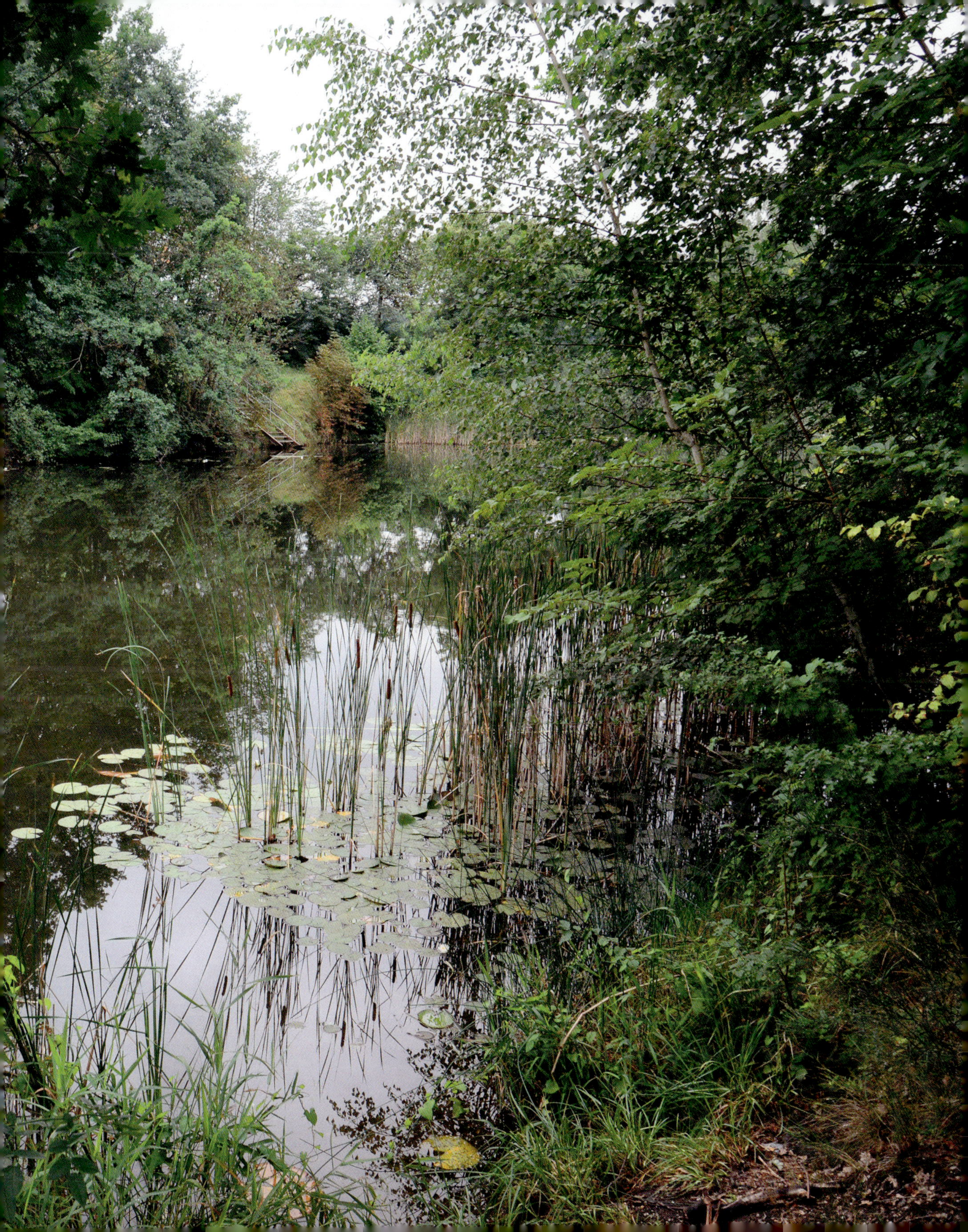

Schwimmen auch im Wallendorfer See

Neben dem Raßnitzer See ist durch die Flutung auch der westlich liegende Nachbar, der Wallendorfer See, entstanden. Hier kann man im Ort Burgliebenau am nördlichen Ufer parken und von einer großzügigen Liegewiese aus viel Platz und das herrliche Wasser genießen. Zugänge mit langen Badestegen gibt es auch am Südufer von der Ortschaft Löpitz aus, Anfahrt über die Löpitzer Straße.
Wer doch mehr etwas Trubel braucht, kann sich an heißen Sommertagen auch direkt in Leipzig erfrischen. Keine 20 Kilometer vom Raßnitzer See entfernt, fließt der Elster-Saale-Kanal, der auch Saale-Leipzig-Kanal genannt wird, gemächlich und grün durch den Stadtteil Burghausen.
Der Teil, der durch das Waldstück des Bienitz führt, wirkt so natürlich, dass auch Naturliebhaber hier auf ihre Kosten kommen werden. Grund ist, dass der Kanal nie fertiggestellt wurde, und die Ufer deshalb grün und idyllisch wirken. In Burghausen folgt man der Gundorfer Straße bis zum Pappelweg und

Tipp

Zwischen Leipzig und Halle (Saale) erstreckt sich ein riesiges Naturschutzgebiet: das rund 1800 Hektar große FFH-Gebiet Saale-, Elster-, Luppe-Aue. Hier kann man toll Rad fahren und wandern, unter anderem an der unberührt wirkenden Saale entlang: www.natura2000-lsa.de/front_content.php?idart=937&idcat=20&lang=1.

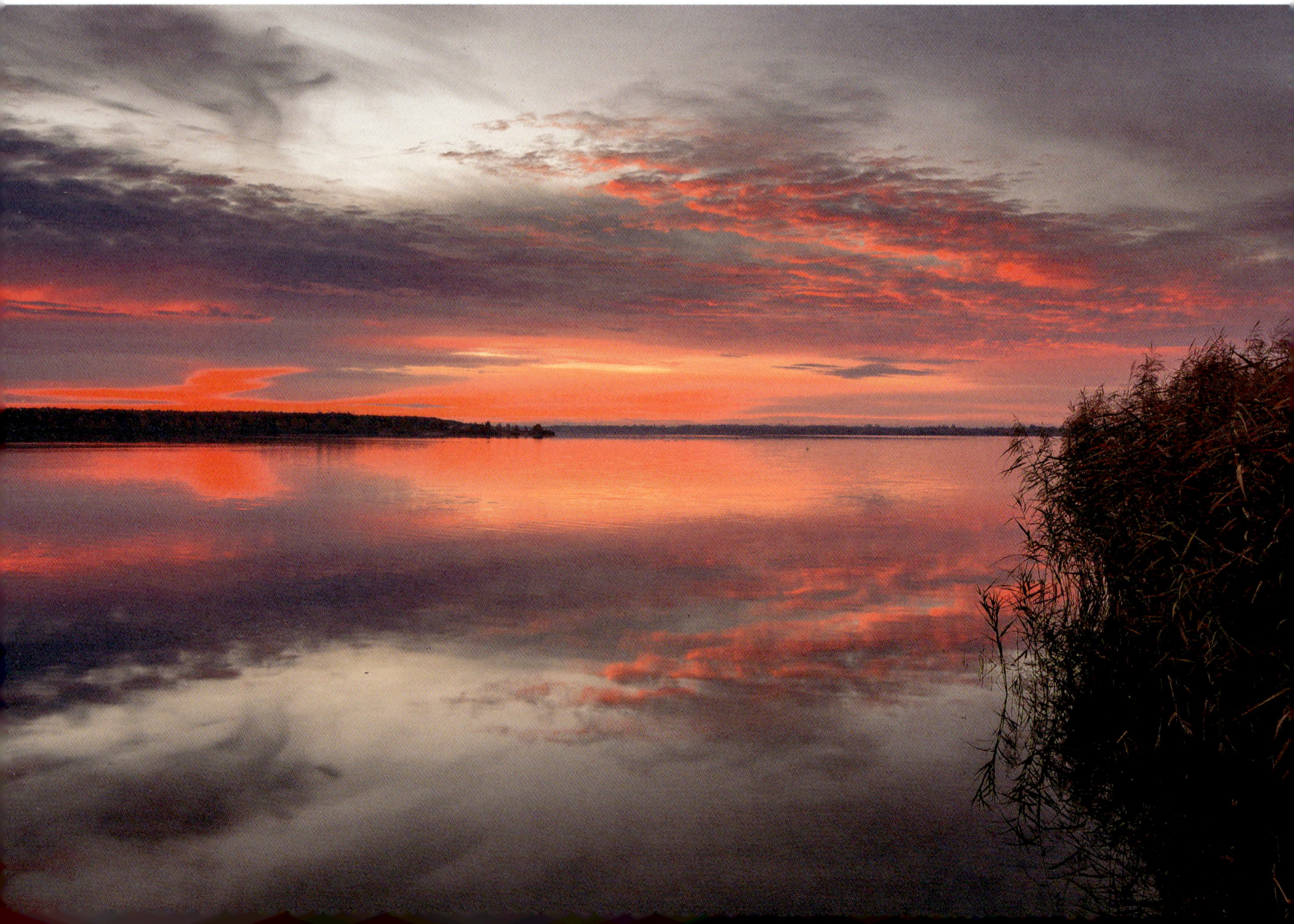

sucht sich hier zwischen den Bäumen einen guten Einstieg.

Der Bienitz ist ein flacher, bewaldeter Hügel im Nordwesten Leipzigs. Der Wald ist in mehrere Naturschutzgebiete aufgeteilt, da sich hier einzigartige Flora und Fauna versammelt. Der Mischwald ist geprägt von vielen verschiedenen Baumarten und Büschen, und seltene Vogelarten wie Pirole, Falken oder Milane fühlen sich hier zu Hause. Seit rund 5000 Jahren ist der Bienitz besiedelt, wovon zahlreiche Hügelgräber zeugen. Aus der Zeit seiner Entstehung liegen Findlinge im Wald verstreut. Der Bienitz wurde wegen seiner erhöhten Lage über der Stadt über die Jahrhunderte hinweg auch immer militärisch genutzt, worauf heute noch Tafeln und Erinnerungssteine hinweisen.

Der Kanal durchläuft den Bienitz im Norden. Die Ufer des Kanals sind beidseitig bewaldet, sodass die Badestelle sehr natürlich wirkt. Jeder Schwimmer kann sich einen ruhigen Platz suchen. Die Zugänge zum Wasser liegen versteckt zwischen Büschen und Bäumen. Das Ufer ist grasig und abschüssig. Nur ab und zu sind Motorboote unterwegs – auch wenn Anwohner sagen, dass ihre Zahl von Jahr zu Jahr größer wird. Größere Schiffe fahren hier nicht, sodass der Schwimmeridylle nichts im Weg steht.

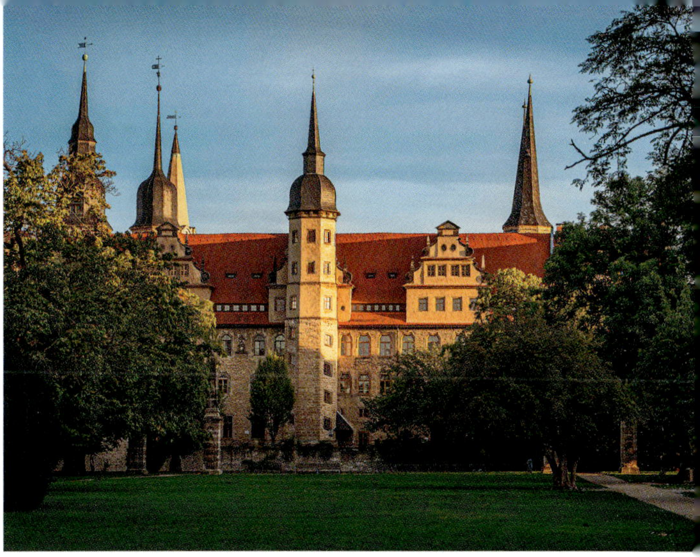

↑ Der Merseburger Dom ist nicht weit vom Raßnitzer See entfernt.
↙ Naturliebhaber kommen hier auf ihre Kosten.

»Vom Aussichtsturm den tollen Rundumblick über die Seenlandschaft genießen«

Info

GEEIGNET
Für Stadtschwärmer und Radfahrer

LEIPZIG
Viele alte und berühmte Bauwerke lassen sich hier besichtigen: die Nikolaikirche, die alte Handelsbörse oder das Schillerhaus. Auf den verschiedenen Szenemeilen wie der Südmeile, der Karl-Heine-Straße oder der Münzgasse lässt sich das Nachtleben erkunden: www.leipzig.de.

RASSNITZER SEE
www.gemeinde-schkopau.de/de/wallendorfer-und-rassnitzer-see.html

ROMANISCHER DOM
Ein Bauwerk zum Staunen: Der berühmte Dom der Bischofsstadt Merseburg ist keine zehn Kilometer vom Raßnitzer See entfernt. Im »Kaiserdom« gibt es u.a. historische Zaubersprüche zu sehen: www.merseburger-dom.de.

ANREISE
Vom Hauptbahnhof Leipzig ist der Raßnitzer See 25 Kilometer entfernt. Wunderschön ist die Strecke per Rad: Man folgt der Weißen Elster u.a. durch den Schlosspark Lützschena. Per Auto: Von der A14 bei Schwoitsch abfahren und der L168 folgen, Raßnitz durchqueren bis zur Brücke »Zur Weißen Elster«.

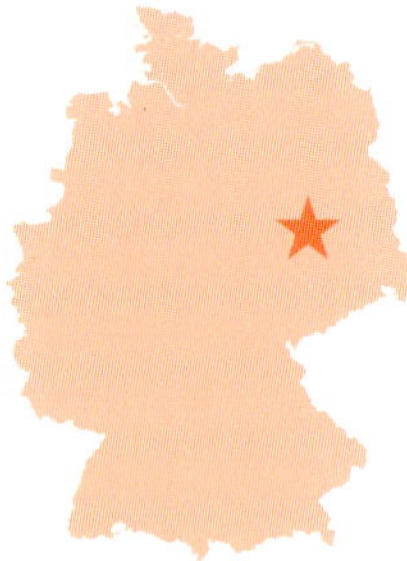

28 Steinbruch Beucha bei Leipzig: Panorama mit Bergkirche

Eine der schönsten wilden Badestellen des Landes

Um diesen See kann man die Anwohner nur beneiden: Aus einem ehemaligen Steinbruch ist im kleinen Ort Beucha ein wunderschöner Badesee mit großartigem Panorama geworden.

Er ist einer der wohl spektakulärsten wilden Badestellen in Ostdeutschland: Der Steinbruch, auch genannt »Kirchbruch«, im 3000-Einwohner-Ort Beucha, 15 Kilometer westlich von der Leipziger Innenstadt. Türkisblau und smaragdgrün schimmert das Wasser in diesem ehemaligen Steinbruch, in dem man hervorragend schwimmen kann. Am westlichen Ufer erhebt sich mehrere Dutzend Meter über dem See die weiße Dorfkirche mit ihrem roten Dach, die das wunderschöne Naturpanorama des Steinbruchs perfekt abrundet.

Das Gewässer liegt mitten in Beucha, einem Ortsteil der Stadt Brandis im Osten Leipzigs. Gleichzeitig liegt der See so besonders und abgeschieden, dass man hier gar nicht den Eindruck hat, als wäre man mitten unter Menschen. Diese Badestelle ist etwas für Abenteuerlustige und Naturliebhaber genauso wie für Familien. Und das Beste: Die Ufer sind so abwechslungsreich, dass sich jeder seine eigene Einstiegsstelle suchen kann.

Das Auto abstellen kann man an der August-Bebel-Straße auf einem zum See gehörigen Parkplatz. Von hier aus hat man übrigens auch den schönsten Panorama-Blick über den See und den rund 80 Meter hohen Kirchberg. Vom Parkplatz aus kann man dem Pfad rechts am Ufer entlang folgen und sich für eine der Badestellen am Ufer zwischen hohen Bäumen entscheiden. An dieser Seite ist das Ufer schon recht felsig und erhebt sich teilweise mehrere Meter in die Höhe, sodass man etwas bis zum Wasser hinabklettern oder auch eine Leiter nehmen muss.

→ Schwimmen kann man mit großartigem Panorama in Beucha.

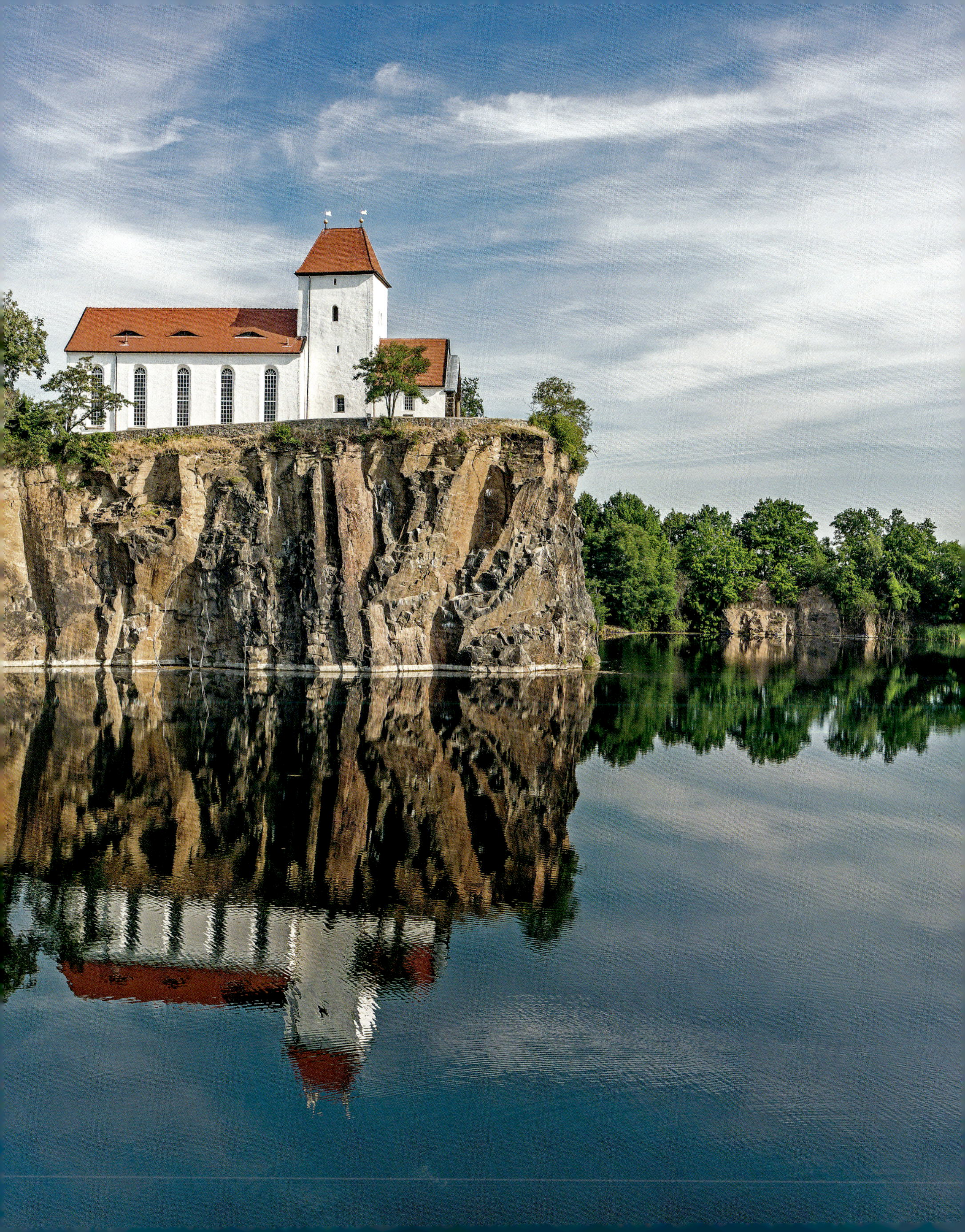

Spektakulärer Rundumblick an der Kirche

Bequemer ans Wasser kommt man, wenn man dem Pfad hinter der Kirche folgt. Hierzu kann man einfach an der Straße unterhalb des Gebäudes parken, am Kirchberg. Wer von hier aus in Richtung Kirche geht, bekommt außerdem gleich einen spektakulären Rundumblick über den See und den dahinterliegenden Ort. Schwindelfrei sollte man allerdings sein: Von hier aus kann man Dutzende Meter in die Tiefe sehen, darunter liegt nur das blaue Wasser. Das misst an seiner tiefsten Stelle übrigens knapp 40 Meter, sodass seine Wasserqualität immer gut und seine Temperatur auch an heißen Tagen immer angenehm kühl ist.

Um zu den Badestellen zu gelangen, geht man einfach an der Kirche vorbei und folgt einem kleinen Pfad zwischen Bäumen; am Kirchberg geht es hier wieder herunter. Ein steinernes Tor führt auf den Friedhof des Ortes, allerdings überquert man ihn nicht, sondern geht am Rand entlang. Man folgt dem Pfad bergab, bis man an der Nordspitze des Sees steht. Hier gibt es mehrere Einstiegsstellen unter schattigen Bäumen. Der Untergrund ist hell, sandig und einladend.

Das Wasser im Steinbruch von Beucha ist so klar, dass man mehrere Meter weit sehen kann (Schnor-

Tipp

Tolle Naturkulisse und Herausforderungen für jedes Können und jeden Geschmack: Direkt südlich von Beucha, an der A14, liegt der Kletterwald Leipzig. Mit Blick auf den blauen Autobahnsee kann man verschiedene Parcours klettern (ab 19 Euro für Erwachsene): www.kletterwald-leipzig.de.

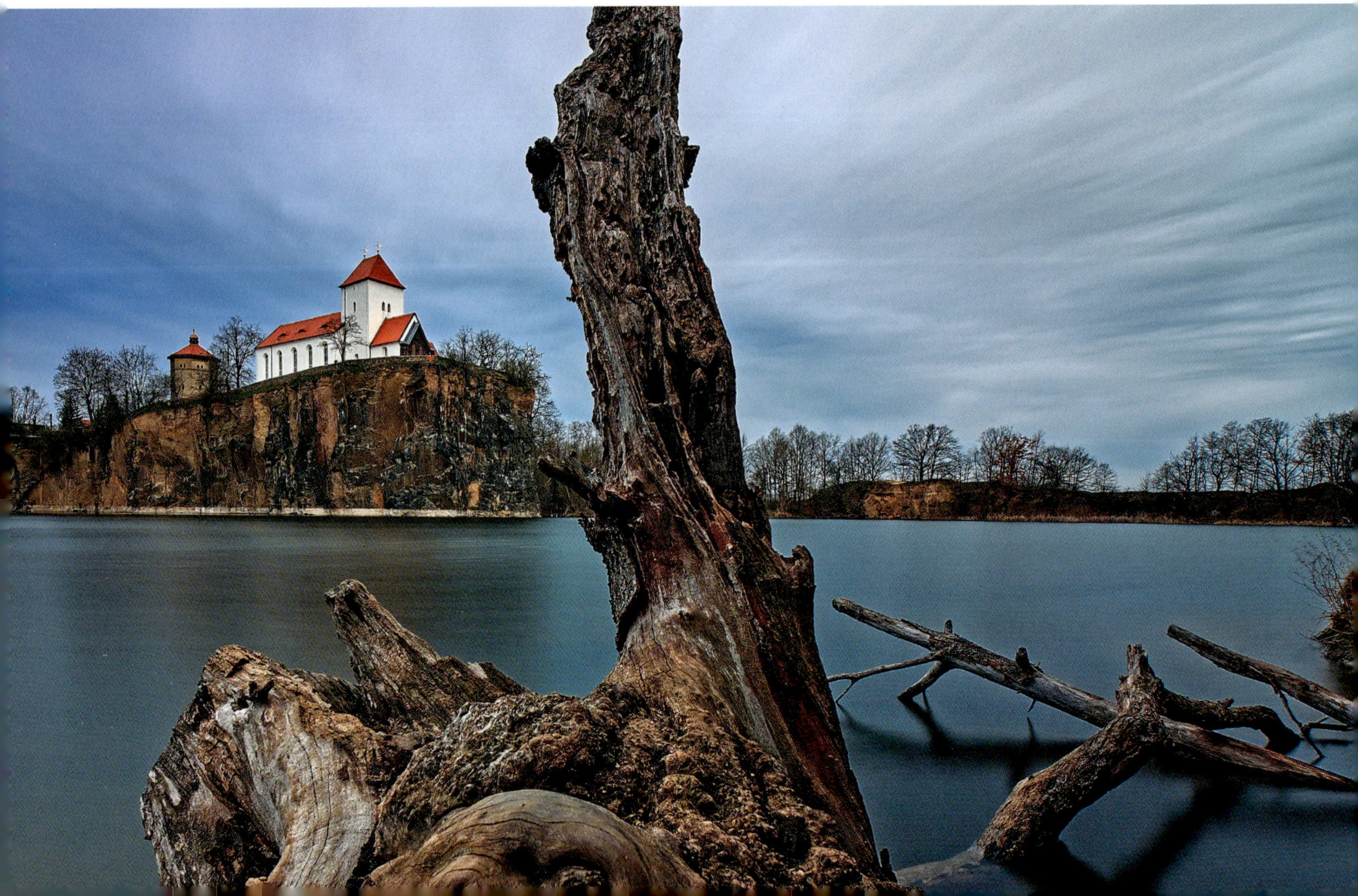

chel-Ausrüstung mitbringen!). Hier und da wachsen sogar Seerosen. Nah am Nordufer gibt es mehrere Felsen im Wasser, von denen aus man klasse ins kühle Nass springen kann. Am Nordufer schraubt sich außerdem eine Felswand mehrere Meter in die Höhe, die mutige Wasserratten erklimmen, um dann von den Vorsprüngen aus ins Wasser zu springen. Wer hier schwimmt, befindet sich übrigens mitten in einem wertvollen nationalen Geotop: Als solches ist der ehemalige Steinbruch nämlich im Jahr 2019 ausgezeichnet worden. Abgebaut wurde hier sogenannter Granitporphyr, der unter anderem zum Bau des berühmten Völkerschlachtdenkmals von Leipzig von 1913 verwendet wurde. Schon seit dem 15. Jahrhundert wurde hier in Beucha dieser Stein abgebaut und als Baumaterial – unter anderem für die Bergkirche – verwendet.
Der Kirchberg selbst ist rund 35 Millionen Jahre alt. Seit beinahe 1000 Jahren steht an dem Standort der heutigen Bergkirche ein Gotteshaus. Die Kirche hat deshalb heute so eine exklusive Lage, weil der Steinbruch so intensiv betrieben wurde. So intensiv sogar, dass die Kirche im 19. Jahrhundert fast abgerissen wurde – hätte es den vehementen Protest von Pfarrer und Gemeinde nicht gegeben. Der Steinbruch wurde in den 1950er-Jahren stillgelegt. Einmal um den See führt ein Pfad, der rund zwei Kilometer lang ist.

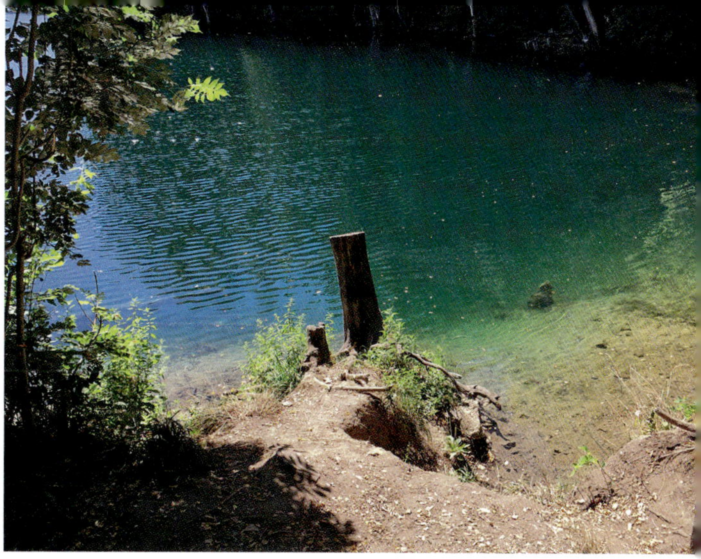

↑ Das Wasser ist in Beucha überaus klar.
↙ Seit dem 15. Jahrhundert wurde in Beucha Stein abgebaut.

»Exklusive Lage: Der Granit rund um die Kirche wurde nach und nach abgebaut.«

Info

GEEIGNET
Für Kulturinteressierte und Schnorchler

BERGKIRCHE BEUCHA
www.stadt-brandis.de/de/brandis-erleben/die-stadt-entdecken/bergkirche-beucha

HISTORISCHES DENKMAL
Das Völkerschlachtdenkmal von Leipzig zählt mit 91 Metern zu den größten Denkmälern Europas. Von der Plattform (364 Stufen) aus hat man eine phänomenale Sicht: www.leipzig.de/freizeit-kultur-und-tourismus/tourismus/sehenswuerdigkeiten/voelkerschlachtdenkmal.

STADTTEIL CONNEWITZ
Der Leipziger Stadtteil Connewitz ist hip, bunt und vielfältig. Ob in Clubs, Kneipen oder Kulturzentren – hier ist immer was los: www.leipzig-leben.de/tipps/connewitz.

ANREISE
Die Bergkirche Beucha ist auf der A14 ausgeschildert. Von Naunhof aus der Ammelshainer Straße zum See folgen, von Leipzig aus durch Borsdorf und Zweenfurth und der Zweenfurther Straße / Dorfstraße folgen. Anreise per ÖPNV: Bahnhöfe in Beucha und Borsdorf.

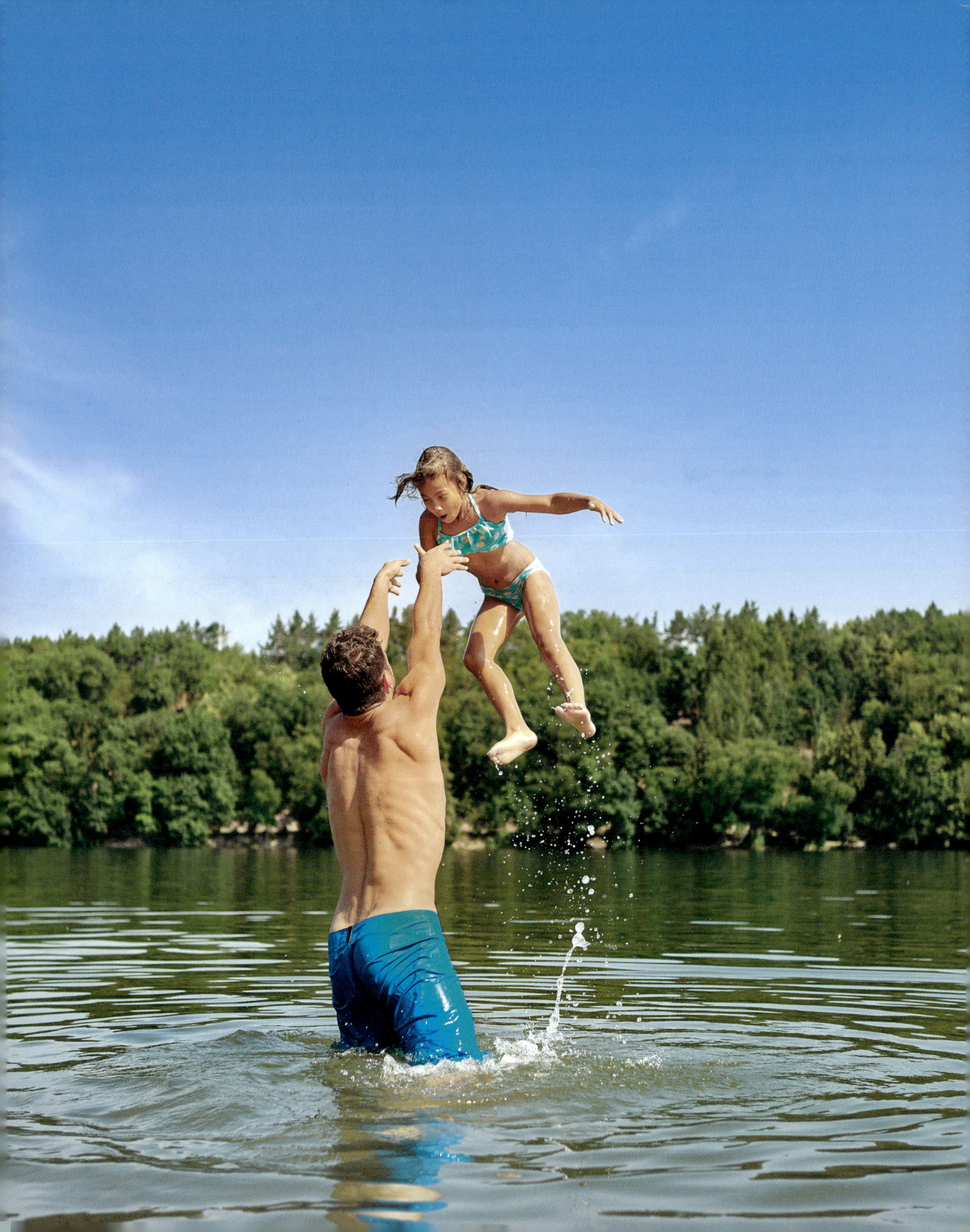

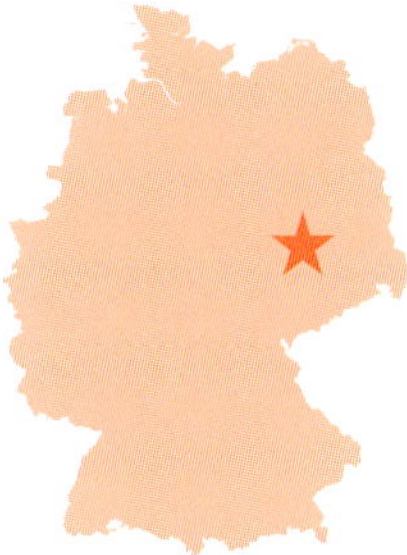

29 Blaues Wasser, weiße Erde: Schwimmen im Kaolinsee

Südsee-Farben, einmalige Felsen und tolle Natur im Lossatal

Wandern, klettern, schwimmen: Die Region östlich von Leipzig ist für jeden Outdoor-Fan und Naturfreund ein einmalig abwechslungsreiches Ausflugsziel. In rund 300 Millionen Jahren hat sich hier eine spektakuläre Landschaftskulisse geformt, in der man so schön und abenteuerlich schwimmt wie nur selten.

Wer hierherkommt, fühlt sich wie in der Südsee: Der Kaolinsee im Landkreis Leipzig hat das wahrscheinlich blaueste Wasser im ganzen Umkreis. Der See ist ein reines Vergnügen für jede Wasserratte und ist eingebettet in eine wunderschöne Landschaft im nördlichen Sachsen.

Der See in der Gemeinde Lossatal ist deshalb etwas ganz Besonderes, weil er eine außergewöhnliche Farbe hat und sehr idyllisch liegt. Wer an sein Ufer kommt, merkt, wie die außergewöhnliche türkisblaue Färbung zustande kommt: Der Grund des Sees ist weiß. Jeder Strandurlauber kennt das: Vor hellsandigem Untergrund sieht Wasser ganz besonders einladend aus. Nicht anders ist es am Kaolinsee.

Aus der Erde wurde »weißes Gold«

Früher wurde hier das sogenannte Kaolin, das dem Gewässer seinen Namen gab, abgebaut. Dahinter verbirgt sich weiße Tonerde oder Porzellanton, ein feiner weißer Stein, der für die Herstellung von Porzellan sowie von Papier verwendet wird. Die Vergangenheit merkt man dem See natürlich auch heute noch an: Man muss nur seine Zehen etwas tiefer in den hellen Schlick am Ufer vergraben, und schon fördert man den weißen Ton zutage.

Der See ist erst durch den Abbau des »weißen Goldes« entstanden. Er ist über acht Hektar groß und seine Ufer sind bewaldet, sodass man zwischen den Bäumen auch dann noch ein ruhiges Plätzchen für

← Ob ein Sprung oder ein Wurf: Abkühlung bietet das kühle Nass ganz bestimmt.

»Am Kleinen Berg haben Gletscher bizarre Formen in den Stein geschliffen.«

sich findet, wenn es an einem heißen Sommernachmittag mal voller wird. 29 Meter misst der See an seiner tiefsten Stelle, was auch im Sommer heißt, dass das Wasser immer wunderbar kühl ist. Außerdem hat er hervorragende Wasserqualität.
Der See liegt südlich des Ortsteils Hohburg. Einen Parkplatz gibt es direkt an der Hohburger Straße am nördlichen Ufer. Von hier aus folgt man am besten dem Pfad links am Ufer entlang. Zwischen den Bäumen gibt es immer wieder versteckte Plätze fürs eigene Handtuch und Einstiegsstellen. Die können auch mal steil und wegen des schlickigen Untergrunds auch mal rutschig sein.
Eine größere Liegewiese mit einem Mini-Sandstrand befindet sich am westlichen Ufer unterhalb der kleinen Wohnsiedlung. Viel Infrastruktur wie Kiosk oder Umkleiden sucht man hier jedoch vergebens. Im südlichen Teil verengt sich der See an einer Stelle fast wie zu einer Wespentaille; über diese Stelle führt eine kleine Brücke.
Der See liegt idyllisch mitten im Landschaftsschutzgebiet Hohburger Berge. Sie schließen sich östlich ans Seeufer und liegen nördlich von Hohburg. Das bewaldete Gebiet schraubt sich bis über 200 Meter in die Höhe. Den höchsten Punkt bildet der Löberg mit 240 Metern.
Am Kleinen Berg am Ostufer des Kaolinsees kann man mit den Geisterschliffen und Windschliffen besonders interessante Felsformationen beobachten. Hier haben frühere Gletscher eindeutige Schrammen im Fels hinterlassen. Sie sind so bedeutend, dass die Akademie der Geowissenschaften sie zu den rund 80 wichtigsten nationalen Geotopen in Deutschland zählt.
Die sind kein Zufall: Vor knapp 300 Millionen Jahren gab es in der gesamten Gegend früher einmal vulkanische Aktivität. Der besonders feste Stein dieser Gegend, der Quarzporphyr, entstand durch eben diese Aktivität. Besonders im 19. Jahrhundert wurde dieser Stein gern verwendet und deshalb abgebaut, weshalb es in der Gegend rund um Leipzig viele Steinbrüche und künstlich entstandene Seen wie den Kaolinsee gibt. Über Millionen von Jahren verwitterte dieser Porphyr stellenweise zu Kaolin, wie man heute an diesem Gewässer noch sehen kann.

Dieser Steinbruch ist für Mutige

Wer bei seinem Schwimmausflug mehr Adrenalin braucht, der muss vom Kaolinsee aus nur rund 20 Kilometer in südöstliche Richtung fahren. Hier, zwischen den Orten Trebsen und Naunhof nördlich von Grimma, liegt ein Steinbruch, der auch die Mutigsten herausfordert.
Früher wurde hier Granit abgebaut, das unter anderem auch für den Bau des bekannten Völkerschlachtdenkmals von Leipzig eingesetzt wurde. Heute ist der stillgelegte, wassergefüllte Steinbruch

Tipp

Noch nicht genug vom Schwimmen in Steinbrüchen? Dann geht es am besten gleich weiter zum idyllischen Waldbad Mark Schönstädt elf Kilometer südlich vom Kaolinsee zwischen Kühren und Meltewitz direkt an der Meltewitzer Straße. In dem zwei Hektar großen See kann man baden (kein Eintritt), angeln, auf der Liegewiese liegen oder spazieren gehen: www.lossatal.eu/portal/seiten/mark-schoenstaedt-900000040-22920.html.

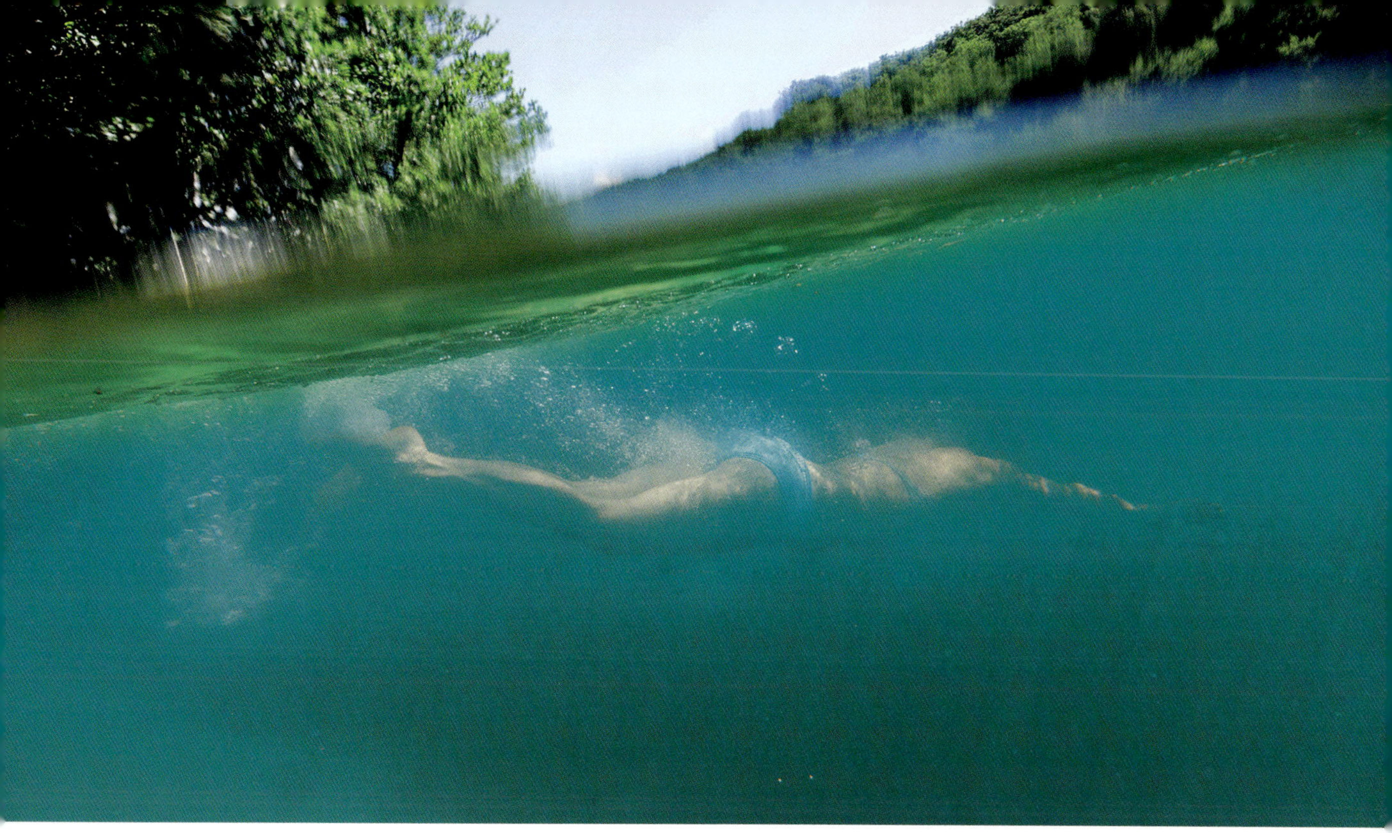

↑ Abtauchen im klaren Wasser des Kaolinsees.
↓ Gletscher haben eindeutige Schrammen im Fels hinterlassen.

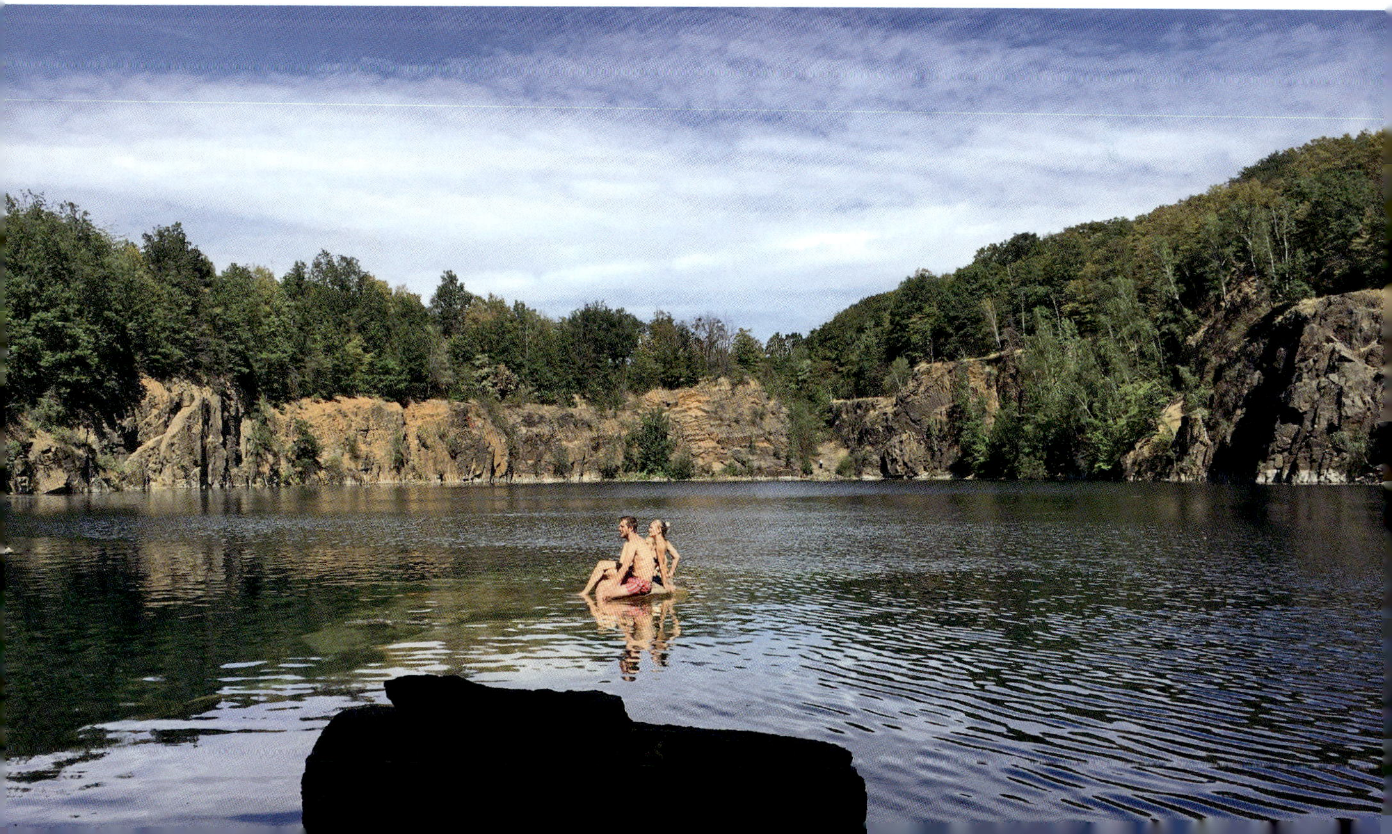

Tipp

Meterhohe Steinwände, zerklüftete Felsen, grüne Wälder und mit tiefblauem Wasser gefüllte Steinbrüche: Die Hohburger Berge sind nicht nur bei Schwimmern, sondern auch bei Kletterern wahnsinnig beliebt. Hier gibt es zahlreiche Kletterrouten für Anfänger, Fortgeschrittene und hartgesottene Profis. Einen Überblick über Routen und Ansprechpartner gibt es hier: www.geopark-porphyrland.de/geoerlebnis/klettergebiete.

das perfekte Ausflugsziel für Schwimmer, die etwas Besonderes suchen. Einen entspannten Zugang gibt es eigentlich nur an einer Stelle, nämlich im kleinen Ort Ammelshain über die Polenzer Straße. Hier, am Ende der Siedlung, fährt man rechts von der Straße ab auf einen kleinen Parkplatz. Ein kurzer, steiler Pfad führt durch ein Wäldchen.
Der See ist über den schmalen Pfad zu erreichen und öffnet sich dann den Besuchern nach Norden hin. Die Aussicht ist spektakulär: Links und rechts schrauben sich über mehrere Dutzend Meter die rötlichen Felswände in die Höhe. Gegenüber öffnen sich die bewaldeten Ufer zu einem lichten Birkenwäldchen, das sich um steinerne Terrassen gruppiert. Hier liegen die Leute gerne vereinzelt zum Sonnenbaden. Man kann die natürliche Ruhe genie-

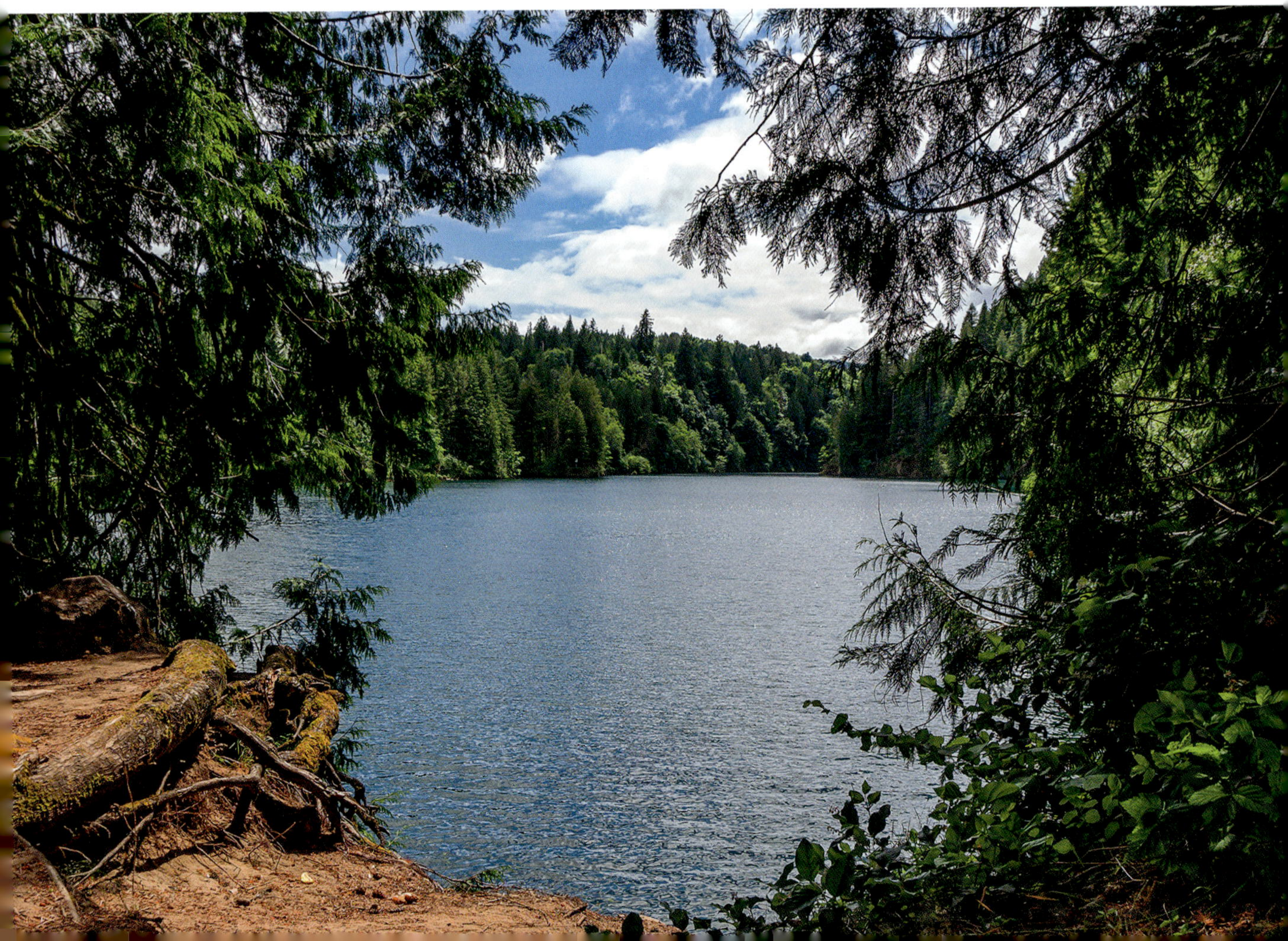

ßen: Der See liegt mitten in einem Naturschutzgebiet. Von diesem schmalen Zugang aus (der Untergrund ist steinig, es gibt wenig Platz und kaum Sitz- oder Liegemöglichkeiten) führen Felsen wie ein natürlicher Steg seicht ins Wasser. Wegen der Algen kann es recht rutschig werden. Das Wasser ist herrlich kühl und klar.

Dieser See eignet sich perfekt für alle, die gern ins Wasser springen. Wer sich anfangs auf dem Pfad vom Parkplatz aus eher links hält, gelangt zu einem Felsplateau oberhalb der Einstiegsstelle. Von hier aus springen Menschen gerne mit ordentlich Anlauf ins Wasser.

Wer keine Scheu vor großen Höhen hat, kann auch dem steilen Pfad rechts am Ufer vorbei folgen. Der führt auf die Felsen oberhalb des Sees. Von hier aus springt man viele Meter tief ins Wasser. Das ist nur etwas für Geübte – und man sollte definitiv jemanden fragen, der das schon ein paarmal gemacht hat, bevor man sich selbst ein Herz nimmt und springt. Der klare See mit seiner fotogenen Kulisse ist die Heimstatt von Sporttauchern: Der Landestauchsportverband Sachsen nutzt ihn als sein Hausriff (www.tauchsport-sachsen.de). Am Grund des Sees in rund 30 Metern Tiefe kann man unter anderem nach Autowracks und Resten der Bergwerkvergangenheit tauchen.

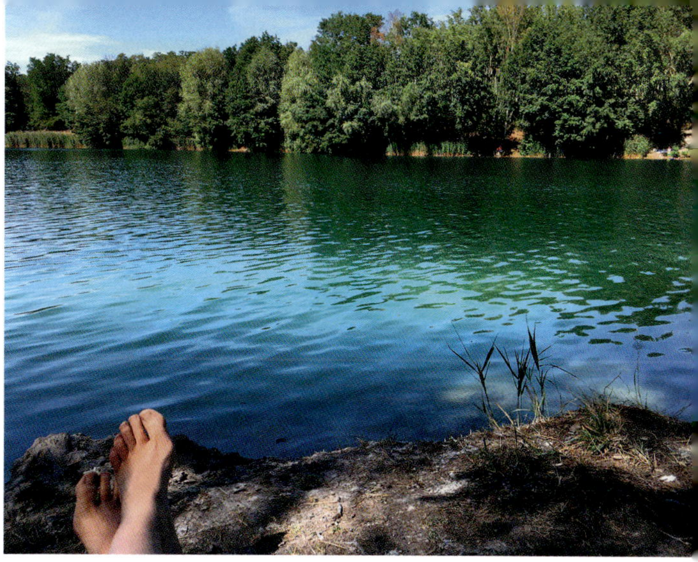

↑ Der Kaolinsee liegt mitten in einem Naturschutzgebiet.
↙ Kleine Terrassen um den dicht bewaldeten See bieten Liegemöglichkeiten.

»Im Steinbruch Ammelshain springt man mit viel Anlauf ins Wasser.«

Info

GEEIGNET
Für Outdoor-Fans und Sportschwimmer

KAOLINSEE
https://de.wikipedia.org/wiki/Kaolinsee

DAS MULDENTAL
Wunderschöne kleine Städte mit historischen Marktplätzen, herrliche Natur und angeblich der am schnellsten fließende Fluss Europas: Das Muldental ist eine abwechslungsreiche Region zwischen Leipzig, Chemnitz und Dresden: www.sachsen-tourismus.de/regionen/stadtschoenheiten/grimma.

ANREISE
Zum Kaolinsee: Von Wurzen aus der Torgauer Straße folgen, links ab Richtung Lüptitz, der Kleinzschepaer Straße folgen, rechts ab auf die Hohburger Straße. Parkplatz direkt an der Straße. Zum Steinbuch Ammelshain: Über die A14, Abfahrt Klinga, dann in Richtung Altenhain. Auf der Polenzer Straße bleiben und direkt hinter der Siedlung am Wäldchen rechts abbiegen. Kleiner Parkplatz vorhanden.

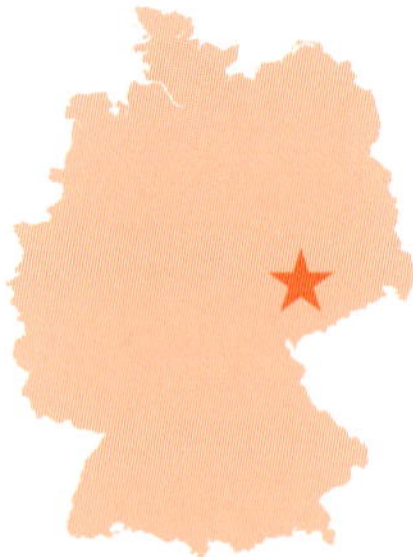

30 Abgelegen im Wald: der Vogtlandsee

Lohnt sich in jeder Jahreszeit

Wer in Sachsen unterwegs ist – genauer gesagt im Vogtland östlich von Plauen und südlich von Zwickau –, den erwartet in der Nähe des kleinen Ortes Beerheide eine einzigartige Naturidylle: der traumhafte Vogtlandsee.

Der Vogtlandsee liegt mitten in einem 30 Quadratkilometer großen, sehr ruhigen Waldgebiet. Mit einer Wasseroberfläche von rund sechs Hektar ist dieser Moorsee zwar klein, doch durch seine abgeschiedene Lage zwischen Wiesen und Wäldern für Wildschwimmer ein wahr gewordener Naturtraum.

Weiches, rötlich gefärbtes Wasser

Ursprünglich ist der Vogtlandsee künstlich angelegt worden, und zwar als Stausee Mitte der 1930er-Jahre. Diese Vergangenheit sieht man dem von dunkelgrünen Tannen umstandenen See aber überhaupt nicht mehr an: Selten stößt man auf einen so ruhig gelegenen Badesee, an dem jeder einen Platz für sich findet. Wer an seinen Ufern steht, sollte sich nicht wundern: Das Wasser hat eine rötlich braune Färbung. Der Vogtlandsee hat ein mehrere Quadratkilometer großes Einzugsgebiet in einer vor allem waldig-moorigen Region. Es gibt außerdem keinen Fischbestand. Die Wasserqualität ist dennoch exzellent, das Wasser weich und im Sommer angenehm warm, sodass man hier wunderbar schwimmen kann.
Die Einstiege in den See sind meist flach und sandig. Daher ist auch für Familien mit kleineren Kindern ein (Schwimm-)Ausflug hierher eine gute Idee.
Rund um den See gibt es mehrere Badestellen. Einen sandigen Einstieg zwischen Bäumen gibt es zum Beispiel am nördlichen Ufer in der Nähe der kleinen Insel. Eine große Liegewiese mit Holzsteg liegt am östlichen Ufer, wo der Rote Fluss in den See mündet. Ansonsten kann man sich ruhige Stellen zwischen Bäumen suchen.

Auto stehen lassen und zum See wandern

Der See ist mit öffentlichen Verkehrsmitteln kaum zu erreichen. Am besten kommt man mit dem Auto

↗ Der Vogtlandsee liegt abgeschieden zwischen Wiesen und Wäldern.

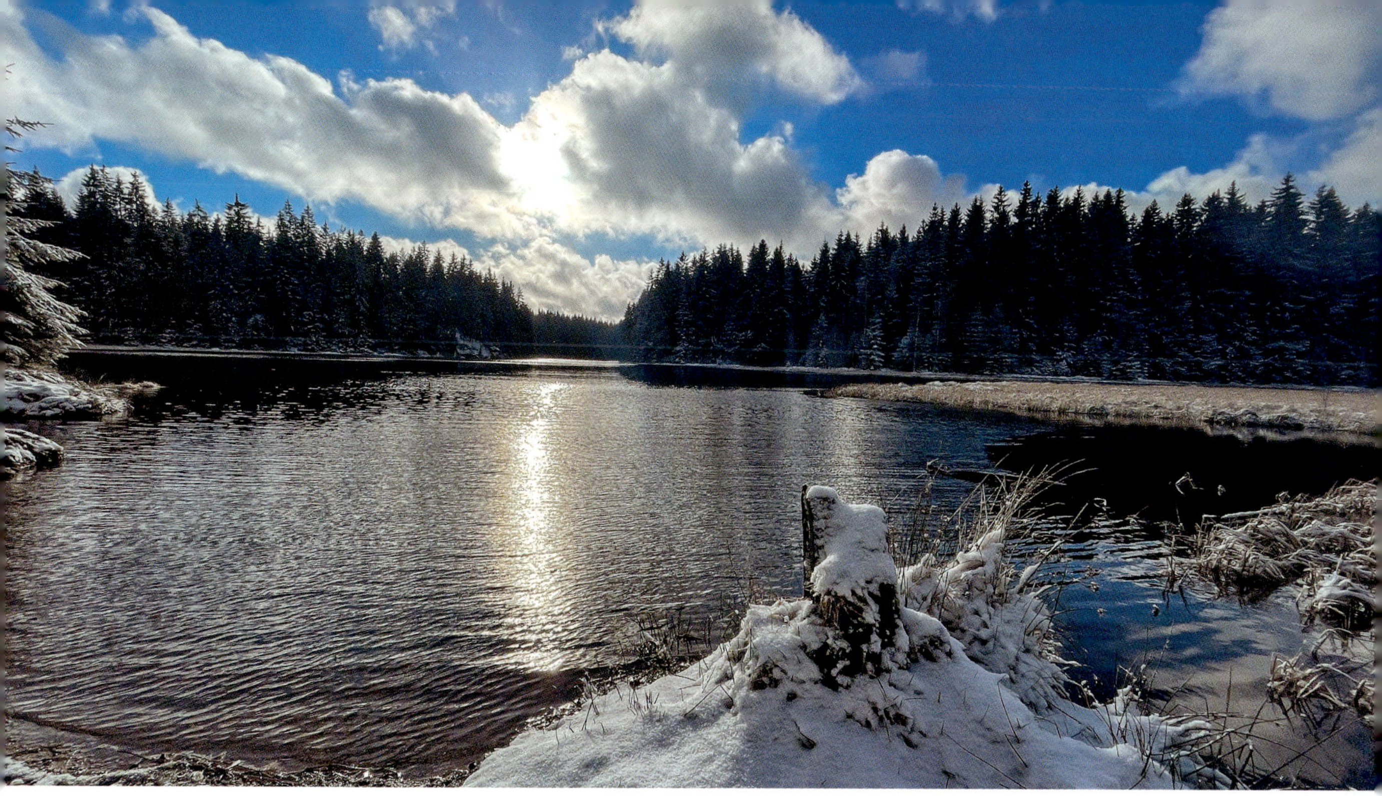

hierher. Parken kann man am Wanderparkplatz für den Waldpark Grünheide in Auerbach.
Der Vogtlandsee ist übrigens rund ums Jahr ein tolles Ausflugsziel. Hier kann man nicht nur wunderbar wandern oder auch reiten (und mit den Pferden auch mal einen Abstecher ins Wasser machen), sondern im Winter auch auf Langlaufskiern den frisch gezogenen Loipen folgen. Hier, in der Nähe zum Erzgebirge, ist dichter Schneefall im Winter so gut wie garantiert.

Info

GEEIGNET
Für Wanderer und Waldfans

VOGTLANDSEE
www.vogtland-tourismus.de/de/poi/see/vogtlandsee/1283162/

VIELE TALSPERREN
Flüsse, Wälder, Hügel, über 3000 Kilometer Wander- und Radwegenetz: Das Vogtland ist ein tolles Ausflugsziel für jeden Naturfan. Es gibt zahlreiche Campingplätze, Hotels und Pensionen an großen Stauseen, wie etwa der Talsperre Pöhl: https://talsperre-poehl.de.

EINMALIGES BAUWERK
Rund 25 Kilometer vom Vogtlandsee entfernt, bei Reichenbach, steht ein einzigartiges Baudenkmal: die Göltzschtalsperre von Netzschkau. Das Viadukt mit seinen 98 Bögen ist die größte Ziegelsteinbrücke der Welt: www.goeltzschtalbruecke.info/goeltzschtalbruecke.

ANREISE
Der Vogtlandsee liegt im Waldgebiet zwischen Beerheide, Muldenhammer und Rautenkranz. Am einfachsten ist die Anreise mit Auto. Vom Wanderparkplatz am Jugenderholzentrum Waldpark Grünheide (Rautenkranzer Straße 5, 08209 Auerbach / Vogtland) sind es zwei Kilometer zu Fuß.

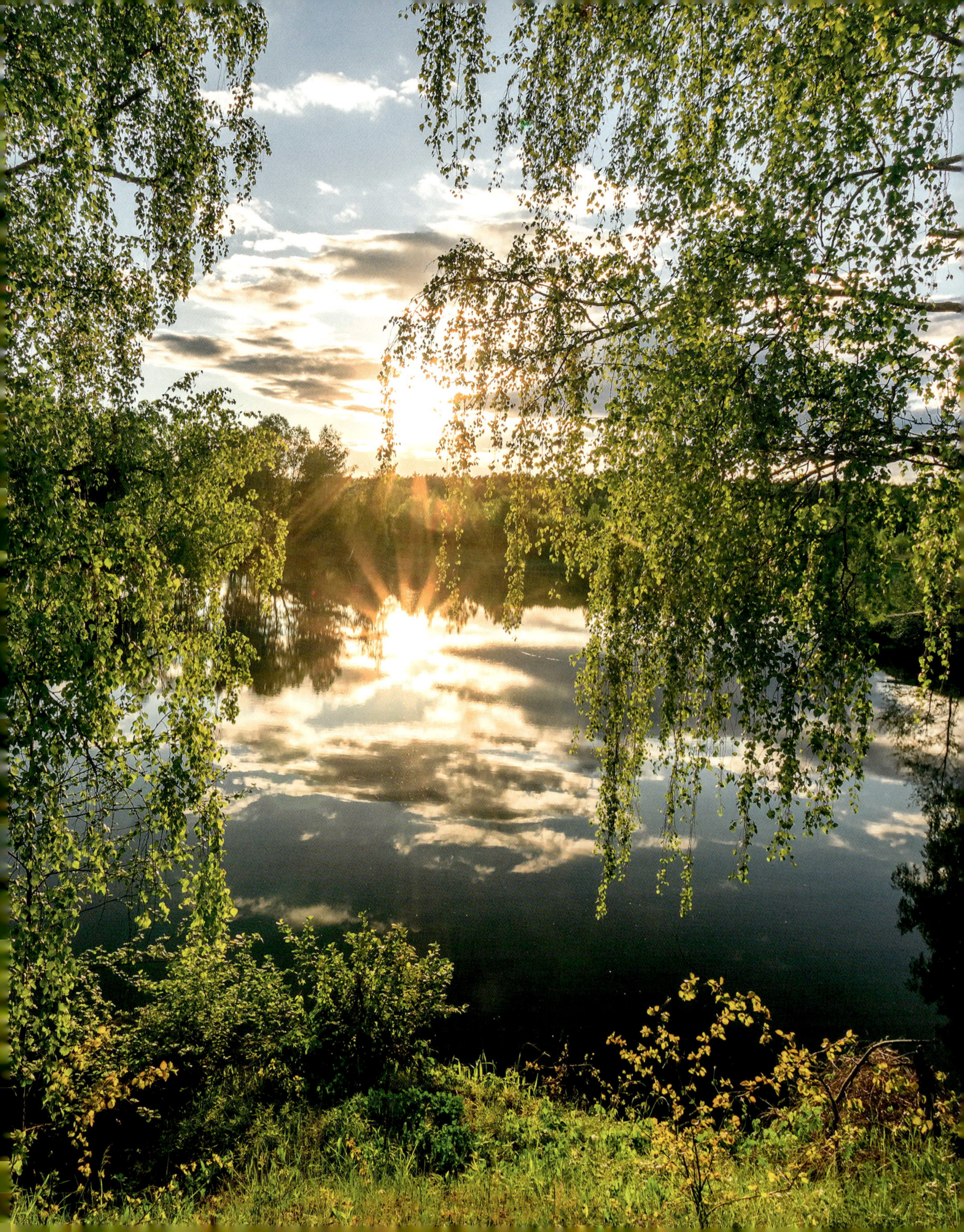

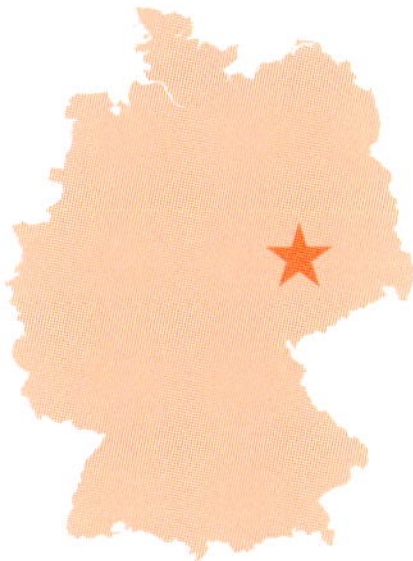

31 Früher Tagebau, heute Idylle: Schwimmen im Altenburger Land

Prößdorfer See, Haselbacher See und Hainbergsee

Die Landschaft im Altenburger Land im äußersten Norden Thüringens hat sich im vergangenen Jahrhundert stark verändert: Jahrzehntelang wurde hier Braunkohle abgebaut, Dörfer verschwanden. Doch die Region hat das Beste daraus gemacht: Aus den alten Gruben sind Badeparadiese entstanden.

Klares Wasser, versteckte Badestellen, bewaldete Ufer: Wer mitten in der Natur und in aller Ruhe alleine oder mit der Familie schwimmen gehen will, der sollte den Prößdorfer See nahe der Kleinstadt Lucka im Altenburger Land nicht verpassen.

Der See in der nördlichsten Spitze Thüringens liegt mitten in einer sandigen, durch Mischwald geprägten Landschaft, in der man Ruhe vor Besucherströmen hat. Der See ist mit rund 23 Hektar so groß, dass hier wirklich jeder einen ruhigen Ort für sich findet.

Zwischen Bäumen und Schilf kann man entspannt sein Handtuch auf dem hellen, sandigen Untergrund ausbreiten. Erreichbar ist der See beispielsweise über die Falkenhainer Straße in Prößdorf. Für die besten Badestellen einfach dem schmalen Weg zwischen Bäumen und Schilf hindurch am Ufer entlang folgen.

Badebuchten zwischen Schilf und Birken

Heute baden am Westufer meist Familien und am Ostufer vor allem FKK-Anhänger. Hier gibt es besonders schöne Badestellen mit viel feinem Sand und sanften Einstiegen. Birken spenden Schatten, und teilweise stehen Bänke bereit, auf denen man sich von der Sonne trocknen lassen kann. Zwischen den breiten Schilfgürteln liegen regelmäßig idyllische Badebuchten.

← Der Prößdorfer See liegt in einer sandigen, durch Mischwald geprägten Landschaft.

»Eine 40 Kilometer lange Tour führt Besucher auf die Spuren der Braunkohle.«

Am westlichen Ufer im kleinen Ort Prößdorf befindet sich außerdem eine großzügige Wiese, von der aus man ins Wasser gelangen kann. Hier gibt es auch einen Spielplatz und einen kleinen Parkplatz, ansonsten aber keine weitere Infrastruktur. Die Ufer sind zudem umgeben von hellem Mischwald, was dem See ein natürliches Aussehen verleiht. Die Einstiege sind meist sanft, das Wasser klar und von guter Qualität. Der See ist im Schnitt neun Meter tief.
Wie viele Seen im Landkreis Altenburger Land ist auch der Badesee Prößdorf aus der Zeit des Braunkohleabbaus übrig geblieben. Hierbei handelt es sich um das ehemalige Tagebaurevier Phönix-Ost, das inzwischen renaturiert wurde. Bis zur Mitte des 20. Jahrhunderts wurde hier Braunkohle abgebaut, bevor der Tagebau stillgelegt wurde. Mit den Jahren füllte sich die Grube mit Wasser. Seit den späten 1950er-Jahren nutzen vor allem die Menschen aus der Umgebung den See als Ort der Erholung und der Erfrischung an heißen Sommertagen.
In den späten 60er-Jahren entstand in der Nähe des Sees eine Bungalow-Siedlung, wodurch der See bekannter wurde und auch Menschen aus dem weiteren Umfeld hierherlockte. Inzwischen ist aus dem See ein wundervolles Naturidyll geworden. Er ist auch bei Anglern sehr beliebt.
Der kleine Ort Prößdorf, zugehörig zur Stadt Lucka, ist malerisch und bietet sich für einen kleinen Spaziergang an. Seine Ursprünge gehen auf das 14. Jahrhundert zurück. Ein großes Rittergut bestimmte lange die Geschicke des Ortes und seiner Menschen. Das Gut, das sich im 19. Jahrhundert zu einem königlich-preußischen Adelssitz entwickelte, verfiel in den 1960er-Jahren wieder, als rund um Prößdorf mit der Förderung von Braunkohle begonnen wurde. Aus dem Bauern- und Gutsdorf wurde ein Arbeiterdorf, was mit der Umsiedlung zahlreicher Familien einherging. In dieser Zeit ging auch die historisch bedeutende Bausubstanz der herrschaftlichen Gebäude des Ortes verloren. Durch den Bau der Bungalow-Siedlung in den späten 1960er-Jahren gewann der Ort als Ausflugsziel für Auswärtige wieder an Bedeutung.
Bis heute sieht man dem Altenburger Land und der Gegend rund um Prößdorf die Vergangenheit als Braunkohlerevier an. Zahlreiche Seen sind in der Zeit des Abbaus entstanden. Einige Gruben werden noch aktiv umgewandelt, aus einigen sind bereits Badeseen entstanden.

Sandige Ufer und beste Wasserqualität

Keine zehn Kilometer östlich vom Badesee Prößdorf liegt zum Beispiel der über drei Quadratkilometer und über 30 Meter tiefe Haselbacher See auf der Grenze zwischen Thüringen und Sachsen bei Regis-Breitlingen. Der ehemalige Braunkohletagebau wurde in den 1990er-Jahren renaturiert und nach und nach zu dem beliebten Badesee entwickelt, der er heute ist. Seit 2002 ist hier das Baden offiziell erlaubt. Es gibt zahlreiche Sandstrände, einen Tauch-

Tipp

Mitten in Altenburg steht mit dem Labyrinthehaus, Hausweg 40, ein Abenteuerhaus der besonderen Sorte. Auf über 2000 Quadratmetern kann man in einer ehemaligen Kaserne verschiedene rätselhafte Abenteuer durchleben, jeweils nach einem bestimmten Thema gestaltet wie etwa das »Tiefseelabyrinth« oder die »Grüne Hölle«. Preis für Erwachsene 13 Euro, vorher Termin buchen (www.labyrinthehaus.com).

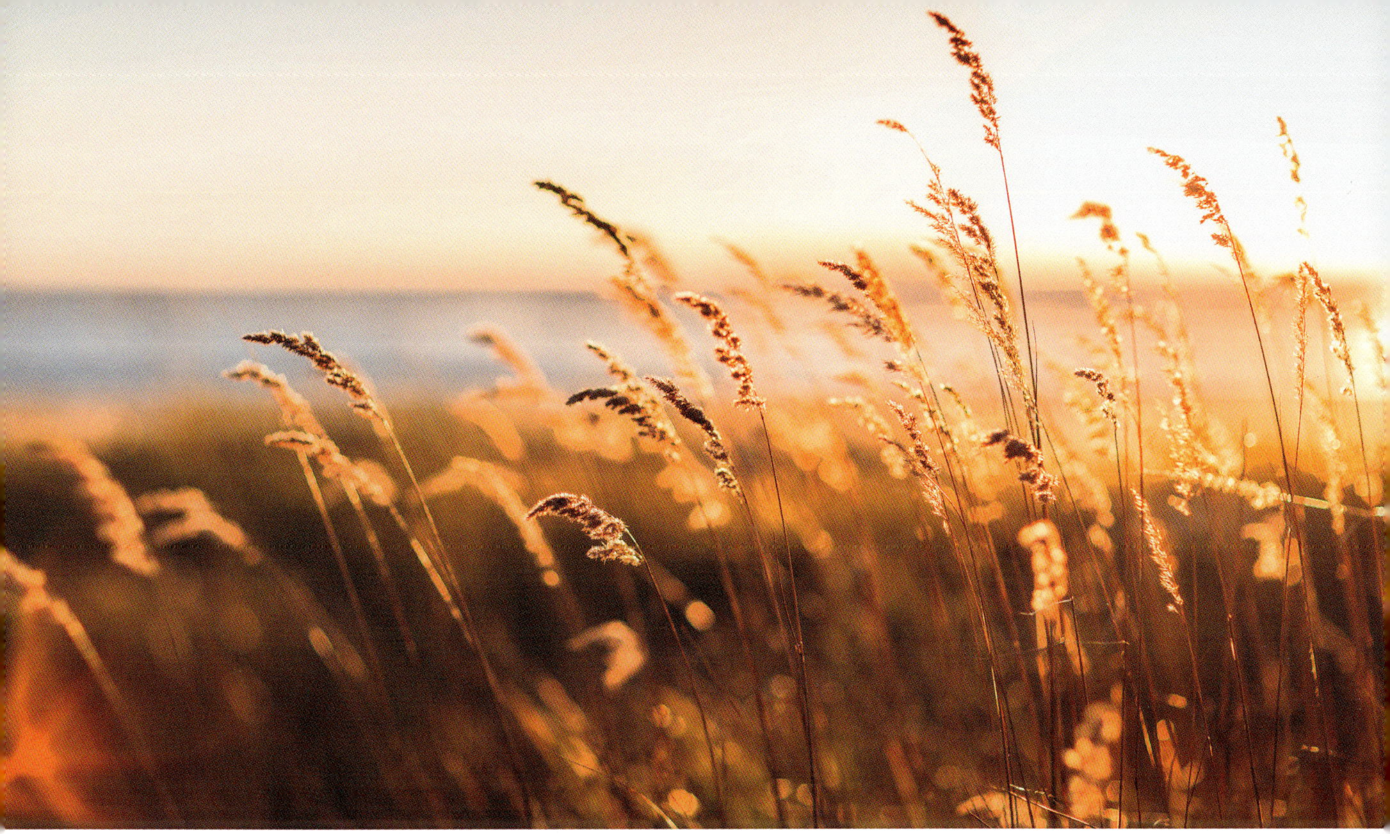

↑ Mitten in der Natur schwimmen geht am Prößdorfer See.
↓ Die Ursprünge von Prößdorf gehen ins 14. Jahrhundert zurück.

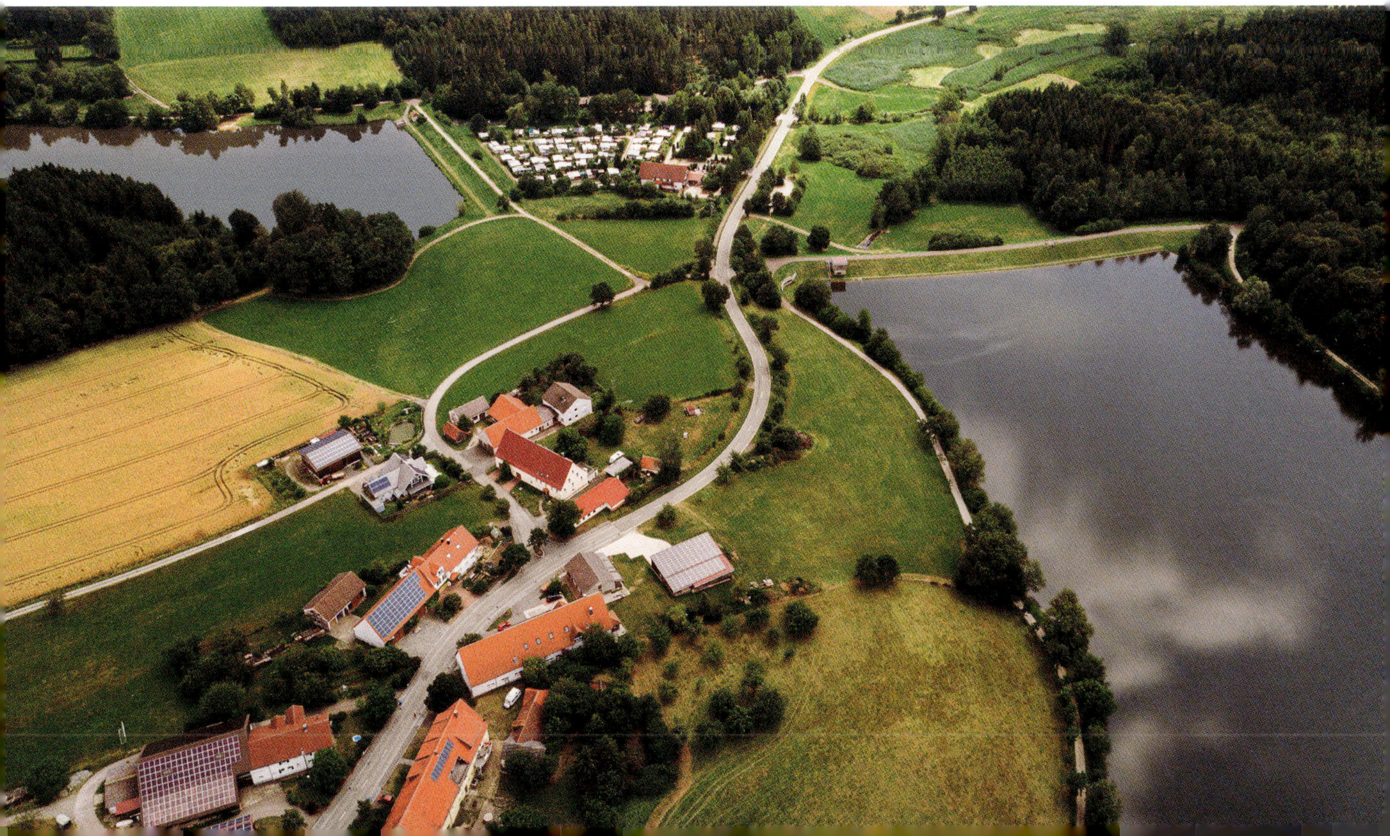

Tipp

Wer ein Herz für wundervolle Parks und alte Schlösser hat, der sollte im Ort Zeitz vorbeischauen, rund 20 Kilometer westlich vom Prößdorfer See entfernt. Die Moritzburg ist ein prächtiges Barockschloss aus dem 17. Jahrhundert mit mehreren Ausstellungen und wechselvoller Geschichte. Zur Landesgartenschau 2004 wurde vor allem der Park stark umgestaltet. Er gehört nun zum Projekt »Gartenträume Sachsen-Anhalt«: https://gartentraeume-sachsen-anhalt.de.

club, mehrere Parkplätze vor allem am westlichen Ufer sowie ein Restaurant just unterhalb des Ortes Ramsdorf (www.haselbachersee.de).

Südlich des Ortes Meuselwitz, keine zehn Kilometer vom Prößdorfer See entfernt, lockt mit dem Hainbergsee der nächste Kandidat für reichlich Badespaß. Der See ist deutlich älter als seine Nachbarn: Bereits um die letzte Jahrhundertwende entstand der See aus der 1871 in Betrieb genommenen Grube »Vereinsglück«. Mit einer Wasserfläche von rund 18 Hektar ist er deutlich kleiner als die beiden anderen Seen, jedoch mindestens genauso idyllisch, da er in einem kleinen Wäldchen liegt.

Mit seinem Sandstrand am Südufer und vielen versteckten Badestellen zwischen Bäumen lockt er all

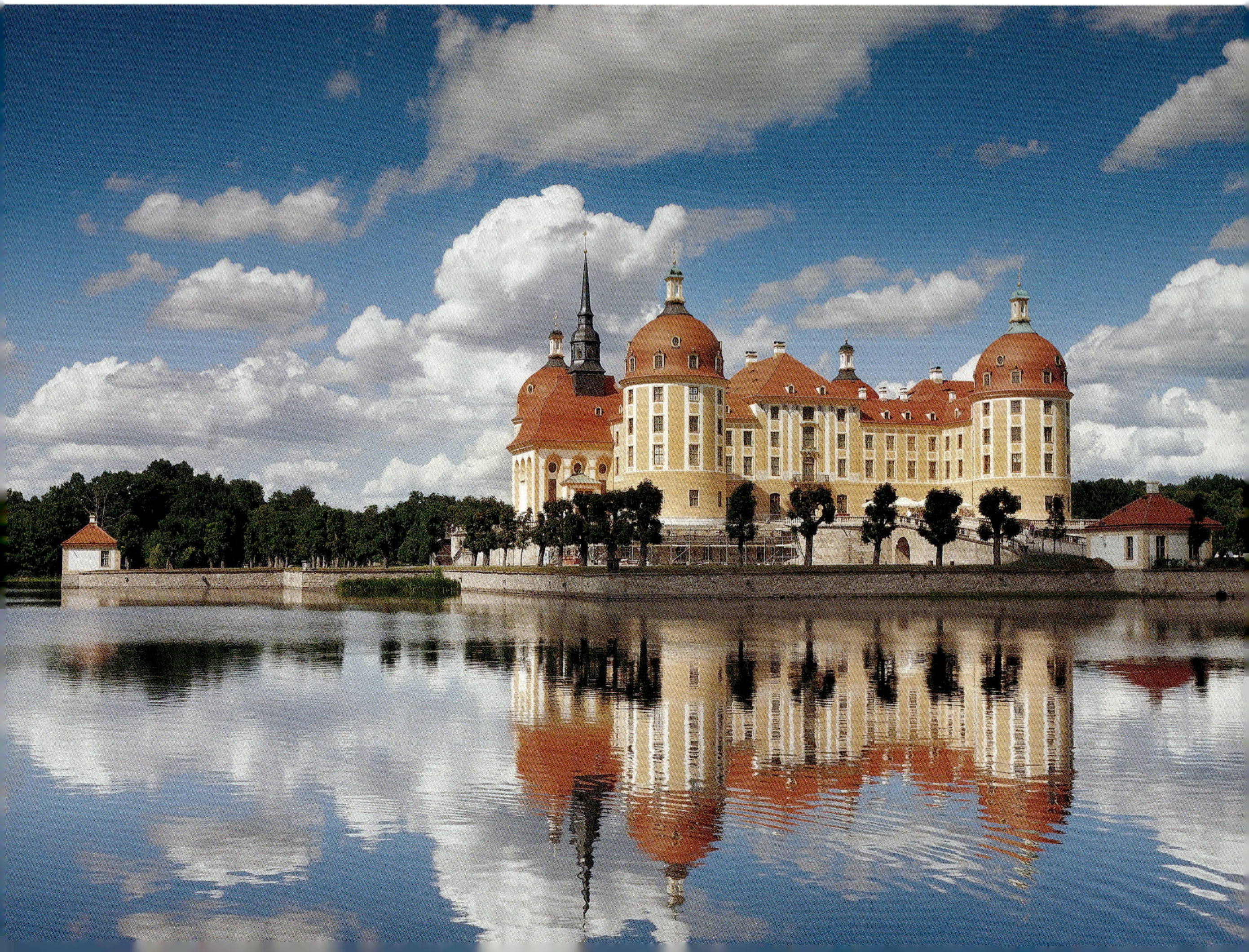

jene an, die Ruhe und Natur suchen. Der See ist rund 800 Meter lang, 300 Meter breit und kann daher auch entspannt zu Fuß oder per Rad umrundet werden. Mit seiner maximalen Tiefe von rund 40 Metern weist auch er eine hervorragende Wasserqualität auf (www.altenburgerland.de/sixcms/detail.php?id=17346&amp%3B_lang=de&amp%3B_css_template=altenburgerland_css). Der Hainbergsee ist vor allem etwas für Naturfreunde, weil man hier hervorragend Wasservögel wie Wildgänse, Schwäne und Reiher beobachten oder angeln kann: Der See verfügt über einen vielfältigen Fischbestand. Der See grenzt an den über 200 Meter hohen, bewaldeten Hainberg.

Wer mehr über die spannende Vergangenheit der Region als Braunkohlerevier, das nun erfolgreich renaturiert wird, erfahren will, der kann dies auf einer groß angelegten Tour zu Fuß oder per Rad tun. Die drei Gewässer Prößdorfer See, Haselbacher See und Hainbergsee verbindet der über 40 Kilometer lange Themen-Wanderweg »Auf den Spuren der Braunkohle«, der durch die Orte Meuselwitz, Lucka und Regis-Breitlingen führt. Die Tour kann auch deutlich abgekürzt werden (https://altenburg.travel/resources?otg-node-id=e_50436290-oatour).

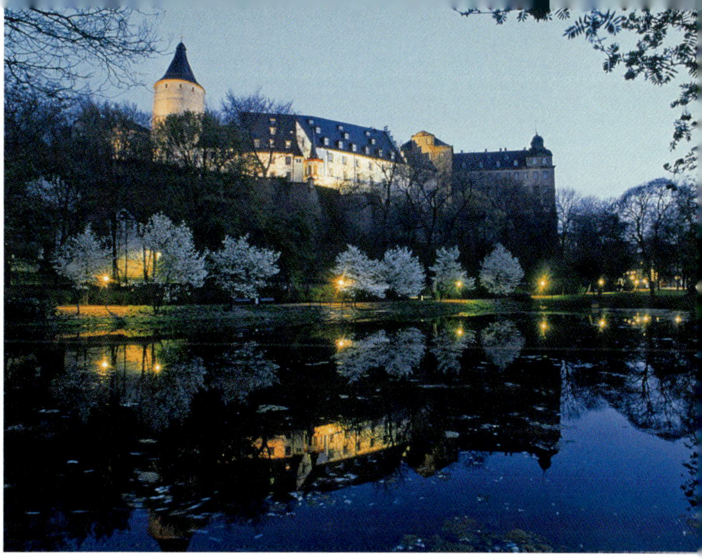

↑ Bei einsetzender Dunkelheit sorgen Laternen für Ambiente.
↙ Die Moritzburg ist ein prächtiges Barockschloss aus dem 17. Jahrhundert.

»Der Haselbacher See ist einer der beliebtesten Badeseen der Region.«

Info

GEEIGNET
Für Naturfreunde und Angler

PRÖßDORFER SEE
http://www.altenburgerland.de/sixcms/detail.php?id=17344&_lang=de

BURG GNANDSTEIN
Rund 30 Kilometer östlich von Lucka steht eine der besterhaltenen romanischen Burgruinen: Burg Gnandstein aus dem 13. Jahrhundert. Zu sehen gibt es u. a. mittelalterliche Wohnräume, Waffenkammern und Schmuck: www.burg-museum-gnandstein.de.

RESIDENZSTADT ALTENBURG
20 Kilometer südlich von Lucka liegt Altenburg, eine über tausend Jahre alte ehemalige Residenzstadt. Im ehemaligen Schloss sind heute Museen untergebracht. 1810 wurde hier das Skatspiel erfunden: www.stadt-altenburg.de.

ANREISE
Von Leipzig aus folgt man der B2 bis nach Groitzsch. Hinter Groitzsch führt die Luckaer Straße beinahe direkt zum See: In Prößdorf links in die Falkenhainer Straße abbiegen und der Hauptstraße bis zum Parkplatz folgen.

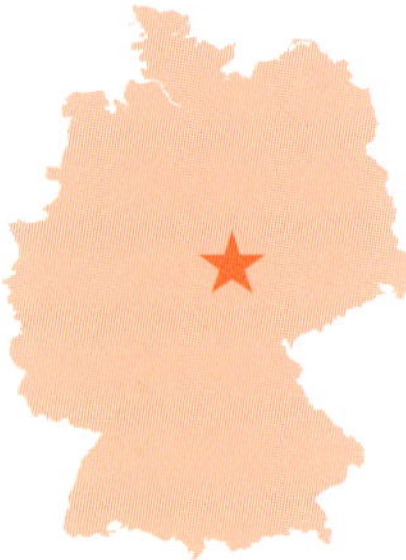

32 Schwimmen vor einzigartiger Kulisse: Bergsee Ebertswiese

Kleiner, klarer See am Thüringer Rennsteig

Einen so schönen Badeort findet man selten: Auf knapp 800 Metern Höhe, mitten im Thüringer Wald, liegt der kleine, klare Bergsee Ebertswiese und lockt mit einer einzigartigen Naturkulisse.

Dieser See ist perfekt für Wanderer sowie für Fans von exklusiven Badestellen: Auf 780 Metern Höhe liegt auf einer Lichtung im Thüringer Wald der Bergsee Ebertswiese nah am Ort Floh-Seligental, einem Erholungsort, das winters wie sommers ein tolles Ausflugsziel für Wanderer ist. Die Szenerie rund um den Bergsee ist einzigartig und idyllisch: Hufeisenförmig liegt der See auf einer Wiese, die teilweise von bis zu 30 Meter hohen, hellgrauen Felswänden umgeben ist. Hier wachsen im Frühjahr und Sommer viele seltene Blumenarten, unter anderem wilde Orchideen.

»Hohe Felswände und eine Wiese mit Orchideen: Die Atmosphäre am Bergsee ist einzigartig.«

Mit einer Fläche von gerade mal 0,3 Hektar ist der Bergsee klein. Doch sein Wasser ist klar und kühl, auch wenn es sich an heißen Sommertagen schon mal bis auf 20 Grad erwärmen kann. Sein steiniges Ufer fällt plötzlich ab (an seiner tiefsten Stelle misst der See 13 Meter). Ins Wasser hinein kommt man nur über die flachen Felsen am Südufer oder über die Stahlleitern, die am Süd- sowie am Ostufer ins Wasser führen.

Beim Einstieg sollte man etwas vorsichtig sein: Die Felsen am Rand des Sees sind kantig und spitz und teilweise unter der Wasseroberfläche nicht zu erkennen, sodass man sich beim Hineinspringen leicht verletzen kann. Trotz allem ist der See unbedingt sehenswert – und wer schon einmal hier ist, sollte die Gelegenheit zum Schwimmen gleich nutzen.

→ Die Szenerie rund um den Bergsee ist einzigartig und idyllisch.

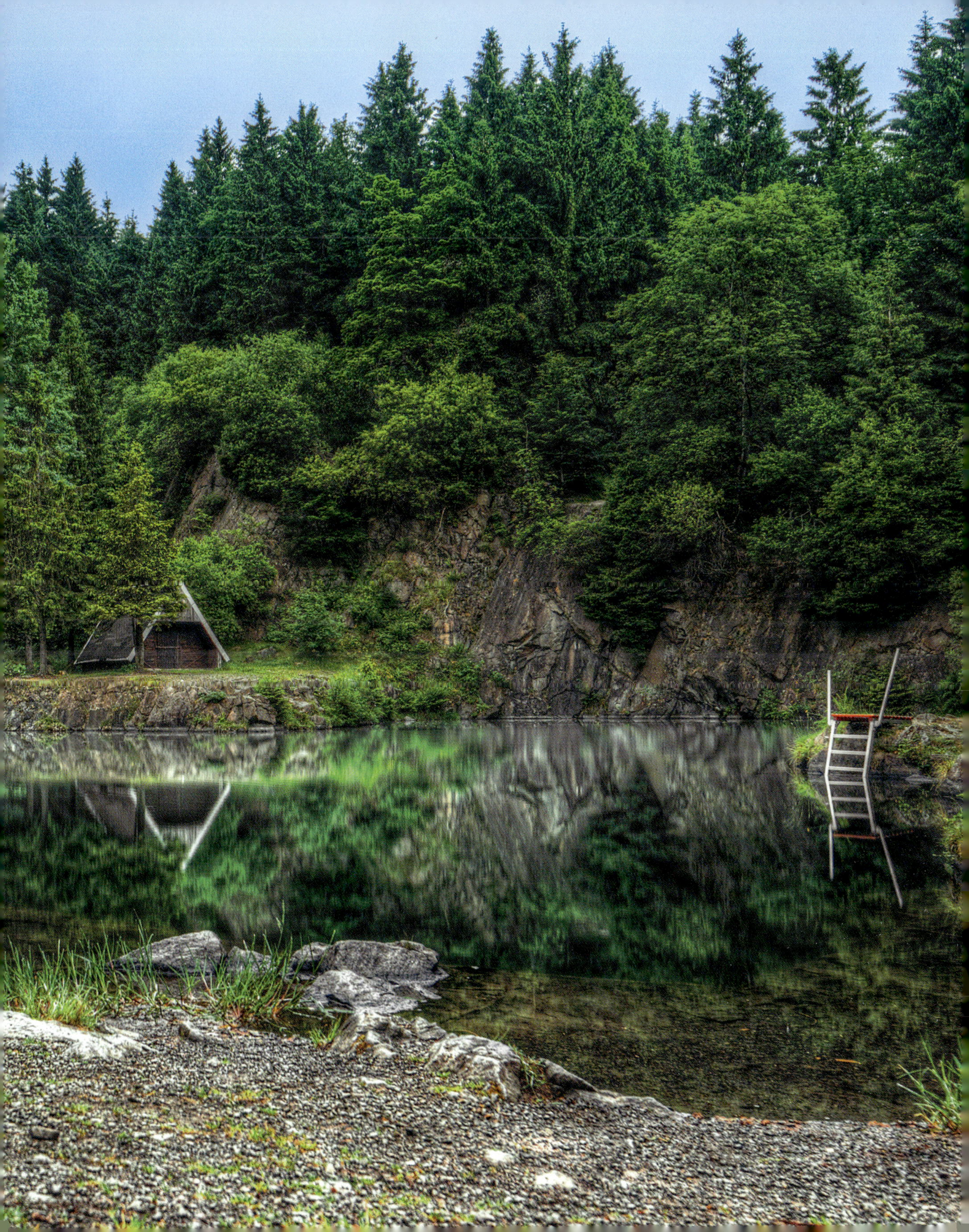

Entstanden ist der See um 1900

Entstanden ist der See bei Steinbrucharbeiten um 1900. Als versehentlich eine Wasserader getroffen wurde, mussten die Arbeiten hier im Steinbruch beendet werden. Zurück blieb der See in der einmaligen Atmosphäre des ehemaligen Abbaugebiets.

Tipp

Nicht in allen Talsperren ist Baden erlaubt: Die beeindruckende Talsperre Schmalwasser zum Beispiel, knapp zehn Kilometer östlich vom Bergsee Ebertswiese, dient der Trinkwassergewinnung. Durch ihre tolle Lage zwischen bewaldeten Hügeln bleibt sie jedoch ein tolles Ausflugsziel: www.thueringer-fernwasser.de/talsperren/talsperren/detail/talsperre-schmalwasser.html.

Auch entlang der nördlichen Spitze erstreckt sich eine niedrige, bewaldete Felswand.
Zwischen Felswand und See erstreckt sich eine Wiese mit überdachten Picknickbänken und Wanderhütten, die zur Rast einladen. Ein schmaler Wanderpfad führt rechts am See vorbei und an der Felswand entlang, sodass man von oben einen tollen Ausblick über See und Lichtung genießen kann.
Der See liegt übrigens direkt am Rennsteig, dem berühmten, 170 Kilometer langen Kammweg, der durch den Thüringer Wald bis zum Frankenwald führt. Er ist nicht nur der beliebteste, sondern auch der älteste Weitwanderweg Deutschlands (www.rennsteig.de).
Über den Rennsteig erreicht man auch nach nur knapp zwei Kilometern Wanderung einen weiteren Höhepunkt des Thüringer Waldes, nämlich den Spitterfall, mit 19 Metern der höchste natürliche Wasserfall Thüringens. Oberhalb des Falls gibt es einen tollen Aussichtspunkt. Vom See zum Spitterfall und

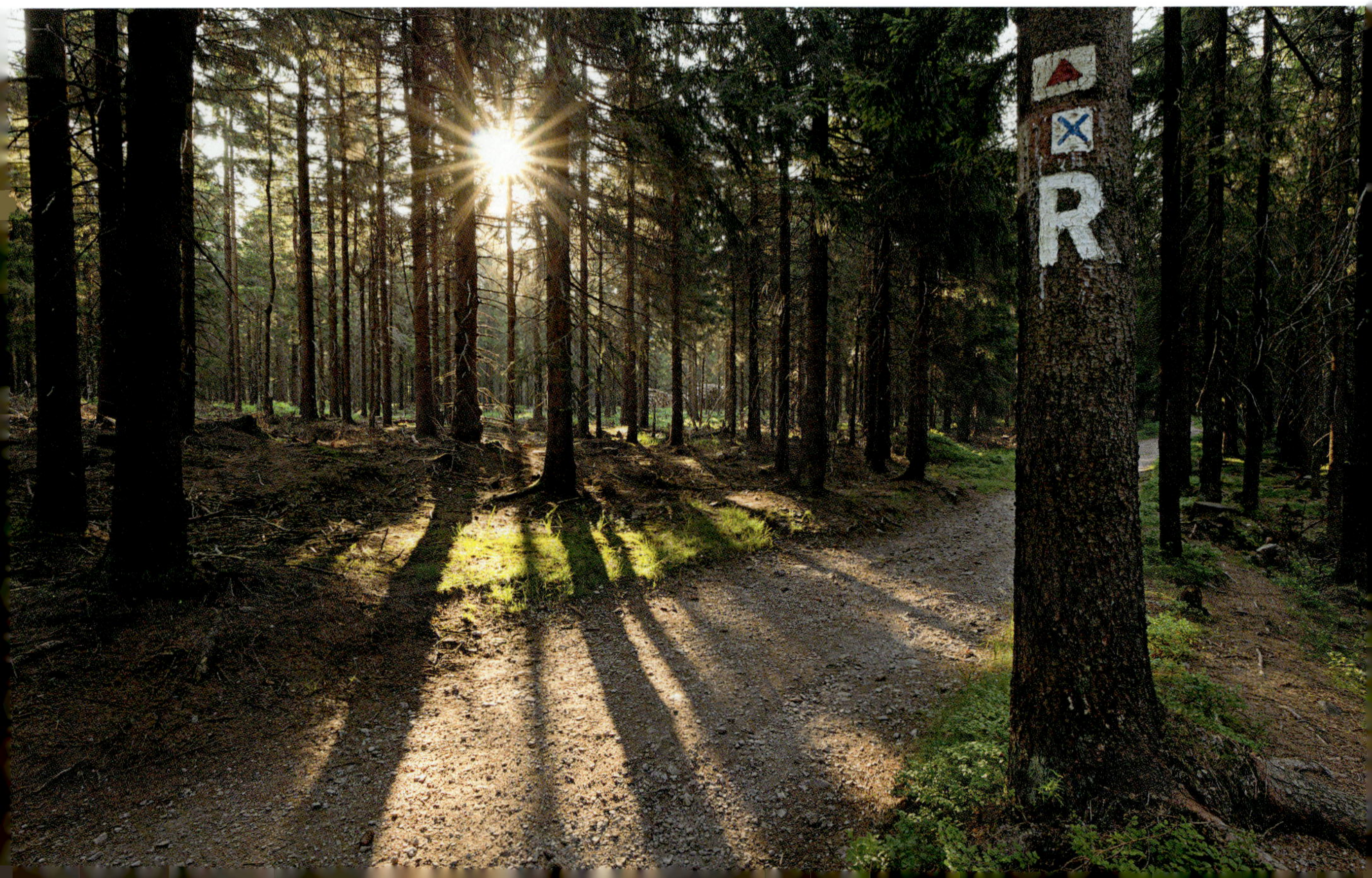

zurück gibt es auch einen schönen Rundwanderweg (www.rennsteig.de/rund-um-die-ebertswiese).
Wer mitten im Thüringer Wald baden will, aber doch etwas mehr Platz braucht als im kleinen Bergsee, der muss vom Bergsee Ebertswiese aus gar nicht erst lang suchen: Kaum 20 Kilometer östlich, bei Geratal, liegt die Lütschetalsperre. Die Talsperre erinnert heute eher an einen bayerischen Bergsee als an ein Bauwerk aus den 1930er-Jahren: Sie erstreckt sich in länglicher Form mit einer Fläche von 14 Hektar, umgeben von bewaldeten Hügeln. Eine 22 Meter hohe Staumauer begrenzt den See zum Osten hin. Das Westufer hingegen endet in flachem Steinstrand. Hier in der Nähe liegt außerdem ein aktiver Steinbruch, von dessen geschäftigem Treiben Besucher allerdings wenig mitbekommen.
Am Nordufer gibt es eine Pension und an der südwestlichen Spitze einen Campingplatz, sodass man an der Lütschetalsperre kaum ganz allein sein wird. Allerdings ist der See so groß und seine Ufer so weitläufig, dass jeder Schwimmer eine eigene Badestelle finden wird.
Besonders schön ist der Zugang vom südlichen Ufer aus, wo der Wald bis ans Ufer herankommt, sich hier und da aber genügend Freiflächen fürs Badetuch finden lassen. Liegewiesen mit überdachten

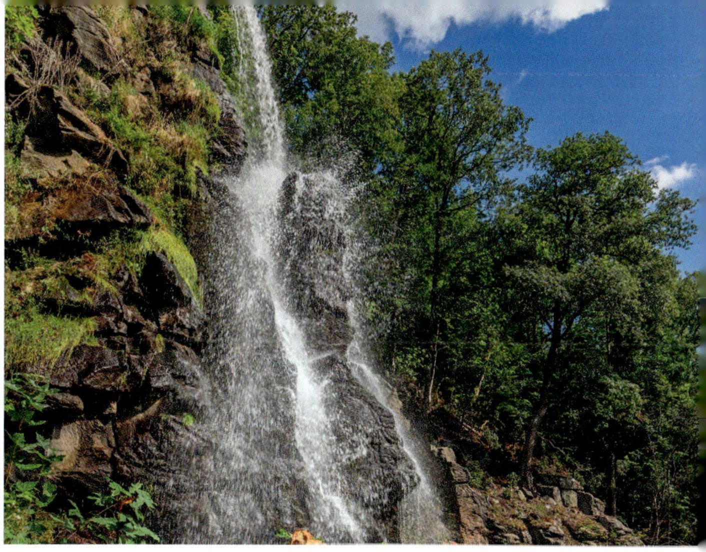

↑ Der Spitterfall ist der höchste natürliche Wasserfall Thüringens.
↙ Vom See zum Spitterfall und zurück gibt es einen Rundwanderweg.

Picknicktischen gibt es auf Höhe des Campingplatzes. Der Einstieg ist an der Westspitze flach, ansonsten eher steil. Der Untergrund ist steinig, daher sind Badeschuhe empfehlenswert. Das Wasser ist klar bis grünlich, von ausgezeichneter Qualität und kühl, was die Lütschetalsperre gerade an warmen Tagen zum idealen Ausflugsziel für all jene macht, die naturnah und idyllisch baden wollen.

Info

GEEIGNET
Für Wanderer und Waldfans

TRUSETALER WASSERFALL
50 Meter fällt er rauschend in die Tiefe: der Trusetaler Wasserfall, der höchste Wasserfall im Thüringer Wald. Rund 15 Kilometer von Floh-Seligental entfernt stürzt er über zwei Stufen im Granitfelsen. Der See wurde 1865 künstlich angelegt.

BERGSEE EBERTSWIESE
https://floh-seligenthal.de/tourismus-freizeit/sehenswertes/bergsee-ebertswiese/

SAURIER-ERLEBNISPFAD
Zeitreise auf 4,5 Kilometern: In Georgenthal führt ein »Saurier-Erlebnispfad« mit lebensgroßen Dinofiguren durch tolle Landschaften: www.georgenthal.de/tourismus/saurierlebnispfad.

ANREISE
Der See liegt rund 60 Kilometer südwestlich von Erfurt. Der A4 folgen, bei Schwabhausen auf die B247, in Hohenkirchen auf der Georgenthaler Straße / Bahnhofstraße geradeaus. Hinter Tambach-Dietharz führt die Schmalkalder Straße bis zum Parkplatz (elf Kilometer). Von hier aus sind es nur noch wenige Meter hoch zum See.

33 Märchenhaft: der Ochsenbacher Teich

Schwimmen im Thüringer Wald

Er wirkt wie ein märchenhafter See mit vielen Geheimnissen: Der Ochsenbacher Teich liegt mitten im Thüringer Wald. Leicht ist er nicht zu erreichen, doch wer erst einmal hier ist, will nicht so schnell wieder weg.

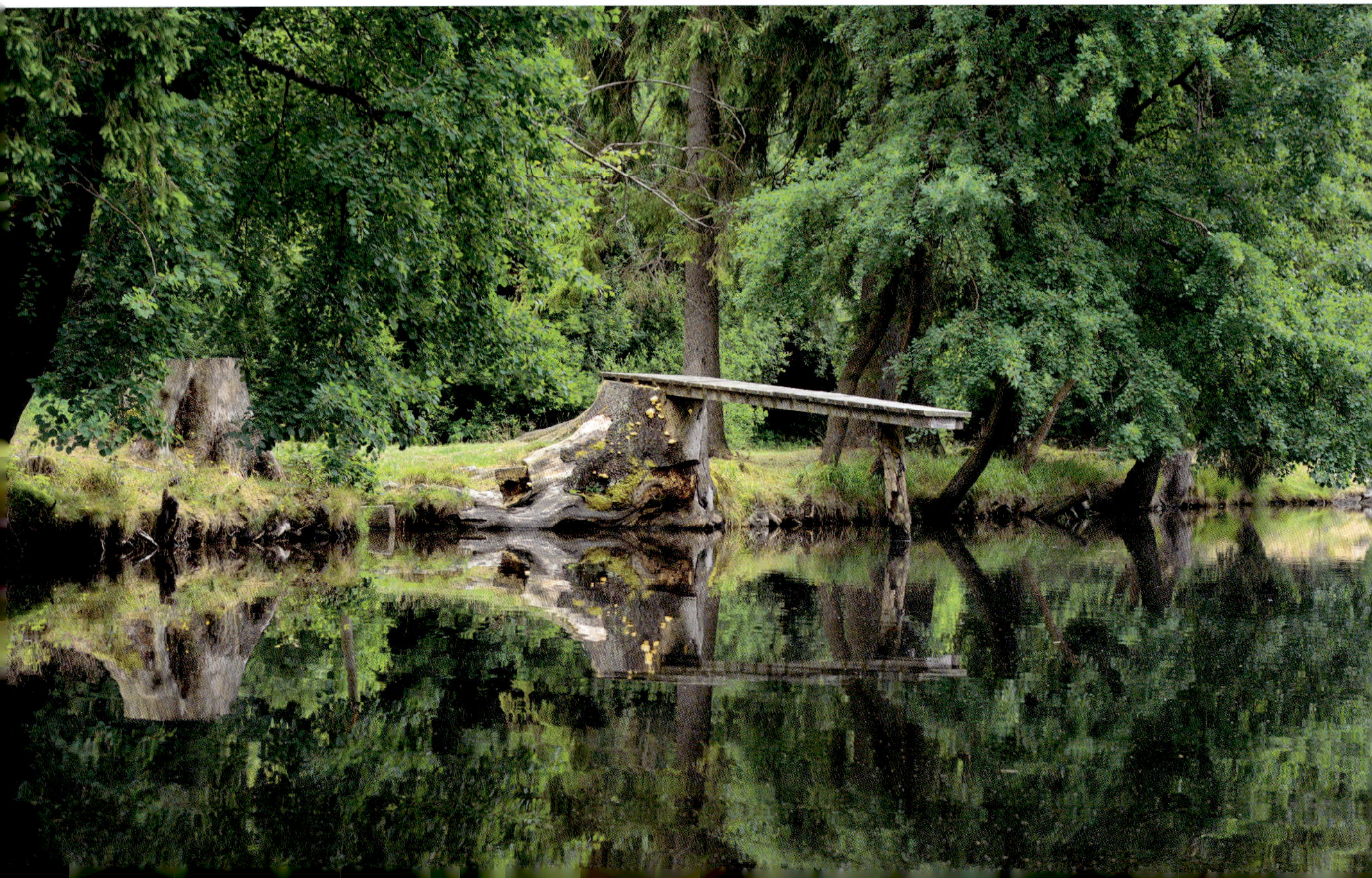

Der Ochsenbacher Teich ist nicht gerade einfach zu erreichen: Offiziell darf man hierher nicht mit dem Auto kommen, also sollte man gut zu Fuß sein oder ein Fahrrad dabeihaben. Der nächste Parkplatz ist rund zwei Kilometer entfernt. Ist man erst einmal angekommen, sollten Wildschwimmer außerdem starke Nerven haben: Der Ochsenbacher Teich könnte leicht einer der kältesten Badeseen Deutschlands sein.
Dennoch: Der Besuch (und das Bad) hier lohnen sich in jedem Fall. Der rund ein Hektar große See liegt abgeschieden und damit absolut ruhig. Nur wenige Wanderer oder Naturliebhaber verirren sich hierher. Auf beiden Seiten eröffnen sich Wiesen, auf denen man seine Decke ausbreiten und sich nach dem Bad von der Sonne trocknen lassen kann.

Wagemutige springen vom Brett

Vorbereitet auf Besucher ist das Gewässer: Am Westufer hinter der kunstvoll gewachsenen Tanne führen Gummimatten ins Wasser, und gleich gegenüber am Ostufer wurde ein hölzernes Sprungbrett über einen Baumstumpf gebaut; Wagemutige springen von hier aus ins Wasser. Das Wasser ist klar und wird wegen der Hinterlassenschaften der Bäume in Richtung Untergrund dunkler. Selten hat man die Gelegenheit, in einem See zu schwimmen, der so märchenhaft gelegen ist und eine so verwunschene Aura verbreitet.

See liegt beim Erholungsort Neustadt

Der Ochsenbacher Teich liegt in der Nähe des Erholungsortes Neustadt am Rennsteig abgeschieden im Wald. Neustadt ist ein kleiner Ort mit nicht einmal 1000 Einwohnern, durch den der bekannte Weitwanderweg Rennsteig läuft. Als staatlich anerkannter Erholungsort mitten im UNESCO-Biosphärenreservat Thüringer Wald ist der kleine Ort mit seinen imposanten Kirchen und seiner malerischen Lage zu allen Jahreszeiten ein beliebtes Ausflugsziel.
Mit einer Lage auf über 800 Metern über Normalnull ist Neustadt außerdem einer der höchstgelegenen Orte Thüringens. Vielleicht liegt es daran, dass der Ochsenbacher Teich so kalt ist. Durchflossen wird das Gewässer vom Ochsenbach.

↙ Am Ostufer wurde ein hölzernes Sprungbrett über einen Baumstumpf gebaut.

Info

GEEIGNET
Für Hartgesottene und Wanderer

GOETHESTADT ILMENAU
Rund 15 Kilometer nördlich des Sees liegt die Universitätsstadt Ilmenau. Sie ist »Goethestadt« – als einzige Stadt, der der Dichter je ein eigenes Gedicht widmete. Er kam mehrmals hierher und feierte im Hotel »Zum Löwen« seinen letzten Geburtstag: www.ilmenau.de.

NEUSTADT AM RENNSTEIG
www.neustadtamrennsteig.net

WANDERWEGE
Aussichten, Kultur, Natur: Rund um Ilmenau kann man herrlich wandern. Ein Weg führt zum Beispiel zu einer historischen Bobbahn: www.ilmenau.de/de/tourismus/aktiv-und-natur/wandern.

ANREISE
Der Ochsenbacher Teich liegt in der Nähe der Ochsenbacher Mühle mitten im Wald. Er ist nur über Forstwege und damit per Rad oder Fuß erreichbar. In ca. zwei Kilometer Entfernung liegt ein Pkw-Parkplatz direkt an der L1137, die von Neustadt nach Stützerbach führt. Der See liegt etwa drei Kilometer nördlich von Neustadt am Rennsteig.

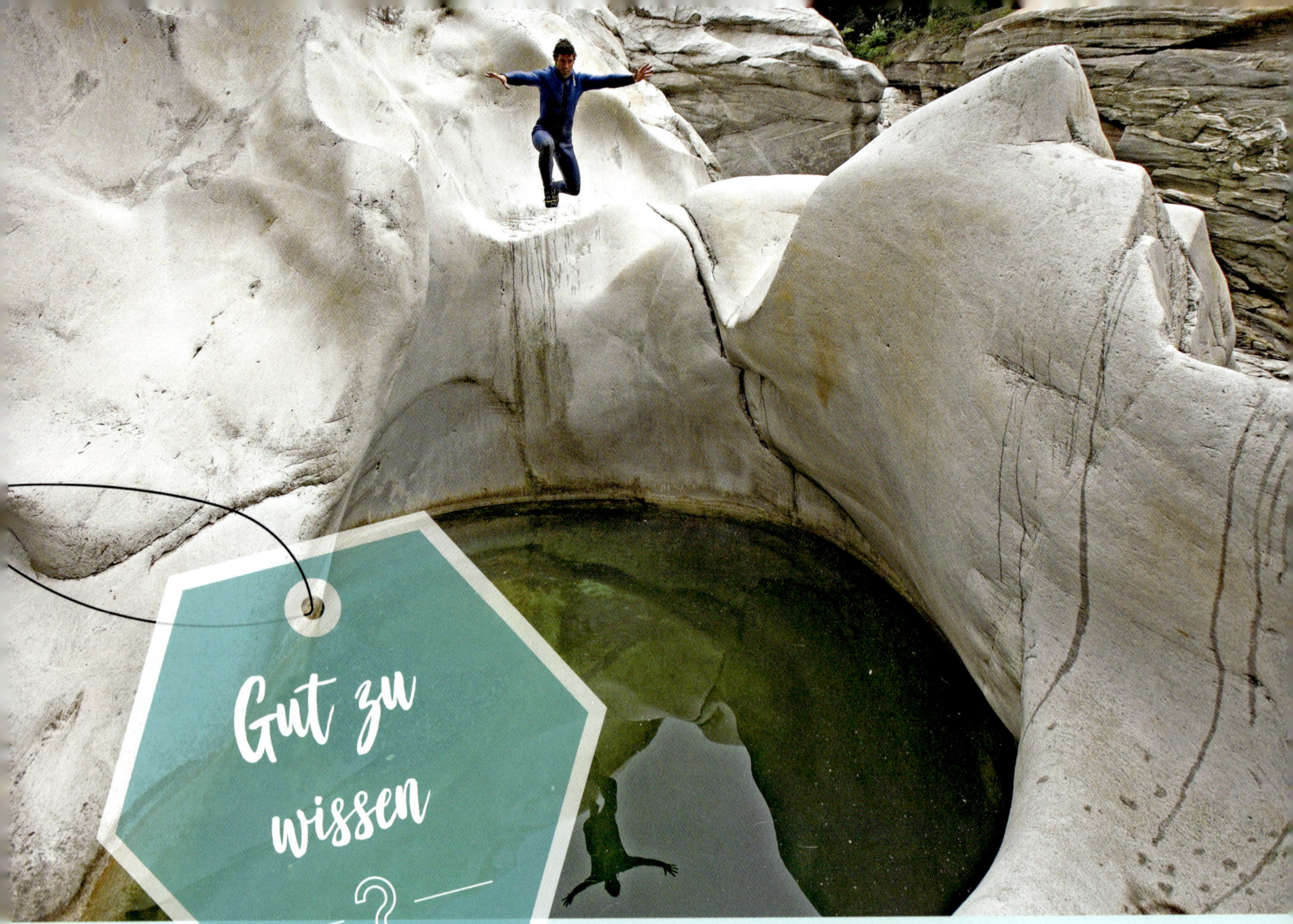

Die perfekte Ausrüstung fürs Wildbaden

Neopren, Schnorchel und Co.

Zum Wildbaden benötigt ihr eigentlich nicht viel außer einem Handtuch unter dem Arm. Für die, die mit Familie unterwegs sind oder etwas mehr Komfort mögen, ein paar Tipps zur Ausrüstung.

Mikrofaser-Handtuch: Wer länger zu einem Gewässer hin- und zurückwandert, wird sich über ein Badetuch aus Baumwolle vielleicht ärgern: Wenn es Wasser aufgenommen hat, wird es schwerer. Empfehlenswert sind daher Mikrofaser-Handtücher, die wenig Gewicht haben und schnell trocknen. Zur Not reicht zum Abtrocknen aber natürlich auch das eigene T-Shirt.

Badeschuhe: Sie sehen vielleicht nicht sexy aus, sind aber ungemein praktisch. Badeschuhe sind aus leichten Materialien gefertigt, haben trotzdem eine Sohle und stören beim Schwimmen nicht. Außerdem geben sie Halt, wenn ihr zwischendurch ein paar Schritte lauft, und schützen euch vor Steinen, Muscheln oder Scherben im Schlick. Wer länger durch ein Flussbett wandern will, kommt auch mit Outdoor-Sandalen weit.

Wetsuit: Für viele Gewässer lohnt sich ein Wetsuit, der euren Körper warm hält. Tiefe Baggerseen können z. B. schon ein paar Meter unter der Oberfläche schnell kalt werden. Auch in kühlen Bergseen hält man es mit Neoprenanzügen länger aus. Empfehlenswert ist eine Materialdicke von fünf Millimetern. Neoprenanzüge gibt es kurz- oder langärmelig.

Farbige Badekleidung und Bojen: Wenn ihr farbige Badebekleidung in Rot, Orange oder Gelb tragt, werdet ihr schneller erkannt, falls ihr euch in einer Notlage befinden solltet. Manche Wildschwimmer haben auch eine aufblasbare Boje in Rot dabei, mit der man sich bei langen Schwimmstrecken ausruhen kann.

Wasserfeste Pflaster und Desinfektionsspray: Kratzer oder kleinere Wunde müssen euch nicht davon abhalten, ins Wasser zu springen. Desinfiziert die Wunde und deckt sie wasserdicht ab, damit sie vor Infektionen geschützt ist.

Sonnencreme: Wer sich länger in der Sonne aufhält, sollte an Sonnencreme und eine Kopfbedeckung denken; gerade im kühlen Wasser vergisst man, wie stark die Sonne scheint. Auch ein leichtes Top kann die Haut schützen. Konventionelle Sonnencremes arbeiten jedoch mit Chemie und belasten Gewässer. Cremt euch früh genug ein, damit die Creme einziehen kann, oder greift zu Bio-Cremes.

Insektenspray: Gerade flache Gewässer und sumpfige Gebiete sind wahre Brutstätten für Mücken; Insektensprays machen euch das Leben leichter. Wer es natürlicher mag, kann sie auch selbst machen, z. B. aus reinem Alkohol und ätherischen Ölen wie Lavendel oder Eukalyptus.

Luftmatratzen: Luftmatratzen und Gummitiere sind für Kinder ein großer Spaß, wenn man darauf achtet, dass sie nicht zu weit hinaustreiben. In manchen Gewässern sind aufblasbare Schwimmunterlagen jedoch verboten.

Taucherbrille und Schnorchel: Vor allem in klaren, tiefen Seen lohnen sich eine Taucherbrille mit Schnorchel oder Tauchermasken mit integriertem Schnorchel. An ihnen kann man auch Unterwasserkameras befestigen.

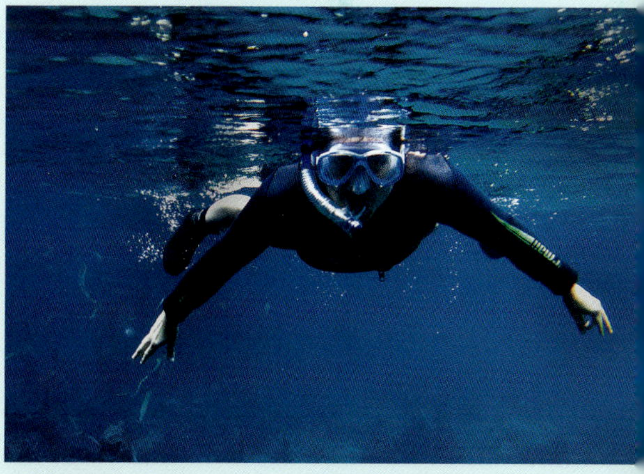

↑ In klaren Seen lohnen sich eine Taucherbrille und Schnorchel.
↖ In kühlen Seen sind Neoprenanzüge empfehlenswert.

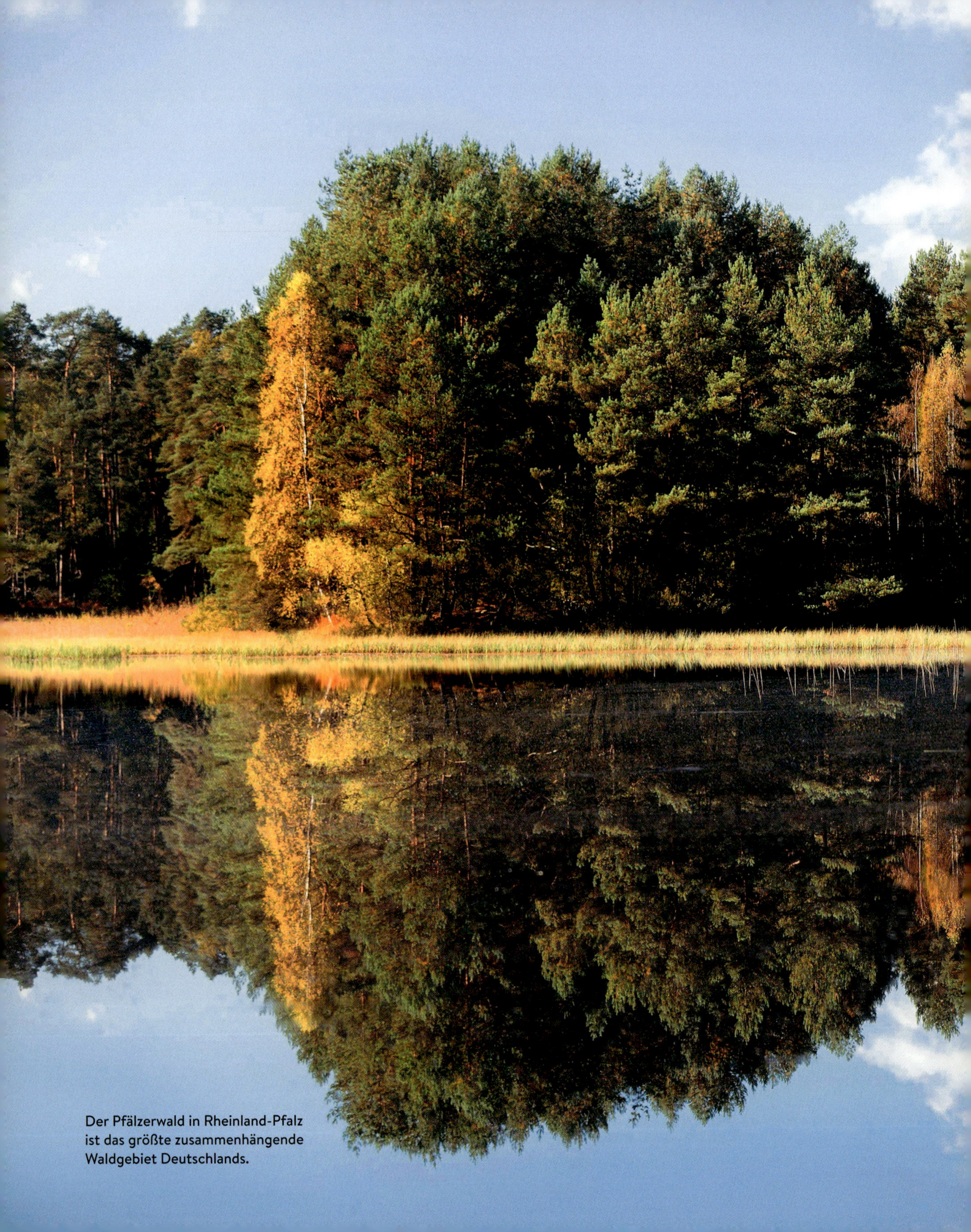

Der Pfälzerwald in Rheinland-Pfalz ist das größte zusammenhängende Waldgebiet Deutschlands.

Nordrhein-Westfalen, Hessen, Rheinland-Pfalz

Der Natur auf der Spur

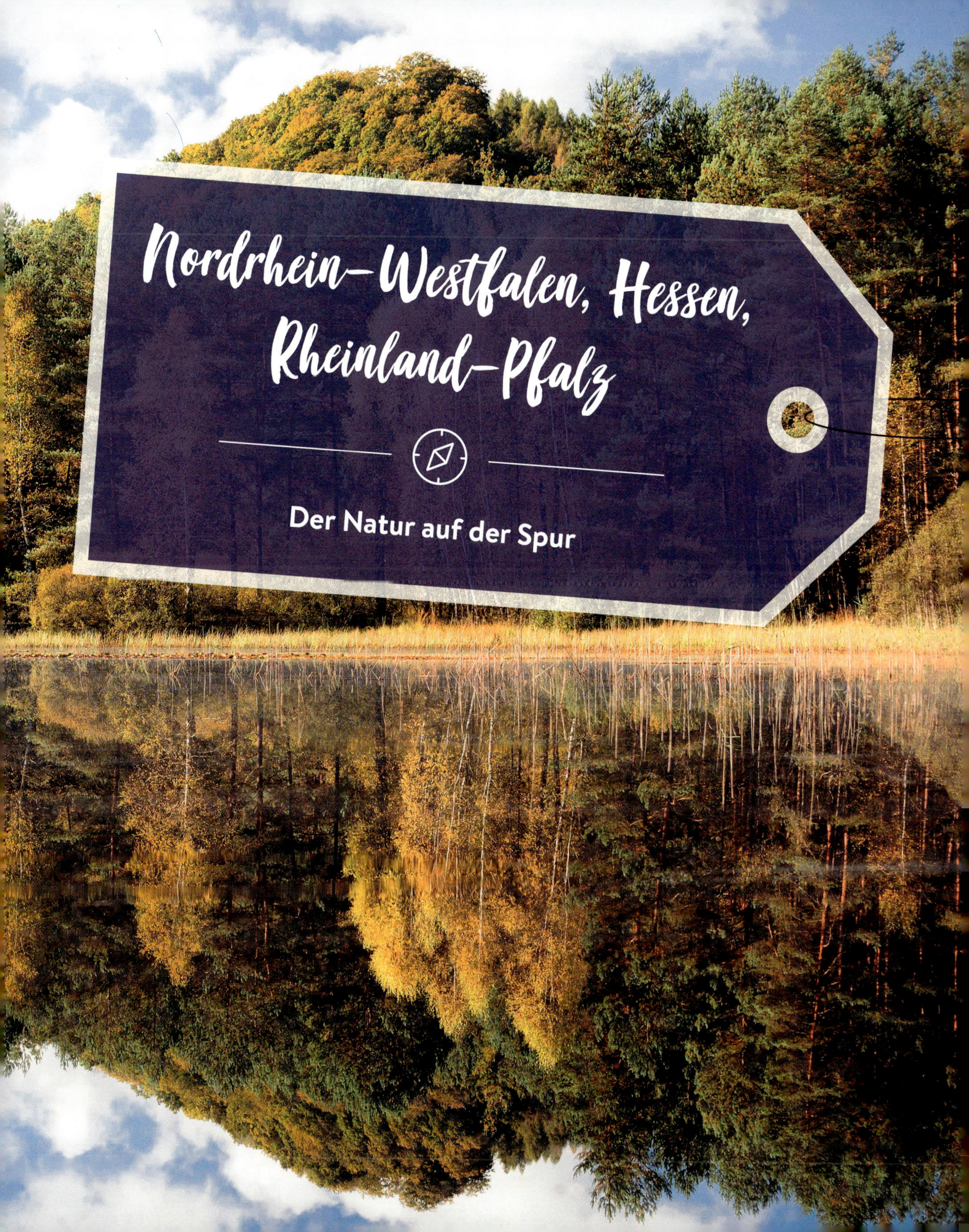

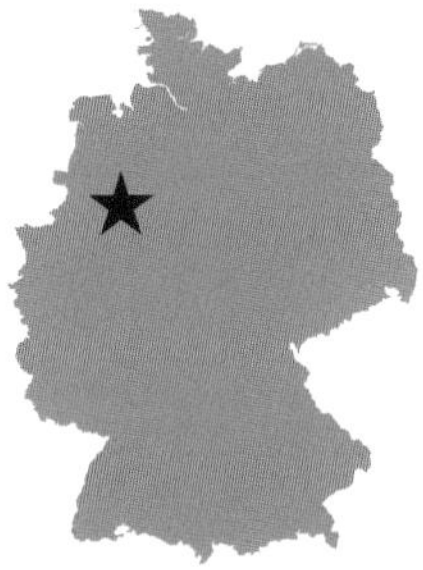

34 Torfmoorsee im Tecklenburger Land

Baggersee mit natürlichem Charme

Sanfte Hügel, Wälder und viel Weite: Das Tecklenburger Land nah der niederländischen Grenze zwischen Osnabrück, Münster und Rheine ist ideal für einen Abstecher in die Natur. Ein idyllisches Ziel für Wildschwimmer ist der Torfmoorsee.

Der Torfmorsee liegt südlich der A30 und der 20 000-Einwohner-Stadt Hörstel. Er ist am nördlichen Ufer von Wald umgeben, am östlichen Ufer locken große Liegewiesen und ein kleiner Sandstrand. Mit knapp 25 Hektar ist der Baggersee zwar recht überschaubar, doch immer noch so groß, dass jeder Schwimmer an seinen Ufern ein eigenes Plätzchen für sich findet.
Mit einer Tiefe von maximal 20 Metern ist der See außerdem so tief, dass eine gute Wasserqualität immer gegeben ist. Wie immer bei Baggerseen gilt: Die Ufer können schnell steil abfallen, ungeübte Schwimmer sollten also etwas vorsichtig sein.

Große Liegewiesen an der Badebucht

Am südwestlichen Ufer schließt eine rund ein Hektar große Badebucht an, die 1985 hinzukam. Hier locken weitere Liegewiesen sowie feinsandiges Ufer. Bis auf Toiletten und eine während der Badesaison besetzte DLRG-Wachstation gibt es hier kaum Infrastruktur. Ein netter Anlaufpunkt rund ums Jahr ist das kleine »Büdchen am See« mit seinem kleinen Außenbereich, das Getränke, Eis und Snacks anbietet. Es befindet sich zwischen dem Parkplatz an der Straße Am Torfmoorsee und der Badebucht (www.buedchenamsee.de).
Entstanden ist der See nicht auf natürlichem Wege, sondern beim Bau der nahen A30 in den 1970er- und 80er-Jahren. Nach den Baggerarbeiten wurde das Gebiet jedoch nicht einfach sich selbst überlassen, sondern für den Naturschutz genutzt. Eingebunden ist der See nämlich in das knapp 60 Hektar große Naturschutzgebiet Torfmoor. So entstand zum Beispiel ein rund zwei Hektar großes Feuchtbiotop, das sich am südlichen Ufer des Sees anschließt.

Am See wird geangelt und gesurft

Der See ist vor allem bei Anglern und Surfern beliebt, die Seglergemeinschaft Hörstel hat ihren Sitz am Ostufer (https://sgh-hoerstel.de). Auch wird

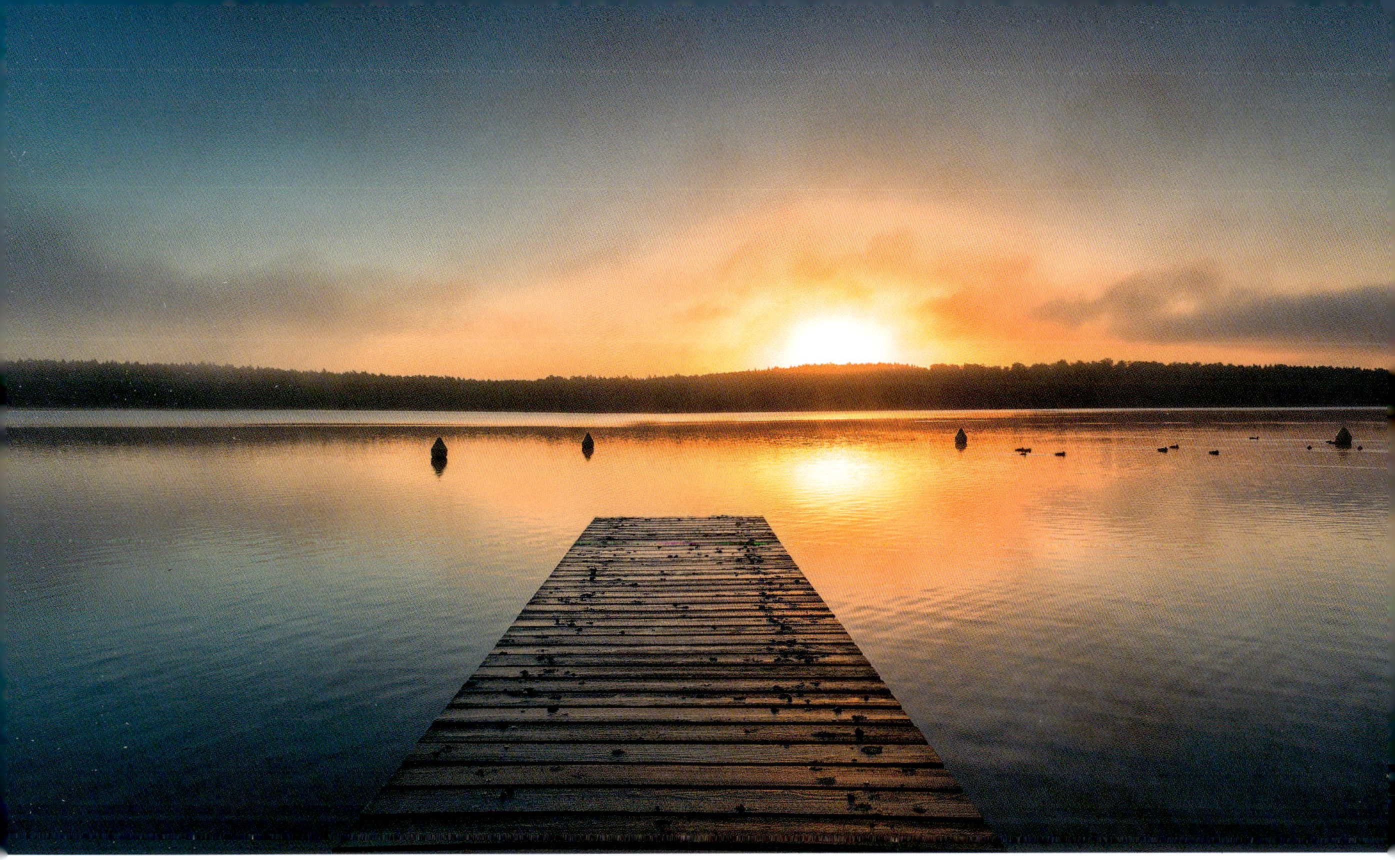

↑ Das Naturschutzgebiet Torfmoor entstand nach dem Bau der A30.

jährlich ein großer Triathlon mit mehreren Hundert Sportlern am See durchgeführt. Rund um den See führt ein knapp drei Kilometer langer Rundweg. Im Wald oberhalb des Sees locken Reitwege, ein Waldlehrpfad sowie ein geologischer Lehrpfad.

Info

GEEIGNET
Für Surfer und Naturforscher

NATURZOO MIT AFFENWALD
Keine 15 Kilometer vom Torfmoorsee liegt der pädagogische Naturzoo Rheine. Auf 13 Hektar kann man über hundert Tierarten bewundern – inklusive eines begehbaren Affenwalds, der erste in Deutschland (9,50 Euro für Erwachsene): www.naturzoo.de.

TORFMOORSEE
www.hoerstel.de/portal/seiten/torfmoorsee-900000125-24251.html

WANDERN
Das Tecklenburger Land im Übergang zum Teutoburger Wald ist Wanderland: Hier gibt es zahlreiche ausgezeichnete Premiumwanderwege. Wunderschön ist zum Beispiel der vier Kilometer lange Rundweg um den türkisblauen Lengericher Canyon: www.tecklenburger-land-tourismus.de/erleben/wandern/.

ANREISE
Auto: Durch seine Lage nahe an der A30 ist der Torfmoorsee einfach zu erreichen. Von Hörstel aus führen die Westfalenstraße und der Eiseckweg zum See. Bahn: Von Osnabrück aus mit der Regionalbahn nach Hörstel (23 Minuten), vom Bahnhof zum See sind es drei Kilometer.

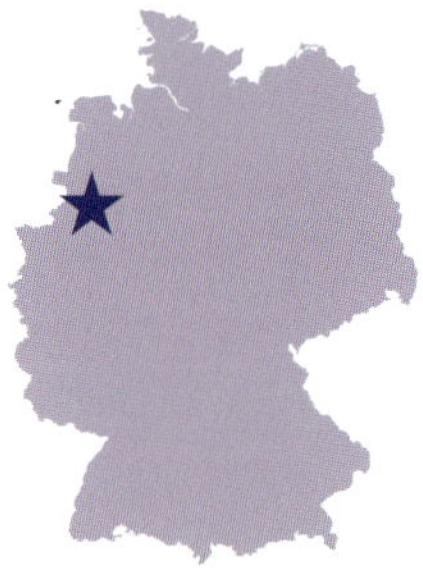

35 Der Pröbstingsee im Münsterland

Schwimmen mit Blick aufs Wasserschloss

Das Münsterland ist vor allem bei Wander- und Radtouristen wegen seiner ländlichen Idylle äußerst beliebt. Doch der Landstrich im nordwestlichen Westfalen hat noch viel mehr zu bieten. In der Nähe von Borken lockt ein Badesee mit Wasserschloss.

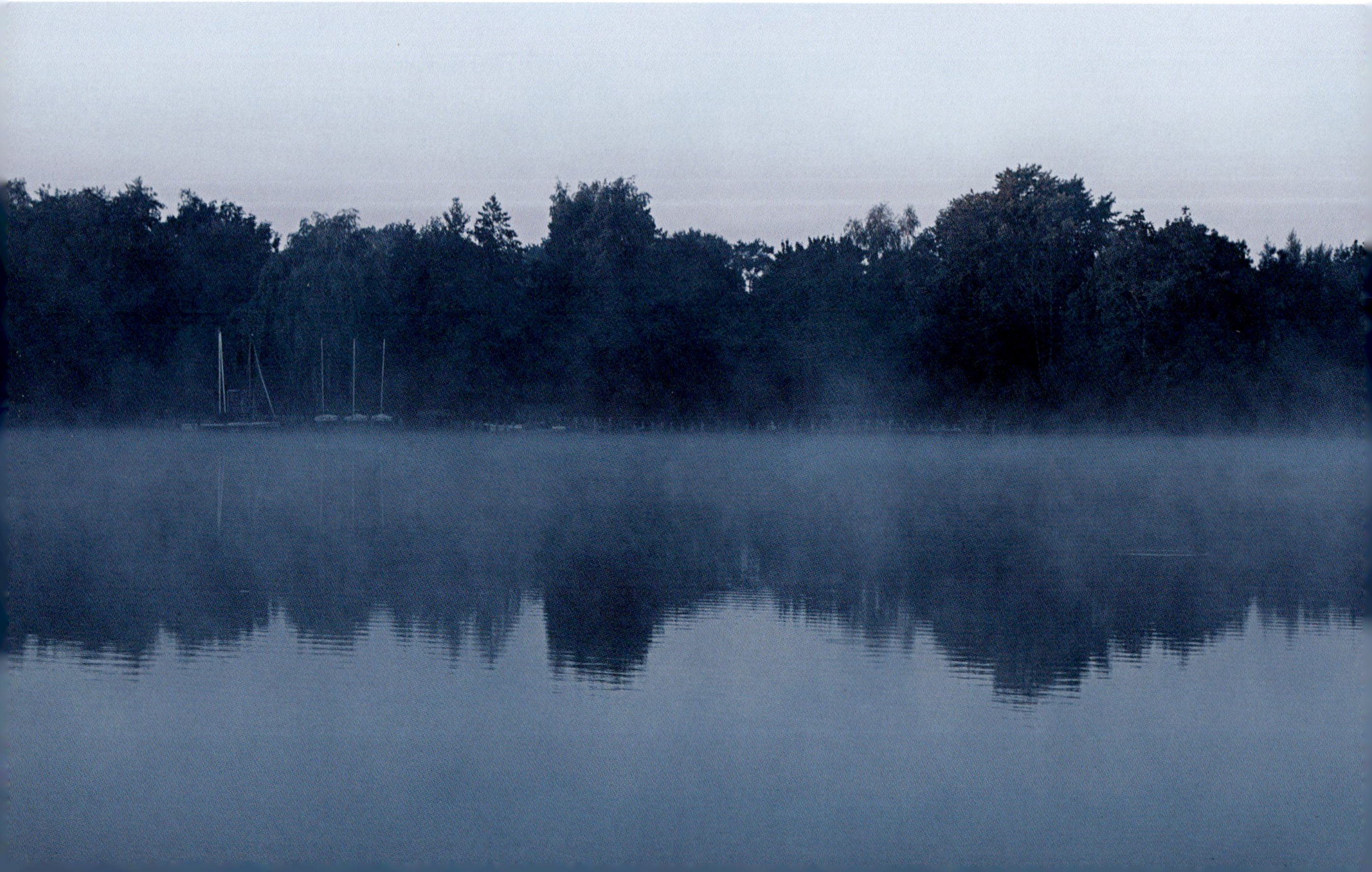

Durchzogen von bewaldeten Inseln und eingebettet in ein idyllisches Erholungsgebiet: Der Pröbstingsee in der Nähe der 42 000-Einwohner-Stadt Borken ist ein kleines, aber lohnendes Naturidyll in Nordrhein-Westfalen. Wer hierherkommt, will mitten in der Natur die Seele baumeln lassen.

Badesee mit großem Sandstrand

An den grünen, bewaldeten Ufern des Sees findet man zahlreiche Möglichkeiten, ins Wasser zu gehen. Besonders beliebt bei Familien ist der Badesee am westlichen Ende des Sees, der zur gesamten Freizeitanlage dazugehört. Am westlichen Ufer befindet sich ein großer Sandstrand. Mit einem großen Campingplatz sowie einer modernen »Adventuregolf«-Anlage kann hier keine Langeweile aufkommen. Wer lieber seine Ruhe beim Schwimmen mag, findet die an den zahlreichen anderen Einstiegen am Ufer.
Der See im Borkener Stadtteil Hoxfeld liegt im lauschigen Tal des Flusses Bocholter Aa, der auf über 50 Kilometern das Münsterland durchquert und auch die Grenze zu den Niederlanden übertritt. Der See ist mit dem Fluss über einen Bach verbunden. Die Aa fließt nördlich am See vorbei und verleiht diesem Gebiet eine besonders idyllische Atmosphäre.

Herrenhaus aus dem 13. Jahrhundert

Der See ist künstlich erschaffen worden, wie viele Gewässer in Nordrhein-Westfalen. In den 1970er-Jahren wurde der See ganz gezielt als Naherholungsgebiet, nur fünf Kilometer von Borken entfernt, geplant und angelegt. Diese Vorgeschichte sieht man ihm heute jedoch nicht mehr an. Vier Inseln ragen aus dem See heraus, zwei davon sind Vogelbrutgebiet, zwei sind über Brücken zu erreichen. Tretboote, Kanus und SUP-Boards kann man sich am Bootshaus am Ostufer leihen (http://bootshaus-proebstingsee.de).
Der Name ist abgeleitet vom nahe gelegenen Haus Pröbsting, einem ehemaligen Rittergut. Erbaut wurde es im 13. Jahrhundert. Nach mehreren Jahrzehnten des Verfalls wurde das Herrenhaus in den 1980er-Jahren wiederaufgebaut und aufwendig restauriert. Heute ist hier eine Klinik untergebracht, dennoch ist das Wasserschloss nach wie vor ein beeindruckendes Ausflugsziel und Fotomotiv.

↙ Mitten in der Natur die Seele baumeln lassen geht am Pröbstingsee.

Info

GEEIGNET
Für Kulturinteressierte und Familien

KLETTERWALD AM SEE
Direkt am Badesee liegt der Kletterwald Borken mit verschiedenen Parcours für Kinder, Einsteiger, Profis und mehr (20 Euro für Erwachsene): www.kletterwald-borken.de.

PRÖBSTINGSEE
www.borken.de/de/tourismus/urlaub-und-freizeit/freizeit-und-erholungspark-proebstingsee.html

TIERGARTEN AM SCHLOSS
Zehn Kilometer südlich von Borken liegt Raefeld, bekannt für sein Wasserschloss und den dazugehörigen Tiergarten, der noch aus der Zeit der Renaissance erhalten ist (Eintritt kostenlos): www.muensterland.com/tourismus/themen/erlebnisregion-muensterland/gaerten-und-parks/tiergarten-schloss-raesfeld.

ANREISE
Per Auto: Von Borken aus dem Nordring / Bocholter Straße rund vier Kilometer folgen, an der Bushaltestelle »Haus Pröbsting« rechts in die Pröbstinger Allee einbiegen, die zum See führt. Per Bus: Vom Bahnhof Borken aus fährt ein Bus bis zur Haltestelle (neun Minuten).

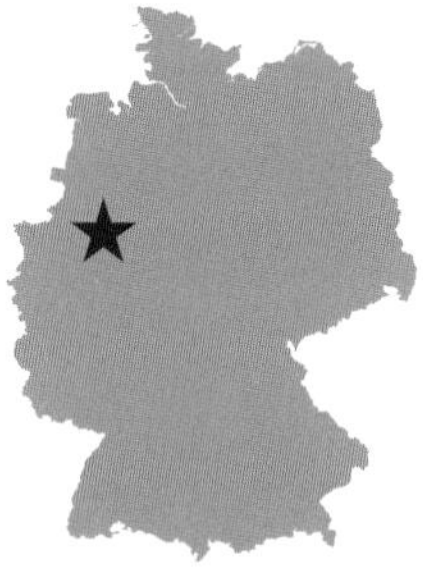

36 Der Dortmund-Ems-Kanal im Ruhrgebiet

Kanal-Erfrischung in der Großstadt

Dortmund liegt im Herzen des Ruhrgebiets und ist eine junge Stadt im steten Wandel. Wer urban unterwegs ist und trotzdem schnelle Abkühlung will, bekommt die Möglichkeit in der grünen Lunge der Stadt.

Baden in einem Kanal ist nie ganz einfach: Man muss eine geeignete Stelle finden, an der man leicht ins Wasser hinein und wieder hinaus kann, die Wasserqualität kann stark schwanken, und man muss auf den Schiffsverkehr achten. Das gilt auch für den Dortmund-Ems-Kanal, der eine Bundeswasserstraße ist und deshalb stark befahren wird. Er verbindet die Großstadt im Ruhrgebiet mit der Ems und stellt so auf über 200 Kilometern eine wichtige Wasser- und Verkehrsader zur Nordsee her.

Urban und gleichzeitig im Grünen

Dennoch bietet der Kanal eine wunderbare und schnelle Möglichkeit, sich abzukühlen. Das geht zum Beispiel mitten im Grünen in der Dortmunder Nordstadt, im Fredenbaumpark, einer der größten und schönsten Grünanlagen der Ruhrgebietsstadt. Der Kanal beginnt im Hafen unterhalb des Parks und begrenzt die Anlage zur Westseite hin. Hier kann man also urban schwimmen und ist trotzdem umgeben von Bäumen und Wiesen.

Hier trainieren Ruderer für Olympia

Möglichkeiten, ans Wasser zu kommen, gibt es auf beiden Seiten des Kanals im Park, und zwar oberhalb der Weidenstraßen-Brücke. Knapp unterhalb des Ruderclubs »Hansa von 1898« (hier trainiert übrigens der Deutschland-Achter für Olympia!) kommt man über die Bahnschienen und an den Kanal. Einen etwas breiteren Wiesenstreifen findet man oberhalb des Bootshauses vor. Auch auf der gegenüberliegenden Kanalseite findet man einen Platz für sich zwischen Bäumen und Feldern. Weitere Möglichkeiten befinden sich auf Höhe des IKEA oberhalb der Ellinghauser Straße. Tipp: Wegen des steinigen Untergrunds Badeschuhe einstecken!

↗ Der Kanal bietet eine wunderbare und schnelle Möglichkeit, sich abzukühlen.

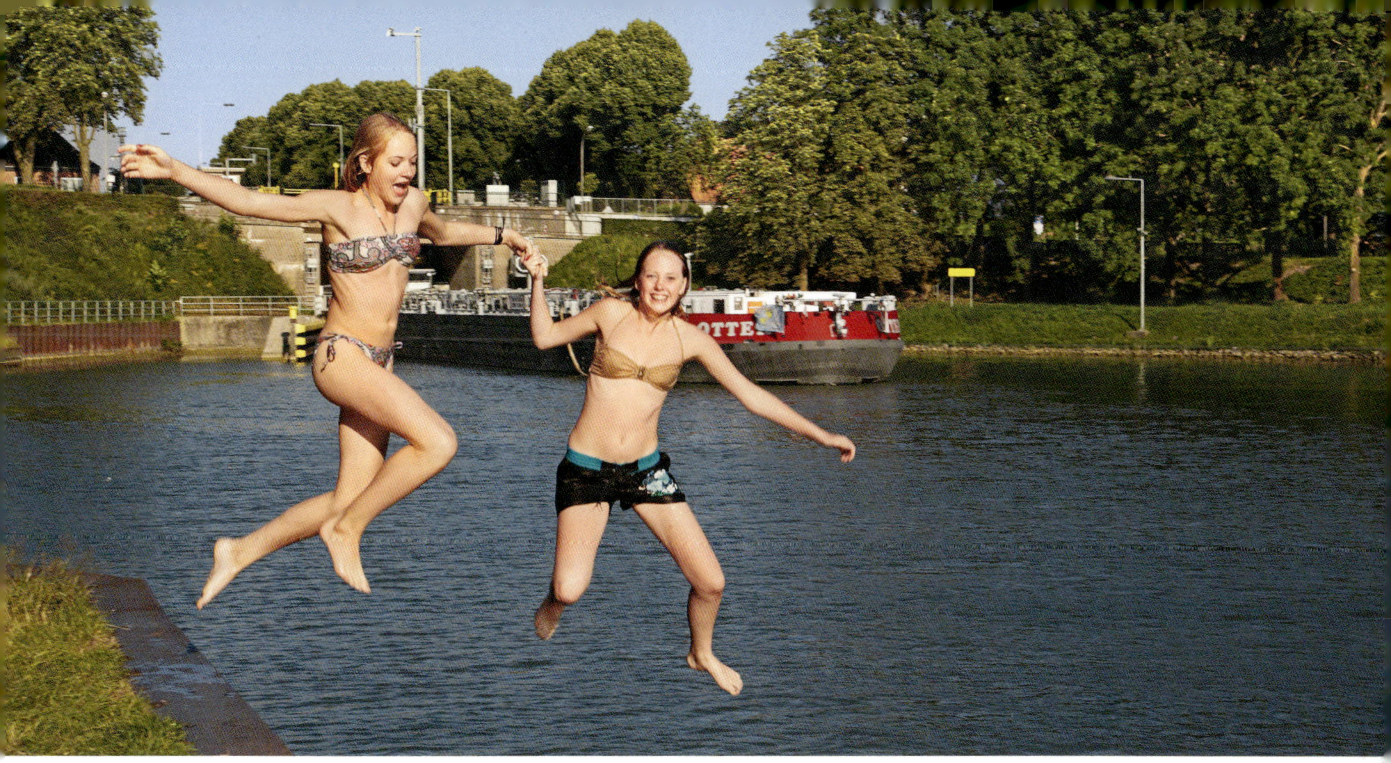

Das Baden im Kanal ist seitens der Behörden eigentlich nicht gewünscht, wird aber geduldet. Die Wasserschutzpolizei achtet allerdings besonders darauf, dass nicht in der Nähe von Schiffen und Schleusen geschwommen und nicht von Brücken gesprungen wird. Weil das Wasser trüb ist, man nicht sieht, was sich unterhalb der Wasseroberfläche befindet, und durch die vorbeifahrenden Schiffe ein gefährlicher Sog entstehen kann, ist das Schwimmen hier allerdings nur etwas für geübte Wasserratten.

Info

GEEIGNET
Für Großstädter und Wassersportler

3-D-MUSEUM
Eine Industrie im Wandel der Zeit: Im »Hoesch-Museum«, vier Kilometer westlich vom Fredenbaumpark, Eberhardstraße 12, taucht man mit neuester 3-D-Technik ins alte Stahlwerk ein: www.dortmund.de/de/freizeit_und_kultur/museen/hoesch_museum/start_hoesch/index.html.

FREDENBAUMPARK
www.dortmund.de/de/freizeit_und_kultur/parks/parks_und_gaerten_in_dortmund/fredenbaumpark/index.html

BEACHCLUB IM HAFEN
Ist das Wetter gut, trifft sich halb Dortmund im »Herr Walter«, einem zum Beachclub umgewandelten Güterschiff im Hafen, Speicherstraße 90. Hier gibt es Speisen, Getränke, Musik und Events auf sowie unter Deck: https://herr-walter.de.

ANREISE
Per Auto: Vom Dortmunder Hauptbahnhof aus führen die Münsterstraße und die Schützenstraße direkt zum Fredenbaumpark. Am unteren Haupteingang gibt es einen großen Parkplatz. Per Bahn: Vom Dortmunder Hauptbahnhof aus die U-Bahn bis Immermannstraße / Klinikzentrum Nord nehmen, von hier aus sind es wenige Minuten zu Fuß.

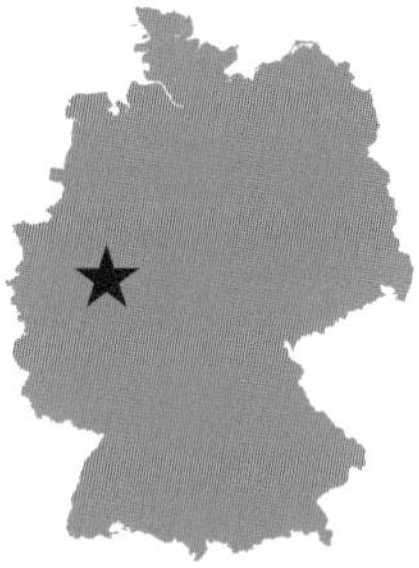

37 Wo die Lachse leben: Wildschwimmen in Agger und Sieg

Flussbaden im Rheinland bei Bonn

Baden im Fluss, das klingt nach reißenden Strömungen und Untiefen. Das Erlebnis kann aber auch ganz idyllisch sein, und zwar in so entspannten Flüssen wie der Sieg und der Agger.

Baden im Fluss ist ein besonders naturnahes und wildes Erlebnis. Oft schlängeln sich Flüsse in ihren alten Betten durch die Landschaft, sodass Badestellen mitten in der Natur liegen. Grün und üppig wächst die Natur an den Flussufern, das klare Wasser sprudelt über Kies und Sand im Flussbett.
Eine idyllische Badestelle gibt es an der Agger in der Nähe von Wahlscheid, Ortsteil der Stadt Lohmar. Hier wurden früher große Kähne für die Rheinschifffahrt gebaut. Jetzt finden Besucher am sogenannten Aggerbogen eine sehenswerte Auenlandschaft vor, die von Stadt, Land und dem Naturschutzbund sorgfältig behütet wird.
Die Agger ist rund 70 Kilometer lang und fließt nur durch Nordrhein-Westfalen. Große Teile von ihr und ihrem Uferbereich sind streng geschütztes Naturschutzgebiet. Ans Ufer gehen und baden ist daher nur in sogenannten gewässernahen Erholungsgebieten erlaubt. Grüne Schilder zeigen an, ob man an die richtige Stelle gefunden hat.
Am Aggerbogen in der Nähe der »Naturschule Am Aggerbogen«, Am Aggerbogen 1, verläuft der Fluss besonders ruhig und idyllisch. Man folgt dem Spazierweg vorbei an der Naturschule. Die Agger beschreibt hier einen sanften Bogen in Richtung Süden. An mehreren Stellen kann man ans Wasser. Das Flussbett ist weit und kieselig. Tief wird das Wasser nicht, weswegen die Badestelle auch für Familien geeignet ist. Die Agger besticht durch ihre Natürlichkeit, ihren schönen Baumbestand und ihre be-

»Die Wanderung der Lachse in der Sieg kann man gut im Herbst beobachten.«

→ Besucher finden am sogenannten Aggerbogen eine sehenswerte Auenlandschaft vor.

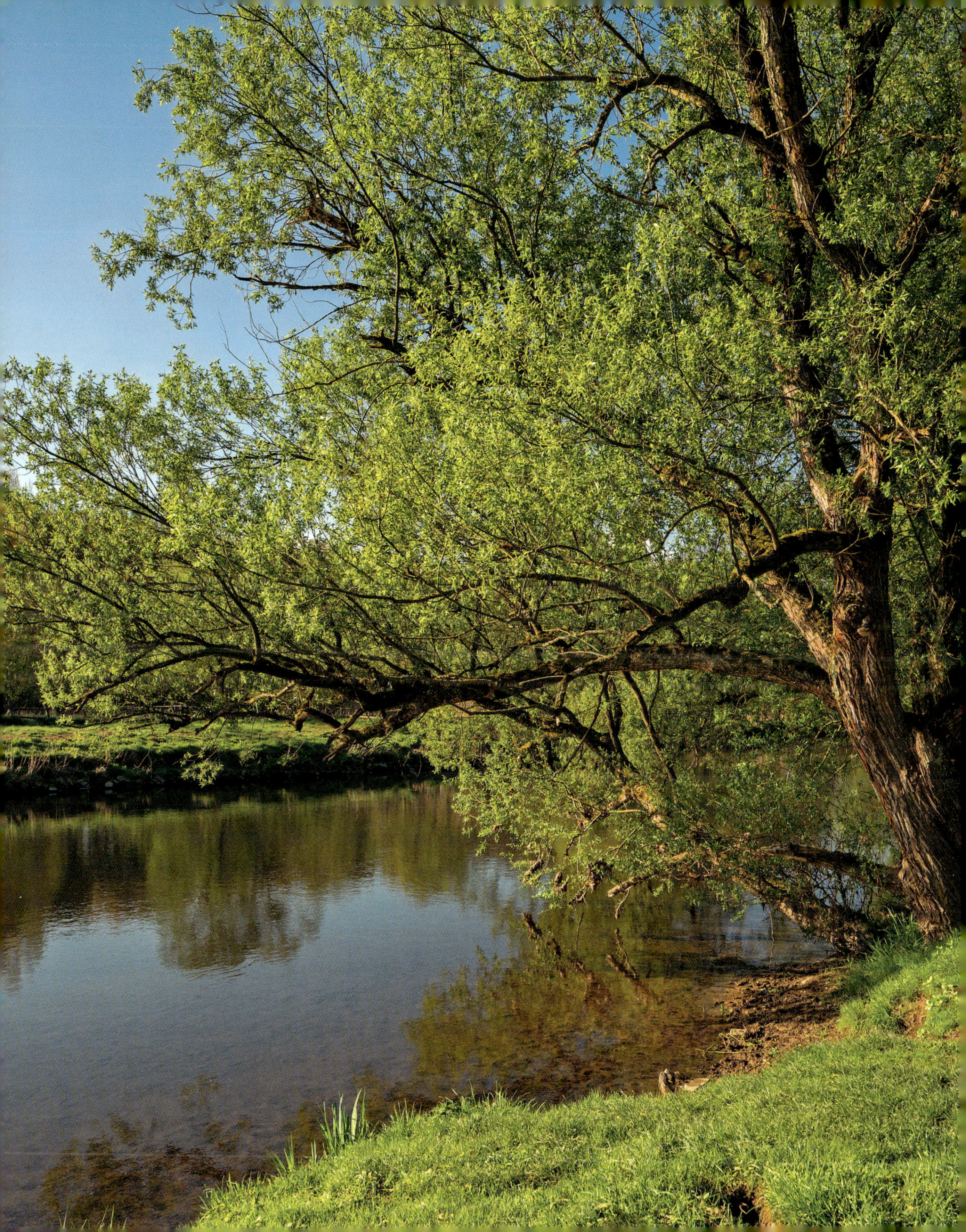

sondere Atmosphäre, weswegen sich der Weg für Naturfreunde besonders lohnt. Seit dem Jahr 2005 arbeiten die Städte Lohmar, Overath, Rösrath und Troisdorf zusammen, um die Besonderheiten der Kulturlandschaft rund um die Agger und Sülz für Besucher herauszustellen. In diesem Rahmen entstanden, zusätzlich durch das Land NRW gefördert, Bildungswerkstätten und Erkundungspfade in der Region. Einer dieser Lernorte ist die Naturschule Aggerbogen, die hier direkt am Fluss liegt. Kindern und Erwachsenen werden hier Pflanzen- und Tierwelt erklärt und gezeigt. Auf dem »Erkundungspfad Agger« kann man außerdem auf siebeneinhalb Kilometern die Natur der Umgebung entdecken. Schilder erklären entlang der Strecke alles Wissenswerte. Besonders für Familien ist der Pfad geeignet.

Tipp

Wer zwischendurch ein bisschen Kultur und Geschichte haben möchte, ist natürlich perfekt in Bonn aufgehoben. Das »Haus der Geschichte«, Willy-Brandt-Allee 14, ist eines der meistbesuchten Museen unseres Landes und präsentiert deutsche Geschichte spannend und modern: www.hdg.de.

Buisdorfer feiern jährlich Lachsfest

Wer beim Waten und Baden im Fluss Lust auf mehr bekommen hat, der wird fündig im nicht einmal

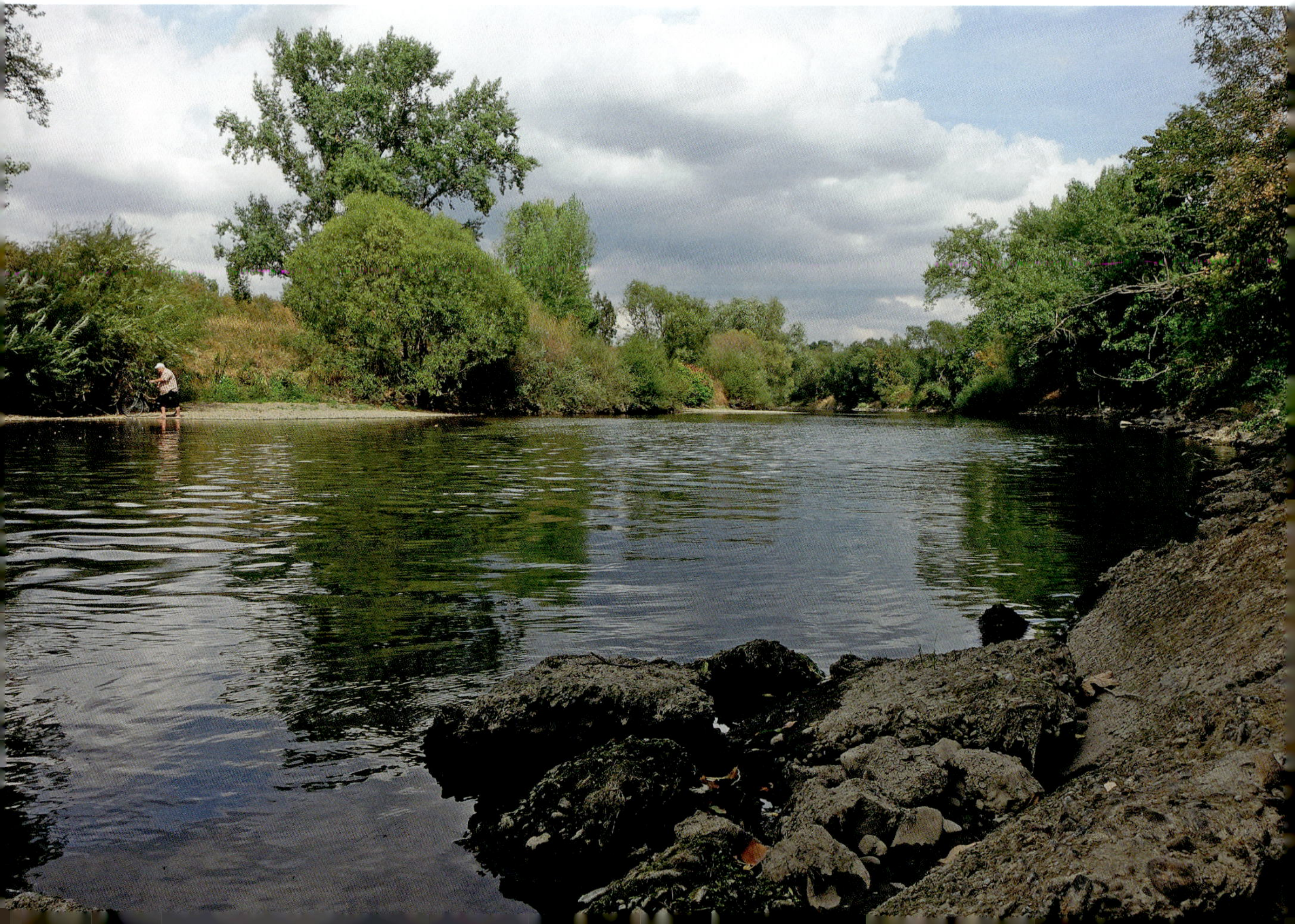

zehn Kilometer südlich gelegenen Buisdorf, einem Stadtteil von Sankt Augustin. Im 2000-Einwohner-Ort liegt eine besonders idyllische Flussbadestelle. Der Ort wird von zwei Seiten von der Sieg umflossen. Der über 150 Kilometer lange Fluss, der im Rothaargebirge entspringt und in den Rhein mündet, schlängelt sich hier durch grüne Wiesen und bildet einladende, helle Kiesbänke.

Die Badestelle befindet sich am Siegburger Ruderverein an der Wahnbachtalstraße. Hier wird die Sieg über ein breites Wehr geleitet. Oberhalb des Wehrs, wo das Wasser tiefer wird, wird gebadet; teilweise kann man sich von Seilen an Bäumen ins Wasser fallen lassen. Das dazugehörige Gelände ist allerdings Privatgrundstück und gehört dem örtlichen Ruderverein.

Unterhalb des Wehrs erstreckt sich über etwa 100 Meter ein Strand, an dem sich wunderbar entspannen lässt. Die weiten Kiesbänke sind von Bäumen und Büschen umstanden und werden teilweise vom Flusswasser umspült. Da der Untergrund kieselig ist, könnten Badeschuhe das Schwimmen hier entspannter machen. Das Wasser ist klar bis leicht bräunlich und bleibt lange flach, bevor es im Flussbett tiefer wird.

Auch von der gegenüberliegenden Seite aus gelangt

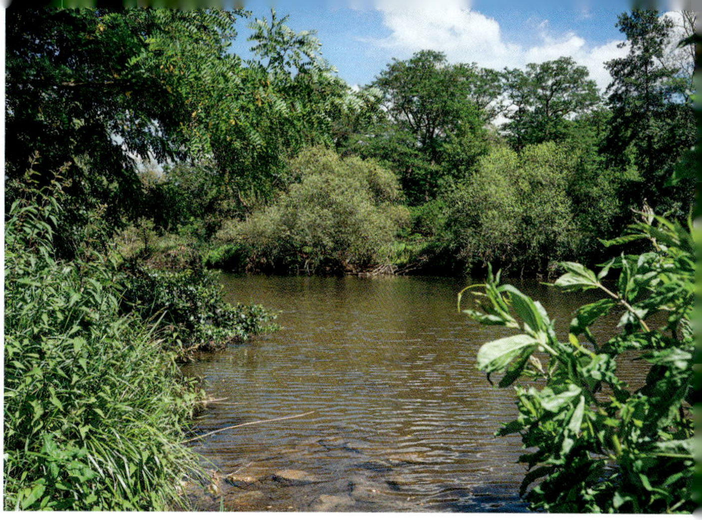

↑ Badeschuhe sind zum Einstieg empfehlenswert.
↙ Die Fischwanderung ist im September und Oktober zu beobachten.

man unterhalb des Wehrs direkt ans Wasser. Hier befindet sich außerdem eine Lachs-Zählstation. An dieser Seite wurde eine Fischtreppe eingerichtet, sodass wandernde Fische das Wehr umgehen können. Die Fischwanderung kann man besonders gut im September und Oktober beobachten. Die Buisdorfer feiern im Oktober auch immer ihr sogenanntes Lachsfest, um die Rückkehr des Wanderfisches zu seinen Laichplätzen zu feiern. Der Bereich rund um die Fischtreppe sollte nicht betreten werden; Schilder vor Ort informieren darüber.

Info

GEEIGNET
Für Familien und Kulturinteressierte

DIE AGGER
www.lohmar.de/erlebnisfaktoren-natur-und-sport-freizeit-und-tourismus/naturschule-im-aggerbogen

DIE SIEG IN BUISDORF
www.sankt-augustin.de/cms123/unsere_stadt/stadtportrait/buisdorf/

FÜHRUNGEN AM FLUGHAFEN
Von Buisdorf aus sind es keine 20 Kilometer bis zum Flughafen Köln-Bonn. Hier kann man einzeln oder in Gruppen bei spannenden Führungen mitmachen, beispielsweise bei Nacht oder zusammen mit der Feuerwehr: www.koeln-bonn-airport.de/am-airport/besucherfuehrungen.

ANREISE
Badestelle Agger: Von der A3 in Lohmar abfahren, der B484 folgen bis Wahlscheid und im Ort kurz vor der Agger in den Aggerbogen einbiegen. Ein Parkplatz befindet sich links. Badestelle Buisdorf: Von Bonn aus die B56 nehmen. In Siegburg hinter den Bahnschienen rechts auf die Frankfurter Straße, von der die Wahnbachtalstraße links abknickt. Rechts befindet sich der Kiesstrand.

38 Freilinger See in der Nordeifel

Grünes Kleinod an der Ahr-Quelle

Der Freilinger See an der Grenze zwischen Nordrhein-Westfalen und Rheinland-Pfalz liegt so idyllisch, dass er über die Eifel hinaus bekannt ist, obwohl er nicht besonders groß ist. Wer einmal da war, kommt gerne wieder.

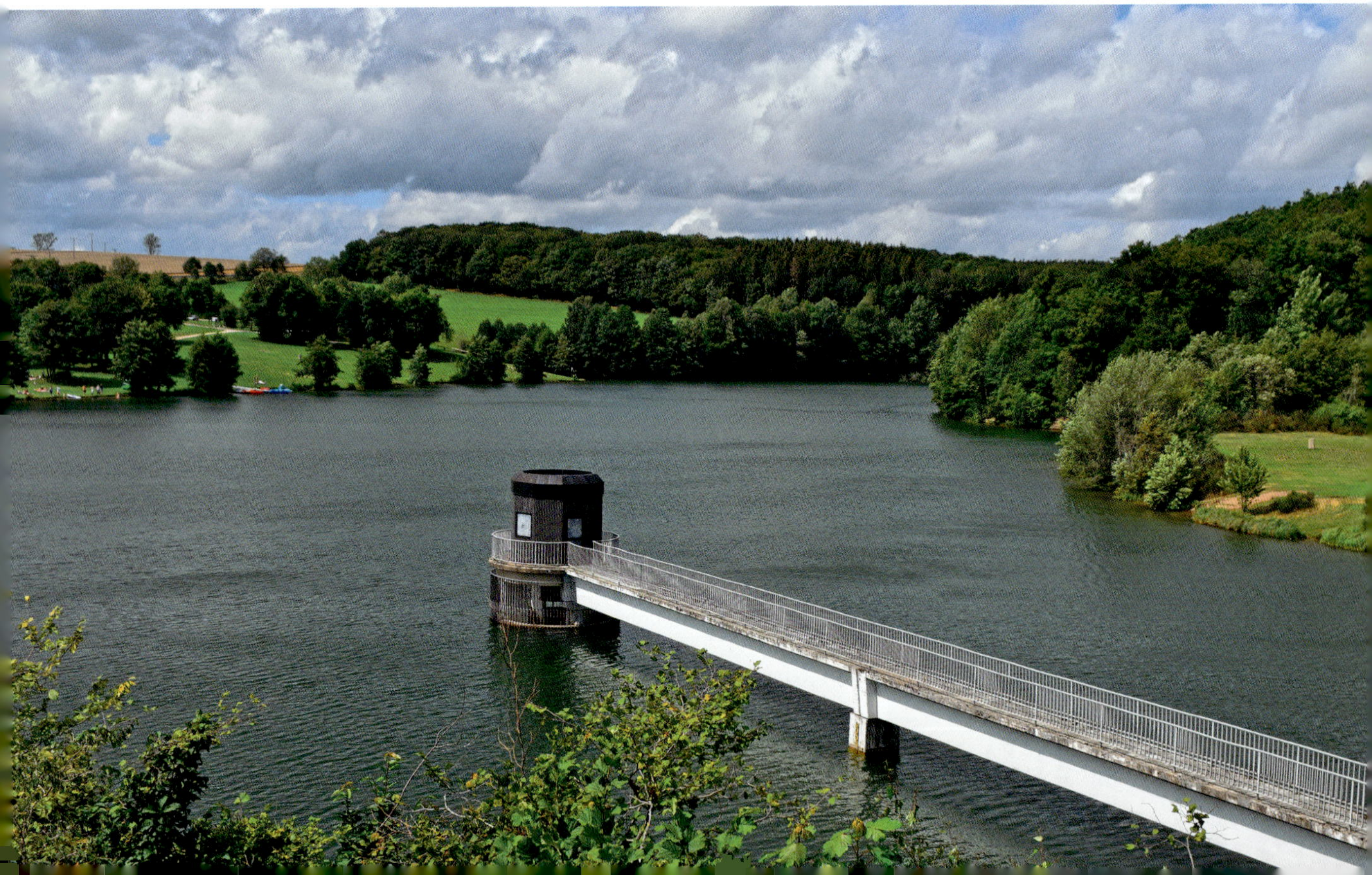

Er ist einer der schönsten und am ruhigsten gelegenen Seen in Nordrhein-Westfalen: Der Freilinger See, keine zehn Kilometer vom staatlich anerkannten Erholungsort Blankenheim gelegen, besticht durch seine exzellente Wasserqualität und seine wunderschöne Lage in der hügeligen Landschaft der Nordeifel.

Auch wenn es sich hierbei um einen Stausee handelt, wirkt der See mit seinen grünen bewaldeten Ufern wie natürlich entstanden. Das Gewässer wird über den Weilerbach mit frischem Quellwasser gespeist und hat daher immer wunderbar frisches, kühles Wasser. Mit einer Wasseroberfläche von rund elf Hektar ist der See – verglichen mit anderen Stauseen – zwar relativ klein, und doch ist er nie überlaufen. An seiner tiefsten Stelle misst er zehn Meter.

Überall am Freilinger See darf gebadet werden. Durch seine lang gestreckte, geschwungene Form findet jeder hier ein ruhiges Plätzchen für sich. Weite Teile des Ufers sind bewaldet. Am unteren Ost- sowie Westufer befinden sich weitläufige Liegewiesen sowie Parkplätze. Am Westufer finden Hundebesitzer außerdem einen eigenen Badebereich für ihre Vierbeiner vor, hier gibt es außerdem Grillhütten und mit der »Seebar« auch Snacks und Getränke (www.freilinger-see-bar.de). Ganz in der Nähe befindet sich ein Campingplatz (https://eifelcamp.freizeit-oasen.de).

Der See wurde im Jahr 1976 als Regenrückhaltebecken erbaut, doch schon damals hatte man einen hohen Erholungswert im Sinn. Das merkt man diesem grünen Kleinod bis heute an.

Am besten kommt man mit dem Auto hierher, oder man macht einen Abstecher, während man auf dem malerischen Ahr-Radweg unterwegs ist, der nur wenige Kilometer westlich des Sees verläuft. Der Ahr-Radweg verbindet auf knapp 80 Kilometern zahlreiche Sehenswürdigkeiten der Eifel. Er verbindet die Quelle der Ahr in Blankenheim mit dem Rhein in Sinzig (Hinweis: Wegen der Flutkatastrophe im Juli 2021 sind Teile des Radwegs zerstört, daher am besten vor der Abfahrt aktuelle Informationen über die Strecke einholen, z. B. über www.ahrtal.de/ahrradweg).

↙ Der Freilinger See besticht durch wunderschöne Lage in der hügeligen Landschaft.

Info

GEEIGNET
Für Wassersportler und Aktive

DIE QUELLE DER AHR
Die 85 Kilometer lange Ahr entspringt in Blankenheim, und zwar im Kellergewölbe eines alten Fachwerkhauses. Hier beginnt u. a. der anspruchsvolle Wanderweg »Ahr-Steig«, der auf 100 Kilometern dem Lauf der Ahr folgt: www.ahrsteig.de.

FREILINGER SEE
https://www.blankenheim.de/de/wirtschaft/freilinger-see

NORDEIFEL
Die Nordeifel eignet sich besonders für Aktivurlauber und Familien. Sie wirbt u. a. mit nachhaltigem Tourismus und der »Sternenregion Eifel«: https://nordeifel-tourismus.de.

ANREISE
Am besten kommt man mit dem Auto zum Freilinger See. Direkt am See gibt es mehrere Parkplätze. Von Köln / Bonn aus von der A1 in Blankenheim abfahren auf die L115. Von der L115 links nach Freilingen abbiegen, die Reetzer Straße führt zum See.

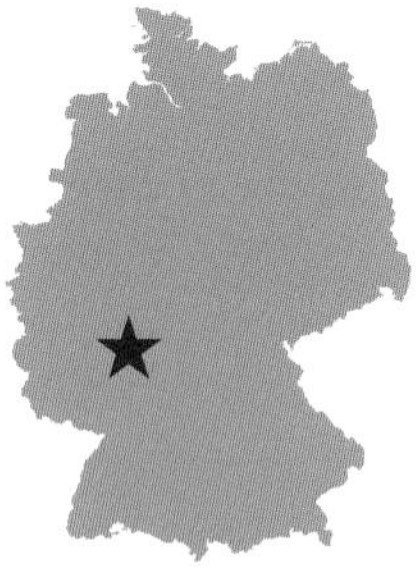

39 Naturidyll im Wald bei Darmstadt

Die Grube Prinz von Hessen

So lang sein Name, so interessant ist seine Geschichte: Die Grube Prinz von Hessen ist ein Badesee, der ursprünglich mal eine Grube zur Braunkohlegewinnung war. Inzwischen ist einer der schönsten Seen Hessens daraus entstanden.

Tiefblaues Wasser, bewaldete Ufer, rundherum nur grün: Wer den Badesee Grube Prinz von Hessen heute sieht, käme von alleine wahrscheinlich nicht darauf, dass dieses Gewässer bis vor ein paar Jahrzehnten noch gar nicht existiert hat. Keine zehn Kilometer östlich von Darmstadt ist heute aus einer ehemaligen Braunkohlegrube ein so schöner Badesee entstanden, dass man hier den Alltagstrubel wunderbar hinter sich lassen kann.

Bergleute gruben bis zu 40 Meter tief

Seit dem frühen 20. Jahrhundert wurde hier Braunkohle abgebaut. Zu den Hochzeiten des Betriebs vor Ort arbeiteten hier bis zu 150 Bergleute bis zu 40 Meter tief unter der Oberfläche. Vor allem während des Ersten Weltkriegs diente die hier gewonnene Kohle den Einwohnern von Darmstadt zum Heizen und Kochen. Danach war die Grube nicht mehr konkurrenzfähig und der Betrieb wurde 1924 eingestellt.

Schnell füllte sich die zurückgebliebene Grube mit Grundwasser und wurde bald als Badesee genutzt. Mittlerweile ist der See mit seinen grünen Ufern und seiner Lage mitten im Wald ein Naturidyll geworden. Mit einer Wasseroberfläche von sechs Hektar und einer maximalen Tiefe von rund 13 Meter nhat das Gewässer immer eine gleichbleibende, exzellente Qualität. Die Wasserqualität wird regelmäßig überprüft. Über die Dieburger Straße kommt man außerdem schnell von Darmstadt aus hierher. Durch den Wald – den Sprendlinger Horst, einen Vorläufer des Odenwalds – ist die Fahrt mit dem Fahrrad außerdem sehr schön.

Liegewiese und versteckte Plätze

Eine große Liegewiese befindet sich am östlichen Ufer des Sees. Bis auf einige Toiletten und eine DLRG-Wachstation während der Badesaison an den Wochenenden gibt es hier keine Infrastruktur. Grillen und Feuermachen sind wegen der Lage mitten

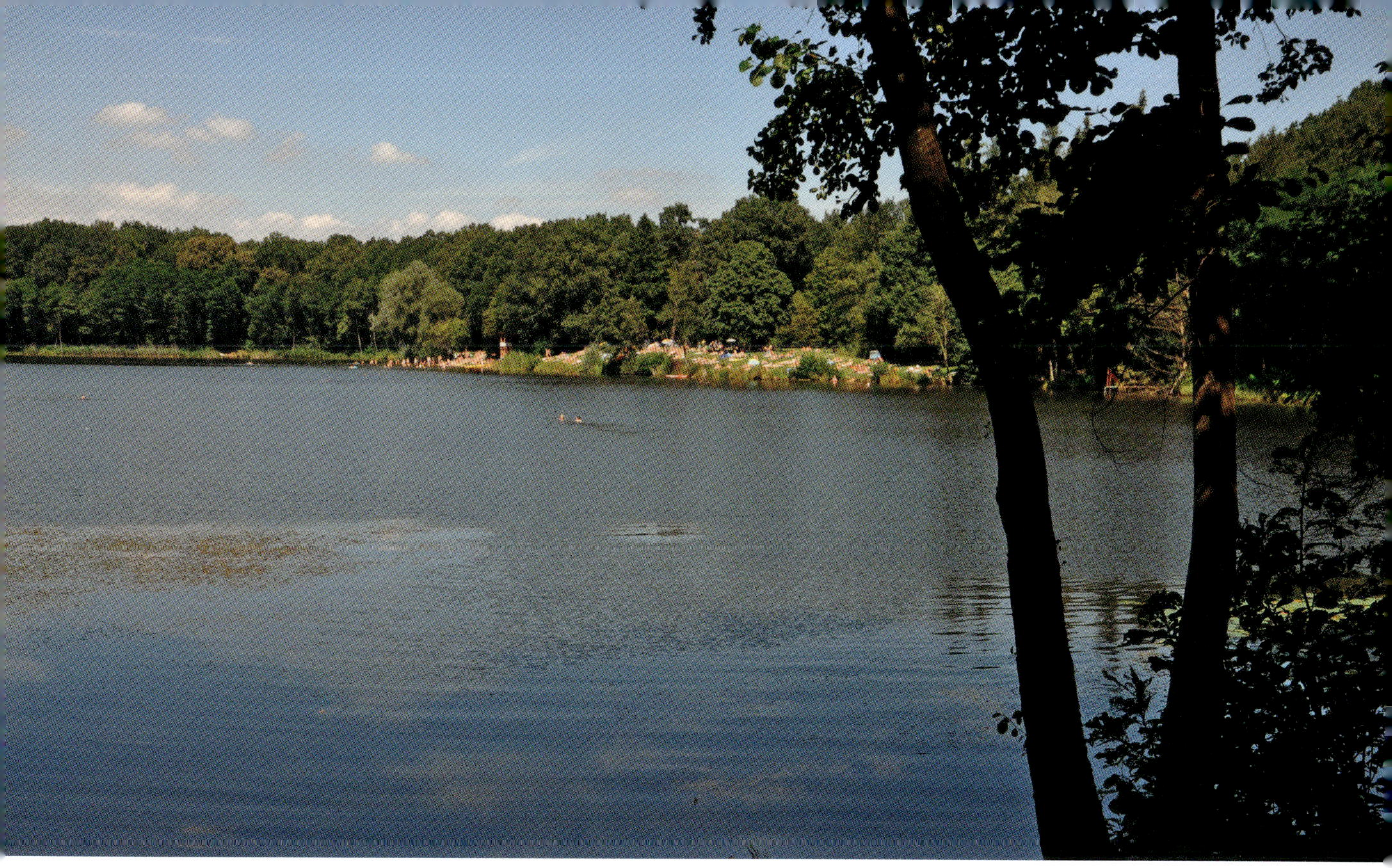

↑ Die exzellente Wasserqualität wird regelmäßig überprüft.

im Wald verboten. An heißen Wochenenden kann es an der Liegewiese voll werden, daher können sich Wildschwimmer ein schattiges Plätzchen zwischen Bäumen anderswo am Ufer suchen. Die Ufer können jedoch steil sein. Der See ist auch sehr beliebt bei Anglern und FKK-Anhängern.

Info

GEEIGNET
Für Radfahrer und FKK-Fans

GRUBE MESSEL
Die Grube Messel, Roßdörfer Straße 108 (drei Kilometer vom See entfernt), ist UNESCO-Weltnaturerbe: In dem stillgelegten Tagebau kann man wundervoll erhaltene Fossilien von Wirbeltieren, Insekten und Pflanzen bewundern: www.grube-messel.de.

GRUBE PRINZ VON HESSEN
https://badeseen.hlnug.de/badegewaesser/stadt-darmstadt/grube-prinz-von-hessen

BURG FRANKENSTEIN
Darmstadt kann mit vielen Sehenswürdigkeiten aufwarten. Eine besonders atmosphärische ist die große Burgruine Frankenstein im Stadtteil Eberstadt, berühmt geworden durch Mary Shelleys Horrorklassiker »Frankenstein«: www.schloesser-hessen.de/de/burg-frankenstein.

ANREISE
Die Anreise aus Darmstadt ist leicht: Der Dieburger Straße (L3094) aus der Stadt heraus rund sieben Kilometer folgen. Der Parkplatz befindet sich direkt an der Straße, von hier aus sind es wenige Meter zum See.

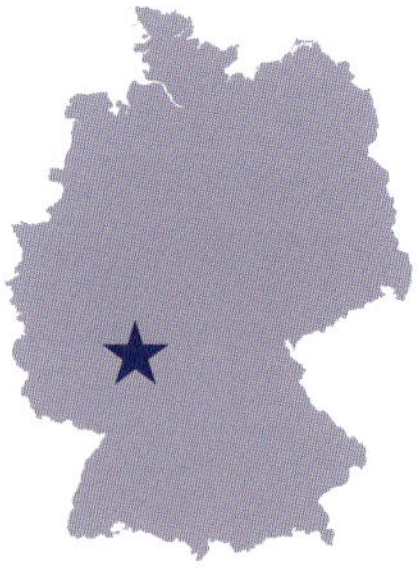

40 Klein, kalt, wunderschön: der Eutersee

Idyllisch schwimmen im Odenwald

Unscheinbar wirkt er im ersten Augenblick, der gerade mal rund ein Hektar große Eutersee nahe dem kleinen Ort Schöllenbach im südhessischen Teil des Odenwalds. Doch kaum ein See liegt idyllischer – und bietet mehr Abkühlung an heißen Sommertagen.

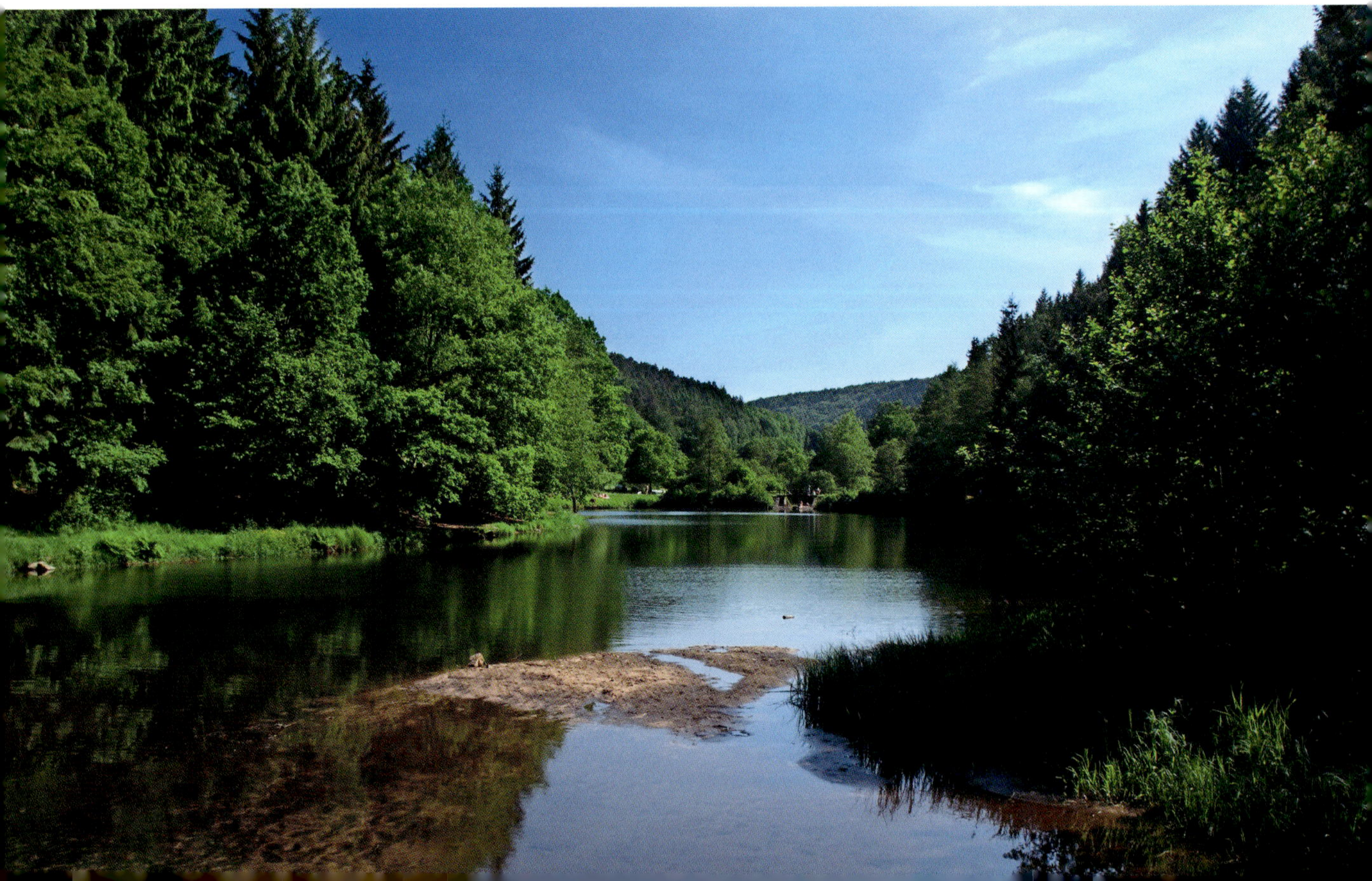

Wer im Eutersee schwimmen geht, braucht eine eiserne Gesundheit: Es ist der kälteste Badesee Hessens. Auch im Hochsommer erreicht der See lediglich erfrischende Temperaturen zwischen zwölf und 16 Grad, was am ständigen Durchfluss des kühlen Euterbachs liegt. Einen Besuch ist er auf jeden Fall wert: Neben dem Marbach-Stausee ist er der einzige Badesee im malerischen Odenwald und hat besonders klares Wasser. An heißen Sommertagen bietet dieses natürliche Kleinod also besonders gute Abkühlung.

Schwimmen zwischen bewaldeten Hängen

Der Eutersee liegt versteckt und grün mehrere Meter unterhalb einer schmalen Straße, die den kleinen Ort Hesselbach mit dem noch kleineren Schöllenbach verbindet. Links und rechts schrauben sich die bewaldeten Hänge des Odenwalds in die Höhe. Dass er in den 1970er-Jahren ursprünglich als Hochwasserrückhaltebecken entstand, merkt man ihm heute nicht mehr an: Die Ufer sind grün (der See liegt mitten im Landschaftsschutzgebiet) und von Büschen und Wildpflanzen dicht bestanden, sodass er sehr natürlich aussieht. Da er dem Bett des Euterbachs folgt, hat er eine lang gestreckte Form. Am Ostufer führt zwischen See und Steilhang ein Weg vorbei, sodass man das Gewässer komplett umrunden kann. Am Südufer wird das Wasser durch ein Wehr mit Fischtreppe aufgestaut. Ab und zu sitzen auch Angler an dem rund ein Hektar großen Gewässer.

↙ Grüne Ufer und tolle Natur: Der Eutersee liegt idyllisch.

Am See entlang führen Wanderwege

Der Ufergrund ist dunkel und von Wurzeln durchzogen wie gewöhnlicher Waldboden; der Seegrund ist jedoch stellenweise hell und sandig. Gerade am Westufer ist der Einstieg flach. Das Ostufer ist teilweise von Schilf bewachsen und steiler; hier ist der Einstieg schwieriger. Der See ist auch ideal für eine Rast: An der nördlichen Spitze befindet sich ein Grillplatz mit Feuerstelle und Schutzhütte. Übrigens: die Wanderschuhe am besten gleich mitbringen. Am Eutersee entlang führen auch Wanderpfade des durch die UNESCO ausgezeichneten Geo-Naturparks Bergstraße-Odenwald. Für das gesamte Gebiet gibt es 21 offizielle Wanderkarten.

Info

GEEIGNET
Für Unerschrockene und Outdoor-Aktive

BIKEPARK
Adrenalinfreunde kommen im Bikepark Beerfelden, zehn Kilometer westlich des Eutersees, auf ihre Kosten. Der Park bietet im Waldgelände sieben Strecken verschiedener Schwierigkeitsgrade für Downhill, Freeride und Super Enduro, ab 18 Euro für Erwachsene: www.bikepark-beerfelden.de.

DER EUTERSEE
www.bergstrasse-odenwald.de/detail/id=5f2ba26063033a4560d99deb

TROPFSTEINHÖHLE
Rund 30 Kilometer östlich vom See liegt Buchen-Eberstadt mit seiner berühmten Tropfsteinhöhle. In der rund 600 Meter langen Höhle mit modernem Besucherzentrum kann man die aufregenden Formationen bestaunen: www.tropfsteinhoehle.eu.

ANREISE
Der Eutersee liegt im Odenwald zwischen den Orten Hesselbach und Hesseneck Schöllenbach. Von Darmstadt aus der B26 und dann der B45 folgen. In Erbach auf die Erlenbacher / Bullauer Straße abbiegen und dieser 15 Kilometer bis zum See folgen.

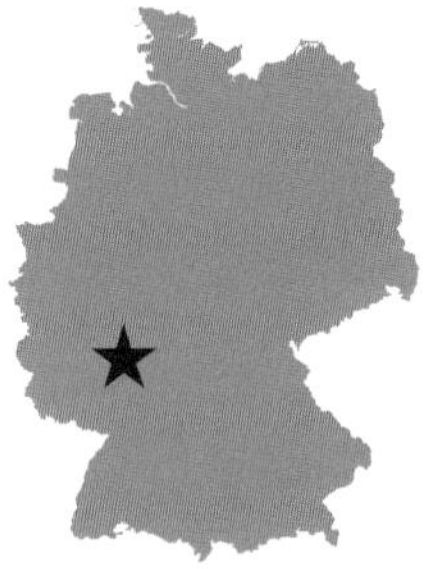

41 Am großen Strom: Schwimmen im Grünen bei Ludwigshafen / Mannheim

Kiefweiher, Neuhofener Altrhein, Blaue Adria, Badesee Schlicht

Der Rhein trennt Rheinland-Pfalz und Baden-Württemberg. Südlich der Metropolregion Ludwigshafen / Mannheim werden seine Ufer waldiger, und Wildschwimmer finden viele tolle Badestellen im Grünen.

Die erste Möglichkeit ist das weitläufige, sonnenverwöhnte Strandbad im Mannheimer Ortsteil Neckarau. Was wie ein Freibad mit Pommesbude und Chlorgeruch klingt, beschreibt einen entspannten, kieseligen Badestrand, der von jedem Schwimmer und Sonnenanbeter kostenlos genutzt werden kann. Der Strand liegt in einer Rheinschleife auf der Mannheimer (und damit der baden-württembergischen) Seite des Flusses. Direkt an den Strand schließt sich eine große Liegewiese mit tollem Baumbestand an.

Der Strand liegt mitten im Naturschutzgebiet und ist damit entsprechend grün, und zwar auf der sogenannten Reißinsel. Hierbei handelt es sich im engen Sinne nicht um eine Insel, auch wenn sie durch den Rhein sowie durch einen schmalen Flussarm von Wasser beinahe komplett umgeben ist. Bei Hochwasser wird die grüne und baumbestandene Fläche regelmäßig geflutet.

Das Strandbad liegt gerade einmal fünf Kilometer südlich vom Hauptbahnhof Mannheim entfernt und ist damit auch per Rad oder zu Fuß entspannt zu erreichen. Die Strecke am Rheinufer entlang und durch den Waldpark ist außerdem an einem Sommertag wirklich malerisch. Wer mit dem Auto kommt: Vor dem Strandbad, am Ende des Franzosenweges, gibt es einen großen Parkplatz.

Schräg gegenüber vom Strandbad, auf der rheinland-pfälzischen Seite, bildet der Rhein eine idyllische Bucht aus. Dies ist der Kiefweiher oder Kiefscher Weiher, der nicht nur bei (Hobby-)Kapitänen, sondern auch bei Schwimmern beliebt ist. Eine weitläufige Badestelle mit Baumbestand und sandigem Untergrund befindet sich am südlichen Ufer. Der Zugang erfolgt über die Großwiesenstraße.

→ Der Rhein fließt durch Metropolregionen – hat aber auch grüne Gebiete zu bieten.

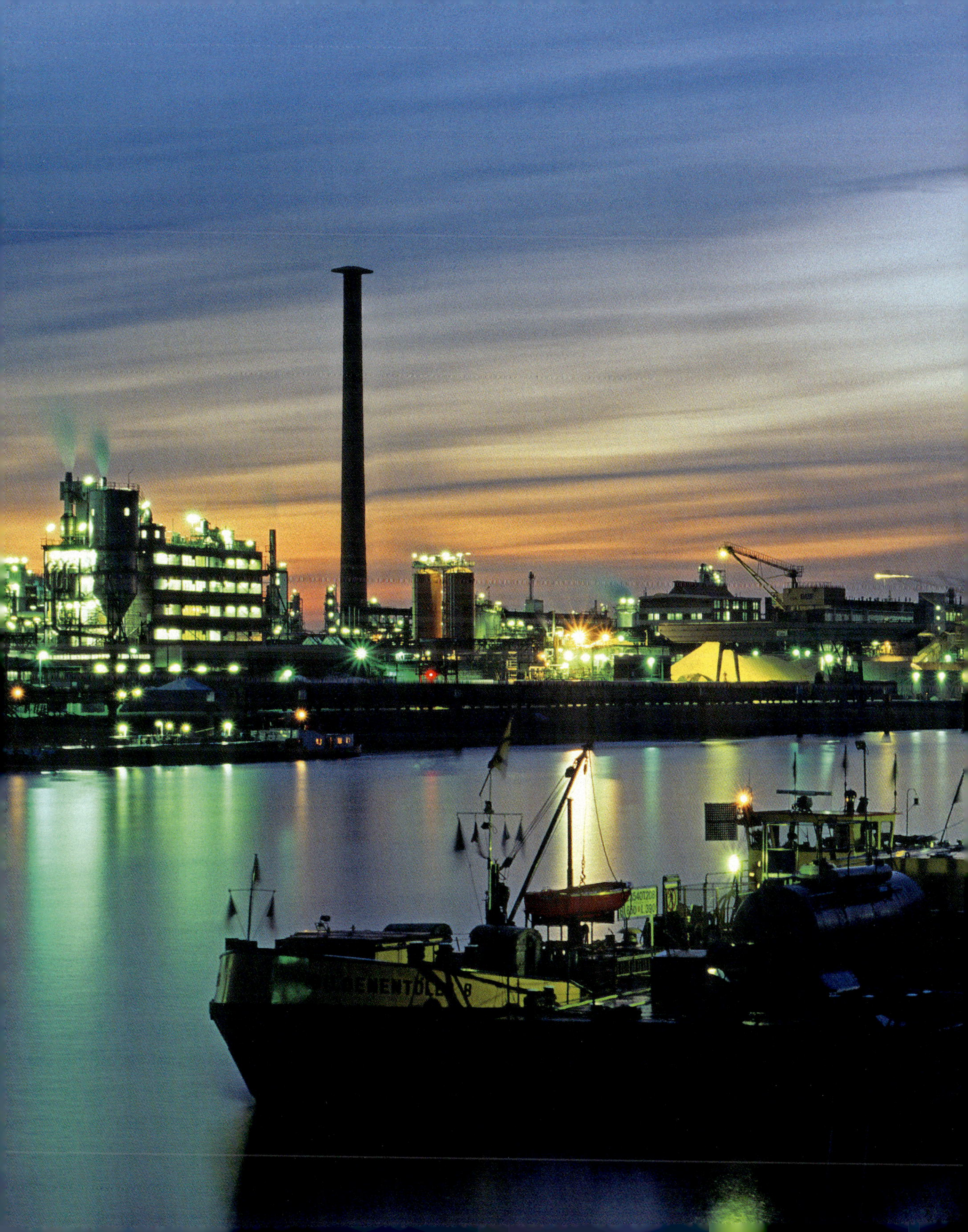

Früher wurde hier Ton und Kies abgebaut, mittlerweile ist ein kleines Naturidyll mit direkter Anbindung an den Rhein entstanden, das heute zum Landschaftsschutzgebiet Pfälzische Rheinauen gehört. Im Sommer ist die Badestelle besonders schön, wenn der Mischwald am Ufer in voller Pracht steht. Da es sich hier um ein offizielles EU-Badegewässer handelt, wird die Wasserqualität regelmäßig überprüft und ist stets ausgezeichnet.

Tipp

Nicht nur die Mode, auch die Stadt Mannheim weiß, wie Schachbrettmuster funktionieren: Die Innenstadt ist in 144 Quadrate aufgeteilt. Bereits bei ihrer Gründung im Jahr 1607 wurde die Stadt so angelegt. Am Rand der Innenstadt liegt das imposante Schloss: www.mannheim.de/de/service-bieten/bunte-stadt/stadtteilleben/innenstadtjungbusch.

Kleiner Strand am alten Rheinarm

Nur wenige Meter weiter, auf der gegenüberliegenden Seite der Großwiesenstraße, wartet bereits die nächste Badestelle auf Wildschwimmer. Der kleine Strand am sogenannten Neuhofener Altrhein liegt noch deutlich ruhiger als die beiden vorherigen Badestellen. Eingebettet in eine idyllische Landschaft aus kleinen Wäldern, Gewässern und einer Kleingartensiedlung wartet hier bis auf eine Liegewiese und einen kleinen Parkplatz kaum weitere Infrastruktur auf die Besucher. Stundenweise hat hier eine kleine Pizzeria geöffnet, die heiße Speisen und kühle Getränke anbietet. Das Gebiet Neuhofener Altrhein ist insgesamt rund

↓ Die Pfälzischen Rheinauen sind besonders im Sommer schön anzusehen.

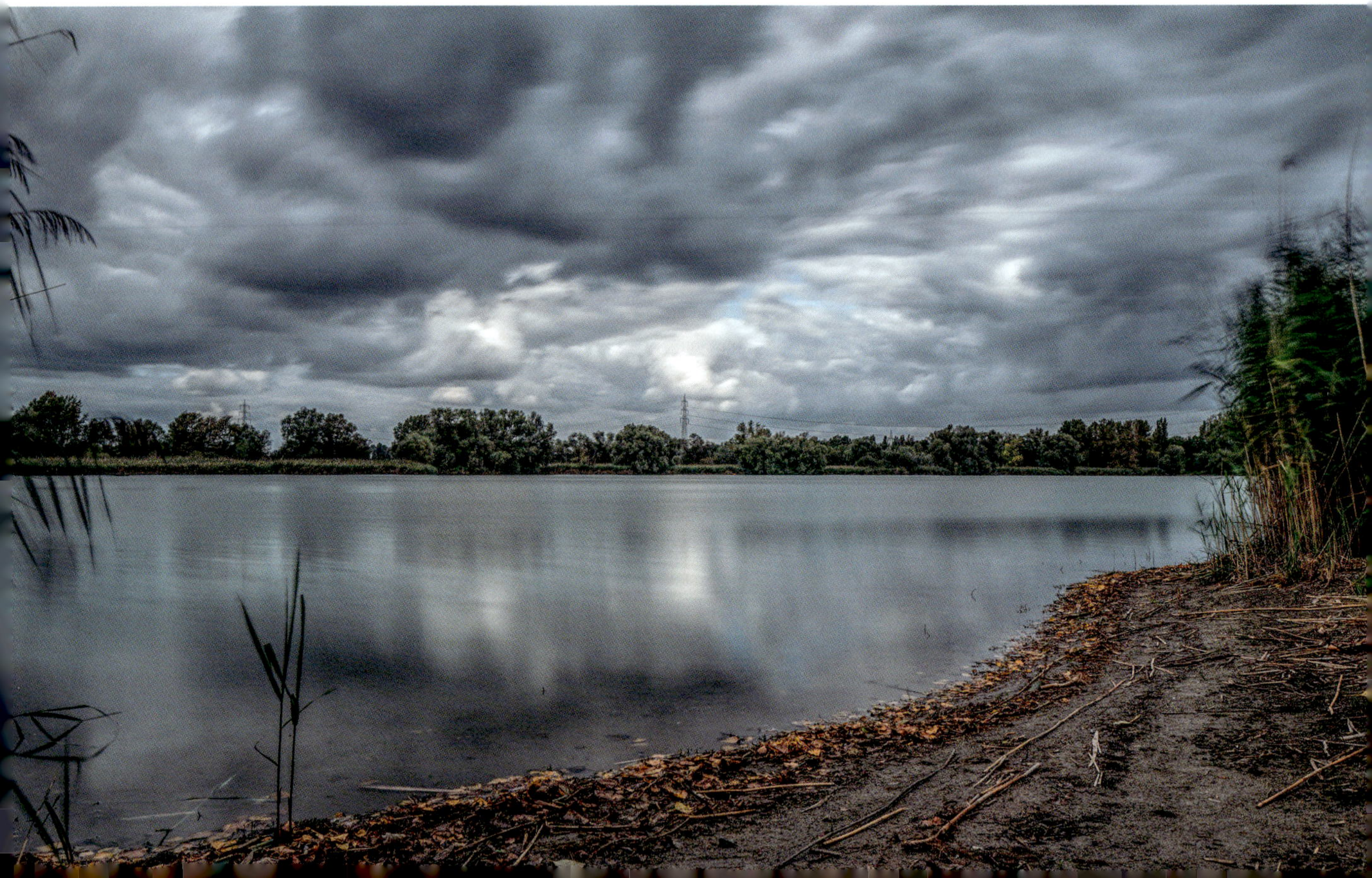

50 Hektar groß und besticht durch seine ruhigen Gewässer und seine waldigen Ufer. Es steht unter Naturschutz. Nur an der nördlichen Spitze mit Liegewiese darf man ins Wasser gehen, um Flora und Fauna die nötige Ruhe zu gönnen. Wer gerne angelt, kommt hier auch auf seine Kosten: In mehreren Stellen am Altrhein darf man diesem Hobby frönen. Nur wenige Hundert Meter südlich, auf dem Gebiet der Gemeinde Altrip, liegt die Blaue Adria, ein bei Familien und Campern sehr beliebtes Gebiet mit mehreren Baggerseen und wunderbar blauem Wasser. Das Gebiet schließt sich direkt an den Altrhein an und liegt damit in wunderschöner Natur. Der kleine Sandstrand mit Kiosk, Toiletten, DLRG-Wachstation und Parkplatz lässt keine Wünsche offen für jene, die sich mehr Trubel und Infrastruktur wünschen. Auf der vorgelagerten Liebesinsel baden FKK-Anhänger.

Nur wenige Hundert Meter südlich der Blauen Adria, auf der gegenüberliegenden Seite des Altrheins, liegen mit der Schlicht und dem Wolfgangsee die nächsten großartigen Badeseen. Das große Gewässer bietet mehrere Strände (teilweise überwacht von der DLRG), bewaldete Ufer und an der nördlichen Spitze auch einen Parkplatz sowie einen Kiosk. Wer es hier so schön findet, dass er mehrere Tage bleiben will, kein Problem: Campingplätze gibt es direkt am Strandbad Mannheim-Neckarau, am Neuhofener Altrhein und an der Blauen Adria.

»An der Blauen Adria haben Schwimmer die volle Auswahl aus mehreren Badeseen.«

Info

GEEIGNET
Für Stadtbummler und Sonnenanbeter

STRANDBAD MANNHEIM-NECKARAU
www.visit-mannheim.de/Media/attraktionen/strandbad#/article/2681eb39-c77a-4a68-af8d-890f517dd580

BADESTELLE KIEFWEIHER
https://badeseen.rlp-umwelt.de/servlet/is/1143

BADESTELLE NEUHOFENER ALTRHEIN
https://badeseen.rlp-umwelt.de/servlet/is/1169

BADESEEN BLAUE ADRIA
https://badeseen.rlp-umwelt.de/servlet/is/1167

BADESEE SCHLICHT / WOLFGANGSEE
https://badeseen.rlp-umwelt.de/servlet/is/1176

WILDPARK
Durch den Auenwald schlendern und dabei 30 europäische Wildtierarten beobachten: Das geht wunderbar im Wildpark Ludwigshafen-Rheingönheim nördlich von Neuhofen: www.ludwigshafen.de/lebenswert/freizeit/wildpark.

ANREISE
Das Strandbad Mannheim-Neckarau erreicht man bequem vom Hauptbahnhof Mannheim aus, ansonsten gibt es einen Parkplatz am Franzosenweg. Vom Hauptbahnhof Ludwigshafen sind es sieben Kilometer bis zum Kiefweiher. Um mit dem Auto zum Kiefweiher und Altrhein zu kommen, steuert man am besten die »Pizzeria Seeblick«, Adriastraße 61, an. Zum Badesee Schlicht: Von Neuhofen aus der Speyerer Straße folgen, an der Straße Schlicht gibt es mehrere Parkplätze.

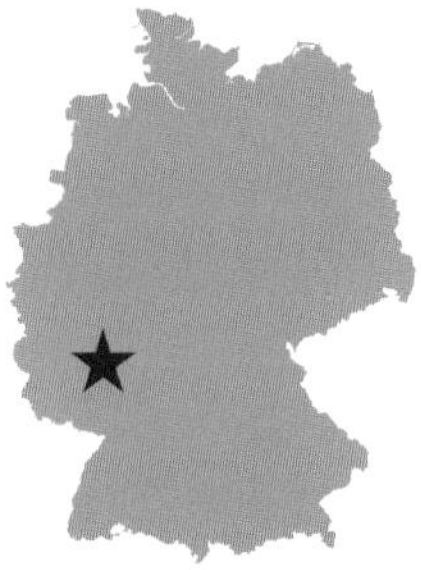

42 Rund um Kaiserslautern: Baden im Pfälzerwald

Eiswoog, Gelterswoog und mehr Seen

Der Pfälzerwald ist mit seiner Größe, seiner Vielfältigkeit und seinen Sehenswürdigkeiten in Deutschland einzigartig. Mitten im Wald, rund um Kaiserslautern, gibt es viele große und kleine Seen, die auf ein Bad einladen.

Die Universitätsstadt Kaiserslautern ist bekannt für ihre malerische Lage am Rande des Pfälzerwaldes, mit knapp 160 000 Hektar das größte zusammenhängende Waldgebiet Deutschlands. Rund um die 100 000-Einwohner-Stadt finden Wildschwimmer zahlreiche kleine und große Badeseen, in denen man herrlich baden kann. Diese stehenden Gewässer heißen hier allesamt »Woog«.

Rund 20 Kilometer westlich von Kaiserslautern liegt der Eiswoog mitten im Waldgebiet. Der »Eis«, wie er unter Einheimischen auch genannt wird, ist ein rund drei Hektar großer Stausee, dessen Ufer dicht bewaldet sind. Hier wird der rund 40 Kilometer lange Eisbach gestaut, der im nahen Ort Ramsen entspringt. Der Stausee erstreckt sich in Tropfenform von Norden nach Süden. Am Nordufer liegt das »Seehaus Forelle« (www.seehaus-forelle.de), ein Hotel und Restaurant mit einmaliger Lage und tollem Blick über den See und den Pfälzerwald. Das Hotel verleiht auch Ruderboote. Der See liegt so naturnah, dass man hier auch den seltenen Eisvogel beim Fischen beobachten kann. Besonders entspannt geht man knapp unterhalb des Hotels ins Wasser: Hier laden ein langer Holzsteg sowie eine große Liegewiese zum Verweilen ein. Wem es hier zu voll wird, der sucht sich einfach ein verstecktes Plätzchen unter den Bäumen. Um den See führt ein idyllischer, rund drei Kilometer langer Rundwanderweg durch den Mischwald. Teile des Weges sind umgestaltet worden zu einem barrierefreien Naturerlebnispfad. Der See ist außerdem Ausgangs- und Knotenpunkt für zahlreiche weitere Wanderungen.

Malerische Besonderheiten hat dieser mitten im Grünen gelegene See viele: In den Sommermonaten, von Mai bis Oktober, fährt eine nostalgische Schmalspurbahn vom kleinen Bahnhof Eiswoog durch den Wald bis zum nahen Ort Ramsen. Die Fahrt mit der historischen, 70 PS starken Maschine ist ein echtes Erlebnis (www.stumpfwaldbahn.de). Des Weiteren liegt der See mitten im Biosphärenreservat Pfälzerwald-Nordvogesen, das für seine hüb-

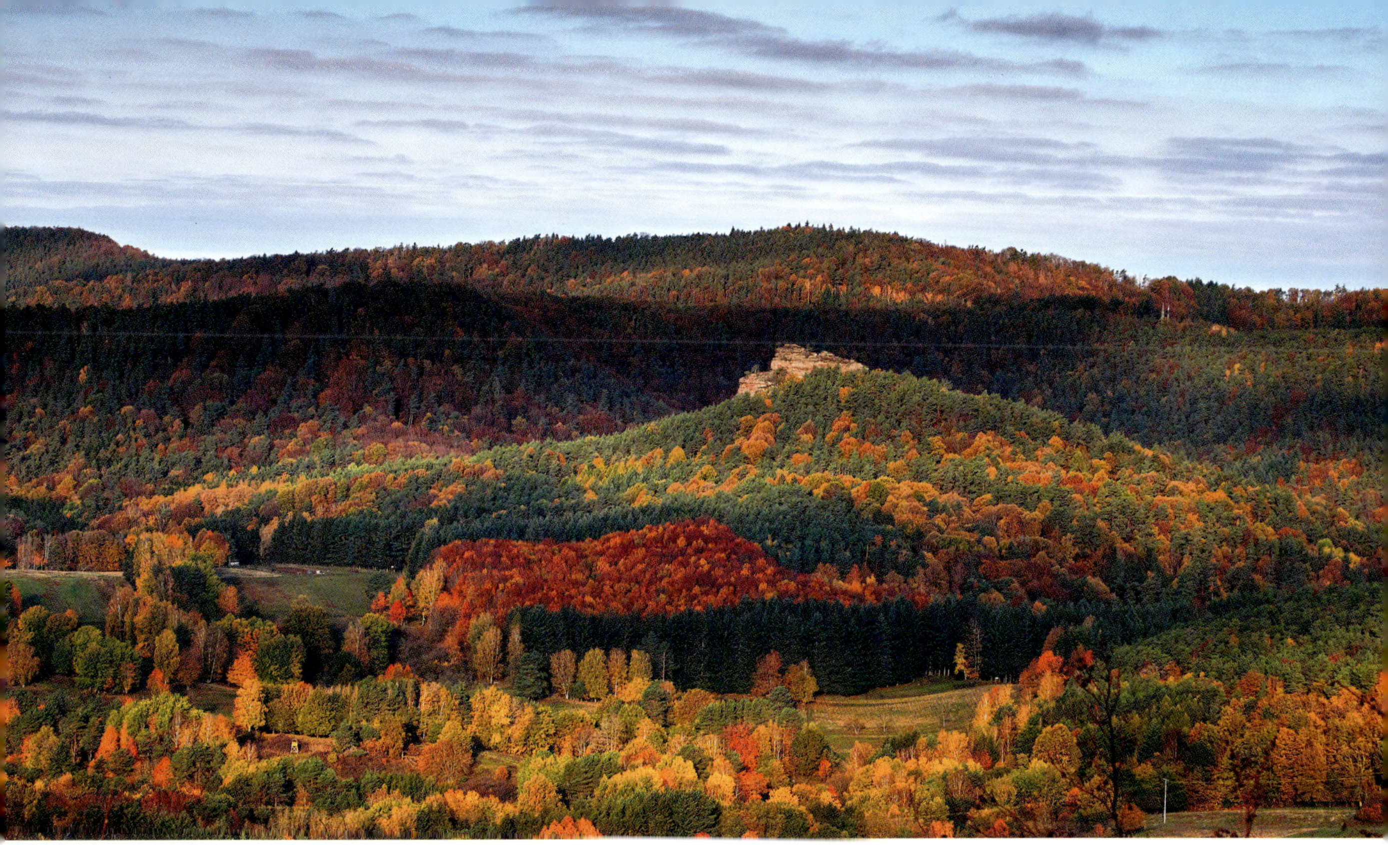

↑ Der Pfälzerwald ist in Deutschland einzigartig.
↓ Der See liegt mitten im Biosphärenreservat Pfälzerwald-Nordvogesen.

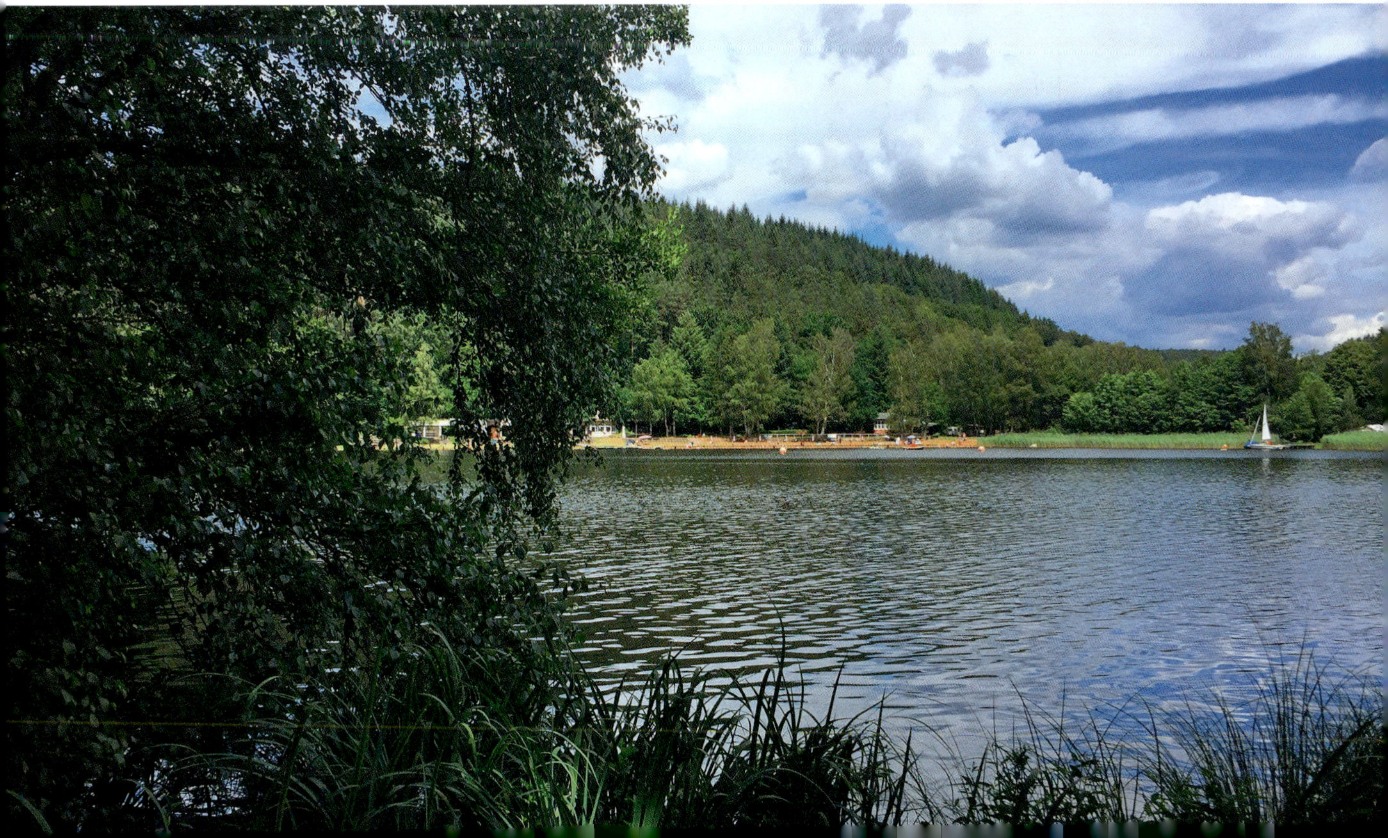

schen Mischwälder ebenso bekannt (und UNESCO-geschützt) ist wie für seine spektakulär gelegenen Burgruinen und bizarren Felsformationen.

Klein und glasklar, der Helmbachweiher

Rund 30 Kilometer südöstlich von Kaiserslautern liegt der Helmbachweiher. Das ist ein kleiner, aber feiner und glasklarer Naturbadesee nahe der 2000-Einwohner-Gemeinde Elmstein mitten im Pfälzerwald. Auch dieser See – gerade mal ein Hektar groß – wurde künstlich geschaffen. Hier wurde in den 1970er-Jahren der Kohlbach aufgestaut. Bis auf eine große Liegewiese, einen Grillplatz und eine Kneippanlage findet man hier keine Infrastruktur. Wegen seiner geringen Wassertiefe von knapp zwei Metern können sich hier an warmen Tagen schnell Wasserpflanzen bilden, doch die Wasserqualität ist ausgezeichnet.

Ein weiteres Schwimmer-Kleinod liegt knapp elf Kilometer westlich von Kaiserslautern bei Kindsbach, unweit der berühmten Ramstein-Militärbasis. Der Weiher ist überschaubar, liegt aber idyllisch unter Bäumen. Hier gibt es einen kleinen Kiosk sowie ein Sanitärhäuschen mit Toiletten und Umkleiden, an-

Tipp

Der monumentale Nibelungenfelsen bei Elmstein, die malerische Burgruine Hohenecken bei Kaiserslautern, die mysteriösen Teufelstisch-Felsen oder die hochherrschaftliche Burg Trifels: Der Pfälzerwald ist voller abwechslungsreicher Ausflugsziele, die es zu entdecken gilt: www.pfaelzerwald.de.

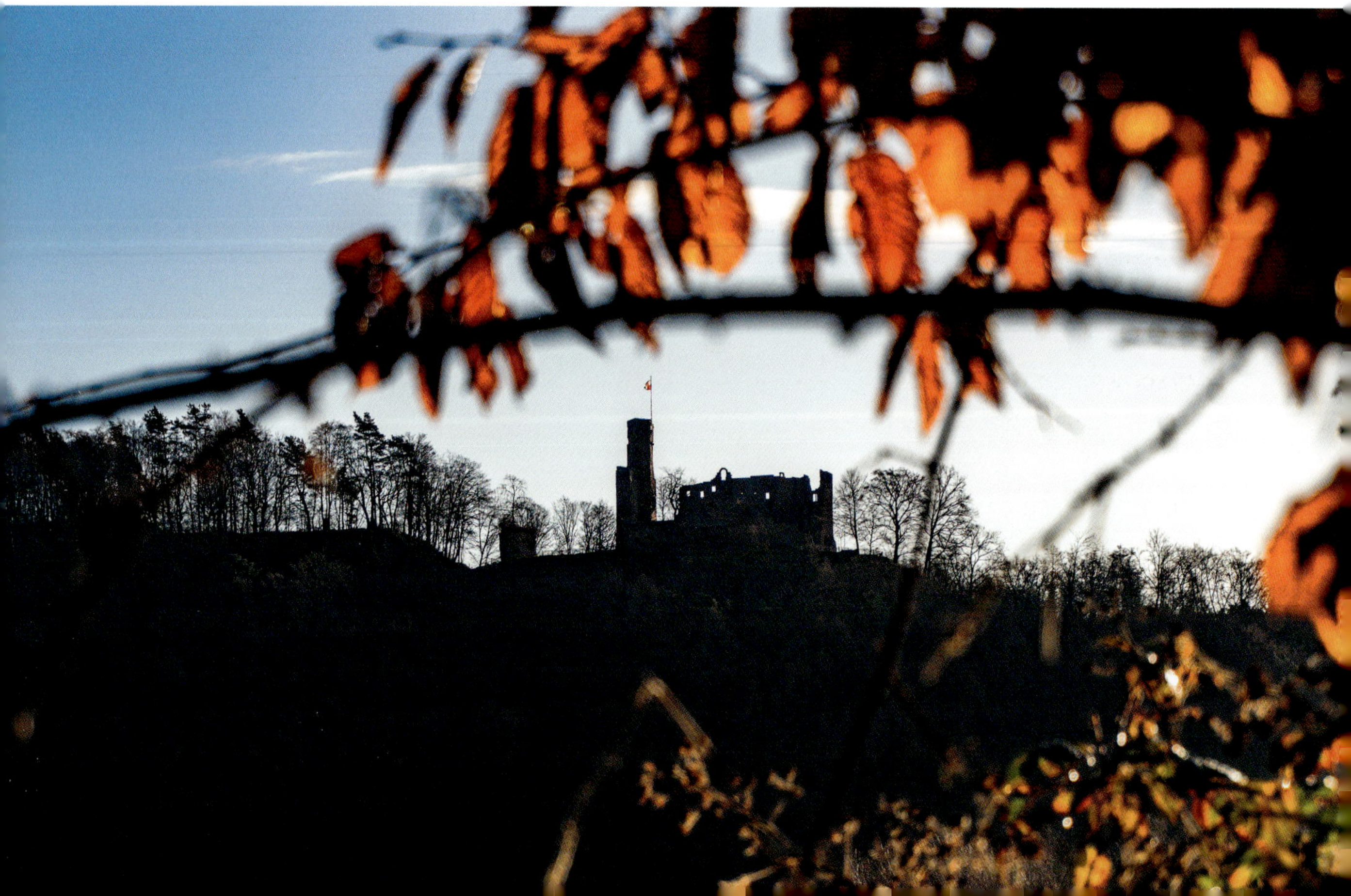

sonsten aber kaum Infrastruktur. Eine große Liegewiese gibt es am südlichen Ufer. Ein Nichtschwimmerbereich ist abgetrennt.
Wer ein Mountainbike hat, wird hier richtig Spaß haben: Hier führt eine Tour des MTB-Parks Pfälzer Wald vorbei (www.mountainbikepark-pfaelzerwald.de). Auch führen mehrere Wanderwege durch das sonnige Tal am See vorbei.
Knapp acht Kilometer südlich von Kaiserslautern liegt der Gelterswoog. Der Stausee im Stadtteil Hohenecken ist mehr als 13 Hektar groß und hat eine maximale Tiefe von rund vier Metern. Der See ist bereits im Mittelalter aufgestaut worden und ist heute ein beliebter Badesee. Offiziellen Zugang für Schwimmer gibt es jedoch nur über das Strandbad im nördlichen Teil mit vielfältiger, familienfreundlicher Infrastruktur, rund 300 Meter langem Sandstrand und Ruderbootverleih (www.gelterswoog.club). Auch ein Campingplatz ist in der Nähe. Am versteckt-romantischen Flair des Sees hat das Drumherum jedoch nichts verändert: Der Woog ist ein geschütztes Naturdenkmal, an dem z. B. viele gefährdete Libellenarten leben.

»Ein ›Woog‹ meint ein stehendes Gewässer, das Mühlen oder der Fischzucht diente.«

↙ Der Pfälzerwald ist voller abwechslungsreicher Ausflugsziele.

Info

GEEIGNET
Für Wanderer und Vogelbeobachter

EISWOOG
www.tourenplaner-rheinland-pfalz.de/de/punkt/badestelle/eiswoog/7985404/

HELMBACHWEIHER
https://badeseen.rlp-umwelt.de/servlet/is/1155/

BÄRENLOCHWEIHER
https://badeseen.rlp-umwelt.de/servlet/is/1163/

GELTERSWOOG
https://badeseen.rlp-umwelt.de/servlet/is/1135/

BARBAROSSA-RADWEG
Am Eiswoog führt der Barbarossa-Radweg vorbei, ein 90 Kilometer langer Radweg, der durch das Pfälzer Bergland führt und in der »Kaiserstadt« Worms endet. Hügel, Wälder, Weinreben: Der Radweg führt durch äußerst abwechslungsreiche Landschaft: www.pfalz.de/de/route/barbarossa-radweg.

ANREISE
Eiswoog: 20 Kilometer östlich von Kaiserslautern, einfach der L395 durch Alsenborn direkt bis zum See folgen, Parkplatz am Hotel. Vom Bahnhof Alsenborn fährt auch ein Bus hierher. Helmbachweiher: Ist am besten mit Pkw zu erreichen. Von Kaiserslautern aus der L504 durch Elmstein hindurch und dann der L499 folgen, bis die Straße Helmbach rechts abknickt und zum See führt. Parkplatz vorhanden. Bärenlochweiher: Von Kaiserslautern aus der Kaiserstraße folgen, bis die Weiherstraße / Talstraße links abknickt und zum See führt. Parkplatz vorhanden. Vom S-Bahnhof Kindsbach aus sind es eineinhalb Kilometer. Gelterswoog: Von Kaiserslautern der B270 durch Hohenecken folgen, See und Parkplatz befinden sich direkt an der Straße. Vom Hbf Kaiserslautern aus sind es rund neun Kilometer.

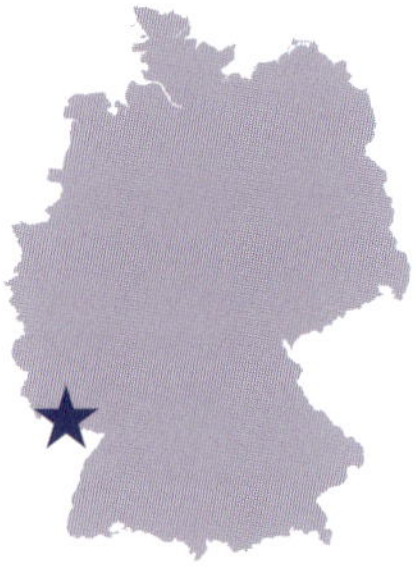

43 Einzigartige Kulisse: der Schöntalweiher

Badeseen im Dahner Felsenland

Roter Felsen, über ein Dutzend Burgen, rätselhafte Sagen und bewaldete Hügel: Das Dahner Felsenland ist eine einzigartige Landschaft in der südwestlichen Pfalz an der Grenze zu Frankreich. Hier schwimmt man vor idyllischer Kulisse.

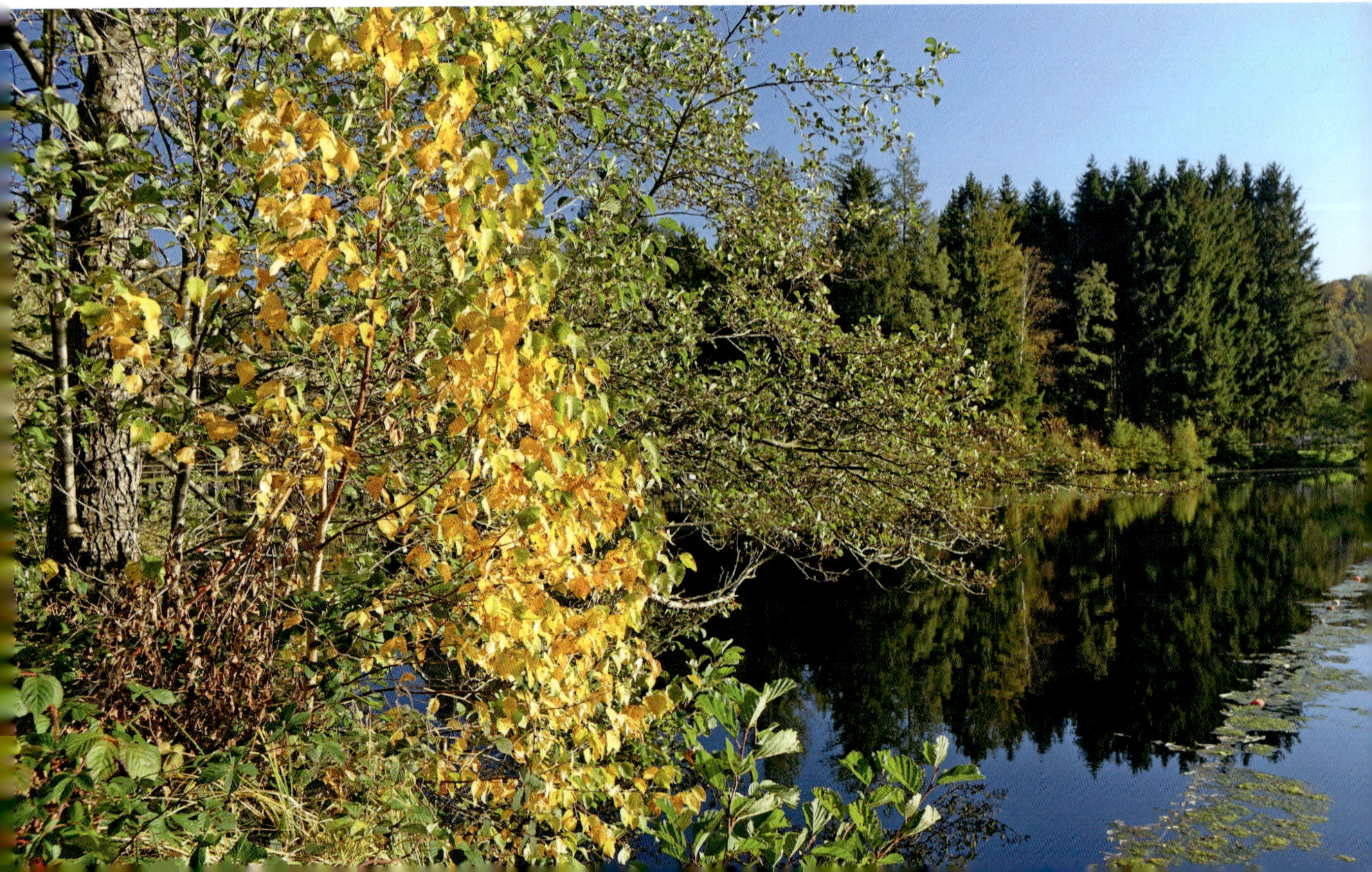

Bekannt ist das Dahner Felsenland für seine zahlreichen sagenhaften Sehenswürdigkeiten und seine vielen Wanderrouten, die zu großartigen Aussichtspunkten führen. Auch kann man hier toll klettern. Nach einer solch anstrengenden Tour laden kleine, aber äußerst idyllische Seen ein, ins kühle Nass zu springen. Mit hervorragender Wasserqualität lockt der Schöntalweiher in der Nähe des 800-Einwohner-Ortes Ludwigswinkel, umgeben von Wald. Im schönen Reislertal liegt dieser sechs Hektar große Badesee, der vor rund einhundert Jahren entstand, als man den Saarbach aufstaute. Mit den Jahren wuchs seine Popularität als Badegewässer, seit den 1960er-Jahren darf man hier auch angeln. Durch das Reislertal führen außerdem mehrere Wanderwege.

Viele Quellen sorgen für bestes Wasser

Um die Natur zu schützen, ist das westliche Ufer unter Naturschutz gestellt worden. Schwimmen kann man am östlichen Ufer. Hier gibt es eine große Liegewiese mit schönem Baumbestand, Umkleidekabinen sowie einen Kiosk. Der Einstieg ist flach und angenehm sandig. Da der See aus mehreren Quellen und Flüssen gespeist wird, ist sein Wasser immer von sehr guter Qualität. Es wird regelmäßig überprüft. Rund 23 Kilometer östlich vom Schöntalweiher liegt die nächste idyllische Badestelle: der Seehofweiher. Direkt unterhalb des kleinen Ortes Erlenbach, beinahe in Sichtweite zur berühmten Burg Drachenfels, liegt dieser idyllische Weiher. Der große Badesee mit seinen baumbestandenen Ufern ist sowohl für Familien wie auch für Wanderer und Naturfreunde das perfekte Ausflugsziel. Rund um den lang gezogenen See gibt es immer wieder versteckte Einstiege. Eine große Liegewiese mit Kiosk und Toiletten befindet sich am westlichen Ufer. Hunde sind hier übrigens, wie meist bei solchen Weihern, nicht erlaubt.

↙ Dieser sechs Hektar große Badesee ist umgeben von idyllischer Kulisse.

Badesee zu Füßen einer Raubritterburg

Der See macht dem Dahner Felsenland und seinen berühmten Burgen alle Ehre: Er liegt zu Fuße der Burg Berwartstein. Die imposante Felsenburg aus dem Mittelalter ist keine eineinhalb Kilometer vom See entfernt. Einst wurde sie durch einen Blitzschlag zerstört, doch Ende des 19. Jahrhunderts wurde sie wieder aufgebaut. Sie wird aktuell bewohnt – als einzige Burg in dieser Region (http://burgberwartstein.de).

Info

GEEIGNET
Für Outdoor- und Burg-Fans

SCHÖNTALWEIHER
https://badeseen.rlp-umwelt.de/servlet/is/1187

SEEHOFWEIHER
www.suedwestpfalz-touristik.de/Aktiv/badesee-seehofweiher.html

BEDEUTENDES KLETTERGEBIET
Hoch aufragende Türme und zerklüftete rote Felsen: Die Südpfalz ist ein bedeutendes Klettergebiet. Dutzende Türme aus Buntsandstein sowie über einhundert Felsmassive locken Anfänger wie Fortgeschrittene. Aktuelle Infos gibt es hier: www.pfaelzer-kletterer.de. Schulungen und Exkursionen gibt es u. a. hier: www.pfalzklettern.com.

ANREISE
Schöntalweiher: Der Schöntalweiher ist am besten per Pkw zu erreichen. Von Pirmasens aus der Erlenbrunner Straße und dann nach einem Linksknick der L485 / L478 folgen, die zum See führt. Ein großer Parkplatz liegt direkt am See. Seehofweiher: Auch hierher kommt man am besten mit Auto. Vom Schöntalweiher aus der L478 folgen, bis die L490 in Niederschlettenbach links abknickt. In Erlenbach rechts ab bis zur Burg Berwartstein, vor dessen Parkplatz links abbiegen, der Weg führt zum See.

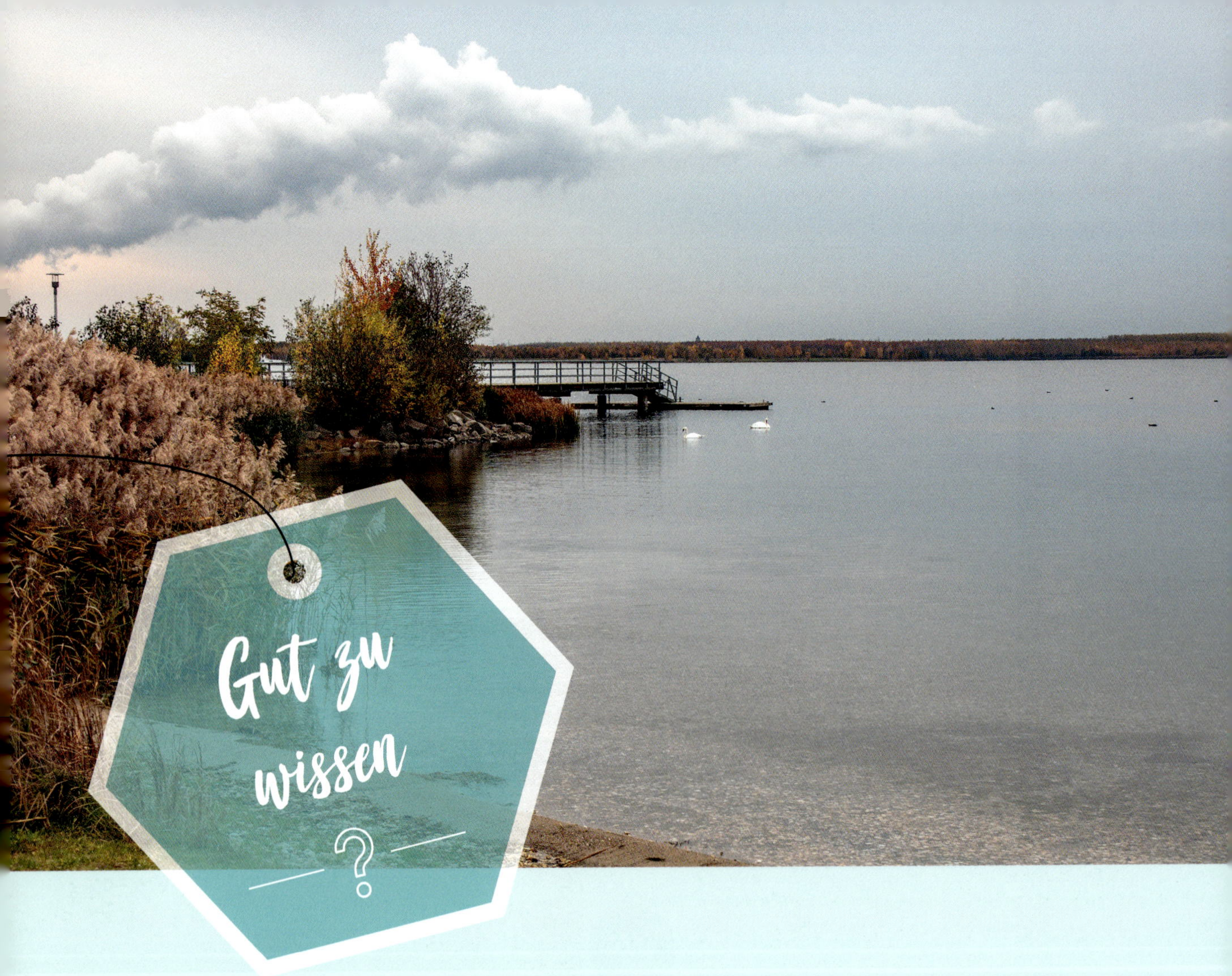

Schwimmen in Steinbrüchen und Baggerseen

Neue Seenlandschaften entstehen

Ob in Nordrhein-Westfalen, Brandenburg oder Sachsen: Überall hat der Mensch die Natur geprägt. Am deutlichsten wird das in ehemaligen sogenannten Bergbau- und Tagebaurevieren. Während für Braunkohle die Landschaft oberflächlich abgebaggert wird, entstehen bei der Gewinnung von Granit, Sand und anderen Rohstoffen tiefe Löcher.

Diese einschneidenden Eingriffe in die Natur verändern das Gesicht einer Landschaft komplett, auch wenn der Eingriff vielleicht schon Jahrzehnte her ist. Diese industrielle Vergangenheit kann jedoch auch eine Chance auf Neubeginn für eine Region werden. Vor allem Wasserratten können hiervon profitieren. Denn aus ehemaligen Tagebauten und Steinbrüchen werden oft Badeseen, denen man nur wenige Jahre später nicht mehr ansieht, dass sie einst künstlich erschaffen wurden.

Ehemalige Tagebaureviere werden so zu wahren Natur- und Badeparadiesen für Naturfreunde, Familien und Wassersportler. Die stillgelegten Gruben füllen sich über Jahre mit Wasser, werden renaturiert und entwickeln sich zu neuen Ausflugszielen für eine ganze Region. Auch der Naturschutz spielt dabei oft wieder eine Rolle, da zum Beispiel wertvolle Auenlandschaften als Rückzugsort für seltene Vogelarten entstehen.

Ein Beispiel hierfür ist das Lausitzer Seenland in Sachsen und Brandenburg an der polnischen Grenze. Hier entsteht mit den Jahren Europas größte künstlich angelegte Seenplatte. Früher wurde hier Braunkohle gewonnen, inzwischen ist eine Landschaft aus Dutzenden großen und kleinen Seen auf einer Fläche von 80 mal 40 Kilometern entstanden. Dazu werden zahlreiche ehemalige Braunkohle-Tagebaue geflutet, Badestrände, Yachthäfen, Campingplätze und weitere touristische Anziehungspunkte angelegt. Für die Entwicklung dieser Kulturlandschaft wurde das Lausitzer Seenland bereits mit einem europäischen Preis ausgezeichnet. Infos unter www.lausitzerseenland.de.

Ein kleineres Beispiel ist das Leipziger Seenland in Sachsen. Hier wird das sogenannte Mitteldeutsche Braunkohlerevier nach und nach renaturiert. Vor allem seit den 1990er-Jahren entstehen immer wieder neue Badeseen wie etwa der Cospudener See oder der Hainer See. Rund 25 ehemalige Tagebaulöcher umfasst das Leipziger Seenland. Infos unter www.leipzigseen.de.

Ähnliche Beispiele gibt es auch in anderen Bundesländern mit großer industrieller Vergangenheit wie Rheinland-Pfalz und Nordrhein-Westfalen. Es gibt hier bereits zahlreiche Stauseen und Talsperren. Zwischen Aachen, Düsseldorf und Köln liegt das größte Braunkohlerevier Europas. Aus den drei noch aktiven Tagebaugebieten Hambach, Garzweiler und Inden könnten später einige der größten und tiefsten Seen des Landes entstehen. Neben der touristischen Nutzung und einer teilweisen Wiederaufforstung gibt es außerdem Ideen, die riesigen Flächen für Solarparks oder Windparks zu nutzen.

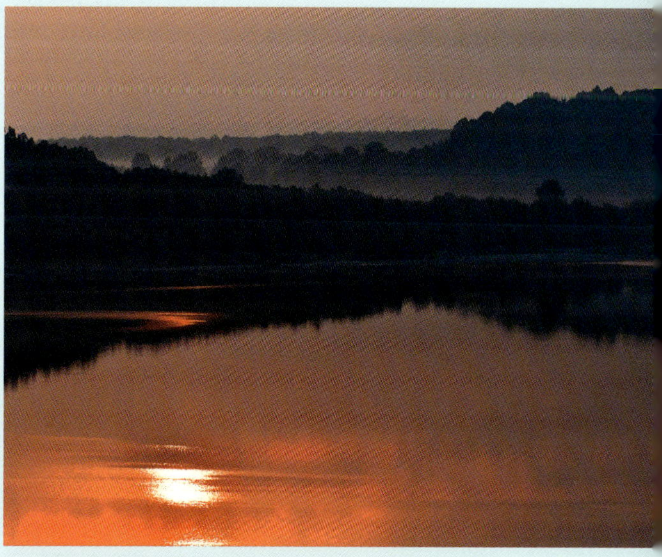

↑ Aus ehemaligen Tagebaurevieren entstehen wahre Naturparadiese.
↖ Den heutigen Badeseen ist die Vergangenheit nicht mehr anzusehen.

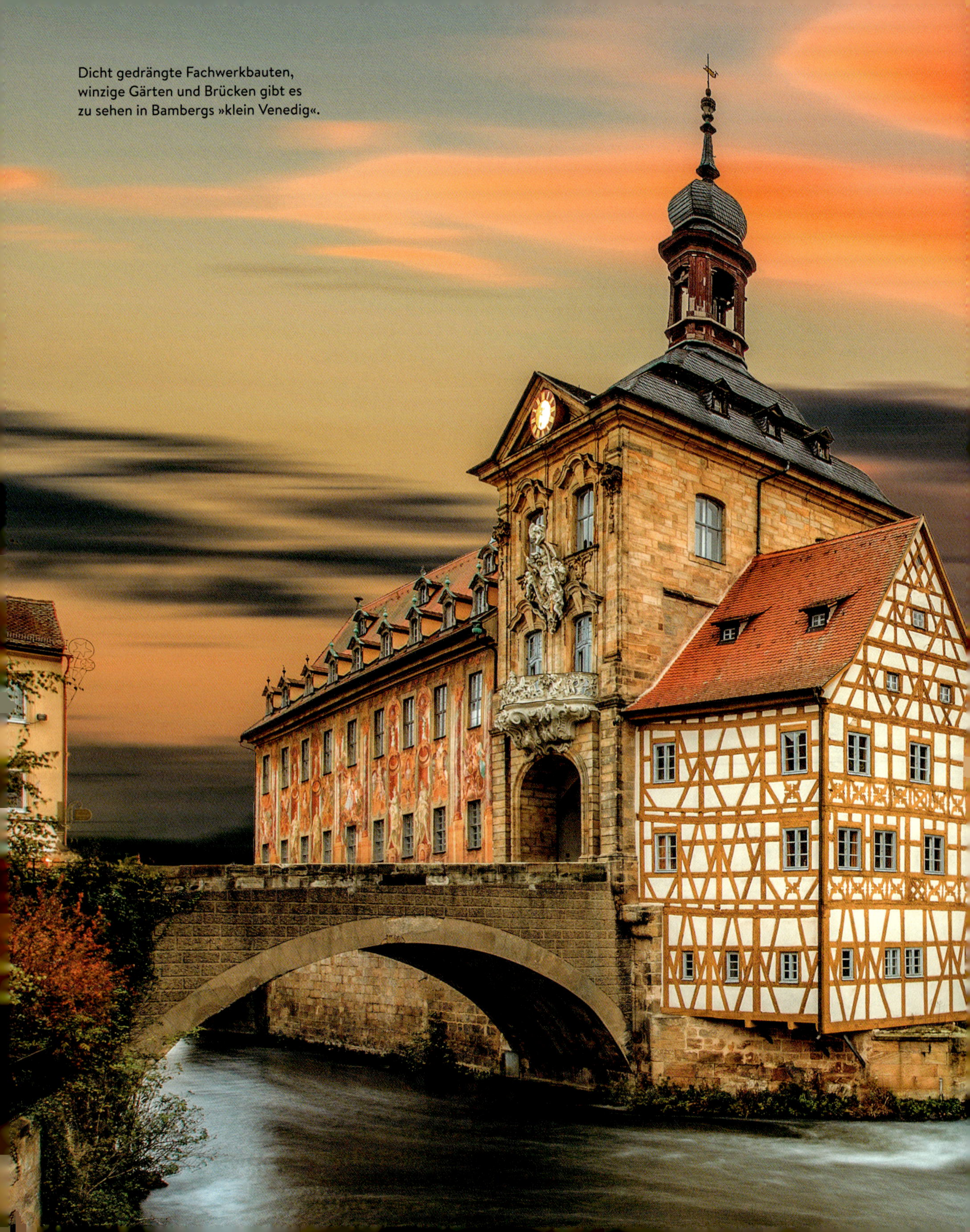

Dicht gedrängte Fachwerkbauten, winzige Gärten und Brücken gibt es zu sehen in Bambergs »klein Venedig«.

Bayern und Baden-Württemberg

Wilde Flüsse und weite Seen

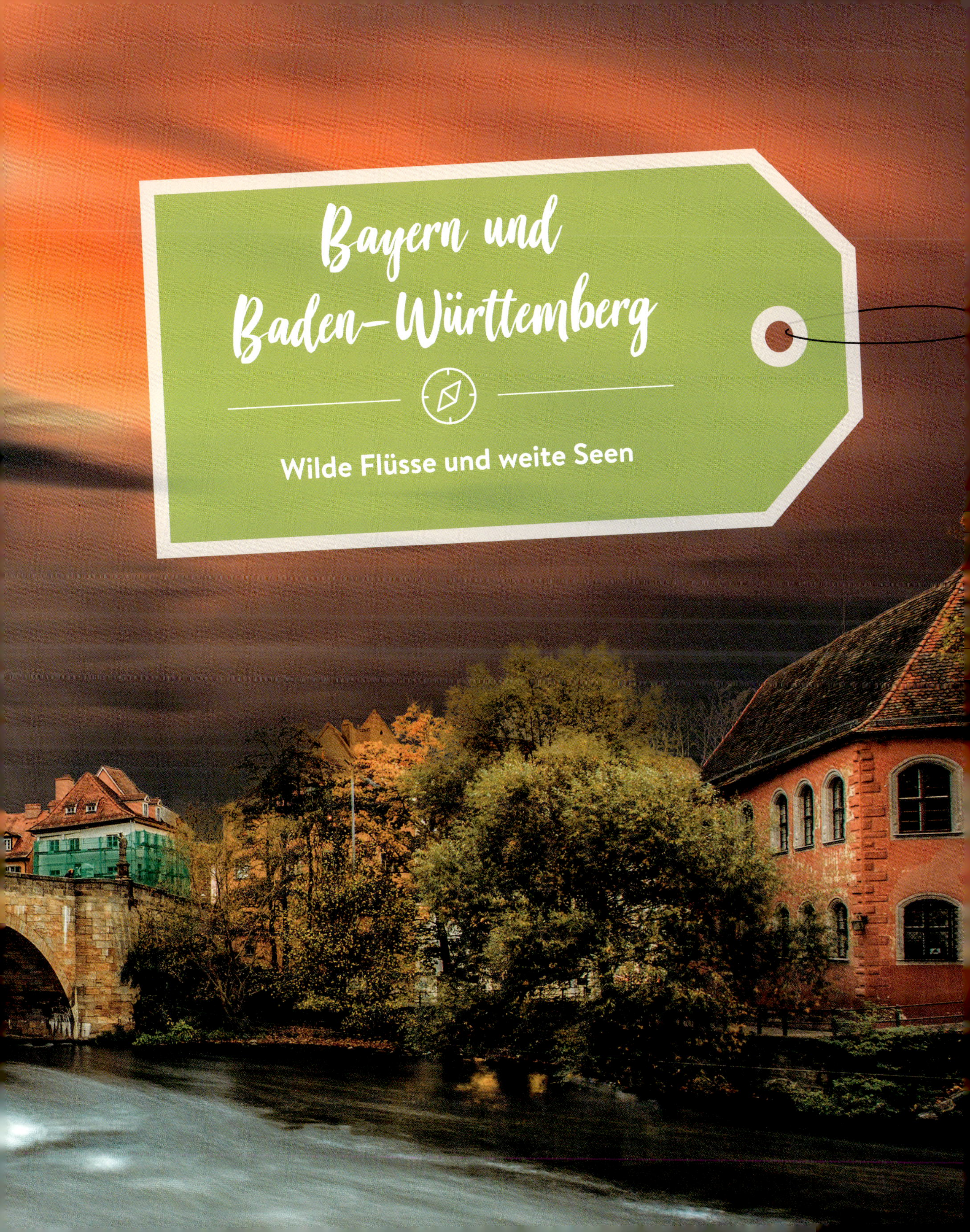

44 Die Regnitz in Bamberg: idyllisch im Fluss

Schwimmen in der Kaiserstadt

Sie ist die Lebensader der Kaiserstadt Bamberg: die Regnitz, die auf rund 60 Kilometern Länge durch Franken fließt. Die Bamberger hegen eine große Liebe zu ihrem Fluss: An heißen Sommertagen springen sie gern hinein.

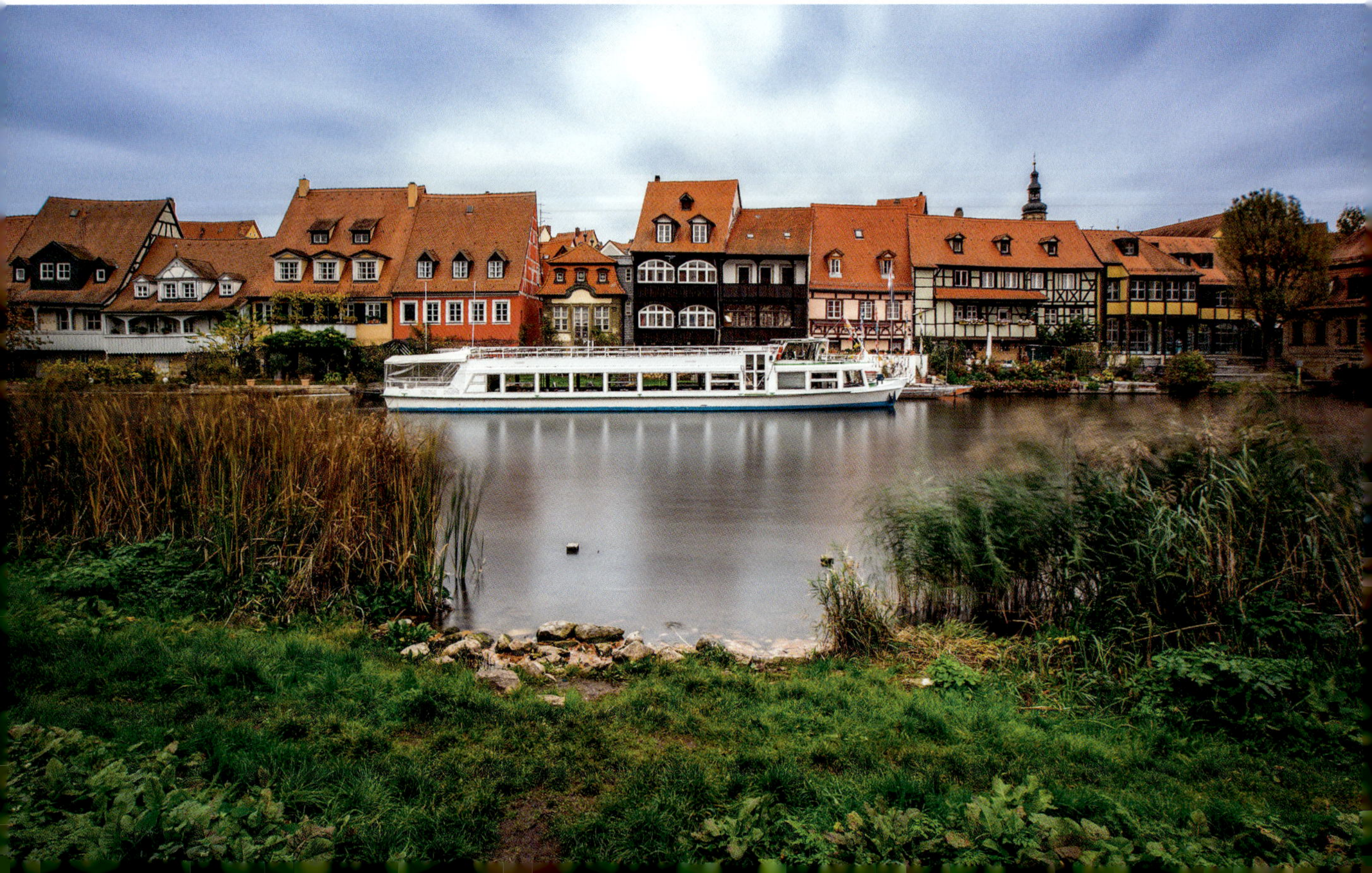

Sie ist unbestritten eine der schönsten Städte Bayerns: das prächtige Bamberg in Oberfranken. Ihr seit Jahrhunderten größtenteils unversehrt gebliebener Stadtkern ist schon lange UNESCO-Weltkulturerbe, und der großartige Bamberger Dom lässt viele Besucher mit offenem Mund mitten auf dem Weg stehen bleiben. Als Universitätsstadt ist die 77 000-Einwohner-Stadt jedoch immer jung geblieben und hat sich weiterentwickelt.

Handtuch unter alten Bäumen ausbreiten

Das zeigt sich auch an schönen Sommertagen. Dann tritt ein ganz anderes Bamberger Juwel zutage: der Fluss Regnitz, der mitten durch die Stadt fließt. Obwohl es offiziell nicht erlaubt ist, nutzen viele junge Leute die Gelegenheit, in dem schönen Fluss zu baden.

In der Regnitz in Bamberg ist es offiziell nicht erlaubt, zu baden. Eine Ausnahme macht das sogenannte Hainbad, eine kostenlos zugängliche Badestelle im hübschen Hainpark mitten in der Stadt am linken Regnitzarm. Das Ufer ist hier durch Holz befestigt, ins Wasser führt eine Treppe. Es gibt eine Liegewiese und man kann sein Handtuch im Schatten alter Bäume ausbreiten.

Badestelle seit den 30er-Jahren

An dieser Stelle wird das Baden im Fluss geduldet – und zwar bereits seit den 30er-Jahren. Inzwischen ist die Infrastruktur deutlich gewachsen: Besucher erwartet ein Kiosk, für Kinder gibt es einen Spielplatz und ein kleines Wasserbecken. Wer den kleinen Eintrittspreis von 2,50 Euro für Erwachsene nicht zahlen möchte, sucht sich auch schon mal oberhalb oder unterhalb des Hainbads einen schattigen Zugang zum Fluss. Doch durch den Sog vorbeifahrender Schiffe und die geringen Sichttiefen im Wasser kann es leicht zu gefährlichen Situationen kommen.

Besonders beliebt ist das Flussschwimmen südlich der B22 an der sogenannten Burger Spitze, einer Landzunge, an der sich die Regnitz in ihren linken und rechten Flussarm gabelt. Durch den Stadtpark Luisenhain gibt es hier viele Bäume und ansonsten Wiesen, auf denen man sich ausbreiten kann. Auch hier wird allerdings auf das offizielle Badeverbot hingewiesen.

← Baden in der Regnitz ist in Bamberg möglich.

Info

GEEIGNET
Für Stadtbummler und Familien

HAINBADESTELLE
www.stadtwerke-bamberg.de/baeder/freibaeder/hainbadestelle

KLEIN-VENEDIG
Bamberg hat viele Sehenswürdigkeiten. Wer dem Verlauf der Regnitz weiter folgen will, der sollte »Klein-Venedig« nicht verpassen, eine pittoreske ehemalige Fischersiedlung: www.bamberg.info/poi/klein_venedig-4650.

BIERTRADITION
13 familiengeführte Brauereien und Dutzende mehr im Umland: Bamberg behauptet stolz von sich, die »wahre Hauptstadt des Bieres« zu sein. Um sich davon zu überzeugen, kann man Touren buchen: www.bamberg.info/bier.

ANREISE
Die Hainbadestelle, Mühlwörth 18a, liegt im Hainpark mitten in Bamberg. Es gibt jedoch wenige Parkplätze (kleiner Parkplatz am südlichen Ende der Hainstraße), daher lieber zu Fuß, mit Rad oder ÖPNV hierherkommen. Die nächste Bushaltestelle ist »Ottoheim« in der Hainstraße (400 Meter zur Badestelle).

45 Das versteckte Naturschauspiel: die Walchenklamm entdecken

Tolle Badestellen rund um den Sylvensteinspeicher

In Bayern gibt es viele wunderschöne Klammen, in denen sich ein Gebirgsbach über Jahrtausende einen Weg durchs Gestein gegraben hat. Eine wenig bekannte, sehr schöne Klamm liegt am Sylvensteinspeicher.

Nur noch selten kann die wunderschöne Isar auf ihrem über 200 Kilometer langen Lauf durch Tirol und Bayern zeigen, was sie wirklich draufhat: imposantes Farbenspiel von hellem Aquamarin bis ins bernsteinfarbene Braun, verzweigte Flussarme, sprudelnde Strömungen und weite weiße Schotterbänke.

Wer den ursprünglichen Charakter der Isar, die eindrucksvolle Naturkulisse des Karwendelgebirges und klarstes Bergwasser zusammen erleben will, der sollte zum Sylvensteinsee kommen. An seinen weitläufigen Ufern vergisst man schnell, dass es sich hierbei um einen Stausee handelt, der in den 1950er-Jahren angelegt wurde. Gebaut wurde er zum Hochwasserschutz; in Trockenzeiten stellt er außerdem die Wasserführung der Isar sicher und dient der Stromerzeugung. Er wirkt allerdings so natürlich, dass sich hier jeder Wildschwimmer wohlfühlen wird.

An den Ufern des insgesamt sieben Kilometer langen Sees findet man schnell eine ruhige Badestelle ganz für sich allein. Besonders empfehlenswert ist das Gebiet rund um die Einmündung der Isar am westlichen Ende: Zahlreiche Kiesbänke, viele flache Einstiege, das beeindruckende Farbenspiel des Flusses und die selten gewordene Natürlichkeit des Isartales machen das Baden hier zum besonderen Erlebnis. Der Sylvensteinspeicher, der nach einem nahen Felsrücken benannt ist, ist heutzutage beliebtes Bade-, Sport- und Ausflugsgebiet.

Wer es weniger wild mag, dem sei der kleine Ort

→ Die Walchenklamm am Sylvensteinspeicher ist toll für Wassersport.

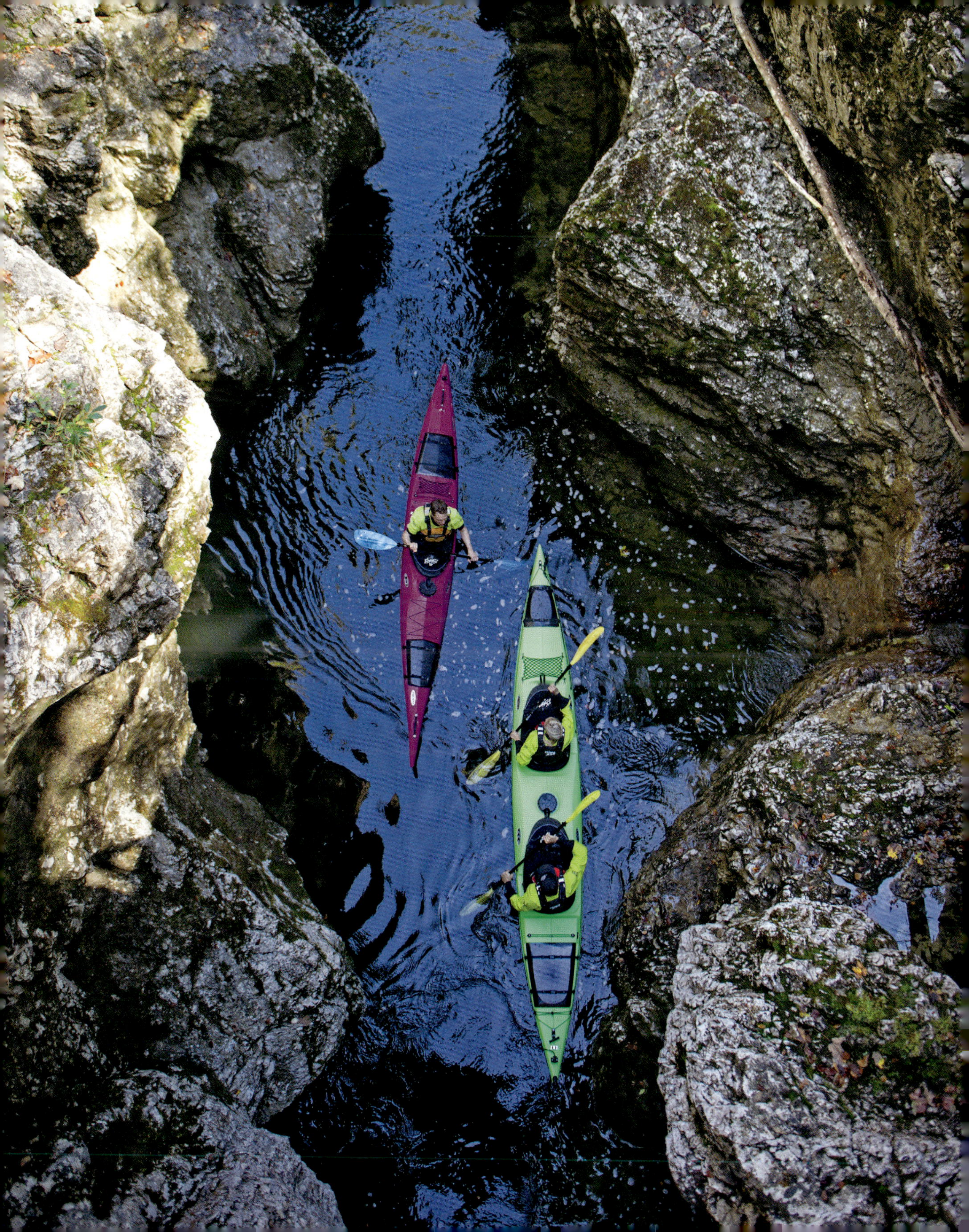

Fall empfohlen. Hier gibt es eine Badestelle mit grüner Liegewiese, einen schmalen weißen Kiesstrand, Grillstellen und einen Kiosk. Beliebt ist auch das Baden unterhalb der Sylvensteinbrücke.
Am östlichen Ende fließt der rund 17 Kilometer lange Fluss Walchen in den Sylvensteinspeicher. Hier rauscht der klare, blaue Fluss durch eine sehenswerte Klamm, durch die man toll wandern und Kajak fahren kann. Der Fluss hat hier immer wieder Gumpen in den Felsen gegraben, also natürliche Pools, in denen man an heißen Sommertagen baden oder zumindest die Füße hineinhalten kann – das Wasser ist nämlich kribbelig kalt.

Klamm liegt versteckt im Wald

Wer vom Sylvensteinspeicher in Richtung Österreich unterwegs ist, wird die Walchenklamm von der Bundesstraße aus nicht sehen, obwohl der Fluss nur wenige Hundert Meter neben der Straße entlangrauscht. Auch der Isar-Radweg führt hier in der Nähe vorbei. Auf rund 300 Kilometern folgt er dem wunderschönen Fluss vom Mündungsgebiet bei Plattling bis zum Isar-Ursprung auf der österreichischen Grenze (www.isarradweg.de). Vom Sylvensteinspeicher in Richtung Kaiserwacht fahrend bekommt man einen tollen Blick in die Klamm.
Einen offiziellen Wanderweg durch die Klamm gibt es nicht. Trittsicher sollte man daher schon sein und

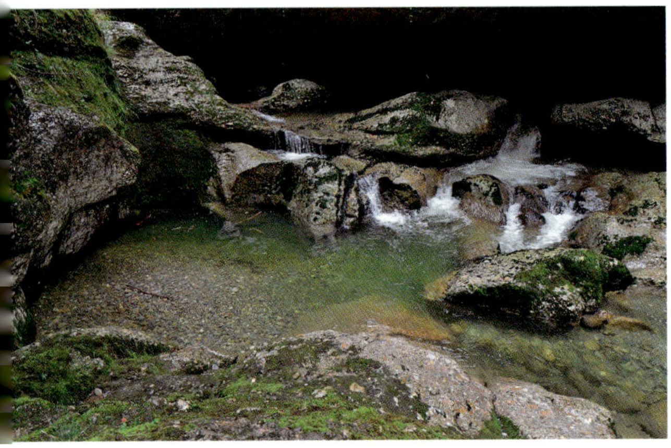

»Kristallklar und kalt: Fürs Schwimmen in der Klamm braucht man starke Nerven.«

auch gute Wanderschuhe dabeihaben. Für den Weg durch die Klamm sind wegen des steinigen Untergrunds dann Badeschuhe von Vorteil.
Vom Parkplatz direkt an der B307 aus geht es los. Ein Eingang zur Walchenklamm befindet sich auf der gegenüberliegenden Seite der Straße. Man folgt dem Pfad durch den Wald, bis man auf den Fluss trifft. Das dauert nur wenige Minuten. Hier ist die Walchen eher wie ein kleines Bächlein, dessen Lauf man am besten flussaufwärts folgt. Nach und nach wird der Fluss tiefer, bis er einem sogar bis zum Hals reicht.
In den Gumpen steht das Wasser teilweise mehrere Meter hoch, man muss also gut schwimmen können. In der Klamm wird man belohnt mit einem einzigartigen Naturschauspiel, wie es nur klare, rau-

Tipp

Die Walchenklamm ist auch unter Kajakfahrern sehr beliebt. Die Zufahrt erfolgt meist vom Sylvensteinspeicher aus. Wie weit man mit einem Kajak in die Klamm hineinfahren kann, hängt vom Wasserstand an dem Tag ab. Es gibt mehrere Verleihstationen für Kanus, Kajaks und SUPs, Infos unter www.lenggries.de.

↗ Der Sylvensteinspeicher ist gut mit dem Auto erreichbar.
← Hier wirkt die Walchen eher wie ein kleines Bächlein.

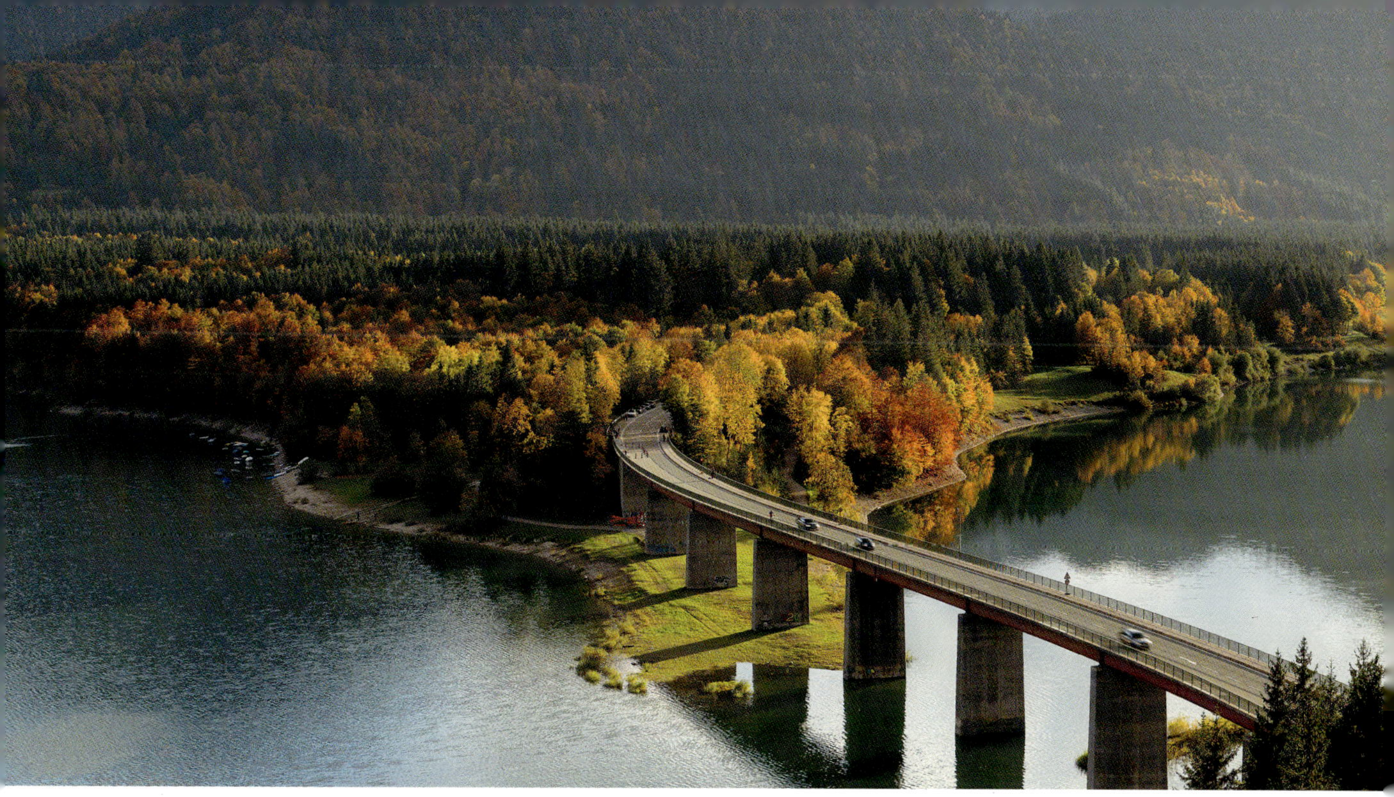

schende Gebirgsflüsse schaffen können. Wer mutig ist, springt von den Felsen aus sogar in die Gumpen hinunter und überwindet dabei fünf bis zehn Meter Höhe. Das ist am besten was für jene, die die Klamm schon gut kennen und wissen, wie und wo man sicher springen kann. Wenn man sich genug im Wasser abgekühlt hat, kann man sich auf die großen Felsen am Flussufer legen und von der Sonne erwärmen lassen, bevor es in wenigen Minuten wieder zurück zum Parkplatz geht.

Info

GEEIGNET
Für Outdoor-Fans und Abenteurer

WALCHENKLAMM
www.karwendel-urlaub.de/umgebung/sylvensteinsee/walchenklamm

KARWENDELGEBIRGE
Bewaldete Berge, die Kulisse der steinernen Spitzen des Karwendels und dazwischen das breite Isartal mit der türkisfarbenen Isar sind ein perfektes Panorama für Rad- und Wandertouren: www.karwendel.org.

VERSUNKENER ORT FALL
Der Ort Fall wurde wegen des Stausee-Baus in den 1950er-Jahren neu errichtet. Sein Vorgänger, ein kleiner Ort mit Holzhäusern, Kirche und Gasthaus, liegt versunken am Grund des Sees. Wenn es lange Zeit nicht regnet und der Wasserspiegel des Stausees sinkt, werden die Grundmauern sichtbar: www.lenggries.de/sommer/das-versunkene-dorf-fall.

ANREISE
Die Walchenklamm ist am besten per Pkw oder Fahrrad zu erreichen. Von Bad Tölz liegt sie 25 Kilometer südlich. Der B13 folgen, am Sylvensteinspeicher links auf die B307 und im Waldgebiet am zweiten Parkplatz links parken.

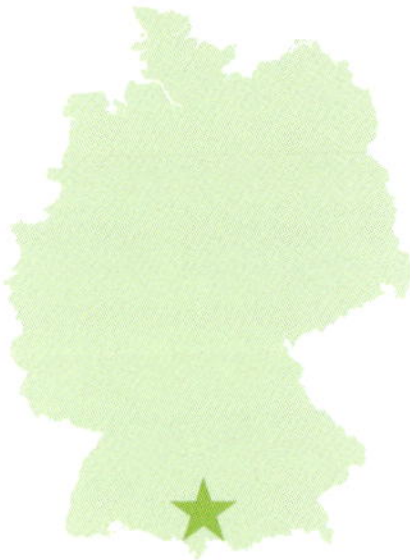

46 Flusswandern für Abenteurer: Canyoning in der Starzlachklamm

Spektakuläre Flusslandschaften im Allgäu

Tief im Allgäu liegt ein besonders spektakuläres Naturschauspiel: die Starzlachklamm. Die Starzlach bildet Strudel, Gumpen und Wasserfälle, an denen man beim Canyoning herunterklettern kann.

In der Nähe der Stadt Sonthofen gräbt sich die Starzlach zu Fuße des über 1700 Meter hohen Berges Grünten durchs Gebirge und bietet jedem Wasser-Abenteurer die perfekte Action. Der Name Starzlach bedeutet so viel wie Sturzbach, und dieser Bedeutung macht der Fluss alle Ehre. Er sprudelt und schäumt, bildet zahlreiche Strudel und kleinere Klammen und rauscht an einem Punkt sogar über einen zwölf Meter hohen Wasserfall hinweg.

Die Klamm kann man von beiden Seiten begehen. Am einfachsten ist es jedoch vom kleinen Ort Sonthofen-Winkel aus. Hier, am Ende der Winkeler Straße, liegt ein großer Wanderparkplatz. Nach rund 20 Minuten Fußweg durch den Wald erreicht man den Eingang der Klamm.

Eine kleine Einkehr bietet sich beim Wirt der »Klammhütte« an (www.klammwirt.de). Auf der kleinen Sonnenterrasse schmeckt die Brotzeit mit bestem Blick auf die wunderschönen Schleierfälle gleich doppelt so gut. Hier entrichtet man außerdem das kleine Eintrittsgeld für die Klamm (3,50 Euro für Erwachsene), das zur Erhaltung des Naturdenkmals dient.

Der Weg durch die Klamm ist gut begehbar, aber teilweise auch sehr steinig, uneben und schmal. Mitbringen sollte man daher eine gewisse Grundfitness und gutes Schuhwerk.

Die Starzlach entspringt auf knapp über 1000 Metern Höhe zwischen dem Berg Grünten und dem Wertacher Hörnle. Über Millionen von Jahren hat sie sich wie ein wunderschönes Spektakel in den Stein gegraben. Der obere Teil der Klamm liegt in einem Landschaftsschutzgebiet. Sie ist so besonders, dass sie als wertvolles Geotop eingestuft wurde und außerdem als besonders schützenswertes Natur-

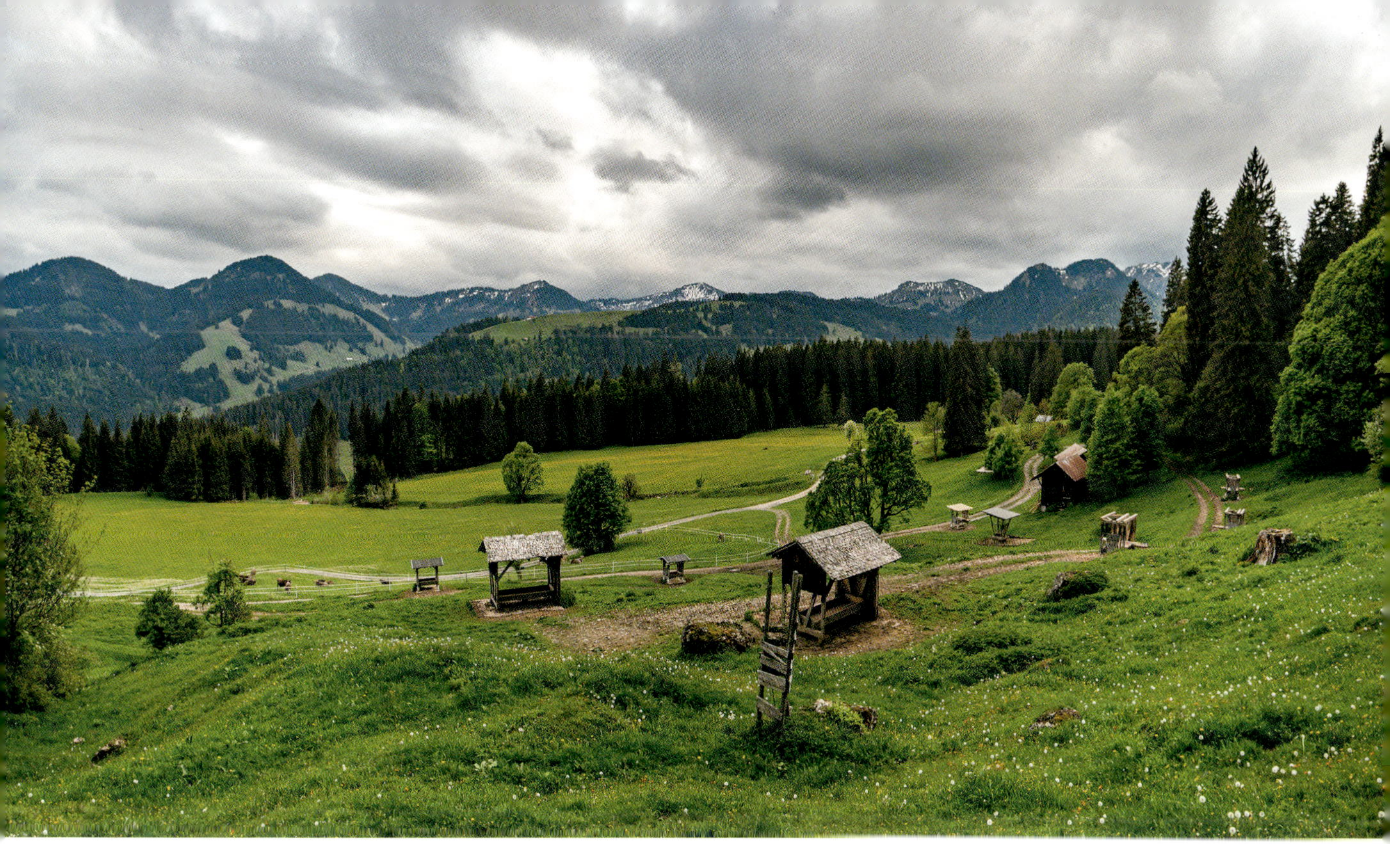

↑ 20 Minuten Fußweg führen vom Wanderparkplatz zur Klamm.
↓ Festes Schuhwerk wird für die Besichtigung der Klamm empfohlen.

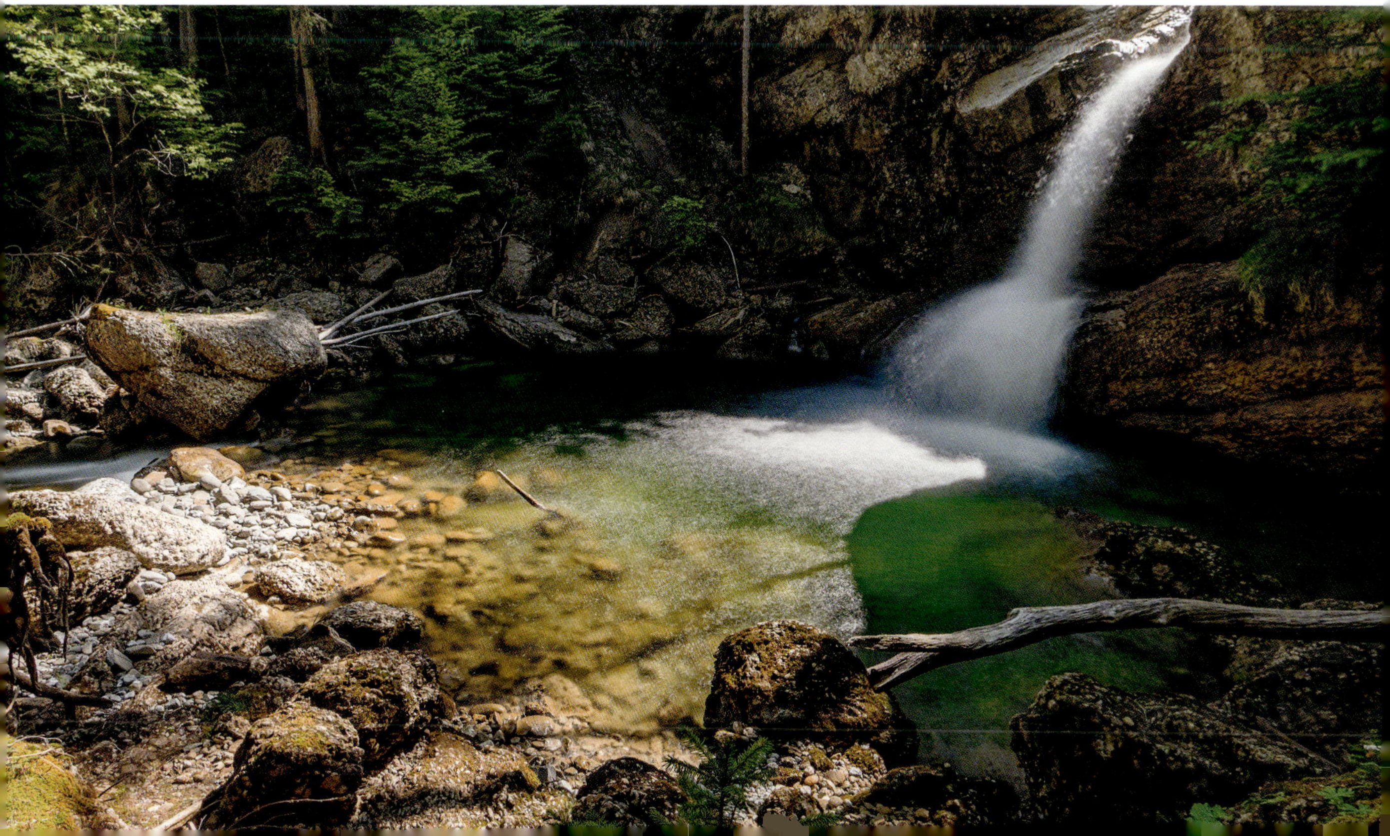

denkmal gilt. Für Besucher zugänglich ist die Klamm seit den 30er-Jahren.

In den vergangenen 15 Jahren mussten Teile des Weges immer wieder gesperrt werden, weil sogenannte Muren, Erdrutsche aus Wasser und Geröll, Abschnitte des Weges versperrten. Die Wege mussten immer wieder hergerichtet werden. Daher wird für den Gang durch die Klamm mittlerweile Eintritt erhoben. Wegen der schwierigen Wetterbedingungen im Herbst und Winter ist die Starzlachklamm von Anfang November bis Ende April geschlossen.

Tipp

Das Gunzesrieder Tal, zu dem Blaichach gehört, ist als Kräutertal bekannt: Hier an den Bergwiesen wachsen Wildkräuter besonders gut, viele Anwohner pflegen Kräutergärten. Vom Haldertobel aus kann man außerdem den »Rundweg Alpvielfalt« wandern, der den Besuchern auf neun Kilometern in 14 Themenstationen das Leben in den Alpen erklärt. Weitere Infos unter www.gunzesried.de.

Mit Helm und Seilen durch die Klamm klettern

Ein besonderer Spaß ist das sogenannte Canyoning in der Starzlachklamm. Das bedeutet, dass man – mit Neoprenanzug, Helm und Seilzeug ausgestattet – die gesamte Klamm beim Klettern und Schwimmen erschließt. Dabei klettert man auch Stürze und Wasserfälle hinunter, schwimmt durch Gumpen und rutscht über Felsen ins Wasser. In der

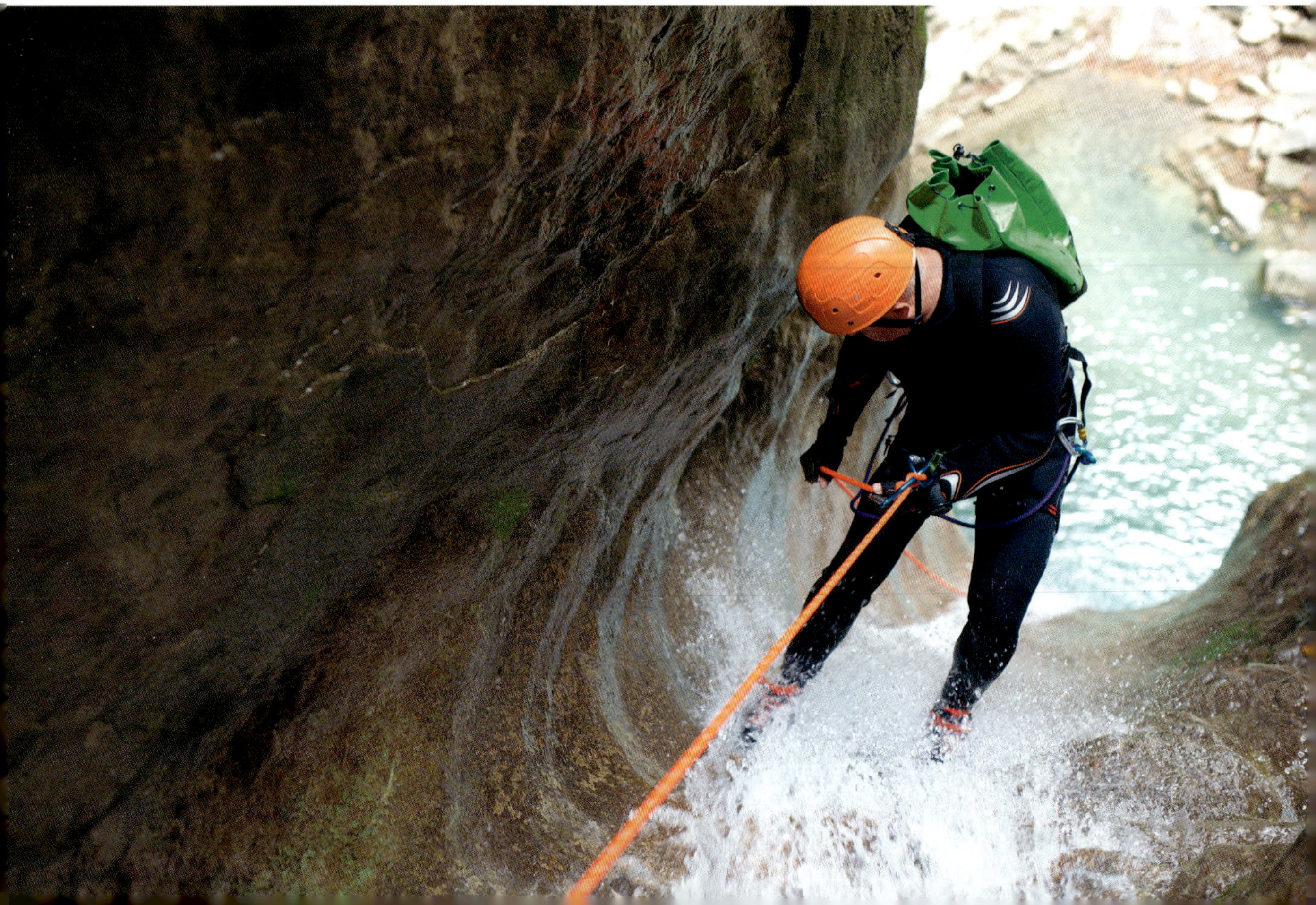

Starzlachklamm beginnt der Spaß bereits bei den Schleierfällen. Die Touren sind auch für Einsteiger und Familien mit kleineren Kindern geeignet (weitere Infos unter www.purelements.de oder auch www.canyonauten.de/canyoning-starzlachklamm).
Nur rund elf Kilometer westlich von der Starzlachklamm, auf der gegenüberliegenden Seite von Sonthofen, liegt in der Gemeinde Blaichach eine etwas ruhigere, aber nicht minder spektakulär-natürliche Badestelle: der Fluss Haldertobel. Zwischen großen, vermoosten Steinen bahnt sich der türkisblaue Fluss seinen Weg und bildet ebenfalls wassergefüllte Gumpen.
Im kleinen Ort Gunzesried führt gegenüber einem Parkplatz am Ortseingang ein kleines Holztor auf einen Pfad über eine Wiese. Ein Eintritt muss nicht gezahlt werden. Schon nach wenigen Metern erreicht man das Flussbett des Haldertobels, hier noch schmal und zahm. Das Wasser ist klar, das Flussbett kiesig bis sandig.
Nach einigen Hundert Metern wird der Gehweg schmaler, und man hört das Wasser rauschen. Hier beginnen die urzeitlichen Felsformationen, über die der Fluss stufenweise nach unten rauscht. Immer weiter schrauben sich Felsen in die Höhe, von denen die Feuchtigkeit der Moose in Höhlen tropft.
Vom Ufer des Haldertobels kann man immer wieder direkt ans Wasser, entweder über die Gumpen oder über weite Kiesbänke. Lange im Wasser hält man es aber oft nicht aus: Das kommt direkt aus den Bergen und ist klirrend kalt. Doch besonders an heißen Sommertagen werden die Wanderung und das Waten durch den verwunschenen Haldertobel so zum ganz besonderen Vergnügen.

»Starzlach bedeutet Sturzbach – und diesem Namen macht der Fluss alle Ehre.«

← Canyoning in der Starzlachklamm ist ein besonderer Spaß.

Info

GEEIGNET
Für Wassersportler und Familien

STARZLACHKLAMM
www.starzlachklamm.de

HALDERTOBEL
www.alpsee-gruenten.de/berge/wandern/tour/durch-den-haldertobel-in-blaichach-132.html#/meldungen

STADT SONTHOFEN
Sonthofen ist nicht ohne Grund zur »Alpenstadt des Jahres« gekürt worden: Eine Reise lohnt sich in jeder Jahreszeit. Die südlichste Stadt des Landes lockt mit ihrer einmalig schönen Lage, bester Luftqualität, einer süßen Fußgängerzone und tollen Hotels: www.alpsee-gruenten.de/urlaub-im-allgaeu/sonthofen.html.

ANREISE
Zur Starzlachklamm: Von Kempten aus der B19 folgen, in Sonthofen auf die Östliche Alpenstraße abbiegen und in der Innenstadt links auf den Salzweg abbiegen. Der Straße bis zum Dorf Winkel und dem Wanderparkplatz folgen. Zum Haldertobel: In Sonthofen von der B19 aus Richtung Bihlerdorf abbiegen, über die Iller, hinter Bihlerdorf links ab. Der Wanderparkplatz liegt an der Straße in Gunzesried.

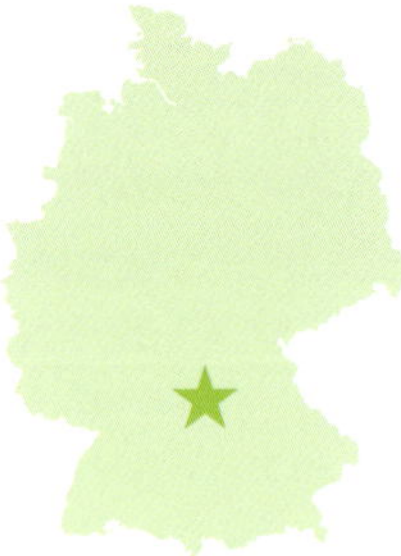

47 Idyllisch im Ort: Schwimmen in der Tauber

Badestelle bei Creglingen

Die Tauber fließt auf ihrem Weg durch Franken durch einmalig schöne Landschaften. Immer wieder verbreitert sich ihr Flussbett und schafft so idyllische, natürliche Badestellen.

Burgen, Weinberge, viel Sonnenschein: Der idyllische Fluss Tauber durchfließt auf rund 130 Kilometern die wunderschöne Region Franken und folgt dabei der Grenze zwischen Bayern und Baden-Württemberg. Die Landschaft um sie herum ist so schön, dass nach der Tauber eine eigene Ferienregion benannt ist: das Liebliche Taubertal zwischen den Städten Wertheim und Freudenberg im Norden und Rothenburg ob der Tauber im Süden.

Ob man nun hierherkommt wegen des guten Weines, der auf den sonnenverwöhnten Hügeln wächst, oder wegen der vielen Freizeitmöglichkeiten vor allem für Radfahrer und Wanderer: Das Taubertal ist vor allem im Sommer und Herbst einen Besuch wert.

Lauschige Badestelle in Craintal

Besucher sollten sich bei der Gelegenheit auch ein Bad in dem idyllischen Fluss nicht entgehen lassen. Bevor sie in den Main verschwindet, beweist sie an mehreren Stellen, wie schön das Schwimmen im Fluss sein kann.

Im 200-Einwohner-Ort Craintal bei Creglingen beispielsweise liegt die Badestelle an einer alten Wassermühle mitten im Ort. Lediglich eine wenig frequentierte Straße führt am Fluss vorbei, sodass dem Badevergnügen nichts im Wege steht. Die Tauber ist hier mehrere Meter breit und wird etwa drei Meter tief. Auch für Kinder und ungeübte Schwimmer ist die Badestelle daher geeignet.

Schwimmen zwischen Mühle und Bäumen

Eine sanft abschüssige Wiese führt ins Wasser; über einen Ponton kann man auch den direkten Sprung wagen. Bäume und Wiesen säumen die Ufer und machen das Baden im Fluss zum entspannenden Naturerlebnis. Eine Treppe führt über wenige Stu-

↗ Über einen Ponton kann man den direkten Sprung ins Wasser wagen.

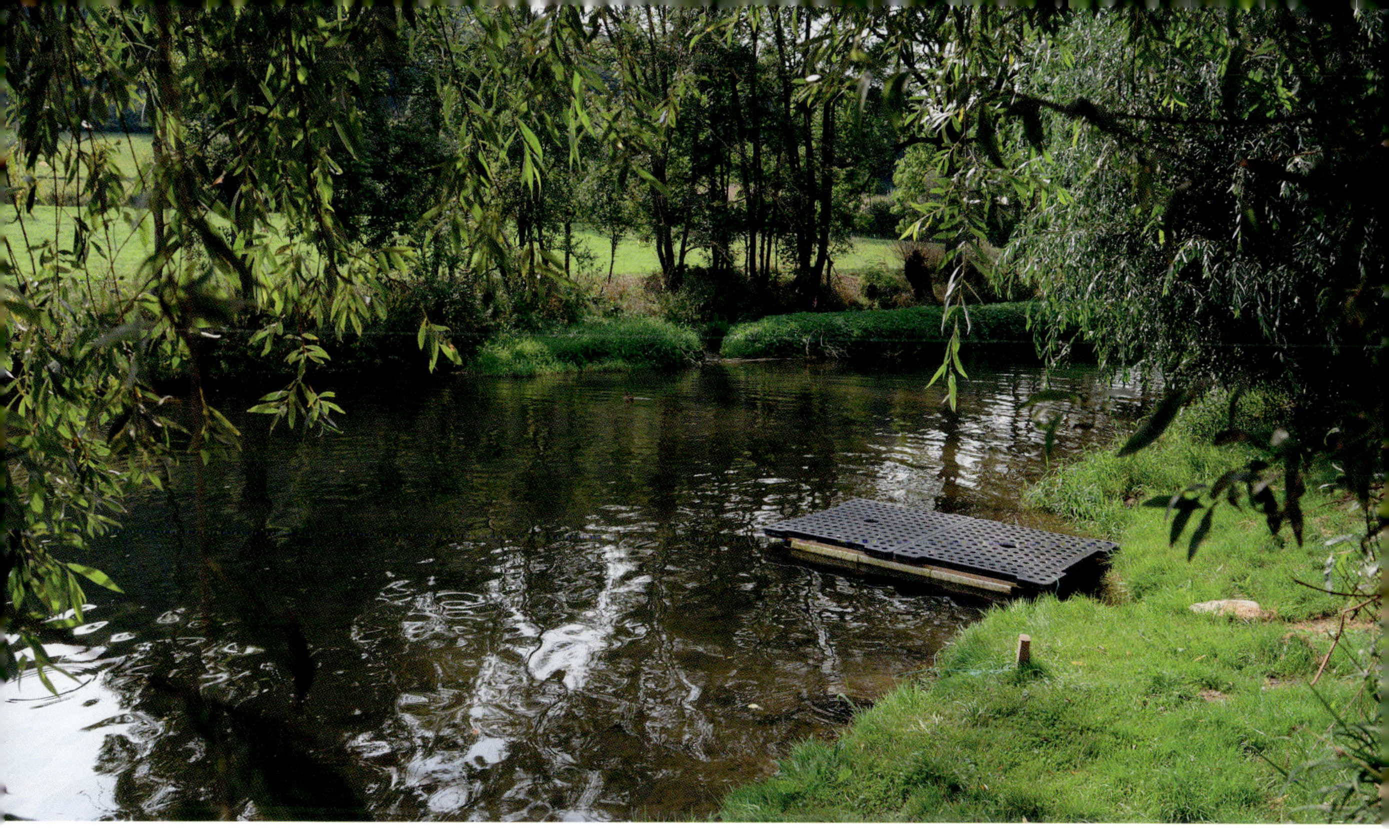

fen hinab ins Wasser. Der Untergrund ist sandig mit wenigen Steinen, sodass man hier gut ohne Badeschuhe schwimmen gehen kann.
Der Flussabschnitt jenseits der Mühle ist auf beiden Ufern von Bäumen gesäumt und deshalb besonders malerisch. Nach dem Schwimmen kann man sich auf Bänken oder der Liegewiese von der Sonne trocknen lassen. Weitere Badestellen gibt es in Creglingen sowie an mehreren Orten zwischen Archshofen und Tauberzell.

Info

GEEIGNET
Für Radfahrer und Wanderer

ROTHENBURG OB DER TAUBER
Sie ist eine der bekanntesten deutschen Städte: Rothenburg ob der Tauber mit seiner malerischen, mittelalterlich wirkenden Altstadt. Egal ob das »Weihnachtsmuseum« oder Kultur-Events: Hier gibt es viel zu entdecken: www.rothenburg-tourismus.de.

MÜNSTERSEE
Wer sich etwas mehr Wassertiefe als in der Tauber wünscht, muss nur sieben Kilometer weiter fahren zum Münstersee an der L1005 südlich von Creglingen. Der 13 Hektar große See liegt idyllisch im Wald und hat bis auf Kiesstrand und Parkplatz wenig Infrastruktur: www.creglingen.de/de/tourismus-freizeit/sehenswertes-auflugsziele/muensterseen/badesee.

ANREISE
Von Rothenburg aus der Hindenburgstraße / Creglinger Straße folgen, durch Archshofen hindurch bis nach Craintal. Im Ort hinter dem Gasthaus »Zur Post« links in den kleinen Weg abbiegen, die Badestelle mit Wiese liegt direkt am Weg.

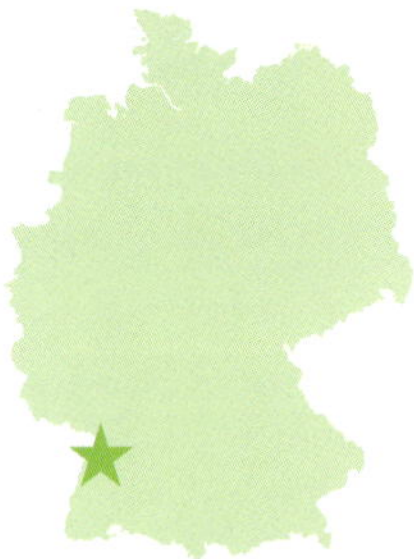

48 Wildschwimmen im Schwarzwald: der Geroldsauer Wasserfall

Badestellen rund um Baden-Baden

Er ist der größte und vielleicht auch der romantischste Naturpark Deutschlands: der Naturpark Schwarzwald Mitte / Nord. Mit seinen Schluchten, wilden Flüssen und Wasserfällen hat er viel zu bieten.

Mitten im Naturpark wartet ein romantisches Naturschauspiel auf Wildschwimmer: der Geroldsauer Wasserfall. Hier fällt der Grobbach neun Meter in die Tiefe. Zu seinem Fuße bildet der Wasserfall einen natürlichen Pool im Felsen, in dem man schwimmen kann.
Wer hier badet, ist in guter Gesellschaft: Auch Johannes Brahms kam schon hierher, um kreative Energie zu tanken. Besonders schön ist es im Mai und Juni, wenn Hunderte von Rhododendronbüschen am Ufer blühen. Das Wasser ist sehr kalt und trifft mit aller Macht aus der Höhe auf die Wasseroberfläche – von einer sanft prasselnden Dusche kann also hier keine Rede sein. Dies schreckt Besucher allerdings nicht ab: Der Geroldsauer Wasserfall ist bei Wanderern wegen seines kühlen, frischen Wassers sehr beliebt. Vor allem am Wochenende und an Feiertagen kann es also mal voller werden.
Auf den Wasserfall-Rundwanderweg kommt man von mehreren Wanderparkplätzen aus. Vom Parkplatz Malschbach an der Schwarzwaldhochstraße in Geroldsau sind es etwa eineinhalb Kilometer Fußweg bis zum Wasserfall. Direkt gegenüber vom Parkplatz befindet sich außerdem eine Bushaltestelle. An der Wasserfallhütte angekommen, muss man einfach dem kleinen Pfad hin zum Fall folgen. Alternativ folgt man von Geroldsau aus der Wasserfallstraße bis zum Wanderparkplatz Bütthof. Hier sind verschiedene Wanderrouten ausgezeichnet. Die Wasserfälle sind ausgeschildert. Dabei folgt man immer dem Grobbach, sodass der Weg auch an heißen Sommertagen unter den schattigen, ausladenden Bäumen ein Genuss ist. Eine Einkehr lohnt sich in der Waldgaststätte »Bütthof« mit einer abwechslungsreichen Speisekarte und einer fabelhaften Aussicht (www.buetthof.de).
Nach dem Bad im Gumpen kann man dem Lauf des Grobbachs ein Stück weit folgen. Der »Wasserfall-Rundweg« folgt dem Flusslauf auf insgesamt etwa

→ Moosbewachsene Felsen und das Plätschern des Baches: Der Schwarzwald ist so schön.

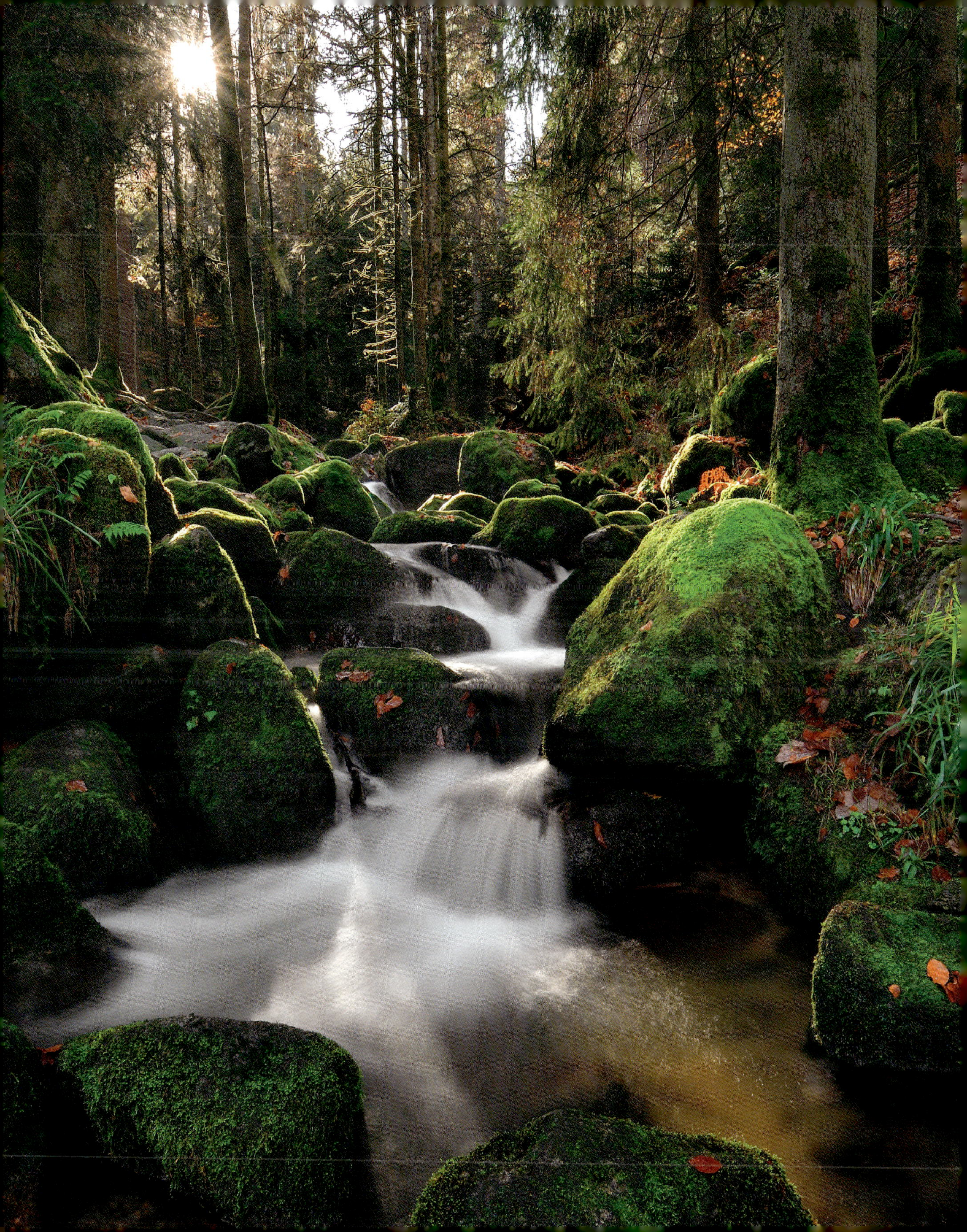

drei Kilometern und zeigt mit seinem sonnendurchfluteten Wald, moosbewachsenen Felsen und dem steten Plätschern des Baches die volle Schönheit des Schwarzwalds. Vom Wanderweg aus kann man jederzeit ans Wasser. Schön ist es, an heißen Tagen ein Stück weit durchs Flussbett hinaufzuwandern.

Sonnenbaden an weiten Sandbänken

Wer in Sachen Flusswandern hier gerade auf den Geschmack gekommen ist, auf den wartet 20 Kilometer weiter östlich, südlich von Gernsbach, das wilde Flussbett der Murg. Der 80 Kilometer lange Fluss erinnert mit seinen bewaldeten Ufern eher an einen Fluss in amerikanischer Wildnis denn an ein Gewässer im Schwarzwald. Abenteurer können hier wandern, baden und sich auf den großen Felsen von der Sonne trocknen lassen.
Ans Wasser kommt man zum Beispiel im Ort Forbach an der Murghalle, unterhalb des Sasbachtals, südlich von Forbach an der Schifferstraße – beispielsweise dort, wo das Zugbächle in den Fluss mündet – oder im Ort Raumünzach. Hier befindet man sich im Landschaftsschutzgebiet Mittleres Murgtal und gleichzeitig in einem der tiefsten und größten Täler des Schwarzwalds.

Tipp

Mit dem Auto unterwegs? Dann sollte man die Chance nutzen und einfach mal die 60 Kilometer lange Schwarzwaldhochstraße zwischen Freudenstadt und Baden-Baden abfahren. Sie verbindet nicht nur zahlreiche Sehenswürdigkeiten, sondern bietet auch spektakuläre Aussichten: www.nationalparkregion-schwarzwald.de/Geschichte-Historie/Schwarzwaldhochstrasse.

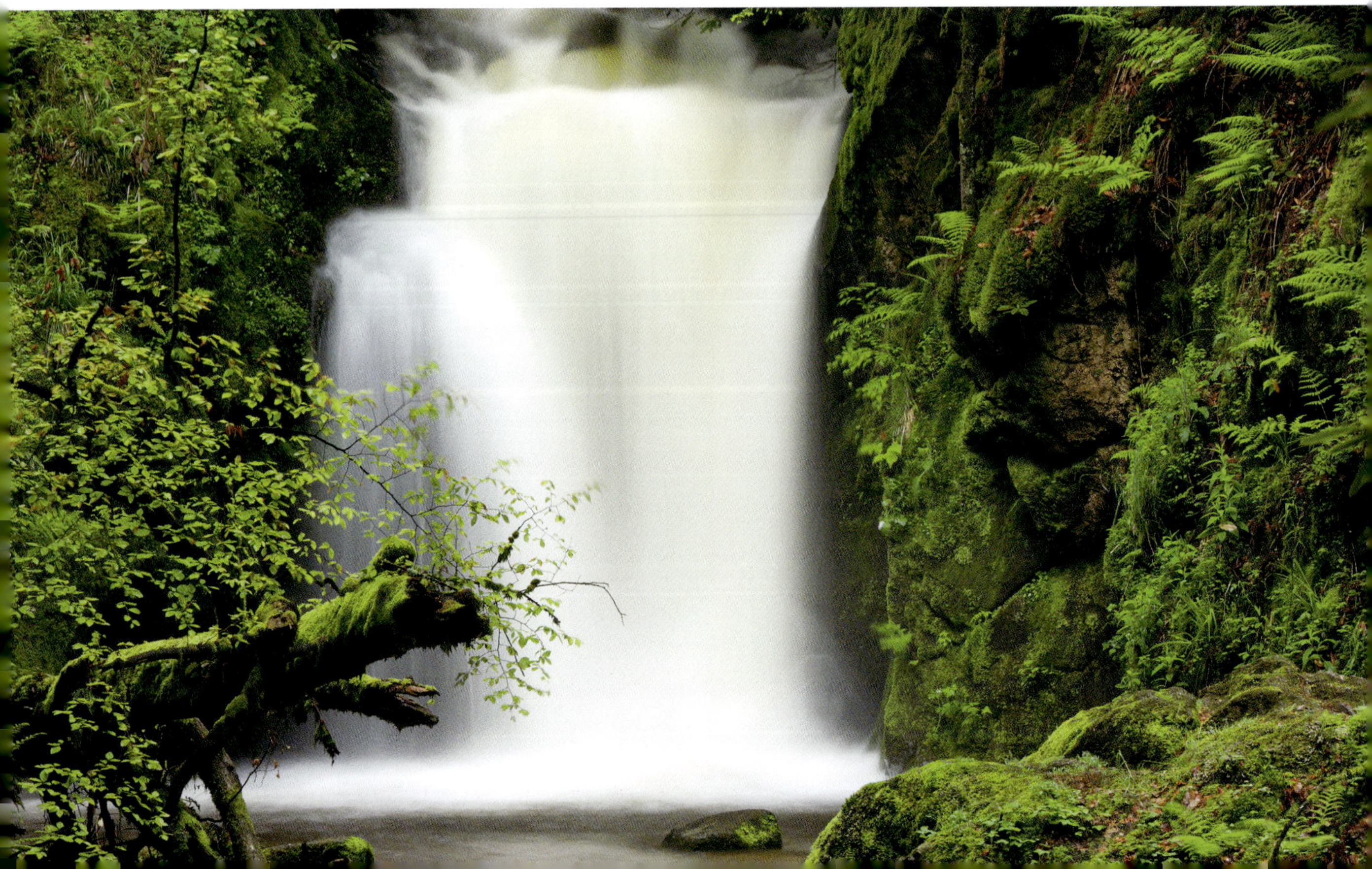

Zwischen hohen Bäumen und Schatten spendenden Steilwänden rauscht das kühle Wasser der Murg durchs breite, meist Flache Bett. Große Felsen und weite Sandbänke laden zum Sonnenbaden ein. Echtes Abenteuergefühl kommt auf, wenn man ein Stück weit das Flussbett entlangwandert.

Wer nach so viel Flusswandern und Sonnenbaden doch lieber in einem tiefen Gewässer schwimmen möchte, der findet eine perfekte Möglichkeit dazu im Mummelsee, keine 20 Kilometer südlich vom Geroldsauer Wasserfall direkt an der Schwarzwaldhochstraße. Mit seiner spektakulären Lage auf über 1000 Metern Höhe ist er der höchstgelegene der sieben Karseen im Schwarzwald. Mit seiner Höhenlage und einer Tiefe von 18 Metern ist sein Wasser immer recht kalt.

Ein Geheimtipp ist der Mummelsee bei Weitem nicht: An manchen Sommerwochenenden ist hier so viel los, dass er den Beinamen Rummelsee bekommen hat. Dass er so beliebt ist, kann jedoch jeder verstehen, der schon mal hier war: Sein Wasser ist klar, seine Ufer bewaldet, und der Blick von hier aus einfach wunderbar. Um den See ranken sich auch mehrere Sagen, unter anderem, dass an seinem Grund Mümmlein, also Nixen, leben.

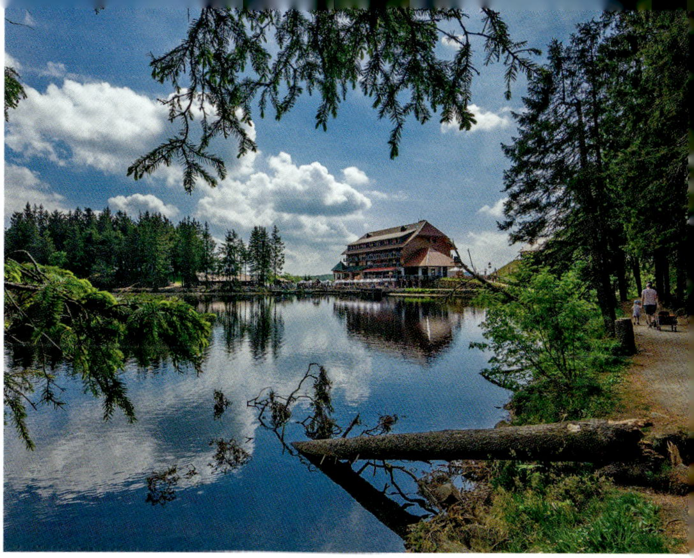

↑ Auf dem Grund des Mummelsees sollen Mümmlein leben.
↙ Die Wildniss des Schwarzwaldes ist einzigartig.

»Besonders schön am Wasserfall ist es im Mai, wenn die Rhododendren blühen.«

Info

GEEIGNET
Für Wanderer und Kulturinteressierte

GEROLDSAUER WASSERFALL
www.schwarzwald-tourismus.info/attraktionen/geroldsauer-wasserfall-4f56eb41d7

DIE MURG
www.murgtal.org

MUMMELSEE
www.mummelsee.de

BADEN-BADEN
Die Kurstadt Baden-Baden ist bekannt für ihre Thermen, die einst die Römer etablierten. Auch lädt diese elegante Stadt zum Bummeln und Flanieren ein: www.baden-baden.de.

BRAHMSHAUS
Im »Brahmshaus« kann man den Blauen Salon und damit das original erhaltene Wohnzimmer des Komponisten besichtigen: www.musikermuseen.de/home/Brahms-Museen/Brahmshaus_Baden-Baden.

ANREISE
Von Baden-Baden aus sind es nur knapp zehn Kilometer bis zum Geroldsauer Wasserfall. Einfach der Geroldsauer Straße (B500) folgen, unterhalb von Geroldsau gibt es mehrere Wanderparkplätze direkt an der Straße. Die Wasserfälle sind ausgeschildert.

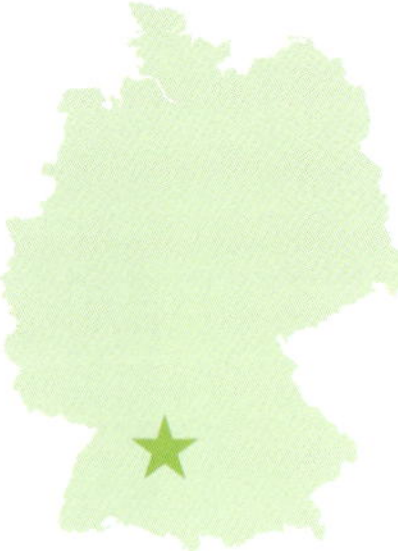

49 Im klaren Wasser der Großen Lauter

Flussschwimmen in der Schwäbischen Alb

Täler, Burgen, Höhlen, Flüsse: Die Schwäbische Alb ist ein spektakuläres Ausflugsziel. Besonders schön ist sie im Tal der Großen Lauter, wo der glasklare Fluss malerisch durch die Landschaft mäandert.

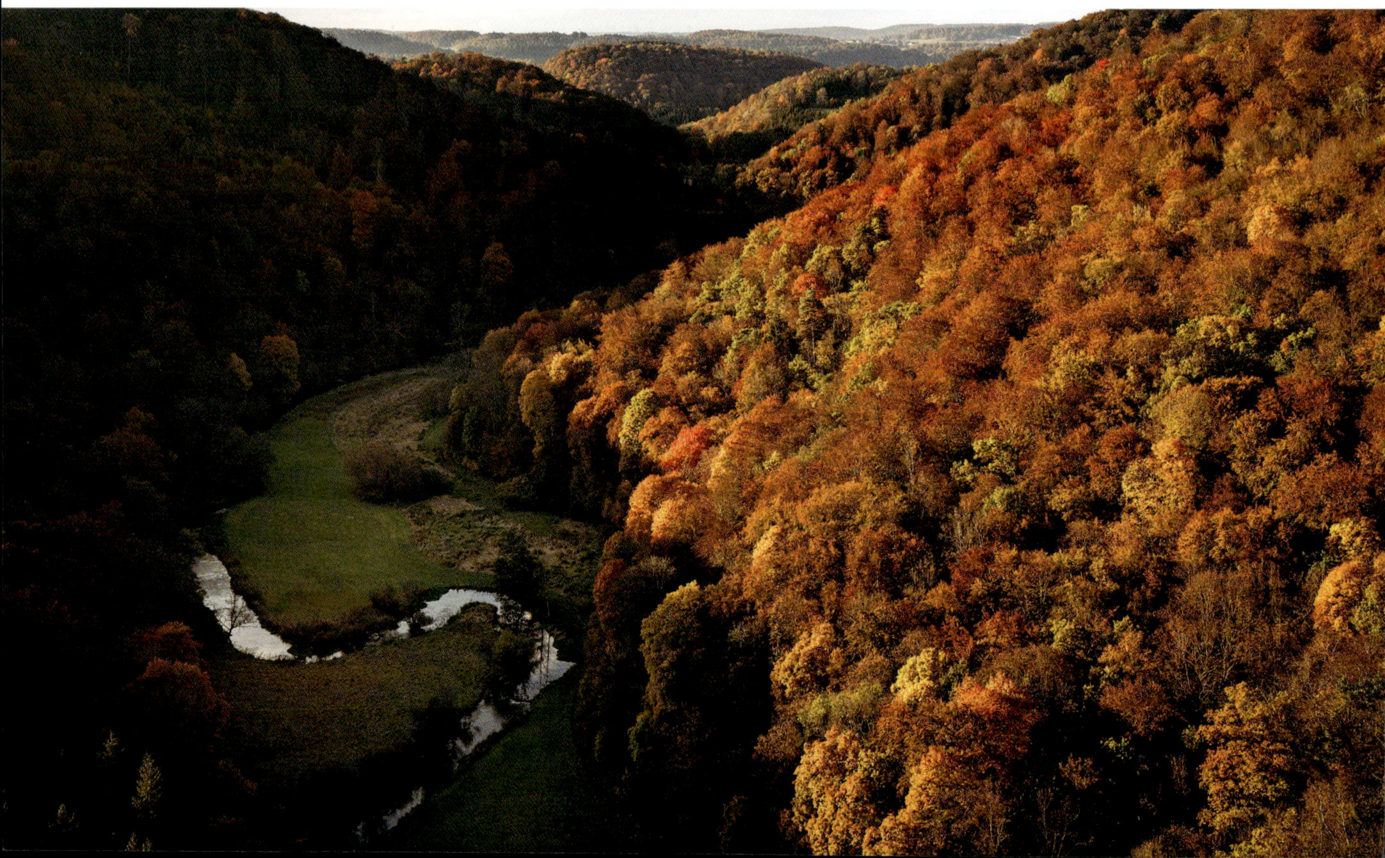

Gerade mal knapp über 40 Kilometer ist sie lang, die Lauter, die im südlichen Baden-Württemberg durch die Schwäbische Alb fließt. Dennoch ist sie eine der schönsten Gewässer des Bundeslandes, das sowieso reich an einladenden Seen und Flüssen ist.

Höchste Burgendichte Deutschlands

Die Große Lauter entspringt in Offenhausen mitten in einem historischen Park, umgeben von alten Klostermauern, in einer klaren Karstquelle. Nach rund 44 Kilometern mündet sie in die Donau. Während ihres Verlaufs schlängelt sich die Lauter malerisch durch das nach ihr benannte Tal, während sich grüne Berge links und rechts davon in die Höhe schrauben. Es ist das Tal mit der höchsten Dichte an Burgen und Burgruinen, was es zu einem tollen Ausflugsziel macht.
Die Große Lauter schlängelt sich mal eng und wild, mal in weiten Bögen durchs Tal. Immer wieder gibt es Rastplätze an ihren Ufern, an denen man auch ins außerordentlich saubere Wasser gehen kann. Der schönste Weg, den Fluss zu erleben – und an heißen Nachmittagen in ihm zu schwimmen –, ist während einer Kanutour. Wegen des besonders hohen Naturschutzes in dieser Gegend ist dies nur zwischen Juli und September erlaubt, und dann nur wochentags. Möglich ist dies auf mehreren Etappen zwischen Buttenhausen und Indelhausen (längste Strecke mit zehn Kilomtern, ca. fünf Stunden). Ausgangspunkt ist immer das Bootshaus in Bichishausen (Infos hier: www.kanutouren.com/lauter).

Baden unter einem rauschenden Wasserfall

Eine ganz besondere Stelle bildet der Wasserfall Hoher Gießel unterhalb der Burgruine Wartstein, etwa 20 Kilometer südlich von Münsingen. Über mehrere natürliche, flache Kaskadenstufen stürzt sich hier rauschend das Wasser der Lauter herab. Am Fuß des Wasserfalls bildet das rauschende Wasser ein tiefes Becken, in dem man sich abkühlen kann – falls einen die Wassertemperaturen nicht abschrecken. Am besten parkt man am Wanderparkplatz in Hayingen-Anhausen oder kommt per Rad auf dem Lautertal-Radweg hier vorbei (www.tourismus.alb-donau-kreis.de/thema/lautertal-radweg).

← Die Lauter schlängelt sich durch Baden-Württemberg.

Info

GEEIGNET
Für Kanufahrer und Flussschwimmer

DAS GROẞE LAUTERTAL
www.muensingen.com/ort/grosses-lautertal-2e1bf358d0

GESCHÜTZTER GEOPARK
Die Schwäbische Alb hat viel zu bieten, ist sogar als UNESCO Global Geopark ausgezeichnet. Das Lautertal ist Teil davon. Mehr Infos über alle Aktivitäten hier: www.geopark-alb.de.

UNTERWASSERHÖHLE
Mit der Wimsener Höhle befindet sich Deutschlands einzige befahrbare Unterwasserhöhle knapp 20 Kilometer südlich von Münsingen. Die 15-minütige Fahrt durch die funkelnde Höhle ist ein Naturschauspiel (5,50 Euro für Erwachsene): www.naturerlebnis-hayingen.de/sehenswuerdigkeiten/55-wimsener-hoehle.html.

ANREISE
Münsingen liegt 60 Kilometer südlich von Stuttgart. Über die B312 und die B465 kommt man direkt in den Ort. Nach Bichishausen der B465 weiter folgen, kurz hinter Apfelstetten abfahren und den Straßen Mühläcker und Schloßrainstraße bis zum Bootshaus folgen.

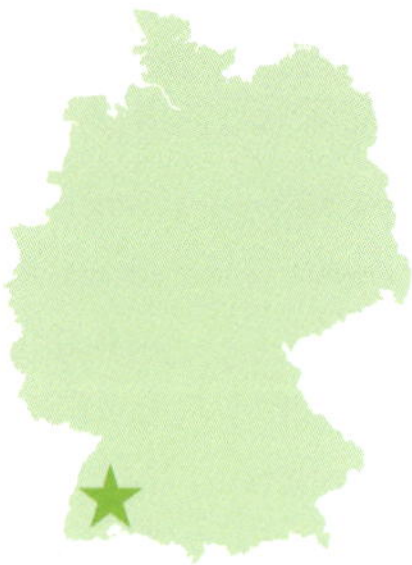

50 Im rauschenden Wasserfall baden

Der kühle Krai-Woog-Gumpen

Der südöstliche Schwarzwald ist wild und urtümlich. Hier, in der Nähe zur Schweizer Grenze, wartet ein rätselhaftes und wunderschönes Naturspektakel auf Wildschwimmer: der Krai-Woog-Gumpen.

Der Weg hierher ist nicht unbedingt einfach, und auf der Strecke liegt der Krai-Woog-Gumpen in der beschaulichen Gemeinde Görwihl im südöstlichen Baden-Württemberg für viele Menschen wahrscheinlich nicht. Dennoch ist der Gumpen ein absolut lohnenswertes Ausflugsziel, denn idyllischer und naturnäher kann man als Wildschwimmer kaum ins Wasser gehen. Mitten im Schwarzwald in einem natürlichen Pool schwimmen – wer hat davon nicht schon einmal geträumt?

Für Forscher noch ein Rätsel

Das Schwarzenbächle ist ein knapp neun Kilometer langer Fluss, der als Wasserfall in den Krai-Woog-Gumpen fließt. Über große, bemooste Felsen stürzt das Schwarzenbächle an der sogenannten Gletschermühle in den Gumpen, der tief und klar ist. Große, überwachsene Felsen liegen am Ufer. Für besseren Halt sollte man Badeschuhe anziehen, bevor man ins Wasser steigt. Der Gumpen ist recht überschaubar – an heißen Tagen kann es also etwas voller werden. Eintauchen sollte man daher also am besten morgens oder abends.

Vermutet wird, dass sich der tiefe Gumpen während der letzten Eiszeit gebildet hat. Für die Öffentlichkeit wiederentdeckt wurde der malerische Fall, dessen Name so viel wie »laut tosender Wasserfall« bedeutet, erst im Jahr 1952. Wie genau das Wasser den beinahe perfekt runden Gumpen in den harten Stein gegraben hat, ist bis heute ungeklärt.

Wege durch urtümliche Landschaft

Ganz offiziell liegt der Krai-Woog-Gumpen auf dem Gebiet der 4000-Einwohner-Gemeinde Görwihl. Er liegt jedoch über zehn Kilometer nördlich des Ortes.

↗ Schwimmen in einem natürlichen Pool – der Traum jedes Wildschwimmers.

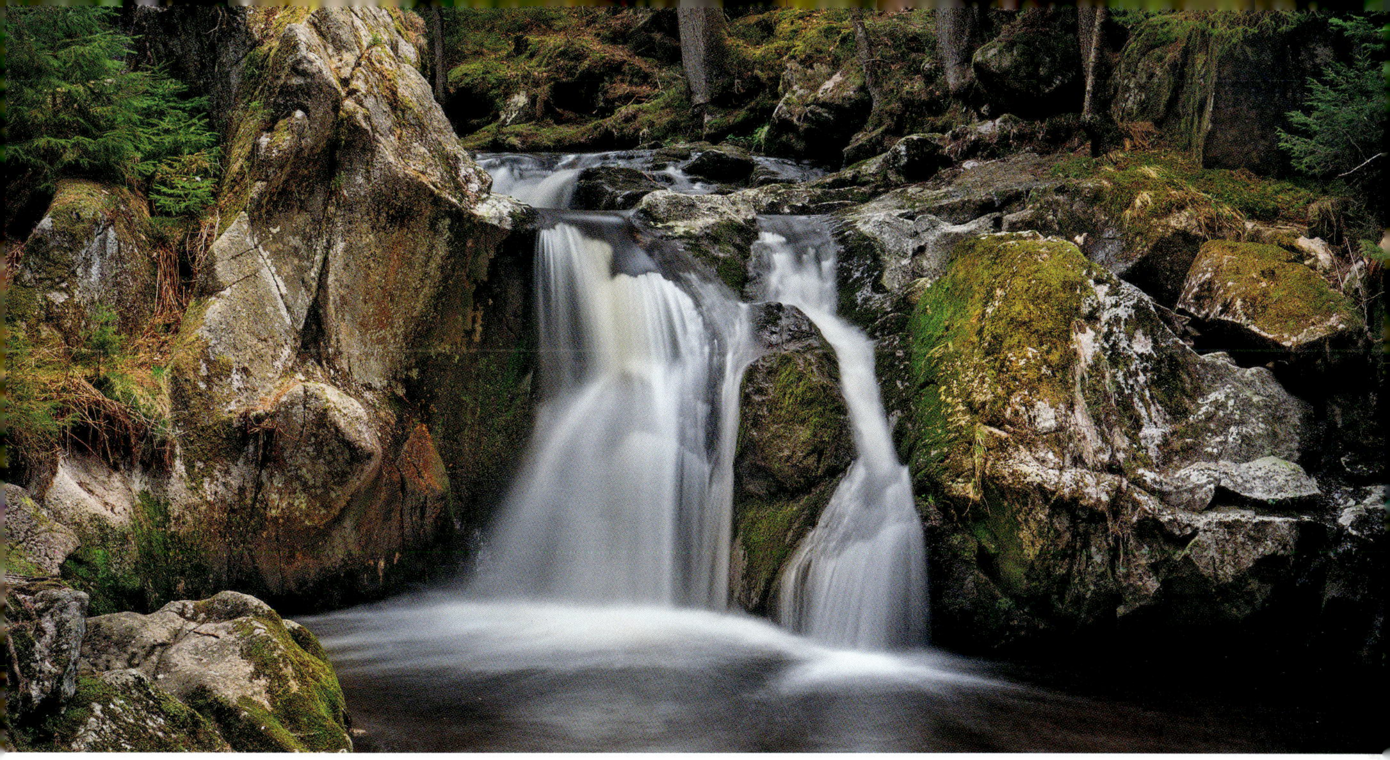

Auch die benachbarten Gemeinden Dachsberg und Iberg werben daher gern mit diesem kleinen, aber sehenswerten Naturspektakel.
Rund um den Krai-Woog-Gumpen und die Gemeinde Görwihl gibt es zahlreiche wunderschöne Wanderwege durch den sogenannten Hotzenwald, den südöstlichen Teil des Schwarzwaldes mit seiner abwechslungsreichen, urtümlichen Landschaft. So führt zum Beispiel der »Sieben Moore Weg« auf insgesamt neun Kilometern durch Wald- und Moorgebiete, die seltenen Pflanzen ein Zuhause geben. Startpunkt ist der Wanderparkplatz Steinernes Kreuz an der L151 in Wehrhalden (www.hotzenwald.de/hotzenwald-online-16.php?DOC_INST=99).

Info

GEEIGNET
Für Wanderer und Fotografen

KRAI-WOOG-GUMPEN
www.schwarzwald-tourismus.info/attraktionen/krai-woog-gumpen-3530604826

HÖLLBACHWASSERFÄLLE
Ein weiteres Naturschauspiel liegt nur acht Kilometer südlich vom Krai-Woog-Gumpen: die Höllbachwasserfälle bei Görwihl. Über mehrere Stufen fällt der Höllbach malerisch in die Tiefe, der Hauptfall misst knapp neun Meter: www.schwarzwald-tourismus.info/attraktionen/hoellbachwasserfaelle-b940a5dbf4.

ALBSTEIG
Görwihl liegt am Rand des abwechslungsreichen Albtals. Wanderfreunde können es über den 80 Kilometer langen, anspruchsvollen und sagenhaft schönen Albsteig selbst erleben: https://albsteig.de.

ANREISE
Der Gumpen liegt rund 15 Kilometer südwestlich von Sankt Blasien. Einfach der L150 folgen, bis der Krai-Woog-Gumpen ausgeschildert ist. Der Gumpen sowie das Schwarzenbächle liegen nur wenige Meter neben der Straße.

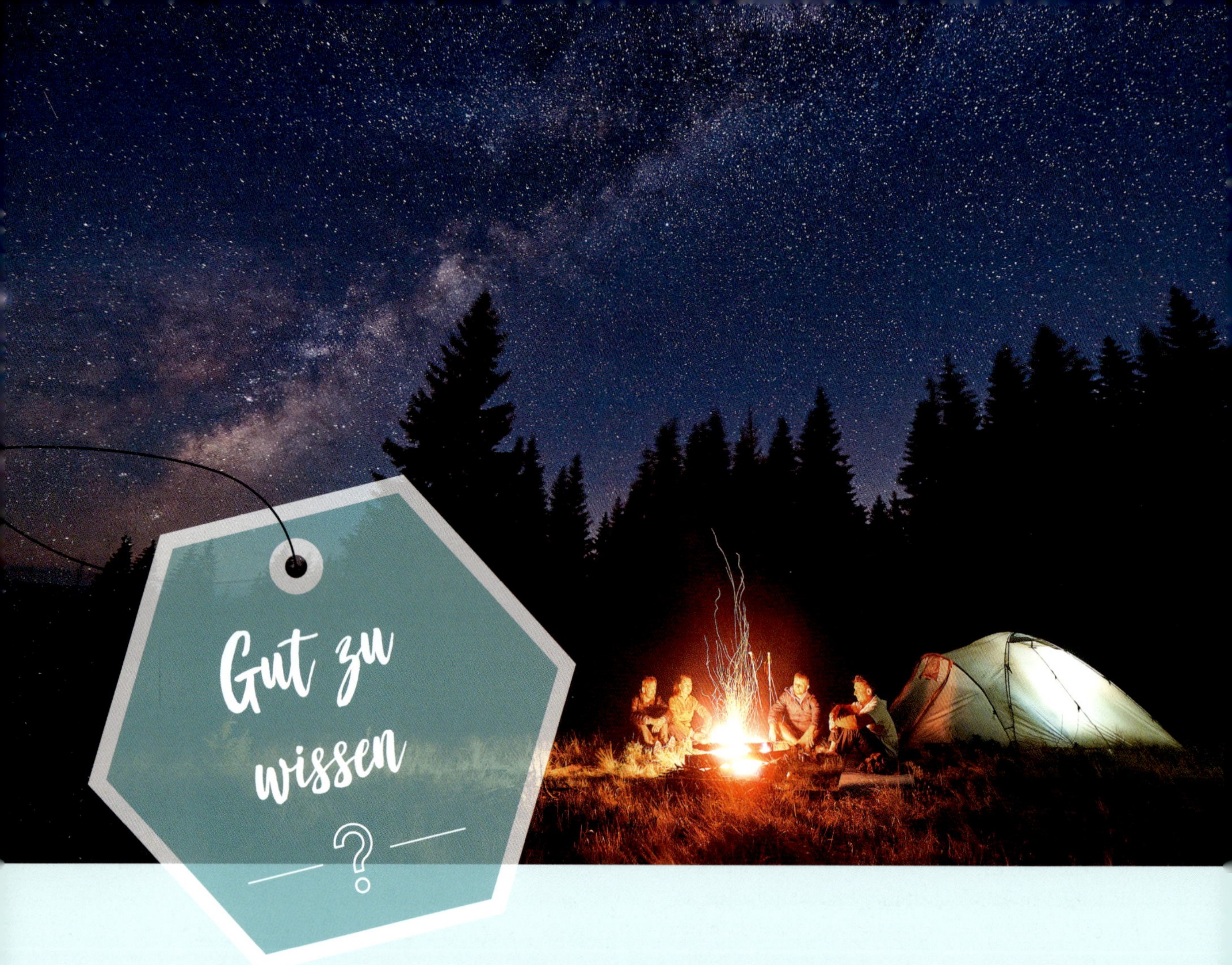

Das ist in der Natur erlaubt

Camping, Lagerfeuer & Co.

Schwimmen: Ob ihr in einen See oder Fluss steigen dürft, ist in Deutschland klar geregelt. Streng geschützte Gewässer – beispielsweise in Naturschutzgebieten oder besonders geschützten Geotopen – sind für Schwimmer tabu. Allerdings macht sogar die deutsche Gesetzgebung Ausnahmen: Hin und wieder gibt es ausgewiesene Badestellen in Naturschutzgebieten. Schilder am Ufer geben Hinweise.

Privatgelände: Bürger haben das gesetzlich verbriefte Recht, frei zugängliche Landschaft »zum Zweck der Erholung« zu betreten. Das gilt natürlich nicht für Privatgelände und abgesperrtes Gelände. Gerade kleinere Gewässer befinden sich häufig in Privatbesitz oder wurden von einem Anglerverein gepachtet. Das unerlaubte Baden ist dann tabu. An den meisten Seen, in denen man schwimmen darf, ist auch das Angeln erlaubt. Mancherorts wird durch Schilder darauf hingewiesen, dass einige Uferbereiche allein den Anglern vorbehalten sind, andere wiederum allein den Badenden.

Wildcampen: Mit über 230 Einwohnern pro Quadratkilometer ist Deutschland ziemlich dicht besiedelt. Auch für die Freizeit in der Natur gibt es daher Gesetze. Wildcampen ist in Deutschland allein durch das Bundesnaturschutzgesetz grundsätzlich verboten und kann mit Bußgeld geahndet werden. Eine Grauzone ist aber das sogenannte Biwakieren, das Übernachten in der Natur ohne Zelt. Manche Wanderer haben für so eine Gelegenheit ein wasserdichtes Tarp dabei. So oder so campt man entspannter, wenn man vorher mit dem örtlichen Förster oder dem Grundstücksbesitzer gesprochen hat. In mehreren Bundesländern gibt es mittlerweile auch sogenannte Trekkingplätze, an denen man mit nur rudimentärer Infrastruktur mitten in der Natur sein Zelt aufschlagen kann.

Lagerfeuer: Das Anlegen von Feuerstellen ist meist nicht erlaubt. Schilder vor Ort verschaffen Klarheit. An manchen Badestellen sind feste Grill- oder Feuerplätze bereits angelegt. Vor allem in den trockenen Sommermonaten solltet ihr nicht einfach so ein Lagerfeuer entzünden. Besonders strenge Regeln gelten in geschützten Gebieten wie Naturschutzgebieten oder Biosphärenreservaten.

Nacktbaden: Die Freikörperkultur hat in Deutschland lange Tradition und wird an vielen Seen und Stränden akzeptiert. Die meisten Strände und größere Seen zeichnen eigene FKK-Bereiche für die Anhänger von textilfreiem Baden aus. In ostdeutschen Bundesländern ist der Umgang mit Nacktbaden in der Regel sehr entspannt. Auskünfte gibt es über die lokale Touristeninformation oder über Infoschilder vor Ort. Auch über Onlineportale für FKK-Anhänger gibt es Erfahrungsberichte und Tipps.

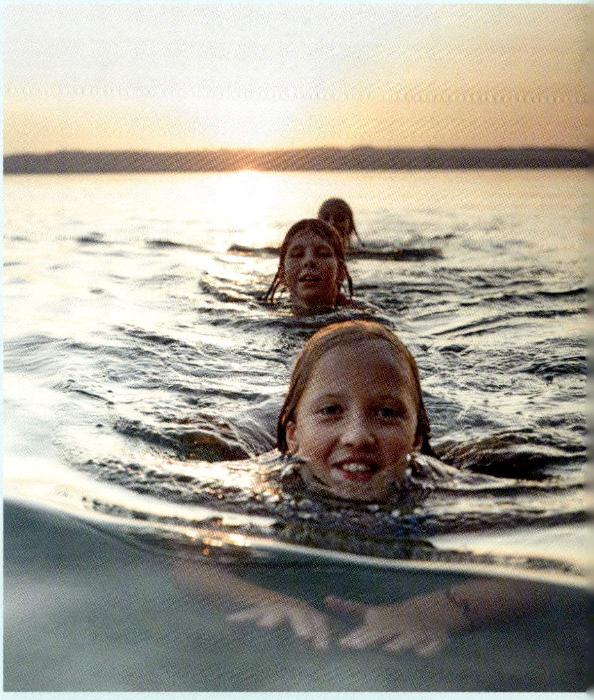

↑ Ob Schwimmen in einem See erlaubt ist, ist in Deutschland klar geregelt.
↖ Ein Lagerfeuer sollte unbedingt nur in ausgeschriebenen Bereichen entfacht werden.

Register

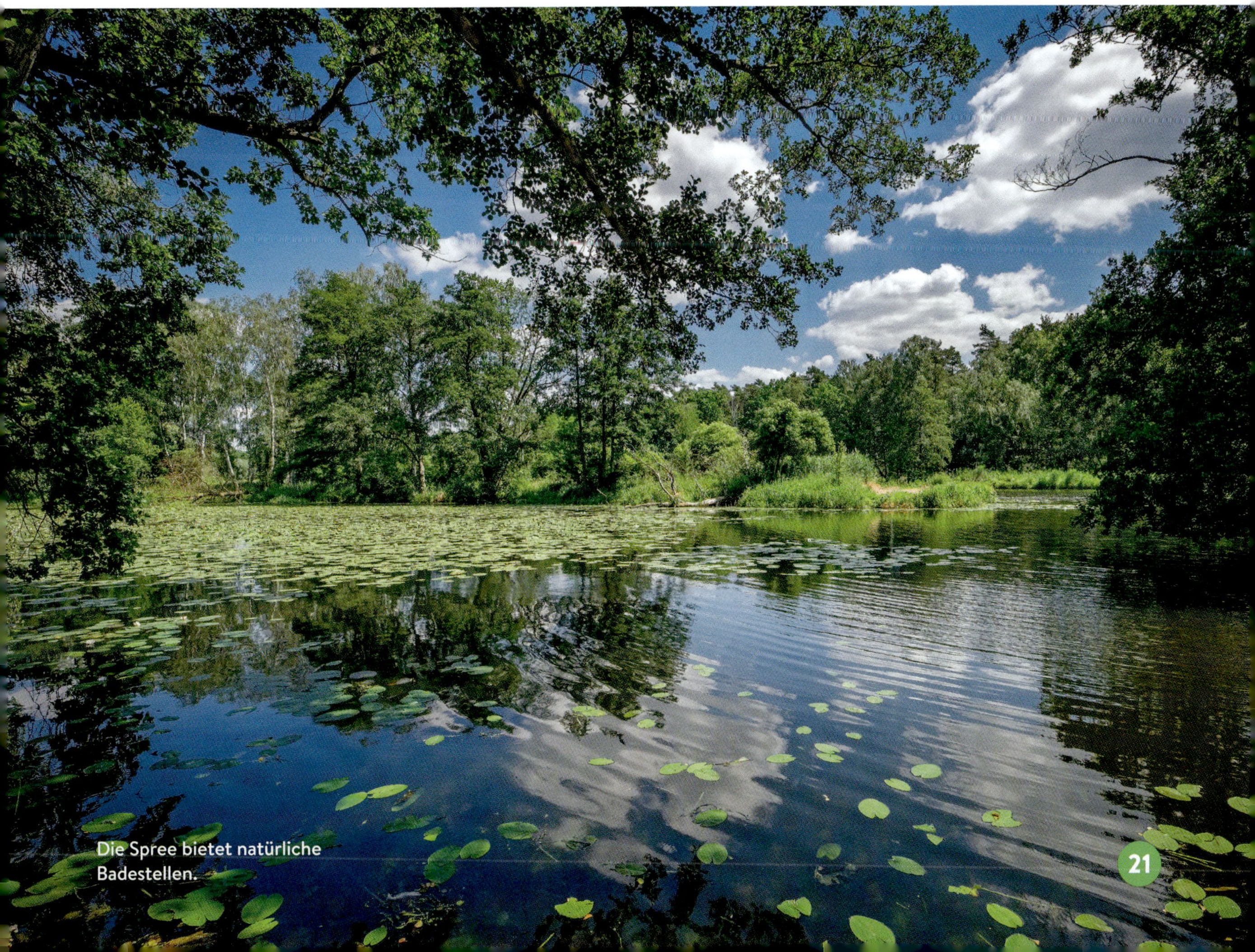

Die Spree bietet natürliche Badestellen.

Bildnachweis

Marieluise Denecke:
S. 5 o.re., 6 u.re., 7 o.re., 43, 44, 45, 55, 63, 81, 95, 97, 105, 111, 115 u., 117, 130, 170, 177

mauritius images:
S. 2 / 3 (Ernst Wrba), 9 (Klaus Scholz)

Shutterstock:
S. 5 o.li. (Claudia Harms-Warlies), 7 u.li. , 129 (Reiner Conrad), 11 (Goami), 19 (dugdax), 20 (anyaivanova), 27 (stylefoto24), 28 (Evgenii Emelianov), 33 (Lars Stender), 34 (travelpeter), 35 (Gabriele Rohde), 36 (Daniel Beyersdorf), 38 (Brocreative), 39 (Bearok), 40/41 (Marko Aliaksandr), 47 (Bouke Atema), 48 (penofoto), 51 (Anna K Mueller), 52 (foto-select), 53 (moreimages), 59 (Guenter Albers), 61 (Christian Schwier), 64 (Stone36), 66 (Christian Schwier), 69 o. (Christian Schwier), 70 (rock-the-stock), 71 (MaximilianCaptures), 77 (Karin Jaehne), 79 (Heinz-Peter Schwerin), 80 (almgren), 82 (AbuSun1812), 85 (Spreewald-Birgit), 89 (Mario Hagen), 90 (katatonia82), 93, 96 (Ina Meer Sommer), 100 / 101 (CloudVisual), 102 (Werner Spremberg), 106, 137 (Traveller Martin), 107, 144 (Wirestock Creators), 109 (DZiegler), 110 (Cors), 112 (Robert Kneschke), 116 (Apolinariy), 119 (Animaflora PicsStock), 120 (Yaroslav Magistr), 123 o. (DimaBerlin), 123 u. (Robert Kneschke), 124 (Sabine Klein), 127 (Andreas Marcus Lehnert), 134 / 135 (imageBROKER.com), 138 (Stefanie Keller), 143 (cc-images), 145 (Ralph Blankart), 146 (M. Volk), 149 (Volker Rauch), 150 (chl), 154 (Ulrich Roth), 157 o. (Thomas Marx), 157 u. (Pegasus1924), 158 (J.E.J. Walters), 160 (Hillbillypirate), 162 (2199_de), 163 (Karin Jaehne), 164 / 165, 166 (Kadagan), 173 (mindscape-photos), 174 (pedrosala), 179 (Avramescu Florin), 181 (Arthur Palmer), 185 (Beat Bieler), 186 (anatoliy_gleb), 189 (ebenart)

lookphotos:
S. 7 o.li., 180 (Mirau, Rainer), 13 / 14, 15, 17 o. (Grundner, Thomas), 4, 17 u. , 115 o. (Pollex, Sylvia), 18 (Bayerl, Günther), 23, 26, 128 (Wohner, Heinz), 25, 31 (Bathke, Olaf), 62 (Merz, Brigitte), 69 u. (Wohner, Heinz), 72 (Aumiller, Sonia), 73 (Felbert, Peter), 74 / 75 (Maier, Norbert L.), 86 (Böttcher, Ulf), 87 (Dressler, Hauke), 98 (Bäck, Christian), 99 (Ulla Lohmann), 125 (Zielske, H.& D.), 132 (van Dierendonck, Bernard), 133 (Amneris Martinez), 141 (Merz, Brigitte), 153 (Zielske, H.& D.), 169 (Neumann, Michael), 171, 190 (Feiner, Denis), 182 (Bayerl, Günther), 187 (Greune, Jan)

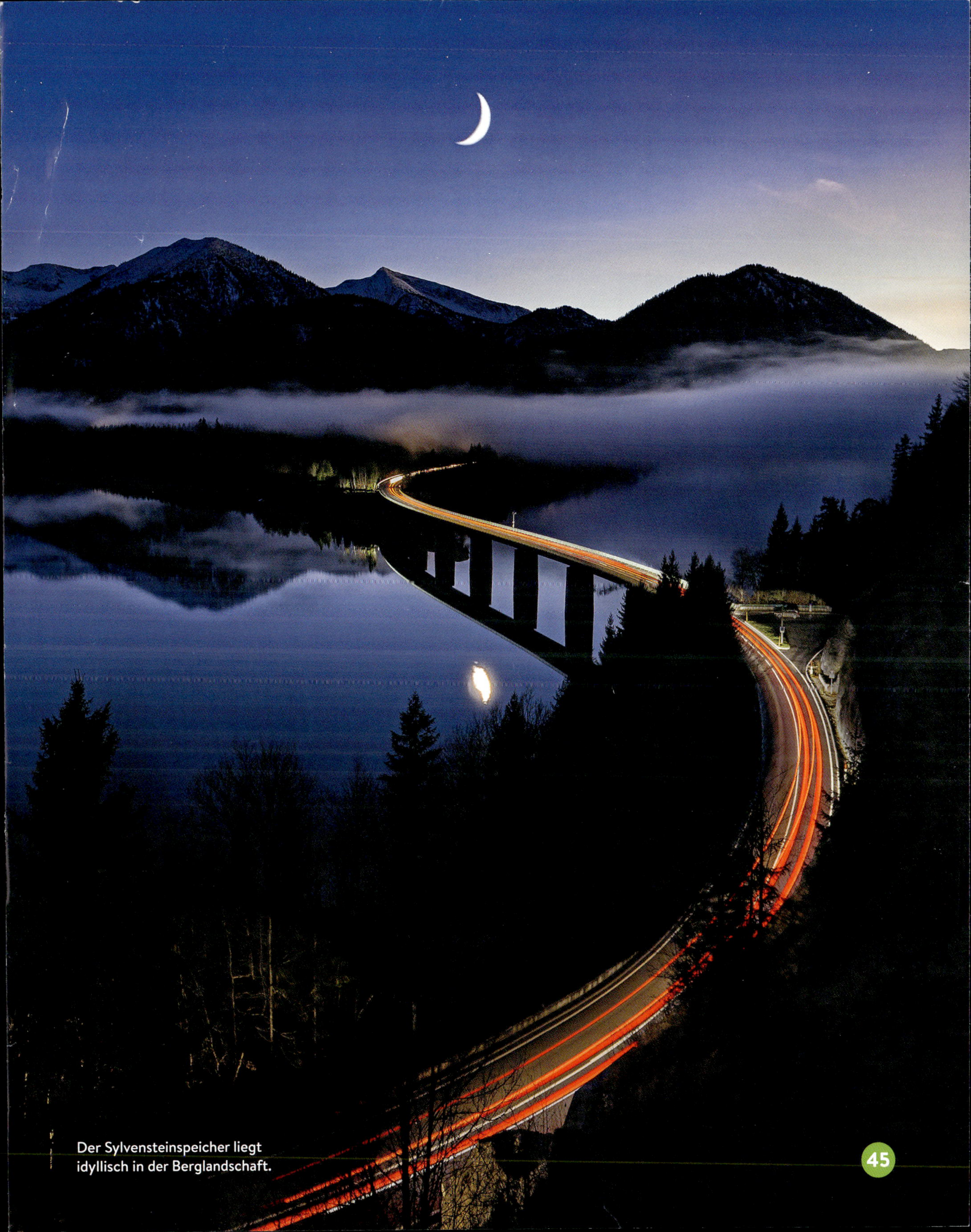

Der Sylvensteinspeicher liegt idyllisch in der Berglandschaft.

Impressum

Verantwortlich: Carola Holzer
Redaktion und Lektorat: Anne Tempcke
Layout- und Reihengestaltung: Mathias Frisch
Covergestaltung: Kaj Ritter
Satz: Franziska Gumpp
Repro: LUDWIG:media
Kartografie: Heike Block
Herstellung: Alexander Knoll
Printed in Slovenia by Flojancic

★★★★★

Sind Sie mit diesem Titel zufrieden? Dann würden wir uns über Ihre Weiterempfehlung freuen.
Erzählen Sie es im Freundeskreis, berichten Sie Ihrem Buchhändler, oder bewerten Sie bei Onlinekauf. Und wenn Sie Kritik, Korrekturen, Aktualisierungen haben, freuen wir uns über Ihre Nachricht an Bruckmann Verlag, Postfach 40 02 09, D-80702 München oder per E-Mail an lektorat@verlagshaus.de.

Unser komplettes Programm finden Sie unter www.bruckmann.de

In diesem Buch wird aus Gründen der besseren Lesbarkeit das generische Maskulinum verwendet. Weibliche und anderweitige Geschlechteridentitäten werden dabei ausdrücklich mitgemeint, soweit es für die Aussage erforderlich ist.

Bildnachweis
Vorderseite (unten): Jugendliche, die von einem Steg ins Wasser springen (mauritius / Jacob Lund) – (oben):Stürmische Ostsee in Darß (AdobeStock / AVTG); Badelatschen: (shutterstock / Khrystyna Slasna)
Rückseite (links): Moosbewachsene Felsen im Schwarzwald; (von rechts oben nach rechts unten): Fröhliches Kind im Wasser, Strandbereich der Ostsee, Glasklares Wasser der Beucha, Ein leerer Steg bei Sonnenuntergang

Die Deutsche Nationalbibliothek verzeichnet diese Publikation in der Deutschen Nationalbibliografie; detaillierte bibliografische Daten sind im Internet über http://dnb.d-nb.de abrufbar.

ISBN: 978-3-7343-2417-8